财 / 会 / 与 / 税 / 务 / 实

高立法 韩复龄 曹云虎 主编

U0671592

商品流通与服务业分册

会计核算与税务处理实务（二）

——依据《小企业会计准则》编写

北京中电力企业管理咨询有限公司/组编

KUAIJI HESUAN
YU SHUIWU
CHULI SHIWU(2)

经济管理出版社
ECONOMY & MANAGEMENT PUBLISHING HOUSE

图书在版编目（CIP）数据

会计核算与税务处理实务.2/高立法等主编.—北京：经济管理出版社，2012.9
ISBN 978－7－5096－2068－7

Ⅰ.①会…　Ⅱ.①高…　Ⅲ.①中小企业—会计　②中小企业—企业管理—税收管理—中国　Ⅳ.①F276.3②F812.423

中国版本图书馆 CIP 数据核字（2012）第 183041 号

组稿编辑：谭　伟
责任编辑：孙　宇　张巧梅
责任印制：黄　铄
责任校对：李玉敏

出版发行：经济管理出版社
　　　　　（北京市海淀区北蜂窝 8 号中雅大厦 A 座 11 层 100038）
网　　址：www.E－mp.com.cn
电　　话：（010）51915602
印　　刷：三河市海波印务有限公司
经　　销：新华书店
开　　本：720mm×1000mm/16
印　　张：26.25
字　　数：490 千字
版　　次：2012 年 10 月第 1 版　　2012 年 10 月第 1 次印刷
书　　号：ISBN 978－7－5096－2068－7
定　　价：48.00 元

《财会与税务实务丛书》编委会

主　编　虞旭清

副主编　高立法　杨德生　赵桂娟

本书作者名单

主　编　高立法　韩复龄　曹云虎

副主编　王士民　曹新苗　刘淑敏

撰稿人　高立法　韩复龄　曹云虎　王士民　曹新苗
　　　　刘淑敏　宋淑珍　郭银霞　李丽艳　王卫宁
　　　　杨　业　郝章海　杜偲瑶　骆海娟　冯寿才

序

　　小企业是我国国民经济和社会发展的重要力量，大力支持小企业发展，对于提高经济增长活力、有效扩大就业、保持社会和谐稳定，具有十分重要的意义。据有关资料统计，在所有 447 万户企业中，小企业占 97.11%，从业人员占 52.95%，主营业务收入占 39.34%，资产总额占 41.97%。

　　为促进小企业健康发展，财政部与相关部门密切配合，先后出台了一系列政策措施。一方面，综合运用资金、税收、财务等政策工具，不断加大扶持力度；另一方面，着力于支持小企业健康成长、优化结构，引导小企业集聚式发展，提升小企业经营管理水平，推动小企业走上内生增长、创建驱动的发展轨道。发布实施《小企业会计准则》，是从会计管理方面引导小企业改善经营管理，规范会计行为，增强会计信息的真实性和透明度，是财政部门支持小企业发展的一项重大举措。

　　自 2007 年起，《企业会计准则》在上市公司和非上市大中型企业实施，实施范围不包括小企业。目前我国小企业执行的《小企业会计制度》是 2004 年制定的，部分内容已滞后于小企业自身业务和市场经济发展的需要；有些小企业执行企业会计制度、个别小企业仍执行分行业的会计制度，如此等等，造成会计标准不一，严重影响了会计信息的可比性。

　　发布实施《小企业会计准则》和大中型企业已实施《企业会计准则》，标志着我国会计准则体系已基本形成。为今后统一会计标准，提高会计信息可比性，建立良好会计秩序奠定了坚实的基础。

　　由于中小企业规模不同于大型企业，在会计核算上也应有所区别，这样才能促进中小企业的经营发展。为此，早在 2000 年 7 月日内瓦召开的第十七次会议上，联合国贸易和发展会议秘书处向大会提交了题为《中小企业会计》讨论稿。2002 年 10 月，在日内瓦召开的第十九次会议上，讨论了中小企业会计准则的制定问题，并制定了一套适用于普遍意义的经济业务的报告模型。国际会计准则理事会于 2009 年 7 月发布了《中小主体国际财务报告准则》。我国作为国际会计准则理事会成员，需要制定一套既有中国特色又与国际会计准则趋同的中小企业会计准则，从而与国际会计准则接轨。《小企业会计准则》发布不仅是适应小企业发展的需要，也是与国际会计准则趋同的需要。

《小企业会计准则》规范了小企业经营活动的会计核算方法。对经营活动中的涉税问题应遵照税法的规定处理。但就企业来说，会计核算与税务处理融为一体、密不可分。会计核算是企业纳税的基础，照章纳税是会计核算的重要内容，如何使二者有机结合，是财会人员面临的重要问题。为满足财会人员的需要，编者依据多年来的实践经验，注重理论与实践的结合，编著了《会计核算与税务处理实务》。该书具有以下特点：

一、简明扼要。该书以图表形式，对会计核算与税务处理的基本理论、基础知识和基本方法进行了深入浅出的描述，从而概念明确、重点突出、流程清晰，使读者一目了然，融会贯通。

二、会税结合。会计法规定公司、企业必须按照国家统一会计制度规定确认、计量和记录会计要素，而税法又规定纳税人在计算应纳税所得额时，其财务会计处理办法同税收规定相抵触的，应当依照税收规定计算纳税。如何使二者有机结合是会计的一大难点，该书一大特点是将会计核算与税法规定紧密结合、融为一体，有利于会计人员日常操作。

三、注重于实。该书突出于重、注重于实，对核算中的重点及疑难问题，特别是税务事项的会计处理，作了较为深刻的论述，并辅以大量实例予以说明，有利于会计人员解决工作中的疑难事项。

相信该书的出版对小企业全面贯彻《小企业会计准则》，正确理解、执行税收法规，提高会计信息质量，促进经济效益增长，会有一定的促进作用。故乐之为序。

2012 年 5 月

注：孟焰系中央财经大学会计学院院长、博士生导师。

前　　言

盼望已久的《小企业会计准则》已经颁布了。与《小企业会计制度》相比，《小企业会计准则》内容精练、方法简便、与时俱进、与国际趋同，充分考虑到小企业特点，它的颁布必将推动小企业会计核算水平的提高，促进党中央、国务院重视支持小企业发展政策的落实。同时与税收征管及银行信贷需求相结合，也考虑了如何有效地与《企业会计准则》衔接，对小企业很少发生的某些业务及事项，可参照《企业会计准则》规定执行，从而既实现了繁简结合，也满足了特殊需要。另外，根据小企业现状，将现金流量表由过去的"推荐编制"提升到"应当编制"，而且要求按月编报，更好地满足了企业内外部对会计信息的需求。

本书是在《小企业会计核算与税务处理图解》基础上，根据《小企业会计准则》的规定逐项进行了修改，特别对现金流量表的编制，从理论与实践结合上做了详尽论述。同时，结合新修订的《企业所得税法》、《增值税》等税收法规，对涉税部分也做了修改，补充了内容，充实了案例，并保留了原书"简明扼要、会税结合、注重于实"的特点。为适应小企业经营管理对会计信息的需求，根据行业特征，丛书分三册出版，以满足不同经营性质小企业核算的需求。

《产品制造业分册》在全面论述小企业会计核算基础上，重点突出了材料核算、产品成本与联产品成本的计算、出口退税账务处理、外币业务核算等，为产品制造型小企业的材料核算、产品成本的计算等提供了切实可行的核算方法。

《商品流通服务业分册》在全面论述小企业会计核算基础上，重点突出了商贸企业的商品采购、库存商品、商品销售、商品代销以及附营业务的核算与税务处理，为商贸类型小企业会计核算提供了切实可行的核算方法。

《建筑施工装修房地产业分册》是在全面论述小企业会计核算的基础上，重点论述了施工材料、周转材料、工程施工、装饰装修项目的成本核算与税务处理以及房地产开发成本计算、经营收入与税务核算等，以适应小企业核算需要。

本书适用于小企业会计人员、企业管理人员、税务工作者以及高校财经专业学生学习参考。

由于笔者某些相关知识的欠缺，对文件理解不够，不妥之处敬请指正。

编者
2012 年 5 月

目 录

第一章　小企业会计核算与税务处理概述 …………………………… 1

　　第一节　《小企业会计准则》的含义及特征 ……………………… 1

　　第二节　小企业会计的职能、内容与对象 ………………………… 4

　　第三节　小企业会计核算前提与原则 ……………………………… 7

　　第四节　小企业会计要素、科目与凭证 …………………………… 10

　　第五节　小企业会计核算过程 …………………………………… 14

　　第六节　小企业会计循环 ………………………………………… 16

　　第七节　企业所得税处理 ………………………………………… 17

　　第八节　税务工作六要诀 ………………………………………… 19

　　附件 1　关于小型、微型企业的划型标准 ……………………… 21

　　附件 2　会计科目比较 …………………………………………… 23

第二章　货币性资产核算与税务处理 ……………………………… 31

　　第一节　资产的含义、核算目标及风险提示 …………………… 31

　　第二节　现金的管理与核算 ……………………………………… 34

　　第三节　银行存款的管理与核算 ………………………………… 38

　　第四节　其他货币资金的管理与核算 …………………………… 45

　　第五节　应收票据的管理与核算 ………………………………… 47

　　第六节　应收账款的管理与核算 ………………………………… 50

　　第七节　预付账款的管理与核算 ………………………………… 52

　　第八节　应收股利与应收利息的核算 …………………………… 53

　　第九节　其他应收款的管理与核算 ……………………………… 54

　　第十节　货币性资产损失处理的有关规定 ……………………… 55

第三章 商品采购核算与税务处理 ·················· 57

第一节 商品采购含义、目标与风险提示 ·················· 57

第二节 商品流通企业核算科目及流程 ·················· 58

第三节 商品采购交接及入账价格 ·················· 64

第四节 商品购进业务的核算 ·················· 66

第五节 商品购进异常业务的核算 ·················· 75

第六节 废旧物资收购的核算 ·················· 79

第四章 库存商品核算与税务处理 ·················· 82

第一节 库存商品核算意义、目标与风险提示 ·················· 82

第二节 库存商品确认与核算流程 ·················· 83

第三节 商品储存核算 ·················· 87

第四节 商品加工业务核算 ·················· 92

第五节 库存商品明细分类核算 ·················· 97

第六节 库存商品清查的核算 ·················· 103

第五章 商品销售核算与税务处理 ·················· 105

第一节 商品销售核算意义、目标与风险提示 ·················· 105

第二节 商品销售收入与销售成本核算 ·················· 106

第三节 销售折让与销售退回核算 ·················· 126

第四节 会计商品销售与增值税货物销售的区别 ·················· 130

附：税收筹划案例 ·················· 133

第六章 代理、租赁、储运、饮食核算与税务处理 ·················· 135

第一节 代理、租赁、储运、饮食核算意义、目标与风险提示 ·················· 135

第二节 商品代理业务的核算 ·················· 136

第三节 经营租赁业务核算 ·················· 141

第四节 物资储运业务核算 ·················· 146

第五节 饮食服务业核算 ·················· 147

第六节 相关税法规定 ·················· 151

第七章 对外投资核算与税务处理 ·················· 153

第一节 投资的含义、核算目标及风险提示 ·················· 153

第二节 短期投资核算 …………………………………………… 154

第三节 长期债券投资核算 ………………………………………… 155

第四节 长期股权投资核算 ………………………………………… 160

第五节 投资损失税务规定 ………………………………………… 163

第八章 固定性资产核算与税务处理 …………………………… 166

第一节 固定性资产的含义、核算目标及风险提示 …………… 166

第二节 固定资产的核算及税务处理 …………………………… 167

第三节 在建工程的核算 ………………………………………… 186

第四节 生产性生物资产的核算 ………………………………… 188

第五节 无形资产的核算及税务处理 …………………………… 189

第六节 其他资产的核算 ………………………………………… 196

第九章 负债核算与税务处理 …………………………………… 199

第一节 负债的概念、核算目标及风险提示 …………………… 199

第二节 短期借款及应付款项的核算 …………………………… 200

第三节 应付职工薪酬核算 ……………………………………… 205

第四节 应交税费核算 …………………………………………… 216

第五节 长期负债核算 …………………………………………… 241

第十章 所有者权益核算与税务处理 …………………………… 250

第一节 所有者权益的含义、核算目标及风险提示 …………… 250

第二节 实收资本的含义与核算 ………………………………… 251

第三节 资本公积核算 …………………………………………… 254

第四节 盈余公积核算 …………………………………………… 255

第五节 未分配利润核算 ………………………………………… 257

第六节 税务处理的有关规定 …………………………………… 257

第十一章 收入、费用、利润核算与税务处理 ………………… 259

第一节 收入、费用、利润核算的目标与风险提示 …………… 259

第二节 劳务收入与成本的核算 ………………………………… 261

第三节 其他业务收入与成本核算 ……………………………… 266

第四节 营业税金及附加的核算 ………………………………… 269

第五节 期间费用的核算 ………………………………………… 270

第六节　投资收益的核算 …………………………………… 274

第七节　营业外收支的核算 ………………………………… 275

第八节　利润及利润分配的核算 …………………………… 278

［案例］会计核算应关注的税务风险 ……………………… 291

第十二章　债务重组、非货币交易、会计调整及税务处理 …… 294

第一节　本章内容、目标及风险提示 ……………………… 294

第二节　债务重组与税法规定 ……………………………… 294

第三节　非货币性资产交易与税务处理 …………………… 298

第四节　会计调整 …………………………………………… 303

第十三章　外币业务核算与税务处理 ………………………… 310

第一节　外币业务与国际结算 ……………………………… 310

第二节　兼容外币账户和汇兑损益 ………………………… 312

第三节　国际结算与信用证 ………………………………… 315

第四节　外币交易的核算 …………………………………… 321

第五节　报表外币折算 ……………………………………… 324

第十四章　财务报表编制与所得税申报 ……………………… 328

第一节　财务报表的构成及编制要求 ……………………… 328

第二节　资产负债表及其编制 ……………………………… 330

第三节　利润表及其编制 …………………………………… 335

第四节　现金流量表及其编制 ……………………………… 339

第五节　报表附注内容及编报 ……………………………… 356

第六节　资产负债表日后事项会计处理 …………………… 360

第七节　企业所得税年度纳税调整表 ……………………… 363

［案例］会计造假应问责第一责任人 ……………………… 365

附录一　会计基础工作规范 …………………………………… 369

附录二　资产损失申报扣除操作指南（试行）……………… 384

第一章　小企业会计核算与税务处理概述

第一节　《小企业会计准则》的含义及特征

一、《小企业会计准则》的含义及适用范围

要明白什么是《小企业会计准则》，首先要明确什么是准则。准则是指言论、行动等所遵循的原则，如行为准则、会计准则等。

《小企业会计准则》，是对小企业在实施会计核算过程中，应当遵循的原则、确认依据、执行标准及选用方法等所作的规范。它为小企业会计指明了方向，明确了应该做什么、怎么做、不准做什么等，从而为企业加强会计核算，正确反映企业生产经营活动，提供规范可靠的会计信息奠定了基础。

《小企业会计准则》与其他会计法规的关系见图1-1。

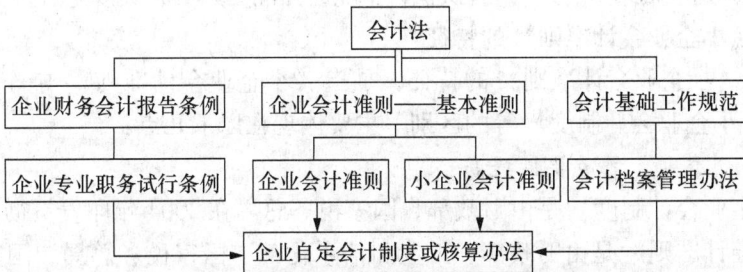

图1-1　会计核算法规系统

（一）什么是小企业

小企业是指根据工业和信息化部、财政部等部委印发的《中小企业划型标准规定》所确定的小型企业。就工业企业而言，"从业人员 20～300 人（不含），且营业收入 300 万～2000 万元（不含）的"为小型企业，"从业人员 20 人（不含）以下且营业收入 300 万元（不含）以下的"为微型企业。由于行业性质不同，划型标准也有区别。其他行业的划型标准见本章附件 1。

（二）所有的小企业都必须执行《小企业会计准则》吗

不是的，股票和债券在市场上公开交易的小企业、金融机构或其他具有金融性质的小企业以及集团内的母公司和子公司等小型企业不执行《小企业会计准则》。除此之外的小企业，可以执行《小企业会计准则》，也可以执行《企业会计准则》，微型企业可参照执行《小企业会计准则》。

（三）执行《小企业会计准则》应关注的特殊规定

1. 执行《小企业会计准则》的小企业，发生的交易或者事项《小企业会计准则》未作规范的，可以参照《企业会计准则》中的相关规定进行处理。

2. 执行《企业会计准则》的小企业，不得在执行《企业会计准则》的同时，选择执行《小企业会计准则》的相关规定。

3. 执行《小企业会计准则》的小企业公开发行股票或债券的，应当转为执行《企业会计准则》；因经营规模或企业性质变化导致不符合《小企业会计准则》规定而成为大中型企业或金融企业的，应当从次年 1 月 1 日起转为执行《企业会计准则》。

4. 已执行《企业会计准则》的上市公司、大中型企业和小企业，不得转为执行《小企业会计准则》。

5. 执行《小企业会计准则》的小企业转为执行《企业会计准则》时，应当按照《企业会计准则第 38 号——首次执行企业会计准则》等相关规定进行会计处理。

二、《小企业会计准则》的特征

所谓《小企业会计准则》的特征，是指《小企业会计准则》与《企业会计准则》、《小企业会计制度》等的区别。主要体现在以下几点：

（一）"准则"的重要性提高

《小企业会计制度》是由财政部、国家税务总局在 2004 年印发贯彻实施。而《小企业会计准则》是由财政部、工业和信息化部、国家税务总局、国家工商总局、银监会联合发布贯彻实施。指导意见指出：《小企业会计准则》是贯彻落实《中华人民共和国中小企业促进法》、《国务院关于进一步促进中小企业发展的若干意见》等有关法规政策的重要举措，有利于加强小企业内部管理，促进小企业又好又快发展；有利于加强小企业税收征管，促进小企业税负公平；有利于加强小企业贷款管理，防范小企业贷款风险。要求各地区有关部门要从维护市场经济秩序、促进小企业健康发展、构建和谐社会的高度，充分认识贯彻实施《小企业会计准则》的重大意义。

（二）方法简便易行

《小企业会计准则》与《企业会计准则》、《小企业会计制度》相比较，主要不同点表现在：①资产不计提减值准备。②应收账款不计提坏账准备。③对外投资不采用权益法核算。④会计科目与《企业会计准则》类同，取消了三级科目的限制。⑤对会计与税法形成的暂时差异一律采用应付税款法处理。⑥资产负债表填列按账面余额，报表附注等也相对简化，而且减少了职业判断成分等。这些修改不仅有利于《小企业会计准则》的贯彻执行，也有利于会计信息质量的提高与使用效益的增强。

（三）与时俱进、重点突出

根据经济形势的发展变化，"现金为王"的风险意识逐步提高，为适应这一需要，《小企业会计准则》提高了现金流量表的地位，由过去企业选择编制提高为必须按月编报。现金流量表的具体内容也由过去的 56 项缩减为 22 项，不仅简化了编制，也为经营者和债权人提供了极为有用的会计信息；在会计科目方面，增加了"消耗性生物资产"和"生产性生物资产"等科目；在报表附注方面，根据形势需要突出了重点，改变了过去的常态，从而提高了会计信息的效用性。

（四）与税法规定更加统一

《小企业会计准则》制定的理念、框架结构、计量方法、核算原则等都充分考虑了税务机关和金融机构等外部会计信息使用者的需求，部分会计要素的确认与计量方法完全采用税法规定，例如税法规定的"实际发生制"原则，对所有资产不计提减值准备，而是在实际发生时确认资产损失；会计要素采用历史成本法作为记账基础，没有采用公允价值作为记账基础；固定资产、生产性生物资产的使用寿命、净残值、折旧方法等与税法更加统一。既有利于会计人员掌握和运用，也使审计查账、税法监管更加顺畅。

（五）给予小企业税收优惠

税法规定，只有符合条件的实行查账征收的小企业，才可以依法享受小型企业的税收优惠政策以及国家税法规定的其他各项企业所得税优惠政策。我国有大批小企业由于会计核算不健全，而只能采用核定征收这种带有惩罚性质的征收方式，核定征收税负一般要高于查账征收方式的实际税负。《小企业会计准则》的发布与实施，有利于小企业建立健全财务会计核算制度和相关账簿，进行会计核算和编制财务报表，提高会计核算水平，变核定征收为查账征收，从而享受更多的税收优惠，降低税务成本。

三、怎样实施《小企业会计准则》

财政部、工业和信息化部、国家税务总局、国家工商总局、银监会关于贯彻实施《小企业会计准则》，提出了以下意见：

1. 提高认识，深刻领会发布实施《小企业会计准则》的重要意义。
2. 把握机遇，全面提升小企业内部管理水平。
3. 精心部署，切实做好《小企业会计准则》实施配套工作。
4. 加强宣传，营造《小企业会计准则》实施的良好氛围。
5. 密切协作，共同服务于小企业的健康和持续发展。

除上述要求外，在企业中要贯彻实施好《小企业会计准则》最关键的有两点：一是领导重视；二是会计素质的提高。只有领导重视，明确了实施《小企业会计准则》的意义与好处，他才能积极贯彻并要求其他人也要贯彻执行；会计人员的素质提高了，能够建立起一套适合于企业的会计制度，及时正确地提供有效用的会计信息，促进企业经济效益的提高，才能充分发挥财会工作的作用，《小企业会计准则》才能得到很好贯彻，财会工作的地位才能提高。

第二节　小企业会计的职能、内容与对象

一、会计的含义及职能与职责

（一）会计的含义

会计是以货币为主要计量单位，对一定单位的经济业务活动进行确认、计量、记录、报告和分析，作出预测，参与决策，实行监督，为人们提供所需的经济信息；同时它本身也是现代经济组织实行现代化管理的重要组成部分。通过会计提供的经济信息，可使信息使用者作出决策，使从事的经济事业取得较好经济效益。

（二）会计职能与职责

会计职能是指会计本身所具有的功能，会计职责是指会计应完成的工作。会计职能与职责见图 1-2。

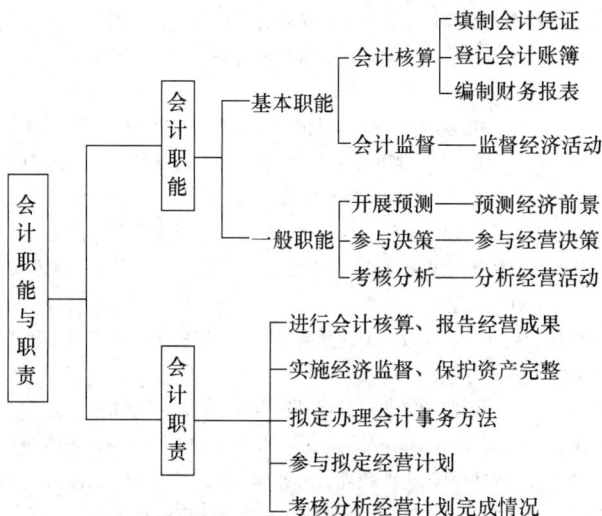

图 1-2 会计职能与职责

二、会计核算与会计监督

（一）会计核算

各单位应当按照《中华人民共和国会计法》和国家统一会计制度的规定，建立会计账册，进行会计核算，及时提供合法、真实、准确、完整的会计信息。会计核算的内容见图 1-3。

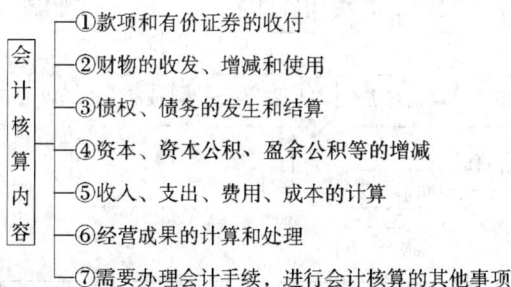

会计核算内容
- ①款项和有价证券的收付
- ②财物的收发、增减和使用
- ③债权、债务的发生和结算
- ④资本、资本公积、盈余公积等的增减
- ⑤收入、支出、费用、成本的计算
- ⑥经营成果的计算和处理
- ⑦需要办理会计手续，进行会计核算的其他事项

图 1-3 会计核算内容

（二）会计监督

各单位的会计机构、会计人员对本单位的经济活动进行会计监督。企业会计监督的具体内容见图 1-4。

三、会计对象

会计对象是指会计核算和会计监督的具体内容。具体来讲是企事业单位发生的能以货币表现的各项交易或事项，即资金运动。资金运动过程见图 1-5 和图 1-6。

会计监督内容

①各单位应当建立健全内部会计监督制度，接受有关部门监督检查

②单位领导人应当保证会计机构、会计人员依法履行职责，不得授意、指使、强令会计人员违法办理会计事项

③会计机构、会计人员对违反会计法和会计制度规定的会计事项，有权拒绝办理或者按照职权予以纠正

④会计机构、会计人员发现账实不符的，按照制度规定有权自行处理的应及时处理；无权处理的，应立即向单位负责人报告，请求查明原因，作出处理

⑤会计人员对不真实、不合法的原始凭证，不予受理；对弄虚作假、严重违法的原始凭证，在不受理的同时应予扣留，并及时向领导汇报，请求查明原因，追究责任；对记载不完整、不准确的凭证，应退回，要求更正补充

⑥会计人员对伪造、变造、故意毁灭会计账簿或账外设账行为，应当制止和纠正；无效的应当向上级主管单位报告，请求处理

⑦会计人员对指使、强令编造、篡改财务报告行为，应当制止和纠正；无效的应当向上级主管单位报告，请求处理

⑧会计机构、会计人员对单位制定的预算、财务计划、经济业务计划的执行情况进行监督，对违反内部会计管理制度的经济活动应当制止和纠正；无效的应向领导报告，请求处理

⑨任何单位和个人对违反会计法和国家统一的会计制度规定的行为，有权检举

⑩财政部对各单位是否依法设置会计账簿、会计凭证是否真实完整、会计核算是否符合制度规定、会计人员是否具备从业资格等进行监督

⑪财政、审计、税务、中国人民银行、证券监管等部门，依照有关规定，对有关单位会计资料实施监督检查

图1-4　会计监督内容

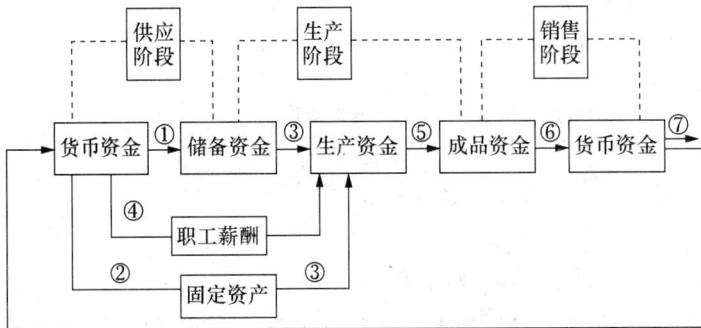

图1-5　产品制造业资金运动过程

图示说明：

①采购原材料等形成储备资金。

②购置厂房、机器设备等形成固定资产。

③以固定资产对原材料等进行生产加工形成生产资金。

④支付生产工人薪酬费用形成生产资金。

⑤产品完工入库形成成品资金。

⑥通过销售收回货币资金。

⑦资金分配与退出。

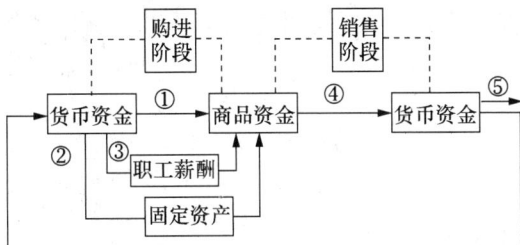

图 1 - 6　商品流通企业资金运动过程

图示说明：
①购进各种商品，支付采购费用形成商品资金。
②购建营业场所、柜台簿形成固定资产。
③支付营业人员薪酬费用。
④销售商品收回货币资金。
⑤资金分配与退出。

第三节　小企业会计核算前提与原则

一、会计核算的基本前提

会计核算的基本前提又称会计假设。它是沟通会计环境与会计系统的桥梁，是会计人员对会计核算所处的变化不定的环境作出的合理判断，是会计核算的基础条件。具体内容包括：会计主体、持续经营、会计分期和货币计量（见图1-7）。

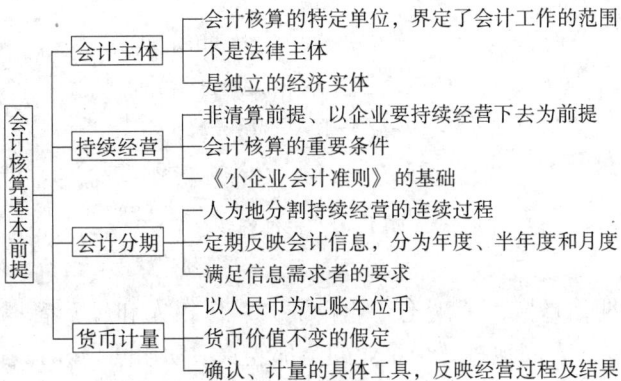

图 1 - 7　会计核算基本前提

1. 会计主体，又称会计单位，是指会计核算与监督的单位（见图1-8）。

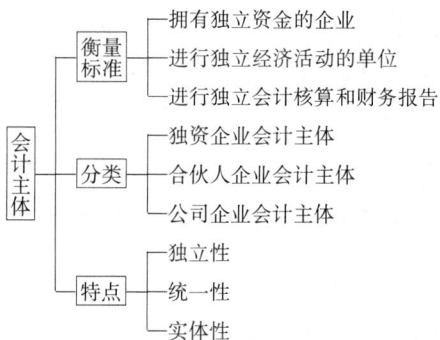

图1-8 会计主体

2. 持续经营，又称继续营业，是指假定会计主体的经济活动，不停止地继续下去，而不是将要破产清算的情况。它也是财务会计其他原则和会计程序得以顺利建立的前提条件（见图1-9）。

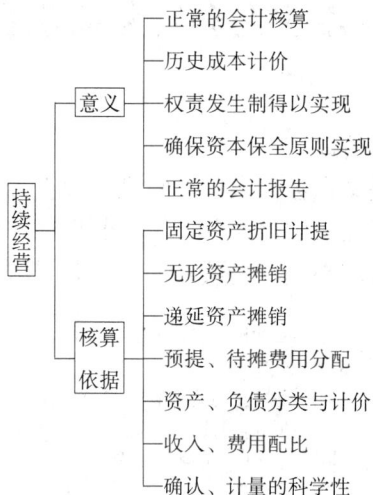

图1-9 持续经营

3. 会计分期，是指为了满足企业投资人、债权人和经营者以及有关部门对会计信息的需要，人为地将一个企业的全部经营活动期间划分为若干均等的会计计量阶段，如年、月等以定期反映企业的经营管理活动情况（见图1-10）。

会计分期
种类
- 历年制（公历制1月1日至12月31日）
- 营业年制（有的国家定为4月1日至次年3月31日；或7月1日至次年6月30日）

作用
- 本期与非本期的区分
- 收入与费用的配比
- 收付实现制与权责发生制的实现
- 一致性原则的实现
- 需要性原则的实现

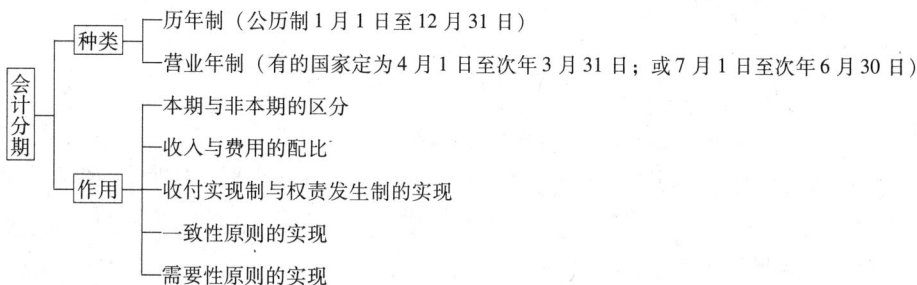

图1-10 会计分期

4. 货币计量，又称货币计量单位，是指会计核算中假设以货币为"工具"，统一反映企业的生产经营活动及其结果的情况（见图1-11）。

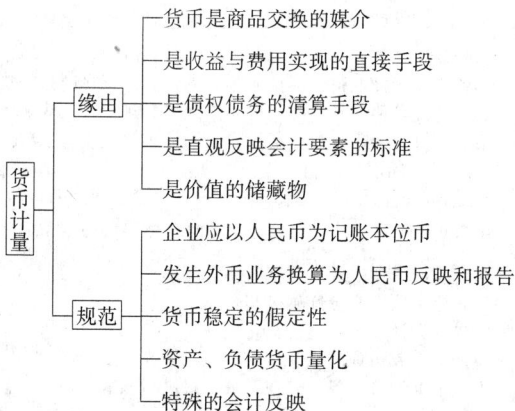

货币计量
缘由
- 货币是商品交换的媒介
- 是收益与费用实现的直接手段
- 是债权债务的清算手段
- 是直观反映会计要素的标准
- 是价值的储藏物

规范
- 企业应以人民币为记账本位币
- 发生外币业务换算为人民币反映和报告
- 货币稳定的假定性
- 资产、负债货币量化
- 特殊的会计反映

图1-11 货币计量

二、会计核算基本原则

会计核算基本原则，又称会计原则，是指在会计核算工作中具有普遍指导意义，并且必须遵循的规范和标准，也是衡量会计工作成败的标准。小企业会计核算的基本原则见图1-12。

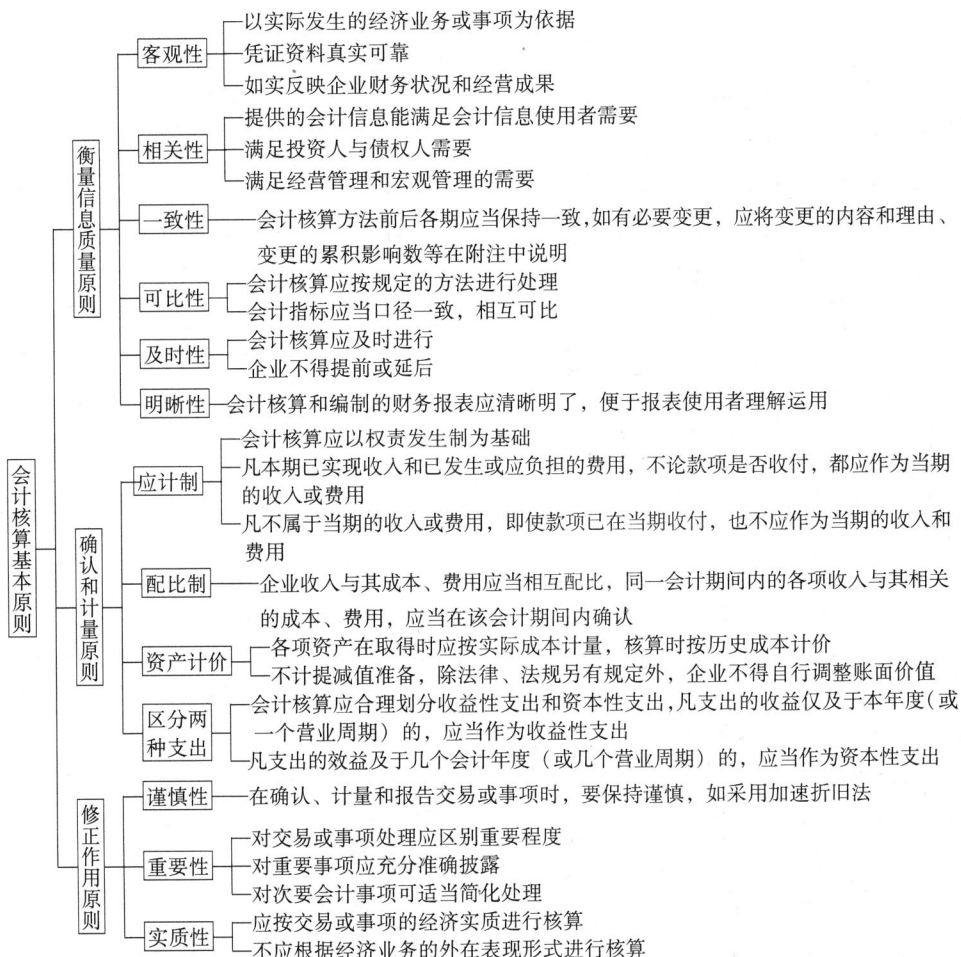

図1-12　会计核算基本原则

第四节　小企业会计要素、科目与凭证

一、会计要素

会计要素也称财务报表要素，是会计对象的基本分类，也是会计报表的构成内容，更是会计确认和计量的依据。财政部制定的《小企业会计准则》分为六个要素：资产、负债、所有者权益、收入、费用和利润，其详细内容见图1-13。

```
                    ┌─ 指小企业过去的交易或者事项形成的，由小企业拥有或者控制的，预期会给小企业带来
              ┌ 资 产 ┤    经济利益的资源
              │      ├─ 按流动性可分为流动资产和非流动资产
              │      └─ 小企业资产应当按照历史（实际）成本计量，不计提资产减值准备
              │
              ├ 负 债 ┬─ 指小企业过去的交易或者事项形成的，预期会导致经济利益流出小企业的现时义务
              │      └─ 按流动性可分为流动负债和非流动负债
              │
              │ 所有者 ┬─ 指所有者在小企业中享有的扣除负债后的剩余权益
    会计        ├ 权益  ├─ 金额＝资产－负债
    要素   ─────┤      └─ 内容:实收资本(或股本)、资本公积、盈余公积、未分配利润
              │      ┌─ 指小企业在日常生产经营活动中形成的，会导致所有者权益增加、与所有者投入资本
              ├ 收 入 ┤    无关的经济利益的总流入。它与一定会计期间相关
              │      └─ 内容：销售商品收入、提供劳务收入、让渡资产使用权收入
              │      ┌─ 指小企业在日常生产经营活动中发生的、会导致所有者权益减少、与向所有者分配利润
              ├ 费 用 ┤    无关的经济利益的总流出。它与一定会计期间相关
              │      └─ 内容：营业成本、营业税金及附加、销售费用、管理费用、财务费用等
              │
              └ 利 润 ┬─ 指小企业在一定会计期间的经营成果
                     └─ 内容：经营利润、利润总额、净利润
```

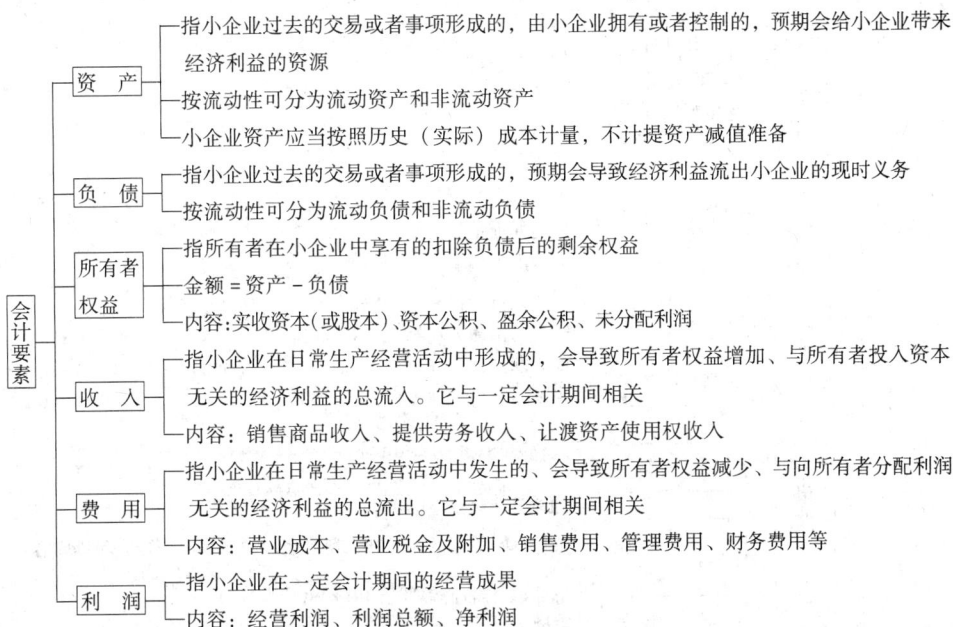

图 1 – 13　会计要素

二、会计科目

会计科目是对会计核算对象，依其经济内容所进行的科学分类。为了规范会计核算、保证会计信息质量，《小企业会计准则》对会计科目的设置及使用做出了具体的规定。在不影响会计核算要求和对外提供统一的财务会计报表的前提下，小企业可根据实际需要自行增减或合并某些会计科目。明细科目的设置除已有规定者外，企业可根据需要自行设定。对会计科目的编号，企业不应随意打乱重编。《小企业会计准则》规定的会计科目及编号见本章附件 2。

三、会计凭证

会计凭证简称凭证，是记录经济业务、明确经济责任的书面证明，是登记账簿的依据，具体内容见图 1 – 14。

```
                                            ┌─ 自制式
                              ┌─ 原始凭证 ──┤
                    ┌─ 分 类 ─┤             └─ 外来式
                    │         │             ┌─ 汇总式
                    │         └─ 记账凭证 ──┤
                    │                       └─ 分录式
                    │                       ┌─ 名称
                    │             ┌─ 内 容 ─┤─ 填制日期和编号
                    │             │         ├─ 接受凭证单位
                    │  ┌─ 原始 ──┤         ├─ 业务内容摘要
                    │  │  凭证    │         ├─ 实物数量和金额
                    │  │          │         └─ 填制单位和人员等
                    │  │          │         ┌─ 合法性、合理性审查
  会              ──┤  │          └─ 审 核 ─┤
  计                │  │                    └─ 完整性、正确性审查
  凭                │  │                       ┌─ 收款凭证
  证                │  │          ┌─ 分 类 ──┤─ 付款凭证─ 收付转式
                    │  │          │           └─ 转账凭证
                    │  │─ 记账 ──┤           └─ 通用式 ── 记账凭证
                    │  │  凭证    ├─ 内 容 ── 除有原始凭证的内容外，还有账户的名称、记账方向等内容
                    │  │          │           ┌─ 是否与所附原始凭证的内容相符
                    │  │          └─ 审 核 ──┤─ 借贷科目及其对应关系是否清晰
                    │  │                      └─ 有关项目的填制是否完整
                    │  │          ┌─ 记录真实
                    │  └─ 填制 ──┤─ 内容完整
                    │     要求    ├─ 填制及时
                    │             └─ 书写清楚
```

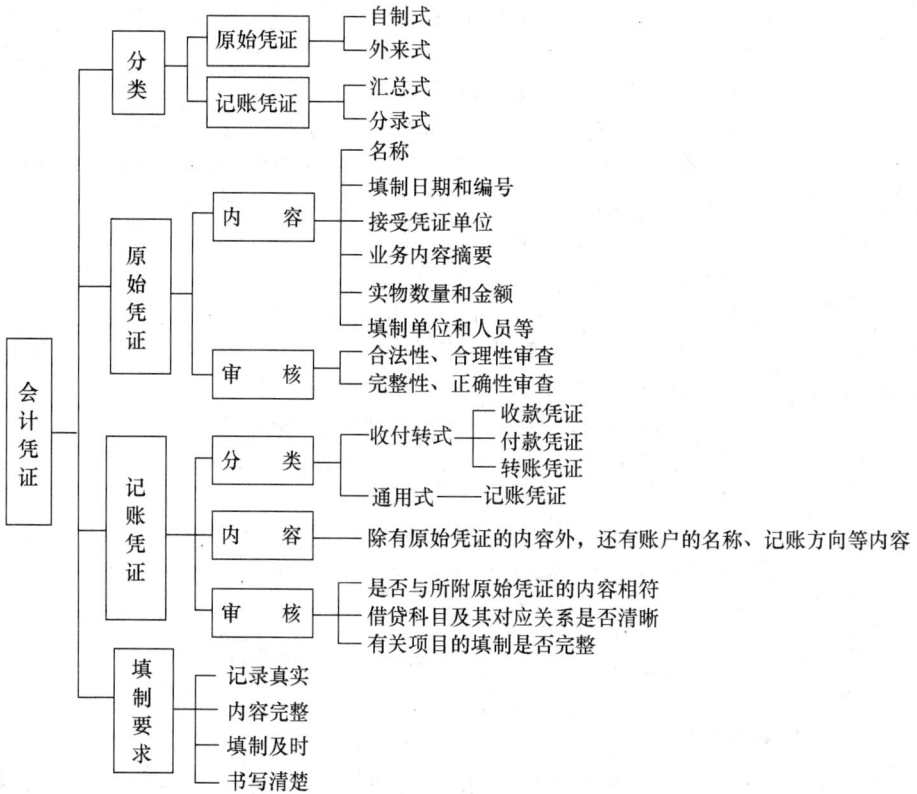

图 1-14 会计凭证

原始凭证中发票具有法律效力，是会计核算的依据，也是支付款项的凭证。一旦财会制度出现松懈或漏洞、会计人员大意，假发票就可能成为套取非法收入和偷逃税的工具。如何识别发票真伪呢？概括起来有以下方法：

方法一：从印章入手

通过印章发现虚假发票大致有以下几种类型：

（1）印章模糊不清或无印章。

（2）使用已倒闭经营企业的公章。

（3）印章经营范围与开票内容不符。

（4）税务部门代开发票只盖代开发票专用章，而没有经营单位的财务专用章或个体经营者私章。

方法二：从发票开具的规范程度入手

某些发票在开具的规范性上不符合《发票管理办法》的有关规定，有的发票没有开具购货单位，有的发票不开具日期。这种类型的发票在报销单位和入账

时间上都有很强的弹性，可以随时随地报销。比如有的主管部门将无法入账的奖金、礼品开具成上述不规范的虚假发票在其下属单位列支。

方法三：从发票的开具内容入手

单位虚假发票开具内容主要有"办公用品"、"副食"、"劳保用品"、"汽油"、"维修费"等。如果这几方面的支出奇高，就有可能存在开具虚假发票的问题。审查这类发票应重点注意每年的春节和中秋节所在的月份，是否有用开具虚假发票掩盖其滥发福利和公款送礼的事实。

方法四：从票号和日期等逻辑关系入手

有的发票票号和开票日期逻辑关系上存在问题。比如有的单位从某一购货单位取得的购货发票，票号是连续的，但日期却相差甚远；有的发票票号连续或票号不连续但是同一本上的发票，而印章却是不同的购货单位；有的被审计单位同一天从某一购货单位取得购货内容相同的发票，但发票票号相差甚远或不是同一本上的，这往往是开票人为掩盖事实真相故意所为，反而弄巧成拙，露出马脚。

方法五：从发票的行业类别入手

单位在开具虚假发票时忽视了行业类别的对照，造成发票的行业类别与经营行为相互矛盾。比如有的发票开具内容是"购置办公用品"，而使用的却是建筑行业的发票；有的发票开具内容是"房屋维修"，而使用的却是商品零售行业的发票；等等。

方法六：从票据内容的真实性入手

不少单位的大额财务支出只凭一张发票入账，使其支出的真实性难以确认，同时也给违纪甚至违法犯罪者以可乘之机。如大额的汽车修理及加油费发票后没有附修车材料清单及日常加油记录；上万元的洗浴费后没有附来客审批单或其他证明性原始记录；大批量购买办公用品没有清单，只在发票上注明办公用品。

方法七：从单位收款票据清查入手

对单位收款票据进行清查，看是否齐全，各项收入是否全部入账，清查前掌握被审计单位全部收据存根及票号；对缺号少页的票据重点清查。审计时还要通过对与其有关联的付款单位进行核查，看付款单位付款与被审计单位收款数额、项目等是否一致。如不一致，说明存在隐瞒、截留收入等问题，然后顺藤摸瓜，进一步核实。

方法八：从会计凭证上的"暗记"调查入手

有的会计人员为防止问题暴露时领导推卸责任，在有问题的会计凭证上加注暗号，比如有些单位的票据上存有刮、擦、涂、改等"痕迹"。

方法九：从相关单位联查入手

对一个单位的审查，以对其相关单位进行联查为突破口，把在一个单位难以发现的问题，通过联查就可以发现问题。虚假发票虽然变化多样，但目的只有一个，就是掩人耳目，以假乱真。还是俗话说得好：假的真不了。虚假发票总带有这样或那样虚假的特征，只要细致审核，认真辨别，就不难发现其中的端倪。

第五节 小企业会计核算过程

一、会计核算的四个环节

会计最终目的是向会计信息使用者提供有助于进行决策的信息。从搜集信息、加工信息到输出信息，需要通过确认、计量、记录和报告四个环节。

（一）确认

确认含义及标准见图 1 - 15。

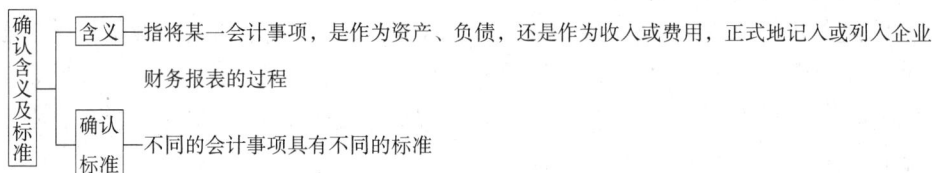

图 1 - 15 确认含义及标准

（二）计量

计量含义及基础见图 1 - 16。

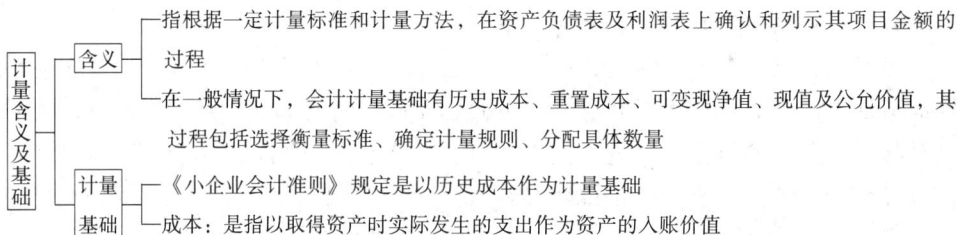

图 1 - 16 计量含义及基础

（三）记录

记录含义及载体见图 1 - 17。

记录含义及载体 — 含义 — 是通过账户、会计凭证和账簿等载体，运用复式记账等手段，对确认和计量的结果进行记录，为编制会计报表积累数据的过程

记录载体
— 账户：是按会计科目设立的，具有一定格式和结构，用于分类反映会计要素各项目增减变动情况及其结果的载体
— 复式记账：是一种记账方法，它对每项经济业务，都以相等的金额，在两个或两个以上相互联系的账户中进行登记。《小企业会计准则》规定企业应采用借贷记账法记账
— 会计凭证：是具有一定格式用以记录经济业务发生和完成情况的书面证明。也是登记账簿的依据，是会计核算的重要资料。它分为原始凭证和记账凭证两种
— 账簿：是由一定格式账页组成的，以会计凭证为依据，全面系统、连续地记录各项经济业务的簿籍

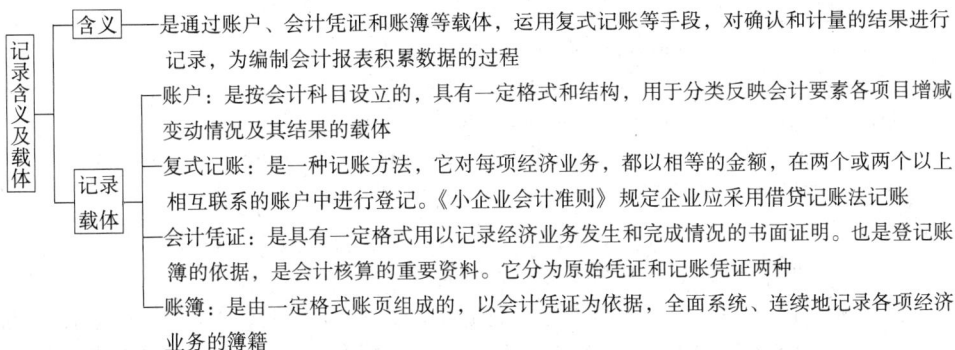

图 1 - 17 记录含义及载体

（四）报告

报告是以会计报表的形式呈现，会计报表的含义及组成见图 1 - 18。

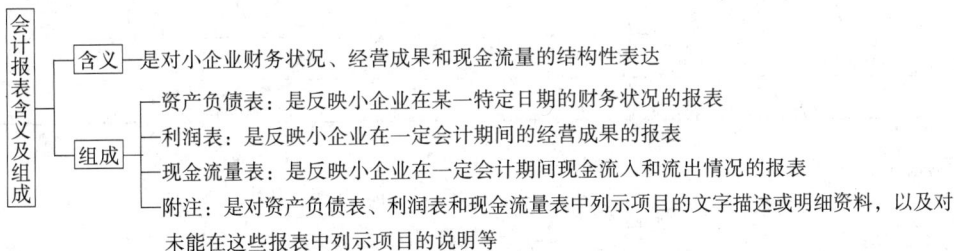

会计报表含义及组成 — 含义 — 是对小企业财务状况、经营成果和现金流量的结构性表达

组成
— 资产负债表：是反映小企业在某一特定日期的财务状况的报表
— 利润表：是反映小企业在一定会计期间的经营成果的报表
— 现金流量表：是反映小企业在一定会计期间现金流入和流出情况的报表
— 附注：是对资产负债表、利润表和现金流量表中列示项目的文字描述或明细资料，以及对未能在这些报表中列示项目的说明等

图 1 - 18 会计报表含义及组成

二、账务处理程序

账务处理程序是指从取得原始凭证开始，到输出财务报表为止的过程。常用的有两种：

（一）记账凭证账务处理程序

一般步骤见图 1 - 19。

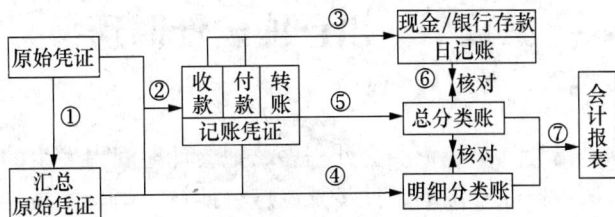

图 1 - 19 记账凭证账务处理程序

图示说明：

①根据原始凭证编制汇总原始凭证。

②根据原始凭证或汇总原始凭证编制记账凭证。

③根据收款凭证、付款凭证逐笔登记现金日记账和银行存款日记账。

④根据原始凭证、汇总原始凭证和记账凭证，登记各种明细分类账。

⑤根据记账凭证逐笔登记总分类账。

⑥期末，现金日记账、银行存款日记账和明细分类账的余额同有关总分类账的余额核对相符。

⑦期末，根据总分类账和明细分类账的记录，编制会计报表。

（二）科目汇总表账务处理程序

其一般步骤与记账凭证处理程序基本相同，只是增加一张科目汇总表（见表1-1），定期（5天或10天）汇总后再记入总分类账，可以减少记账手续，见图1-20。

表1-1   科目汇总表

会计科目	记账凭证号数	本期发生额		总账页数
		借方	贷方	
合计				

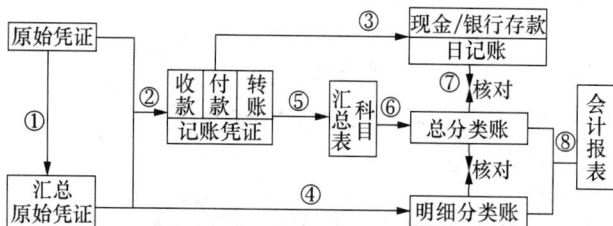

图1-20 科目汇总表账务处理程序

第六节 小企业会计循环

会计循环，是指会计单位依照会计程序，把会计期间内发生的经济业务，运用一定的会计方法，按照一定的会计步骤，进行计量、汇总、报告的过程，这一过程在长期的企业经济活动中，是周而复始的。一个会计期间表示一个会计循环。会计循环也是从一般的经济数据输入到会计信息输出的过程。

会计循环的步骤如图1-21所示。

```
                              ┌─ 经济业务分析
                    ┌ 会计事项分析 ─┼─ 原始凭证审阅
                    │             └─ 按会计准则确认计量会计事项
                    │             ┌─ 按业务发生顺序
                    ├ 编制会计分录 ─┼─ 确定借贷方向、填制记账凭证
                    │             └─ 记录反映的金额和业务内容
                    │             ┌─ 记入总分类账户
                    ├ 登记账簿 ───┼─ 登记日记账
                    │             └─ 登记明细账
                    │             ┌─ 以总分类账户期末余额为依据
                    ├ 调整前试算表 ─┼─ 调整前编制
                    │             └─ 检验会计记录与过账有无差错
                    │             ┌─ 期末对固定资产折旧、待摊、预提等账户进行调整
              会    ├ 调整分录 ───┼─ 应收（付）、预收（付）账户分类调整
              计    │             └─ 编制分录、登记账簿
              循    │             ┌─ 符合权责发生制要求
              环    ├ 调整后试算表 ─┼─ 调整后编制
                    │             └─ 检验调整分录与过账有无差错
                    │             ┌─ 临时性、损益性等账户结算过账
                    ├ 结账 ─────┼─ 会计期末
                    │             └─ 结转损益、计算盈亏
                    │             ┌─ 结账后试算表
                    ├ 第三次试算表 ─┼─ 全面试算
                    │             └─ 检验总分类账户余额的正确性
                    │             ┌─ 资产负债表
                    ├ 编制报表 ───┼─ 利润表
                    │             └─ 现金流量表
                    │             ┌─ 对外报表
                    └ 财务报告 ───┼─ 附注
                                  └─ 正确完整、及时报送
```

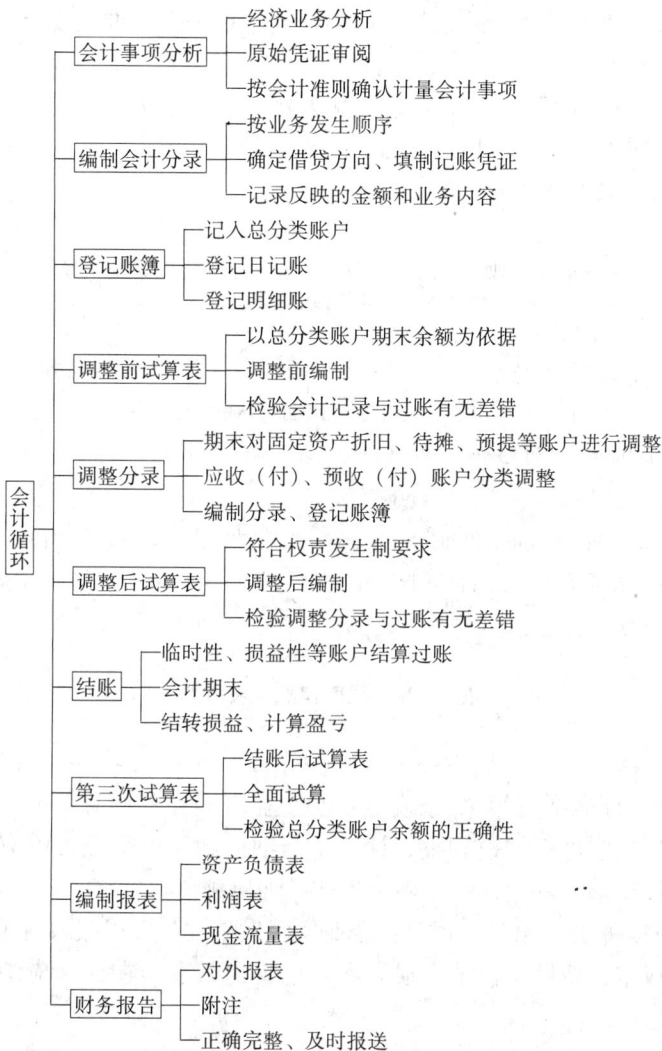

图 1-21　会计循环

第七节　企业所得税处理

应纳税所得额也称纳税利润，与会计利润是两个不同的概念。应纳税所得额是指企业每一纳税年度的收入总额，减除不征税收入、免税收入、各种扣除以及

允许弥补的以前年度亏损后的余额。而会计利润是按会计准则规定，营业收入减去营业成本、营业税金及附加、期间费用，加营业外收入减营业外支出的余额。《小企业会计准则》的制定基本考虑了税法的要求，但在所得税的计算方面仍存在一定差异。特别是在税前扣除方面，计算口径和原则仍有不同，所得税扣除原则及处理见图1-22和图1-23。

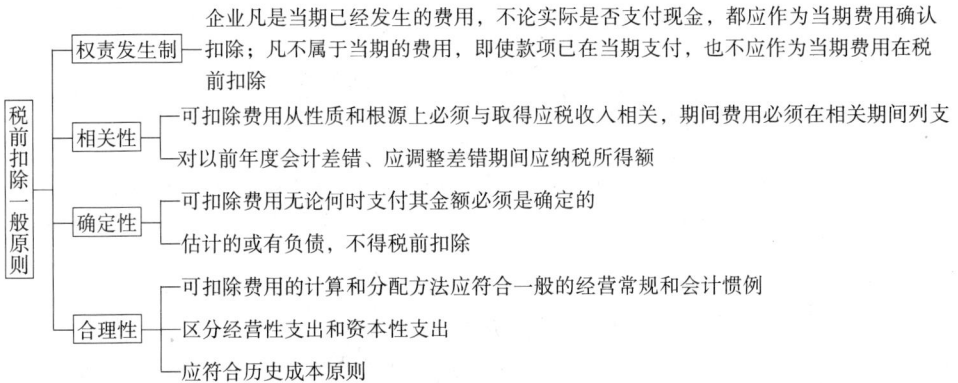

图1-22 税前扣除一般原则

《小企业会计准则》第71条规定：小企业应当在利润总额的基础上，根据企业所得税法规定进行纳税调整，计算出当期应纳税所得额，以应纳税所得额与适用所得税税率为基础，计算确定当期应纳税额。

《企业所得税法》第8条规定：企业实际发生的与取得收入有关的、合理的支出，包括成本、费用、税金、损失和其他支出，准予在计算应纳税所得额时扣除。

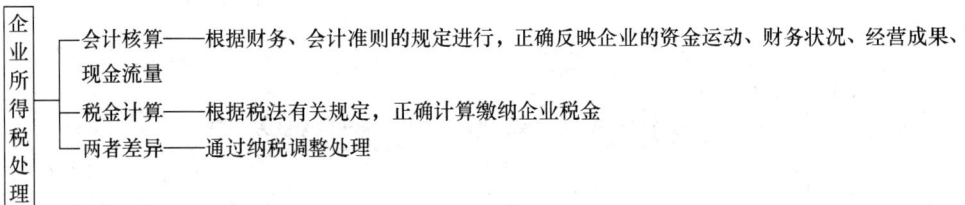

图1-23 企业所得税处理

第八节　税务工作六要诀

企业自成立之日起，应遵照税法规定，照章登记申报纳税，否则要受到处罚。构成犯罪的，要依法追究刑事责任，为此，必须把握以下六点：

一、该登则登

税务登记是税务机关根据纳税人的申报，依法对纳税人有关纳税事宜进行登记记载，并发给纳税人税务登记证件的活动。税务登记包括：开业登记（包括税务登记和注册税务登记），变更登记，停业登记，复业登记，非正常户处理，注销登记，转户登记，换证、验证及丢失补证，税务登记违章处罚，税务登记统计查询。

生产、经营纳税人自领取营业执照之日起 30 日内申报办理登记；税务登记内容发生变化，自工商行政管理机关办理变更登记之日起 30 日内持有关证件向税务机关申报办理变更登记；生产、经营纳税人申请办理注销之前，持有关证件到税务机关申报办理注销登记。

生产、经营纳税人未按规定期限申报办理税务登记、变更或者注销登记的，可以处以 2000 元以下罚款，情节严重的处以 2000 元以上 10000 元以下罚款。

二、该提则提

在进行企业所得税汇算清缴申报前，纳税人应对照现行企业所得税法和有关财务会计规定，及时、准确地汇集、摊销或分配产品生产成本和经营费用，正确提取折旧等费用。如果人为地多提有关费用，将会承担偷税的法律责任。根据《财政部、国家税务总局关于企业所得税几个具体问题的通知》的规定，对因少提、不提应该提取的费用所增加的所得多缴纳的企业所得税，不仅不可以减免，而且不得申请退还。

三、应扣则扣

企业必须根据《个人所得税法》和《个人所得税代扣代缴暂行办法》的规定，全面履行代扣代缴义务，扣全、缴足应代扣代缴的个人所得税。如果企业不能及时、正确履行代扣代缴个人所得税义务，税务机关将按照《税收征管法》的规定，由税务机关向纳税人追缴税款，对扣缴义务人处以应扣未扣、应收未收税款 50% 以上三倍以下的罚款。

四、该报则报

这包括两个方面的内容：

一是纳税人应交各种税金都应按期上报包括零申报，纳税年度内不论盈利、亏损或处于减免税优惠期，均应根据《企业所得税法》及其实施细则和有关规定，进行企业所得税汇算清缴，正确进行纳税项目调整，如实、准确填写企业所得税申报表及其附表，并对企业所得税申报表及其附送资料的真实性、准确性负法律责任。同时，在规定的期限内向主管税务机关报送年度企业所得税申报表及其附表、会计决算报表和税务机关要求报送的其他资料。

纳税人如果未按照规定的期限办理纳税申报和报送纳税资料的，税务机关将责令其限期改正，可处以 2000 元以下罚款；情节严重的，可处以 2000 元以上10000 元以下的罚款。纳税人不进行纳税申报，不缴或少缴应纳税款的，税务机关将追缴其不缴或少缴的税款、滞纳金，并处不缴或者少缴税款 50% 以上五倍以下的罚款。纳税人经税务机关通知申报而拒不申报，不缴或者少缴税款的，税务机关将依法追缴其不缴或少缴的税款、滞纳金，并处不缴或者少缴税款 50%以上五倍以下的罚款；构成犯罪的，依法追究刑事责任。

二是所有应报批事项必须履行报批手续。纳税人的财产损失、亏损确认和弥补、坏账准备金的提取、国产设备投资抵免、减税、免税等事项，都必须事前在规定期限内履行有关报批手续后，方可作为税前扣除项目在税前予以扣除或抵免、减免。

五、应调则调

许多纳税人在进行企业所得税汇算清缴后，往往忽视账务调整工作。企业在汇算清缴后，如不按税法规定结合有关的财务会计制度进行账务调整，势必给下年度或以后年度带来不利因素和不良后果。例如，如果企业将不应记入成本费用的支出多记或少记，或用其他方式人为地虚列利润或者亏损等，就会增加下年度或以后年度利润或者亏损，而已作纳税处理的已税利润，在以后年度又极容易出现继续征税等情况，使企业增加不必要的负担。

六、应缴则缴

纳税人必须按税法规定及时足额地缴纳税款。税款缴纳不及时，税务机关不仅要依法加收滞纳金，而且可能在必要时采取强制执行措施。如果是采取伪造、变造、隐匿、擅自销毁账簿、记账凭证，或者在账簿上多列支出或者不列、少列收入，或者进行虚假纳税申报等手段，造成不缴或者少缴应纳税款的，是偷税。税务机关将依据《税收征管法》第 36 条的规定，追缴其不缴或者少缴的税款、滞纳金，并处不缴和少缴税款 50% 以上五倍以下的罚款；构成犯罪的，依法追究刑事责任。

附件 1

关于小型、微型企业的划型标准

（2011 年 6 月 18 日，工信部联企业〔2011〕300 号）

行业	小型企业	微型企业
1. 农、林、牧、渔业	营业收入 50 万～500 万元（不含）的	营业收入 50 万元（不含）以下的
2. 工业（包括采矿业、制造业、电力、热力、燃气及水生产和供应业）	从业人员 20～300 人（不含）且营业收入 300 万～2000 万元（不含）的	从业人员 20 人（不含）以下或营业收入 300 万元（不含）以下的
3. 建筑业	营业收入 300 万～6000 万元（不含），且资产总额 300 万～5000 万元（不含）的	营业收入 300 万元以下或资产总额 300 万元以下的
4. 批发业	从业人员 5～20 人（不含），且营业收入 1000 万～5000 万元（不含）的	从业人员 5 人以下或营业收入 1000 万元以下的
5. 零售业	从业人员 10～50 人（不含），且营业收入 100 万～500 万元（不含）的	从业人员 10 人以下或营业收入 100 万元以下的
6. 交通运输业（不含铁路运输业）	从业人员 20～300 人（不含），且营业收入 200 万～3000 万元（不含）的	从业人员 20 人以下或营业收入 200 万元以下的
7. 仓储业	从业人员 20～100 人（不含），且营业收入 100 万～1000 万元（不含）的	从业人员 20 人以下或营业收入 100 万元以下的
8. 邮政业	从业人员 20～300 人（不含），且营业收入 100 万～2000 万元（不含）的	从业人员 20 人以下或营业收入 100 万元以下的
9. 住宿业	从业人员 10～100 人（不含），且营业收入 100 万～2000 万元（不含）的	从业人员 10 人以下或营业收入 100 万元以下的
10. 餐饮业	从业人员 10～100 人（不含），且营业收入 100 万～2000 万元（不含）的	从业人员 10 人以下或营业收入 100 万元以下的
11. 信息传输业（包括电信、互联网和相关服务）	从业人员 10～100 人（不含），且营业收入 100 万～1000 万元（不含）的	从业人员 10 人以下或营业收入 100 万元以下的

行业	小型企业	微型企业
12. 软件和信息技术服务业	从业人员10～100人（不含），且营业收入50万～1000万元（不含）的	从业人员10人以下或营业收入50万元以下的
13. 房地产开发经营	营业收入100万～1000万元（不含），且资产总额2000万～5000万元（不含）的	营业收入100万元以下或资产总额2000万元以下的
14. 物业管理	从业人员100～300人（不含），且营业收入500万～1000万元（不含）的	从业人员100人以下或营业收入500万元以下的
15. 租赁和商务服务业	从业人员10～100人（不含），且资产总额100万～8000万元（不含）的	从业人员10人以下或资产总额100万元以下的
16. 其他未列明行业（包括科学研究和技术服务业，水利、环境和公共设施管理业，居民服务、修理和其他服务业，社会工作，文化、体育和娱乐业等）	从业人员10～100人（不含）的	从业人员10人以下的

企业超过小型标准即中型企业。

何谓小企业，世界各国标准不一，如欧洲对小型企业定义为：雇工不超过50人，年营业额不超过500万欧元或资产负债不超过200万欧元，其资本最多25%，由不符合这一定义的另一家或多家企业所占有的企业为小型企业。

在美国，此项规定更具弹性。1966年，美国小企业局将美国汽车公司认定为小企业，曾震惊一时，因为当时该公司是全国第63位大制造公司，营业额超过10亿美元，员工有3万人，但美国小企业局从管理的角度，认为美国汽车公司市场占有率仅3%，可能会退出市场竞争，而空有大制造企业外形。

附件2

会计科目比较

《小企业会计准则》			《企业会计准则》			《小企业会计制度》			说明
序号	编号	会计科目名称	序号	编号	会计科目名称	序号	编号	会计科目名称	
		一、资产类			一、资产类			一、资产类	
1	1001	库存现金	1	1001	现金	1	1001	现金	
2	1002	银行存款	2	1002	银行存款	2	1002	银行存款	
			3	1003	存放中央银行款项				银行专用
			4	1011	存放同业				银行专用
3	1012	其他货币资金	5	1012	其他货币资金	3	1009	其他货币资金	
							100901	外埠存款	
							100902	银行本票存款	
							100903	银行汇票存款	
							100904	信用卡存款	
							100905	信用证保证金存款	
							100906	存出投资款	
			6	1021	结算备付金				证券专用
			7	1031	存出保证金				金融共用
			8	1101	交易性金融资产				
			9	1111	买入返售金融资产				金融共用
4	1101	短期投资				4	1101	短期投资	
							110101	股票	
							110102	债券	
							110103	基金	
							110110	其他	
						5	1102	短期投资跌价准备	
5	1121	应收票据	10	1121	应收票据	6	1111	应收票据	
6	1122	应收账款	11	1122	应收账款	8	1131	应收账款	
7	1123	预付账款	12	1123	预付账款				
8	1131	应收股利	13	1131	应收股利	7	1121	应收股息	
9	1132	应收利息	14	1132	应收利息				
			15	1201	应收代位追偿款				保险专用
			16	1211	应收分保账款				保险专用

续表

序号	编号	会计科目名称	序号	编号	会计科目名称	序号	编号	会计科目名称	说明
		《小企业会计准则》			《企业会计准则》			《小企业会计制度》	说明
			17	1212	应收分保合同准备金				保险专用
10	1221	其他应收款	18	1221	其他应收款	9	1133	其他应收款	
			19	1231	坏账准备	10	1141	坏账准备	
			20	1301	贴现资产				银行专用
			21	1302	拆出资金				金融专用
			22	1303	贷款				银行专用
			23	1304	贷款损失准备				银行专用
			24	1311	代理兑付证券				银行和证券共用
			25	1321	代理业务资产				
11	1401	材料采购	26	1401	材料采购				
12	1402	在途物资	27	1402	在途物资	11	1201	在途物资	
13	1403	原材料	28	1403	原材料	12	1211	材料	
14	1404	材料成本差异	29	1404	材料成本差异				
15	1405	库存商品	30	1405	库存商品	14	1243	库存商品	
			31	1406	发出商品				
16	1407	商品进销差价	32	1407	商品进销差价	15	1244	商品进销差价	
17	1408	委托加工物资	33	1408	委托加工物资	16	1251	委托加工物资	
						17	1261	委托代销商品	
						13	1231	低值易耗品	
18	1411	周转材料	34	1411	周转材料				
19	1421	消耗性生物资产	35	1421	消耗性生物资产				农业专用
			36	1431	贵金属				金融共用
			37	1441	抵债资产				金融共用
			38	1451	损余物资				保险专用
			39	1461	融资租赁资产				租赁专用
			40	1471	存货跌价准备	18	1281	存货跌价准备	
						19	1301	待摊费用	
			41	1501	持有至到期投资				
			42	1502	持有至到期投资减值准备				
			43	1503	可供出售金融资产				

《小企业会计准则》			《企业会计准则》			《小企业会计制度》			说明
序号	编号	会计科目名称	序号	编号	会计科目名称	序号	编号	会计科目名称	
20	1501	长期债券投资				21	1402	长期债权投资	
							140201	债券投资	
							140202	其他债权投资	
21	1511	长期股权投资	44	1511	长期股权投资	20	1401	长期股权投资	
							140101	股票投资	
							140102	其他股权投资	
			45	1512	长期股权投资减值准备				
			46	1521	投资性房地产				
			47	1531	长期应收款				
			48	1532	未实现融资收益				
			49	1541	存出资本保证金				保险专用
22	1601	固定资产	50	1601	固定资产	22	1501	固定资产	
23	1602	累计折旧	51	1602	累计折旧	23	1502	累计折旧	
			52	1603	固定资产减值准备				
24	1604	在建工程	53	1604	在建工程	25	1603	在建工程	
							160301	建筑工程	
							160302	安装工程	
							160303	技术改造工程	
							160304	其他支出	
25	1605	工程物资	54	1605	工程物资	24	1601	工程物资	
26	1606	固定资产清理	55	1606	固定资产清理	26	1701	固定资产清理	
			56	1611	未担保余值				租赁专用
27	1621	生产性生物资产	57	1621	生产性生物资产				农业专用
28	1622	生产性生物资产累计折旧	58	1622	生产性生物资产累计折旧				农业专用
			59	1623	公益性生物资产				农业专用
			60	1631	油气资产				石油天然气开采专用
			61	1632	累计折耗				石油天然气开采专用
29	1701	无形资产	62	1701	无形资产	27	1801	无形资产	

续表

《小企业会计准则》			《企业会计准则》			《小企业会计制度》			说明
序号	编号	会计科目名称	序号	编号	会计科目名称	序号	编号	会计科目名称	
30	1702	累计摊销	63	1702	累计摊销				
			64	1703	无形资产减值准备				
			65	1711	商誉				
31	1801	长期待摊费用	66	1801	长期待摊费用	28	1901	长期待摊费用	
			67	1811	递延所得税资产				
			68	1821	独立账户资产				保险专用
32	1901	待处理财产损溢	69	1901	待处理财产损溢				
		二、负债类			二、负债类			二、负债类	
33	2001	短期借款	70	2001	短期借款	29	2101	短期借款	
			71	2002	存入保证金				金融共用
			72	2003	拆入资金				金融共用
			73	2004	向中央银行借款				银行专用
			74	2011	吸收存款				银行专用
			75	2012	同业存放				银行专用
			76	2021	贴现负债				银行专用
			77	2101	交易性金融负债				
			78	2111	卖出回购金融资产款				金融共用
34	2201	应付票据	79	2201	应付票据	30	2111	应付票据	
35	2202	应付账款	80	2202	应付账款	31	2121	应付账款	
36	2203	预收账款	81	2203	预收账款				
37	2211	应付职工薪酬	82	2211	应付职工薪酬	32	2151	应付工资	
						33	2153	应付福利费	
38	2221	应交税费	83	2221	应交税费	35	2171	应交税金	
							217101	应交增值税	
							21710101	进项税额	
							21710102	已交税金	
							21710103	减免税款	
							21710104	出口抵减内销产品应纳税额	
							21710105	转出未交增值税	
							21710106	销项税额	

续表

《小企业会计准则》			《企业会计准则》			《小企业会计制度》			说明
序号	编号	会计科目名称	序号	编号	会计科目名称	序号	编号	会计科目名称	
							21710107	出口退税	
							21710108	进项税额转出	
							21710109	转出多交增值税	
							217102	未交增值税	
							217103	应交营业税	
							217104	应交消费税	
							217105	应交资源税	
							217106	应交所得税	
							217107	应交土地增值税	
							217108		
							217109	应交房产税	
							217110	应交土地使用税	
							217111	应交车船使用税	
							217112	应交个人所得税	
39	2231	应付利息	84	2231	应付利息				
40	2232	应付利润	85	2232	应付股利	34	2161	应付利润	
						36	2176	其他应交款	
41	2241	其他应付款	86	2241	其他应付款	37	2181	其他应付款	
			87	2251	应付保单红利				保险专用
			88	2261	应付分保账款				保险专用
			89	2311	代理买卖证券款				证券专用
			90	2312	代理承销证券款				金融共用
			91	2313	代理兑付证券款				证券和银行共用
			92	2314	代理业务负债				
						38	2191	预提费用	
						39	2201	待转资产价值	
							220101	接受捐赠货币性资产价值	
							220102	接受捐赠非货币性资产价值	

《小企业会计准则》			《企业会计准则》			《小企业会计制度》			说明
序号	编号	会计科目名称	序号	编号	会计科目名称	序号	编号	会计科目名称	
42	2401	递延收益	93	2401	递延收益				
43	2501	长期借款	94	2501	长期借款	40	2301	长期借款	
			95	2502	应付债券				
			96	2601	未到期责任准备				保险专用
			97	2602	保险责任准备金				保险专用
			98	2611	保户储金				保险专用
			99	2621	独立账户负债				保险专用
44	2701	长期应付款	100	2701	长期应付款	41	2321	长期应付款	
			101	2702	未确认融资费用				
			102	2711	专项应付款				
			103	2801	预计负债				
			104	2901	递延所得税负债				
					三、共同类				
			105	3001	清算资金往来				银行专用
			106	3002	货币兑换				金融共用
			107	3101	衍生工具				
			108	3201	套期工具				
			109	3202	被套期项目				
		三、所有者权益类			四、所有者权益类			三、所有者权益类	
45	3001	实收资本	110	4001	实收资本	42	3101	实收资本	
46	3002	资本公积	111	4002	资本公积	43	3111	资本公积	
							311101	资本溢价	
							311102	接受捐赠非现金资产准备	
							311106	外币资本折算差额	
							311107	其他资本公积	
47	3101	盈余公积	112	4101	盈余公积	44	3121	盈余公积	
							312101	法定盈余公积	
							312102	任意盈余公积	
							312103	法定公益金	

续表

《小企业会计准则》			《企业会计准则》			《小企业会计制度》			说明
序号	编号	会计科目名称	序号	编号	会计科目名称	序号	编号	会计科目名称	
			113	4102	一般风险准备				金融共用
48	3103	本年利润	114	4103	本年利润	45	3131	本年利润	
49	3104	利润分配	115	4104	利润分配	46	3141	利润分配	
							314101	其他转入	
							314102	提取法定盈余公积	
							314103	提取法定公益金	
							314109	提取任意盈余公积	
							314110	应付利润	
							314111	转作资本的利润	
							314115	未分配利润	
			116	4201	库存股				
		四、成本类			五、成本类			四、成本类	
50	4001	生产成本	117	5001	生产成本	47	4101	生产成本	
							410101	基本生产成本	
							410102	辅助生产成本	
51	4101	制造费用	118	5101	制造费用	48	4105	制造费用	
			119	5201	劳务成本				
52	4301	研发支出	120	5301	研发支出				
53	4401	工程施工	121	5401	工程结算				建造承包商专用
			122	5402	工程结算				建造承包商专用
54	4403	机械作业	123	5403	机械作业				建造承包商专用
		五、损益类			六、损益类			五、损益类	
55	5001	主营业务收入	124	6001	主营业务收入	49	5101	主营业务收入	
			125	6011	利息收入				金融共用
			126	6021	手续费及佣金收入				金融共用
			127	6031	保费收入				保险专用
			128	6041	租赁收入				租赁专用

续表

《小企业会计准则》			《企业会计准则》			《小企业会计制度》			说明
序号	编号	会计科目名称	序号	编号	会计科目名称	序号	编号	会计科目名称	
56	5051	其他业务收入	129	6051	其他业务收入	50	5102	其他业务收入	
			130	6061	汇兑损益				金融共用
			130	6061	公允价值变动损益				
57	5051	投资收益	132	6111	投资收益	51	5201	投资收益	
			133	6201	摊回保险责任准备金				保险专用
			134	6202	摊回赔付支出				保险专用
			135	6203	摊回分保费用				保险专用
58	5301	营业外收入	136	6301	营业外收入	52	5301	营业外收入	
59	5401	主营业务成本	137	6401	主营业务成本	53	5401	主营业务成本	
60	5402	其他业务成本	138	6402	其他业务支出	55	5405	其他业务支出	
61	5403	营业税金及附加	139	6043	营业税金及附加	54	5042	主营业务税金及附加	
			140	6411	利息支出				金融共用
			141	6421	手续费及佣金支出				金融共用
			142	6501	提取未到期责任准备金				保险专用
			143	6502	提取保险责任准备金				保险专用
			144	6511	赔付支出				保险专用
			145	6521	保单红利支出				保险专用
			146	6531	退保金				保险专用
			147	6541	分出保费				保险专用
			148	6542	分保费用				保险专用
62	5601	销售费用	149	6601	销售费用	56	5501	营业费用	
63	5602	管理费用	150	6602	管理费用	57	5502	管理费用	
64	5603	财务费用	151	6603	财务费用	58	5503	财务费用	
			152	6604	勘探费用				石油天然气开采专用
			153	6701	资产减值损失				
65	5711	营业外支出	154	6711	营业外支出	59	5601	营业外支出	
66	5801	所得税费用	155	6801	所得税费用	60	5701	所得税	
			156	6901	以前年度损益调整				

第二章　货币性资产核算与税务处理

第一节　资产的含义、核算目标及风险提示

一、资产含义及特征

（一）资产含义

> 《小企业会计准则》指出：资产，是指小企业过去的交易或者事项形成的、由小企业拥有或者控制的、预期会给小企业带来经济利益的资源。

（二）资产的特征

1. 资产是小企业拥有或者控制的资源。

资产作为小企业的一项资源，应该由小企业拥有或者控制。所谓拥有，是指该项资源归小企业所有，小企业拥有该资源的所有权。所谓控制，是指该项资源虽不归小企业所有，但小企业可以控制和利用该资源，且从资产中获得经济利益，如企业融资租入的固定资产，虽然没有所有权，但租赁期限较长，接近于该资产的使用寿命，且在使用中能带来经济利益，故小企业准则规定也应列入资产范畴。

2. 资产预期会给小企业带来经济利益。

因为企业是一个经济实体，它的一切经营活动及目的是创造利益。假如某项资源不能为小企业带来经济利益，如某商品已腐烂变质、某药品已过期失效、某部机械已不能继续使用等，这些资产已失去创造利益的本质特征，所以，也不再是企业的资产，而是一堆废弃物，处理它有时还需要支付费用。

3. 资产是由小企业过去的交易或者事项形成的。

这一特征是说明小企业的资产是怎样形成的。它是由过去的交易或者事项形成的，如购买原材料及生产设备，投资者投入资产或接受捐赠资产，或发明创造专有技术等事项形成资产。假如有购买设备的计划，而购买交易尚未发生，资产尚未形成，则设备就不能确认为是企业的资产。

（三）确认资产的条件

将一项资源确认为资产，除具有上述特征，还需要满足下列两项条件：

1. 与该项资产有关的经济利益很可能流入小企业。

资产能为小企业带来经济利益是资产的本质特征，所以不能为企业带来经济利益的资源就不能称为资产。但是现实生活瞬息万变，与资源有关的经济利益能否流入企业带有很大的不确定性。因此，只有很可能为企业带来经济利益的资源才能确认为资产，不能为小企业带来经济利益的资源，失去了资源的本质特征，因此就不能再确认为资产。

2. 该资源的成本或者价值能够可靠地计量。

作为小企业的一项资产，它的成本或者价值能够可靠地计量时，资产才能予以确认，如果一项资源尽管对企业非常重要，但若不能用价值计量，从会计核算角度讲，就不能称为是企业的资产。如企业的职工，尽管是企业最宝贵的资源，但是人不能作为企业的资产在资产负债表上列示，因为人的价值除了无法用货币计量外，他既不能被企业出售，也不能为企业拥有。

二、资产计量

资产是用货币来计量——金额是衡量资产价值大小的依据。资产计量属性有多种，《企业会计准则》规定："会计计量属性主要包括历史成本、重置成本、可变现净值和公允价值。"同时又明确规定："企业在对会计要素计量时，一般应当采用历史成本、重置成本、可变现净值、现值、公允价值，应当保证所确定的会计要素金额能够取得并可靠计量"。小企业如何计量资产的价值？

《小企业会计准则》规定："小企业的资产应当按照成本计量，不计提减值准备。"

《企业所得税法》第56条规定："企业的各项资产包括固定资产、生物资产、无形资产、长期待摊费用、投资资产、存货等，以历史成本为计税基础。历史成本，是指企业取得该项资产时实际发生的支出。企业持有各项资产期间资产增值或减值，除国务院财政、税务主管部门规定可以确认损益外，不得调整该项资产的计税基础。"

小企业在运用历史成本计量资产价值时，应从以下几方面把握：

1. 资产取得时，按实际发生的支出作为历史成本，而不考虑取得的形式。

2. 在持有期间，资产的增值与减值会计账面不进行调整，仍按历史成本核算。

3. 固定资产、无形资产和长期待摊费用等，计提折旧或摊销时仍按历史成本核算。

4. 资产实际发生损失时，在发生后应根据《小企业会计准则》的相关规定进行账务处理。

为弥补历史成本计量的缺点，《小企业会计准则》要求企业在对外提供年度财务报表时，对短期投资的市场价格、存货的市场价格、应收账款的账龄和固定资产的折旧情况，应当在附注中进行单独披露，说明该项资产的现时市场价值及其状况，从而弥补历史成本计量可能存在的不能真实反映资产价值和质量的情况。

三、资产分类

小企业的资产按其流动性可分为流动资产与非流动资产。流动资产又可分为货币性流动资产与非货币性流动资产，前者包括货币资金及以固定或可确定金额收回的资产。如库存现金、银行存款、其他货币资金、应收账款、其他应收款等。

（一）流动资产

《小企业会计准则》指出：小企业的流动资产，是指预计在 1 年内（含 1 年）或超过 1 年的 1 个正常营业周期内变现、出售或耗用的资产。

小企业的流动资产包括：货币资金、短期投资、应收及预付款项、存货等。

---

1. 营业周期的含义。

正常的营业周期是指企业从购买用于产品生产的原材料开始，通过加工制造，到产品完工后销售，最终转变为现金止的这一期间。由于各企业产品性质及特征不同，正常的营业周期有的短于 1 年，甚至 1 年内出现几个营业周期；有的可能长于 1 年甚至几年。如房地产商品房的开发、建造、销售直到收回货款，其周期往往长达几年。如建造一条远洋轮船，需要几年的时间，其耗用的材料、安装的设备等，仍作为流动资产列示。

会计年度通常是指从公历 1 月 1 日至 12 月 31 日；1 年或称 1 年期通常指从业务事项发生时日起，到次年相同月份的前 1 天为止。

2. 营业周期的作用。

营业周期是判断资产属性的一项重要标准。如果购买一辆汽车是为了运输货物，并在多个营业周期发挥作用，则应列为固定资产；如果购买汽车的目的不是使用而是为了卖，只在一个营业周期发挥作用，则应列为商品，归属于流动资产。

3. 变现、出售和耗用。

（1）变现，通常是指将资产转变为现金。如收回应收账款、收回短期投资等。

（2）出售，通常是指将产品、材料或机械设备卖掉，收回货款或取得收款权利。

（3）耗用，通常是指存货从一种形态转变为另一种形态，如棉花纺成棉纱，棉纱织成棉布，棉布再制成服饰等。

（二）非流动资产

非流动资产是指流动资产以外的资产。包括长期债券投资、长期股权投资、固定资产、生产性生物资产、无形资产、长期待摊费用等。这些资产的含义与特征，分别在各自部分论述。

四、资产核算目标

1. 资产的确认，达到正确无误、合规合法。

2. 资产的计量，实现准确无误、科学合理。

3. 资产的记录，做到及时正确、真实可靠。

五、风险提示

1. 企业的资产是企业生存发展的基础和条件，核算不清、手续不严、账实不符、管理混乱、资产安全受到威胁，可能影响企业的生存与发展。

2. 企业资产的确认、计量、账务处理不合规、数量不清、手续不全，不能充分发挥资产的效能，可能导致企业资产流失且效益低下。

3. 企业资产的确认、计量、记录不合规，不仅影响企业效益的正确性，而且可能导致重大税务风险。

第二节　现金的管理与核算

《小企业会计准则》要求：小企业应当设置"库存现金日记账"，由出纳人员根据收付款凭证，按照业务发生顺序逐笔登记。每日终了，应当计算当日的现金收入合计额、现金支出合计额和结余额，将结余额与实际库存核对，做到账款相符。

有外币现金的小企业，还应当分别按照人民币和外币进行明细核算。

一、现金管理内容

见图 2-1。

```
                    ┌── 现金收入管理 ── 企业不准以收抵支坐支现金
                    │
                    │                  ┌─ 职工工资、津贴、个人资金、个人劳务报酬
                    │                  ├─ 劳保及福利费等支出
                    │                  ├─ 向个人收购农副产品价款
                    ├── 现金使用范围 ──┤
                    │                  ├─ 出差携带的差旅费
          现        │                  ├─ 不足支票起点零星支出
          金        │                  └─ 中国人民银行确定的需支付现金的其他支出
          管        │
          理        ├── 现金库存限额 ──┬─ 一般企业库存 3~5 天日常开支所需金额
          内        │                  └─ 特殊企业 15 天正常开支所需金额
          容        │
                    │                  ┌─ 不准以白条顶替现金
                    │                  ├─ 不准挪用现金
                    │                  ├─ 不准私人借用公司现金
                    │                  ├─ 不准单位之间兑换现金
                    └── 现金管理限制 ──┤─ 不准假造用途套取现金
                                       ├─ 不准将公款以个人名义存储
                                       ├─ 不准用银行账户为其他单位存取现金
                                       ├─ 不准设小金库保留账外现金
                                       └─ 不准以任何票证代替人民币
```

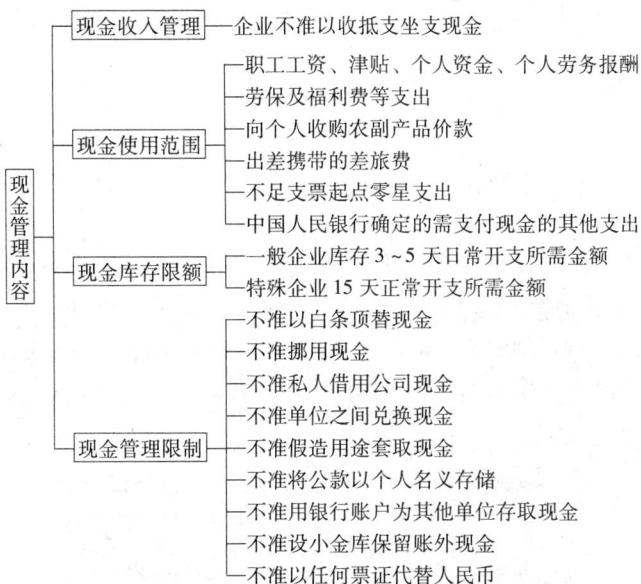

图 2-1　现金管理内容

二、库存现金的核算

（一）库存现金核算内容

见图 2-2。

```
                    ┌── 现金收支 ──┬─ 根据合规凭证收入现金
                    │              ├─ 根据经批准审核无误的凭证支付现金
          库        │              └─ 根据核准库存限额存留现金
          存        │
          现        ├── 现金清查 ──┬─ 清查要求——做到日清月结
          金        │              └─ 清查方法——现金账面余额与库存现金数额核对相符
          核        │
          算        ├── 备用金管理 ┬─ 实行定额管理
          内        │              ├─ 建立备用金管理责任制
          容        │              └─ 对备用金定期清查盘点
                    │
                    └── 现金日记账登记 ── 由出纳人员负责按日逐笔登记，并结出余额
```

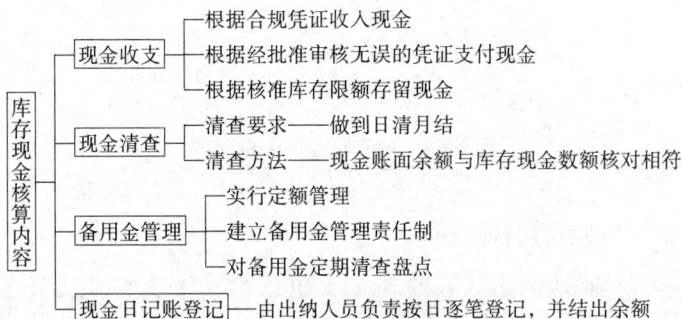

图 2-2　库存现金核算内容

（二）库存现金核算依据

见图 2 - 3。

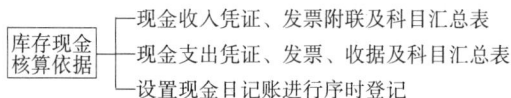

图 2 - 3　库存现金核算依据

（三）库存现金核算方法

1. 库存现金收入的核算。

【例1】某企业 3 月现金收入的主要事项有：①股东交来入资现款 120000 元。②收到捐赠现金款 5000 元。③销售产品收到现金 234000 元，其中增值税 34000 元。④收回应收账款 22000 元。⑤收到供应单位因不履行合同的赔款 37500 元。⑥向银行提取现金 53250 元。账务处理见图 2 - 4。

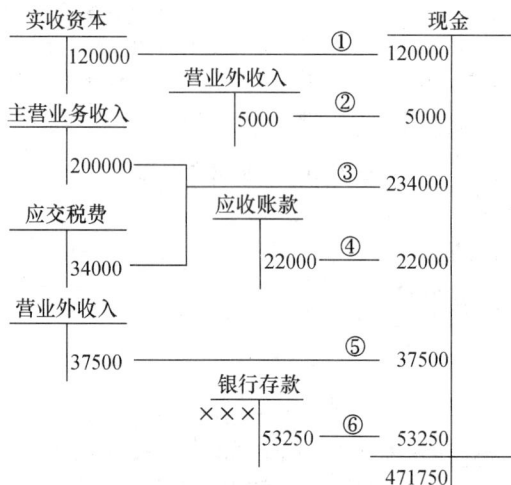

图 2 - 4　库存现金收入的核算

2. 库存现金支出的核算。

【例2】某企业 3 月发生下列现金支出款项：①支付职工工资 53250 元。②职工预借差旅费 1200 元。③发放投资者分得现金利润（现金部分）1370 元。④购置零星办公用品 525 元（厂部）。⑤上述第②项职工出差归来报销，实际发生费用 1352 元，又补给现金 152 元。账务处理见图 2 - 5。

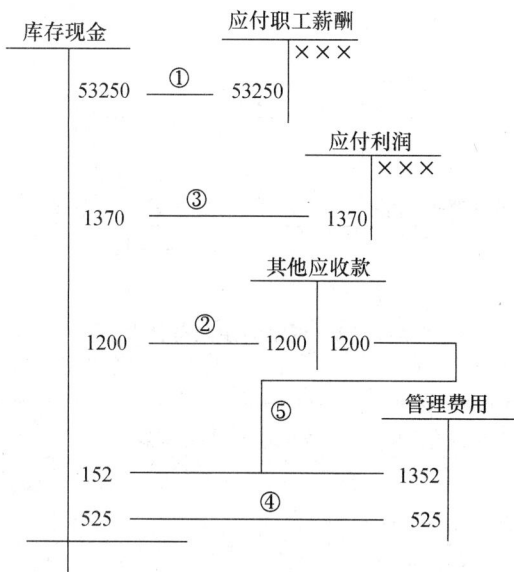

图2-5　库存现金支出的核算

3. 现金短缺与溢余处理。

现金收支要及时登记日记账，做到日清月结。同时要清点现金与账面结余额核对，当发现账实不符时，应将溢余或短缺的现金，记入"待处理财产损溢——待处理流动资产损溢"科目。待查明原因后再做处理。

【例3】某公司清查现金时发现现金短缺100元，分析是由于出纳收款造成的，决定由本人赔偿50元，其余由企业负担。账务处理见图2-6。月终清查现

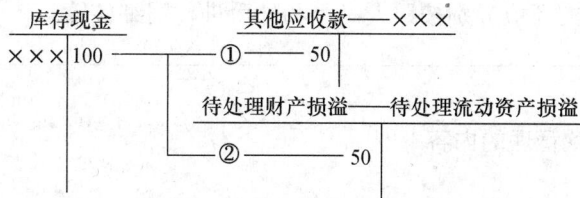

图2-6　现金短缺账务处理

图示说明：

①由个人负担50元。

②由企业承担损失50元。

金发现多余200元，经核对是×××交回借款150元，其余50元未曾查明原因，见图2-7。

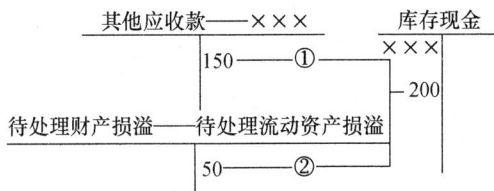

图2-7 现金溢余账务处理

图示说明：
①×××交回现金150元借款。
②其余多余50元计入待处理财产损溢——待处理流动资产损溢。

第三节 银行存款的管理与核算

《小企业会计准则》要求：小企业应当按照开户银行和其他金融机构、存款种类等设置"银行存款日记账"，由出纳人员根据收付款凭证，按照业务的发生顺序逐笔登记。每日终了，应结出余额。

"银行存款日记账"应定期与"银行对账单"核对，至少每月核对一次。如有差额应编制"银行存款余额调节表"调节相符。

有外币存款的还应分别按照人民币和外币进行明细核算。

一、银行存款管理的内容
见图2-8。

图 2-8 银行存款管理的内容

（示意图内容）

```
                    ┌─ 基本存款账户 ── 办理日常现金收支和转账结算
                    │
                    ├─ 一般存款账户 ── 办理转账结算和现金缴存，但不办理现金支付
          银行存款   │
          开户的规定 ├─ 临时存款账户 ── 办理转账结算和国家规定的现金收付
                    │
                    ├─ 专用存款账户 ── 因特定用途需要开立的账户
                    │
                    └─ 开户规定 ┬─ 一个企业不得在多家银行、金融机构开立基本存款账户
银行存款                        └─ 不得在同一家银行的几个分支机构开立一般存款账户
管理的内容
                    ┌─ 不准签发没有资金保证的票据或远期支票
                    │
          银行结算   ├─ 不准签发、取得和转让没有真实交易的债权债务的票据
          纪律       │
                    ├─ 不准无理拒绝付款
                    │
                    └─ 不准违反规定开立和使用账户
```

图 2-8 银行存款管理的内容

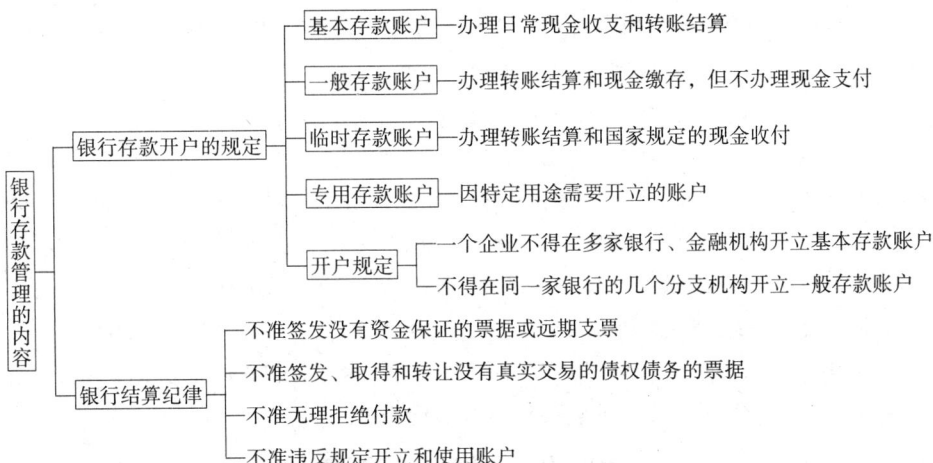

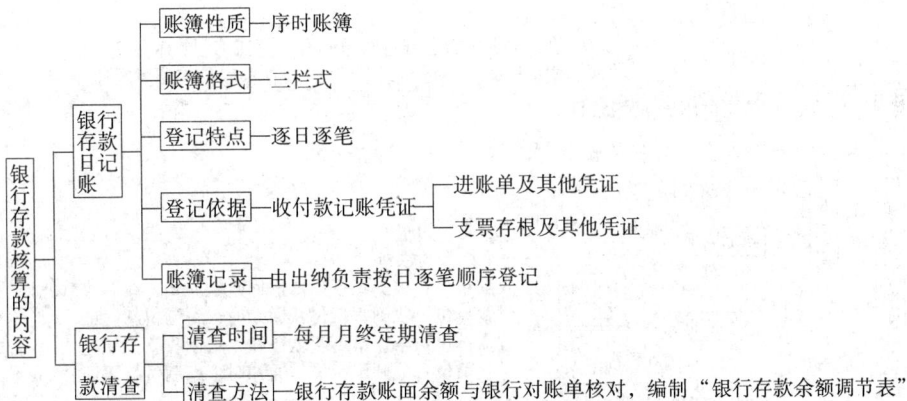

二、银行存款核算的内容及规定

（一）银行存款核算的内容

见图 2-9。

```
                    ┌─ 账簿性质 ── 序时账簿
                    │
                    ├─ 账簿格式 ── 三栏式
          银行       │
          存款       ├─ 登记特点 ── 逐日逐笔
          日记账     │
                    ├─ 登记依据 ── 收付款记账凭证 ┬─ 进账单及其他凭证
银行存款             │                          └─ 支票存根及其他凭证
核算的              │
内容                └─ 账簿记录 ── 由出纳负责按日逐笔顺序登记

                    ┌─ 清查时间 ── 每月月终定期清查
          银行存      │
          款清查     └─ 清查方法 ── 银行存款账面余额与银行对账单核对，编制"银行存款余额调节表"
```

图 2-9 银行存款核算的内容

（二）银行存款核算规定

见图 2-10。

```
            ┌ 专户核算 ── 企业应按开户银行和存款种类等分别设立银行存款日记账，分别进行核算
            │
            │ 定期核对 ┬ 定期将银行存款日记账与银行对账单发生额核对
            │          └ 月度终了应编制"银行存款余额调节表"调节相符
银行存款核    │
算规定       │          ┌ 外币存款应按币种专设"外币银行存款日记账"核算
            ┤ 外币存款 ┼ 发生外币业务应采用业务发生日即期汇率或业务发生当期平均汇率折合为记账本位币记账
            │          └ 期末各种外币账户余额，应按期末即期汇率折合为记账本位币，期末折合记账本位币
            │            金额与原账面记账本位币金额之间的差额作为汇兑损益处理
            │
            │          ┌ 筹建期间发生的汇兑损益 ── 记入开办费
            └ 损益处理 ┼ 购置固定资产专门借款的汇兑损益 ── 在资产未交付使用前发生的记入所购固定资产成本
                       └ 除上述情况外，汇兑损益记入当期财务费用
```

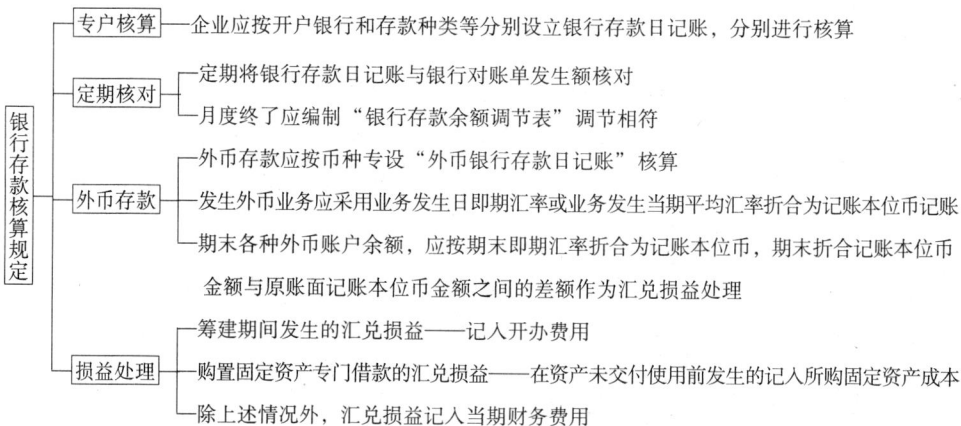

图 2-10　银行存款核算规定

三、银行存款结算方式

银行存款结算方式的种类及记账依据见图 2-11。

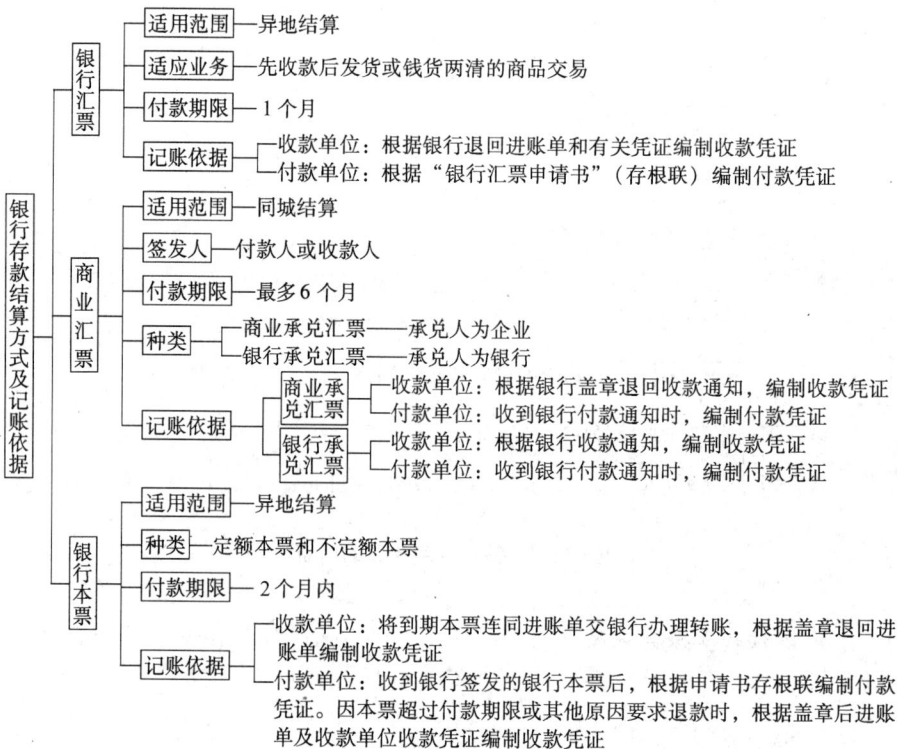

```
                  ┌         ┌ 适用范围 ── 异地结算
                  │         │ 适应业务 ── 先收款后发货或钱货两清的商品交易
                  │ 银行汇票 ┤ 付款期限 ── 1个月
                  │         │          ┌ 收款单位：根据银行退回进账单和有关凭证编制收款凭证
                  │         └ 记账依据 ┴ 付款单位：根据"银行汇票申请书"（存根联）编制付款凭证
                  │
                  │         ┌ 适用范围 ── 同城结算
                  │         │ 签发人 ── 付款人或收款人
银行存款结          │         │ 付款期限 ── 最多6个月
算方式及          ┤ 商业汇票 ┤ 种类 ┬ 商业承兑汇票 ── 承兑人为企业
记账依据          │         │      └ 银行承兑汇票 ── 承兑人为银行
                  │         │          ┌ 商业承 ┬ 收款单位：根据银行盖章退回收款通知，编制收款凭证
                  │         │          │ 兑汇票 └ 付款单位：收到银行付款通知时，编制付款凭证
                  │         └ 记账依据 ┤ 银行承 ┬ 收款单位：根据银行收款通知，编制收款凭证
                  │                    └ 兑汇票 └ 付款单位：收到银行付款通知时，编制付款凭证
                  │
                  │         ┌ 适用范围 ── 异地结算
                  │         │ 种类 ── 定额本票和不定额本票
                  │         │ 付款期限 ── 2个月内
                  └ 银行本票 ┤          ┌ 收款单位：将到期本票连同进账单交银行办理转账，根据盖章退回进
                            │          │          账单编制收款凭证
                            └ 记账依据 ┴ 付款单位：收到银行签发的银行本票后，根据申请书存根联编制付款
                                                   凭证。因本票超过付款期限或其他原因要求退款时，根据盖章后进账
                                                   单及收款单位收款凭证编制收款凭证
```

银行存款结算方式及记账依据
- 银行支票
  - 适用范围——同城结算、异地结算
  - 种类
    - 现金支票——准予支取现金或用于转账
    - 转账支票——只能用于转账
    - 普通支票——可用于支取现金或转账
  - 有效期限——10 日
  - 记账依据
    - 收款单位：根据盖章退回进账单、收款凭证和有关原始凭证编制收款凭证
    - 付款单位：根据签发支票存根和有关原始凭证编制付款凭证
- 汇兑结算
  - 适用范围——异地结算
  - 种类——信汇和电汇
  - 记账依据
    - 收款单位：在收到银行收款通知时，编制收款凭证
    - 付款单位：在向银行办理汇款后，根据汇款回单及相关凭证编制付款凭证
- 委托收款
  - 适用范围——同城或异地结算
  - 种类——邮寄或电报
  - 付款期限——3 日内
  - 记账依据
    - 收款单位：根据银行的收款通知，编制收款凭证
    - 付款单位：根据委托收款凭证的付款通知和有关原始凭证编制付款凭证，如拒绝付款，不作账务处理
- 托收承付
  - 适用范围——异地结算
  - 种类——邮寄或电报
  - 特点——购销双方必须签有购销合同
  - 承付方式——验单付款和验货付款
  - 记账依据
    - 收款单位：根据收款通知和有关原始凭证编制收款凭证
    - 付款单位：根据承付支款通知和有关发票账单等原始凭证编制付款凭证，拒付不作账务处理
- 其他
  - 存取现金
    - 存入现金：根据交款回单编制现金付款凭证
    - 提取现金：根据支票存根编制银行存款付款凭证
  - 存款利息
    - 一般存款利息：根据银行利息通知，编制收款凭证，记入财务费用
    - 专项存款利息：根据利息通知，编制收款凭证，属固定资产购置在未交付使用前记入"在建工程"

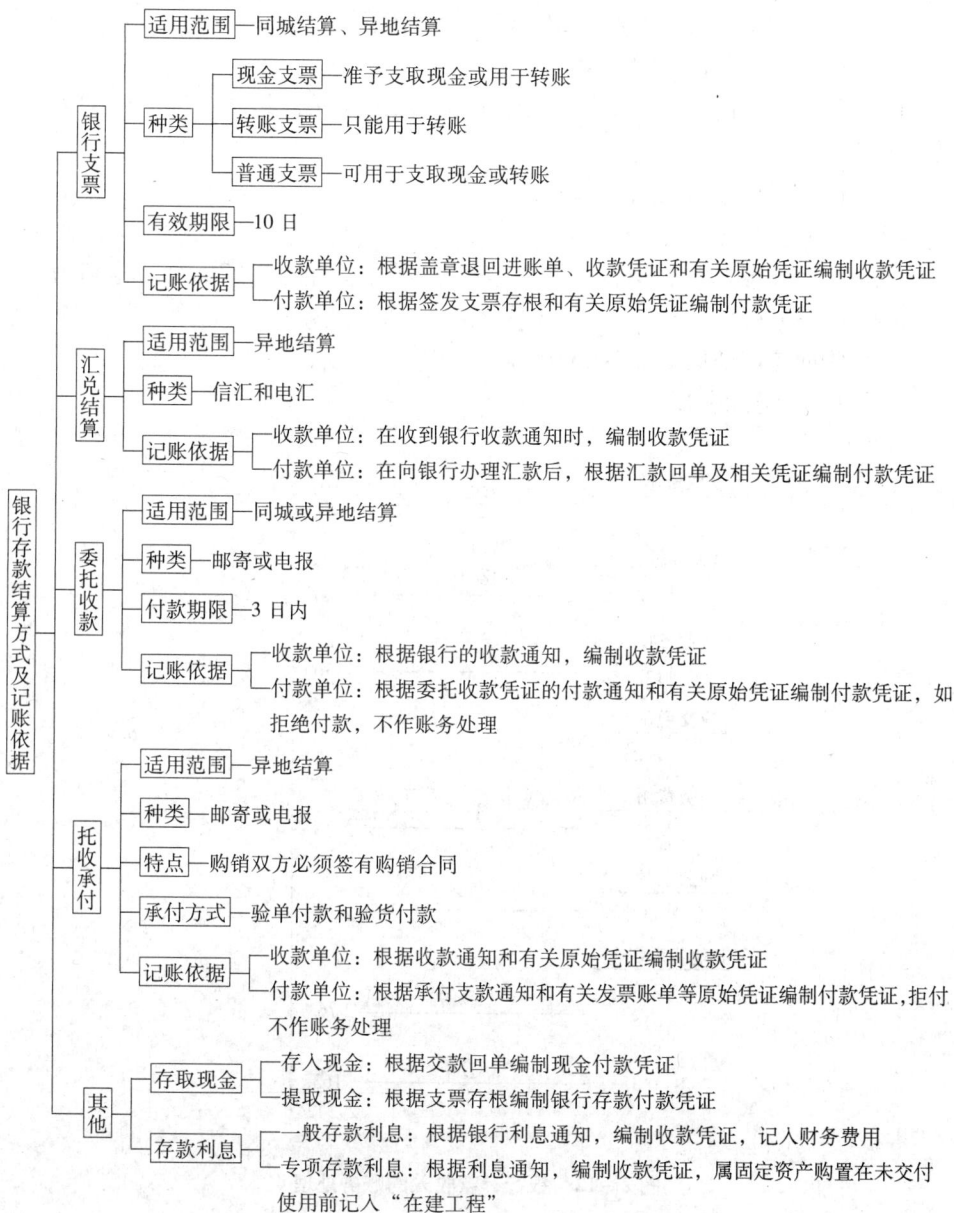

图 2-11 银行存款结算方式及记账依据

四、银行存款收支的核算

（一）银行存款收入的核算

【例4】某企业 3 月收入的银行存款主要事项有：

（1）收到股东交来的入资款 215000 元存入银行。

（2）收到有关单位捐赠款 4000 元。

（3）收入产品销售收入 13077 元、增值税 2223 元，共计 15300 元，收到支票存入银行。

（4）收入银行存款利息 2313 元。

（5）收回应收账款 53200 元。

（6）收回外埠存款、银行汇票、银行本票的未用余额 976 元（分别为 273元、614 元、89 元）。

（7）收回信用证保证金 1635 元。

账务处理见图 2 - 12。

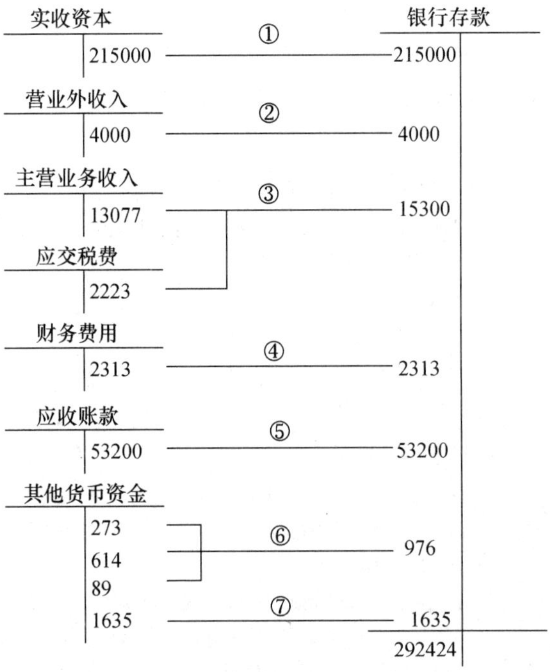

图 2 - 12　银行存款收入的账务处理

（二）银行存款支出的核算

【例5】某企业 3 月发生下列银行存款支出业务：

（1）将银行存款 30000 元汇往采购地开立采购专户。

（2）划给银行 50000 元以取得银行汇票。

（3）支付水电费 6750 元。

（4）购入不需安装的固定资产 45000 元，增值税 7650 元。

（5）支付购入材料的买价和外地运杂费 2630 元，货未收到。

（6）支付委托外单位加工物资的加工费 850 元。

（7）缴纳各种应交税金 25315 元。

（8）缴纳应交城建税等款项 7036 元。

账务处理见图 2－13。

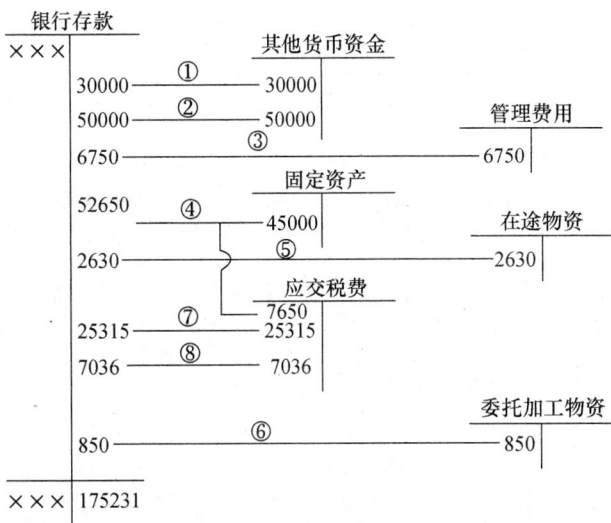

图 2－13　银行存款支出的账务处理

五、银行存款核对程序

（一）银行存款核对程序

见图 2－14。

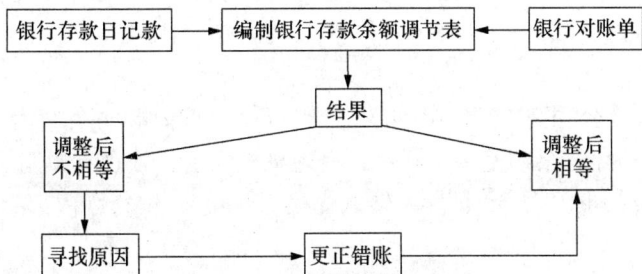

图 2－14　银行存款核对程序

（二）银行存款余额调节表的编制方法

见图2-15。

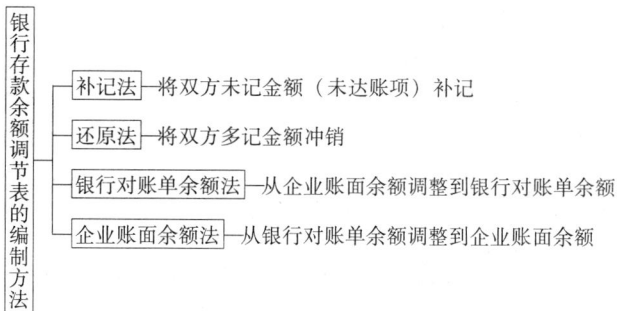

图2-15 银行存款余额调节表的编制方法

银行存款余额调节表是用来调节"未达账项"，查明银行存款实有数的一种方法。"未达账项"是指一方已记账，而另一方尚未收到凭证未曾记账的款项。归纳起来有四种情况：①企业已收款记账，而银行尚未收款记账。如企业月末收到支票交存银行，而银行未记账。②企业已付款记账，而银行尚未付款记账，如企业月底开出支票收款单位尚未交存银行。③银行已收款记账，而企业尚未收款记账。如托收货款，银行已经入账，而企业尚未收到收款通知。④银行已付款记账，而企业尚未付款记账。如借款利息，银行已经确认入账，而企业尚未收到付款通知，尚未记账。

月末或某一时点若企业的银行存款日记账余额与银行对账单的余额不相等，企业首先应编制"银行存款余额调节表"，来排除未达账项造成两者余额不等的因素。银行存款余额调节表编制依据的公式为：

企业银行存款日记账余额＋银行已收账而企业尚未收账数－银行已付账而企业尚未付账数＝银行对账单余额＋企业已收账而银行尚未收账数－企业已付账而银行尚未付账数

（三）实例

【例6】华丰公司2011年10月31日银行存款日记账的余额为27000元，而银行对账单上的存款余额是28180元，经逐笔核对后，发现有以下未达账项：

（1）华丰公司10月30日存入转账支票5000元，银行因内部手续尚未办妥，还未入账。

（2）华丰公司10月30日开出转账支票4000元和一张现金支票280元，银行尚未记账。

（3）委托银行代收的货款 3000 元，10 月 30 日银行已经收到并登记入账，由于收账通知尚未送达企业，企业尚未入账。

（4）电信局委托银行代收华丰公司电话费 1100 元，银行已从企业存款中支付，由于通知单尚未送达企业，故企业尚未记账。

根据上述材料，华丰公司 2011 年 10 月 31 日编制银行存款余额调节表，见表 2 - 1。

表 2 - 1　　　　　华丰公司银行存款余额调节表——××银行

（2011 年 10 月 31 日）

项　目	金　额（元）	项　目	金　额（元）
企业银行存款账户余额	27000	银行对账单上存款余额	28180
加：银行已代收的货款	3000	加：企业已存入的支票	5000
减：银行已代付的电话费	1100	减：企业已开出的支票	4280
调节后余额	28900	调节后余额	28900

银行存款调节后的余额，就是当日的实际存款余额，双方必须相等，若经过调节后双方余额仍不相等，表明差错出在双方中的任何一方，应逐笔查明原因，进行调整。

第四节　其他货币资金的管理与核算

一、其他货币资金的种类

其他货币资金的种类包括小企业的银行汇票存款、银行本票存款、信用卡存款、信用证保证金存款、外埠存款、备用金等。应根据核算内容分别设立明细账户（见图 2 - 16）。

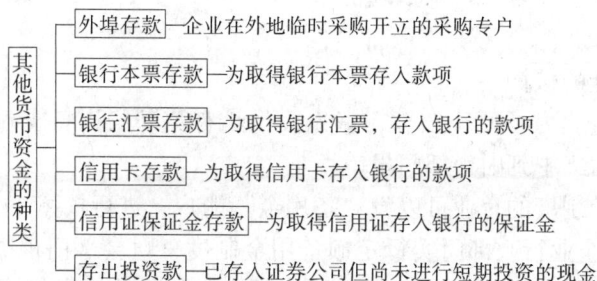

图 2 - 16　其他货币资金的种类

二、其他货币资金的管理

见图 2 – 17。

其他货币资金的管理	根据业务需要合理选择结算工具
	及时办理结算，对逾期尚未办理结算的应按规定及时转回
	严格按会计制度规定核算其他货币资金的各项收支业务

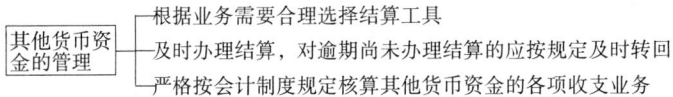

图 2 – 17　其他货币资金的管理

三、其他货币资金的账务处理

见图 2 – 18。

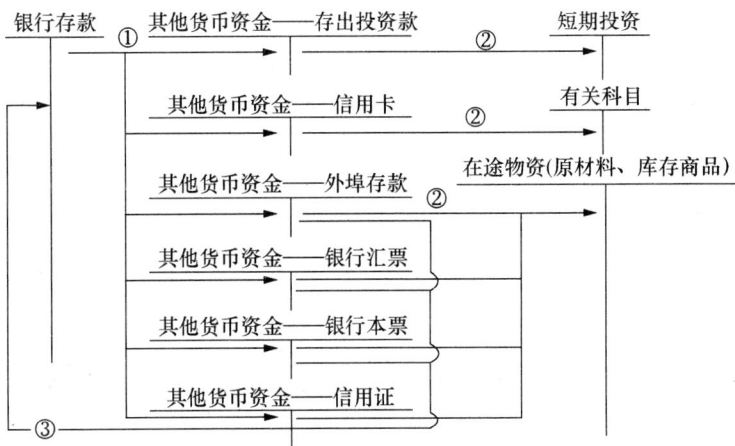

图 2 – 18　其他货币资金的账务处理

图示说明：

①取得其他货币资金——根据其不同性质分别开立账户。

②使用其他货币资金。

③余额退回或逾期未使用汇票、本票等退回。

四、备用金的核算

备用金是企业为了便于核算，事先拨付给有关部门以备支付日常费用的现金，费用发生后集中到财会部门报销。

实行备用金制度的企业可以设"备用金"账户，进行核算。

【例 7】 某企业行政部门实行定额备用金制度，财会部门根据核准备用金定额，拨付现金 6000 元，行政部门用上项备用金支付企业零星费用 1500 元，到财会部门报销，并付现金补足备用金定额，核算方法见图 2 – 19。

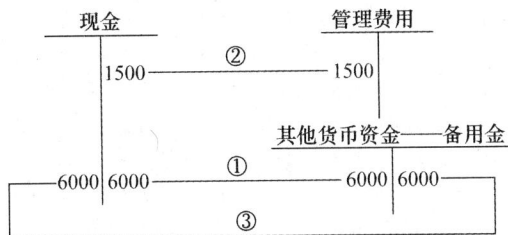

图 2 - 19　备用金的核算

图示说明：

①备用金拨付时。

②备用金使用后报销，并补足备用金。

③备用金收回时。

第五节　应收票据的管理与核算

一、应收票据含义及准则要求

应收票据是小企业因销售商品、提供劳务等日常生产经营活动而收到的商业汇票（银行承兑汇票和商业承兑汇票）。

根据票据法规定，商业汇票必须记载下列事项：表明"汇票"字样；无条件支付的委托；确定的金额；付款人名称；收款人名称；出票日期；出票人签章。汇票上未记载上述事项之一的，汇票无效。汇票上未记载付款日期的，为见票即付；汇票上未记载付款地的，付款人的营业场所、住所或者经营居住地为付款地；汇票上未记载出票地的，出票人的营业场所、住所或者经常居住地为出票地。商业汇票付款日期最长为六个月，可以背书转让。

《小企业会计准则》要求：小企业应当设置"应收票据备查簿"，逐笔登记商业汇票的种类、号数和出票日、票面金额、交易合同和付款人、承兑人、背书人的姓名或单位名称、到期日、背书转让日、贴现日、贴现率和贴现净额以及收款日期和收回金额、退票情况等资料。商业汇票到期结清票款或退票后，在备查簿中应予注销。

二、票据到期日的确定

票据到期日的确定分为两种情况，见图 2-20。

票据到期日
├── 票据上指定具体的到期日，以票据指定的日期为到期日
└── 票据上规定一段时期终了之时的到期日
　　├── ①按年数定期，如"准定以出票日后一年为期，到期即付"。这类票据的到期日是下一年度与出票日相同的日期
　　├── ②按月定期，如"准定以出票日后5个月为期，到期即付"。这类票据的到期日是到期的那个月与出票日相同的日期
　　└── ③按日定期，如"准定以出票日后60天为期，到期即付"。这类票据到期日的确定遵循去头不去尾原则（包括最后一天而不包括出票日的一天）。按日计算推到60日即为到期日

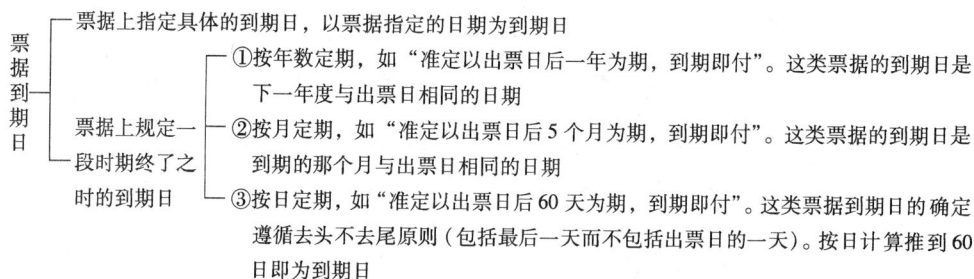

图 2 - 20　票据到期日

【例8】 2012 年 4 月 5 日开出的一张 60 天的期票，到期日为 $(30-5)+31+X=60$，则 $X=60-31-25=4$，即该票据到期日为 6 月 4 日。

三、票据利息与到期价值的确定

带息的应收票据要计算利息，其计算公式为：

利息 = 本金 × 利率 × 时期

这里应指出，利率与时期一定要同质，即若为年利率，时期必须是年；若为月利率，时期必须是月；若为日利率，时期必须是日，表 2 - 2 演算了这一问题。

表 2 - 2　　　　　　　　　　利息计算

本金	年利率	月利率	日利率	时间	到期利息及计算过程
10000 元	12%			1 年	10000 × 12% × 1 = 1200（元）
10000 元		1%		12 个月	10000 × 1% × 12 = 1200（元）
10000 元			12% ÷ 360 = 0.00033…	360 天	10000 ×（12% ÷ 360）× 360 = 1200（元）

注：在计算利息时，日利率是以 360 天为一年的标准期，而不是 365 天。

应收票据到期价值的确定分为两种情况，见图 2 - 21。

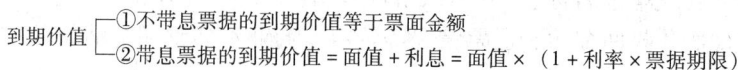

到期价值
├── ①不带息票据的到期价值等于票面金额
└── ②带息票据的到期价值 = 面值 + 利息 = 面值 ×（1 + 利率 × 票据期限）

图 2 - 21　票据到期价值

【例9】 一张票面价值为 50000 元，年利率为 8%，期限为 90 天的票据，它的到期价值是多少?

到期价值 = 50000 × （1 + 8% × 90 ÷ 360） = 51000 （元）

四、票据的收取、兑现、转让和到期拒付的账务处理

应收票据的收取、兑现以及到期拒付的账务处理，通过"应收票据"科目核算，并按照开出、承兑商业汇票的单位进行明细核算。账务处理见图 2 - 22。

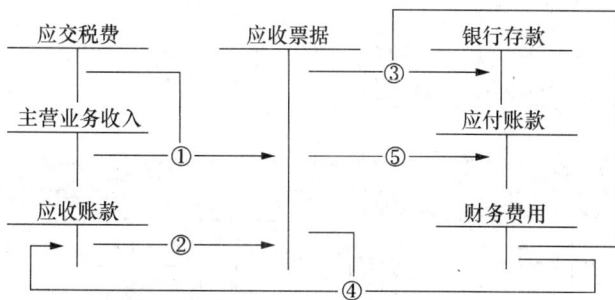

图 2 - 22 应收票据账务处理

图示说明:

①企业赊销产品等收到商业汇票按照商业汇票的票面金额。

②企业收到商业汇票用来抵偿所欠的应收账款。

③商业汇票到期兑现，如是带息票据，其利息收入记入财务费用。

④票据到期遭到拒付，如是带息票据，应收利息部分记入财务费用。

⑤将持有票据背书转让，偿还应付购货款。

五、应收票据贴现

如果企业想在应收票据到期之前获得所需要的货币资金，可以将未到期票据到银行申请贴现，即持票企业通过背书手续向银行收取等于到期值并扣减贴现息后的金额。其贴现值计算公式如下:

企业贴现实得款 = 票据到期值 - 贴现息

= 票据到期值 - 票据到期值×贴现率×贴现期

票据到期值 = 票面值 + 票面值×票据期限×票面利率

票据贴现息 = 票据到期值×贴现率×贴现期

这里的贴现率是由银行确定的，贴现期等于从企业到银行贴现那天开始，到该票据到期日为止的这段时间。

【例10】 某企业的应收账款 50000 元，改按商业汇票结算方式结算。3 月 4 日收到从 3 月 1 日起承兑期为 6 个月的商业承兑汇票（票面利率为 12%），4 月

15 日，企业持上述票据向银行申请贴现（银行规定的月贴现率为6‰）。9月4日贴现的商业汇票到期，由于承兑人的银行存款不足支付，贴现银行退回已贴现票据，并将其转作逾期贷款处理。账务处理如下：

计算4月15日申请贴现时的利息：

票据到期日的利息 = 50000 × 12% ÷ 2 = 3000（元）

票据到期日的本息和 = 50000 + 3000 = 53000（元）

$$贴现息 = 53000 × \frac{180 - 14}{30} × 6‰ = 1759.60（元）$$

本例中贴现息小于票息，其差额1240.40元应记入"财务费用——利息收入"的贷方，账务处理程序见图2-23。

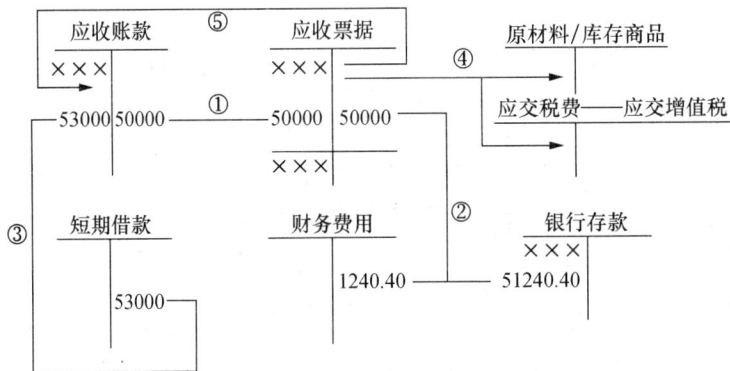

图2-23　应收票据贴现及背书转让账务处理

图示说明：

①应收账款转为商业汇票方式结算时。

②向银行办理贴现后，收到到期日取得票面金额及利息。

③因承兑人无力付款，收到贴现银行的退票通知作临时借款处理时。

④将持有的商业汇票背书转让取得所需材料或商品时。

⑤付款人到期无力支付票款，逾期不能收回应收票据，按照票面金额转入"应收账款"。应收票据科目借方余额，反映企业持有的未到期商业汇票票面金额。

第六节　应收账款的管理与核算

应收账款是指企业因销售商品、产品、提供劳务等，应向购货单位或接受劳务单位收取的款项但不包括长期债权。"应收账款"科目应按照欠款单位（或个人）进行明细核算。应收账款期末借方余额，反映企业尚未收回的应收账款。

一、销售商品、提供劳务形成应收账款账务处理

见图 2 - 24。

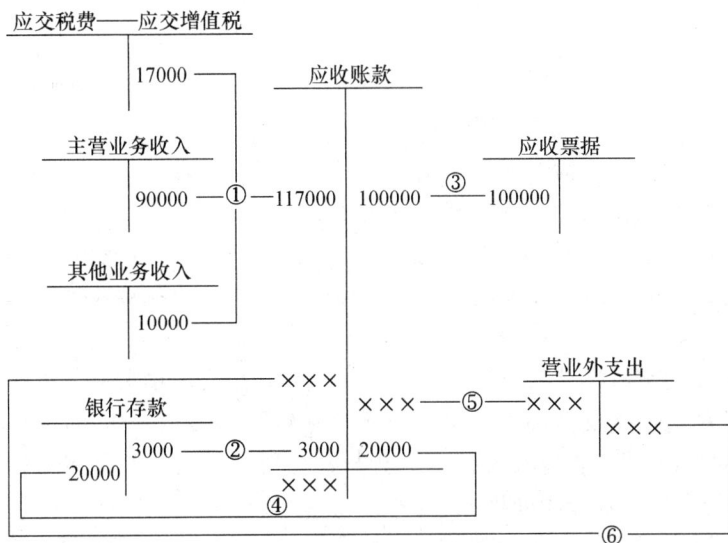

图 2 - 24　应收账款账务处理程序

图示说明：

①企业因销售商品、提供劳务等日常经营活动而发生的应收款项。

②代购货单位垫付的包装费、运杂费。

③收到承兑的商业汇票。

④收到货款及代垫运费等。

⑤核销确认坏账损失。

⑥已确认又收回的坏账损失。

二、企业以应收债权融资或出售应收债权处理

1. 以应收债权为质押取得银行借款。账务处理：

按实际收到的款项。借：银行存款

按实际支付的手续费及利息。借：财务费用

按银行借款本金及时间长短。贷：短期借款（或长期借款）

应收账款科目不作账务处理。

2. 将应收账款出售给银行等金融机构。根据企业、债务人及银行之间协议分为：不附有追索权和附有追索权。所谓追索权，是指在所售应收债权到期无法收回时，银行等金融机构有权向出售应收债权的企业进行追偿。

（1）不附有追索权。即所售应收债权的风险完全由银行等金融机构承担。

处理方法应根据企业与银行达成的协议。

1）业务发生时账务处理。

按实际收到的款项。借：银行存款

按协议约定预计发生的销售退回和销售折让（包括现金折扣）。

借：其他应收款

按售出债权已提坏账准备（小企业不计提坏账准备）。借：坏账准备

按协议支付手续费金额。借：财务费用

按交易发生差额。借：营业外支出（或贷：营业外收入）

按售出应收债权账面余额。贷：应收账款

2）发生相关的销售退回及销售折让与预计数相等时，其账务处理：

按实际发生的销售退回及销售折让金额。借：主营业务收入（如为现金折扣应借记财务费用）

按可冲减的增值税销项税额。借：应交税费（应交增值税）

按预计销售退回及销售折让金额。贷：应收账款

3）发生相关的销售退回及销售折让与预计数不等时，其账务处理，除按第2）条规定处理外，其差额处理如下：

如销售退回等金额大于协议预计金额，应贷记"其他应付款"或"银行存款"。

如销售退回等金额小于协议预计金额，应借记"其他应收款"或"银行存款"。

4）如上述销售退回等发生于资产负债表日后事项期间，其会计处理应比照本书关于资产负债表日后事项期间有关销售退回规定处理。

（2）附有追索权。即到期不能从债务人处收回债权时。按协议约定，企业有义务按照约定金额向银行等金融机构回购部分应收债权。其账务处理方法应按以应收债权为质押取得借款的会计处理原则进行。

第七节　预付账款的管理与核算

预付账款是指企业按照合同规定预付给供应单位的货款。包括预付购货款、租金、工程款等。预付款项情况不多的企业，也可以将预付的账款直接记入"应付账款"科目的借方。本科目应按对方单位（或个人）进行明细核算。"预付账款"主要会计分录见图 2-25。

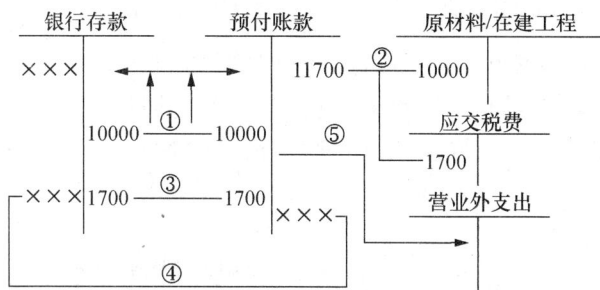

图 2-25 预付账款的账务处理

图示说明：

①预付货款或工程款时。

②收到所购材料物资时。

③补付货款时。

④退回多付货款时。

⑤预付账款确认的实际发生的坏账损失，记入营业外支出。

第八节 应收股利与应收利息的核算

一、应收股利的核算

应收股利科目核算小企业应收取的现金股利或利润。期末借方余额，反映小企业尚未收到的现金或利润。本科目按照被投资单位设置明细账户，进行明细核算。账务处理见图 2-26。

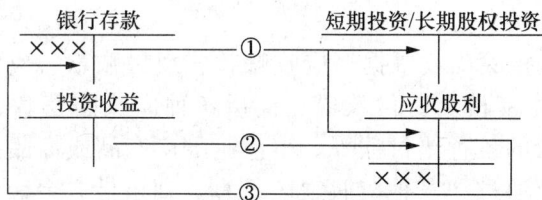

图 2-26 应收股利的账务处理

图示说明：

①小企业购入股票中含已宣告但尚未领取的现金股利及利息。

②在短期投资或长期股权投资持有期间，被投资单位宣告分派股利或利润时，应分得的现金股利或利息。

③收到现金股利或利润。

二、应收利息的核算

应收利息科目核算小企业债券投资应收取的利息。企业购入的一次还本付息债券投资持有期间的利息收入，在"长期债券投资"科目核算。本科目按照被投资单位进行明细分类核算。期末借方余额反映企业尚未收到的债券利息。账务处理见图 2 - 27。

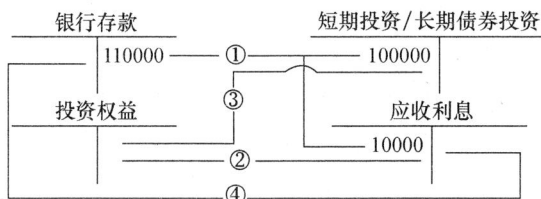

图 2 - 27　应收利息的账务处理

图示说明：

①小企业购入债券，实际价款中含有已到期未领取利息时。

②长期债券投资持有期间，在债券人应付利息日，按分期付息一次还本债券投资的票面利息作利息收入时。

③不是分期付的一次还本付息债券，按票面利息作利息收入时，借记"长期债券投资——应计利息"科目。

④实际收到债券利息时。

第九节　其他应收款的管理与核算

其他应收款是指除应收票据、应收账款、预付账款、应收股利及应收利息以外的其他各种应收及暂付款项。包括各种应收赔偿款、应收包装物押金、应向职工收取的各种垫付款等。小企业出口产品或商品按税法规定应予退回增值税，也应通过"其他应收款"核算。期末借方余额反映小企业尚未收回的其他应收款项。账务处理见图 2 - 28。

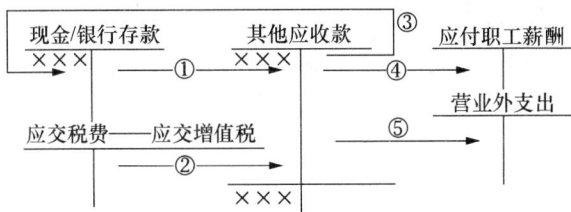

图 2 - 28　其他应收款的账务处理

图示说明:

①小企业发生其他应收款,如职工借差旅费等。

②出口产品或商品按税法规定应退回的增值税发生时。

③收回各种其他应收款项时。

④从应付职工薪酬中扣回的借支及其他应收款时。

⑤其他应收款发生坏账损失经批准处理时。

第十节　货币性资产损失处理的有关规定

1.《小企业会计准则》第 10 条规定:

小企业应收及预付款项符合下列条件之一的,减除可收回的金额后确认的无法收回的应收及预付款项,作为坏账损失:

(1) 债务人依法宣告破产、关闭、解散、被撤销,或者依法注销、吊销营业执照,其清算财产不足清偿的。

(2) 债务人死亡,或者依法被宣告失踪、死亡,其财产或者遗产不足清偿的。

(3) 债务人逾期三年以上未清偿,且有确凿证据证明已无力清偿债务的。

(4) 与债务人达成债务重组协议或法院批准破产重整计划后,无法追偿的。

(5) 因自然灾害、战争等不可抗力导致无法收回的。

(6) 国务院财政、税务主管部门规定的其他条件。

应收及预付款项的坏账损失应当于实际发生时记入营业外支出,同时冲减应收及预付款项。

2.《企业资产损失所得税税前扣除管理办法》第 20 条规定:

应收及预付款项作为坏账处理应注意以下几点:

(1) 坏账损失确认时总是实际发生时,而不是预计;

(2) 坏账损失确认条件,上述 6 条中的任一条件;

（3）坏账损失的金额是扣除可收回金额后的余额；

（4）坏账损失账务处理，将损失额记入"营业外支出"。

详见本书附录二。

第三章　商品采购核算与税务处理

第一节　商品采购含义、目标与风险提示

一、商品采购含义

商品采购是企业通过市场等交易场所用货币等购买所需各种商品、材料等物资。商品的采购是商贸企业经营活动第一步，购进的商品是否物美价廉、适销对路，关系到企业的经营效益，因此，必须加强采购环节核算，正确反映采购的经济效果。

二、采购核算目标

1. 结合经营特点正确地设置和使用会计科目，规范科目核算的内容及核算流程。

2. 科学选择商品核算方法，正确地计量采购商品的成本与费用。

3. 会计核算能及时正确地反映商品的采购状况，如实地反映采购过程的经济效益和效果。

三、风险提示

1. 会计科目选择与会计核算流程设计不科学，可能导致核算程序混乱，不能正确反映商品采购状况，影响资金使用效果。

2. 会计核算方法选用不科学、计量不准、手续不完善，可能导致核算内容混乱，不能正确提供采购商品信息。

3. 会计核算不能及时正确地反映和监督采购过程的资金运用状况，可能使采购欺诈有了可乘之机，给企业造成经济损失。

第二节 商品流通企业核算科目及流程

一、商贸企业经营特征

商贸企业的主要职责是根据市场的需求，组织货源进行销售，更好地为顾客提供服务。根据商品的交换方式及对象不同，可分为批发企业和零售企业两大类。

（一）批发企业的特征

商品批发企业的特征见图 3-1。

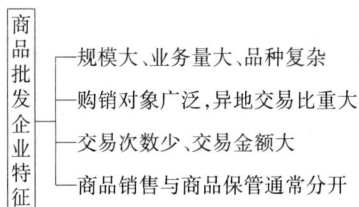

商品批发企业特征
— 规模大、业务量大、品种复杂
— 购销对象广泛，异地交易比重大
— 交易次数少、交易金额大
— 商品销售与商品保管通常分开

图 3-1 商品批发企业特征

上述特征决定了批发企业在管理及核算中必须注重商品在购、销、存各环节中的实物量及价值量的变化。

（二）零售企业的特征

商品零售企业的特征见图 3-2。

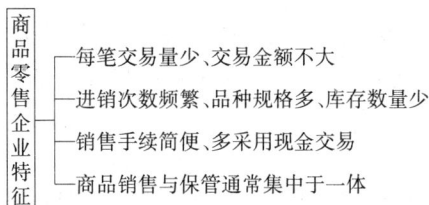

商品零售企业特征
— 每笔交易量少、交易金额不大
— 进销次数频繁、品种规格多、库存数量少
— 销售手续简便、多采用现金交易
— 商品销售与保管通常集中于一体

图 3-2 商品零售企业特征

上述特征决定了零售企业在管理及核算中应注意价值量的变化。

二、库存商品核算要求、内容与方法

库存商品多少、周转快慢对企业的经济效益有直接影响，必须加强库存商品的核算与管理，提高资金使用效果。

（一）库存商品核算要求

见图 3-3。

库存商品核算要求

① 正确地确认库存商品，分清库存商品与其他存货的界限

② 正确地反映商品的进、出、存各环节的数量和资金的占用

③ 正确地计算已销商品的成本，如实地反映企业的经营成果

④ 正确地反映库存商品类别和不同类别库存商品动态，为控制库存、加速资金周转提供资料

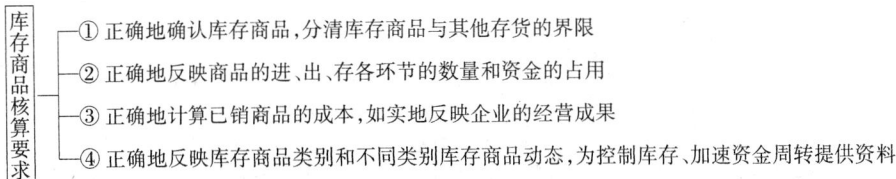

图 3 - 3　库存商品核算要求

（二）库存商品核算内容

见图 3 - 4。

库存商品核算内容

① 商品购进挑选整理、入库数量及其实际成本

② 商品进、销、存动态的核算及安全完整

③ 库存商品存储费用的核算

④ 库存商品用于加工和出租的核算

⑤ 库存商品盘盈、盘亏及毁损的核算

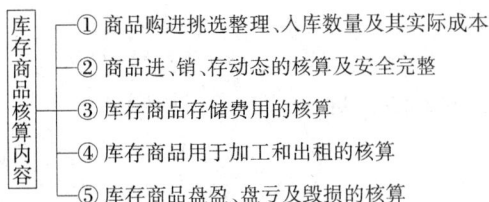

图 3 - 4　库存商品核算内容

（三）库存商品核算方法

见表 3 - 1。

表 3 - 1 　　　　　　　　　　**库存商品核算基本方法**

方　法	基本要求	具　体　内　容
数量、进价金额核算法	①库存商品按原进价计价 ②商品按品种进行数量金额核算	①库存商品各账户均以购进原价计价 ②按品种分户设账，同时登记进、销、存的数量和金额 ③建立完整的三级库存商品账户体系，建立定期核对及清查盘点制度
数量、售价金额核算法	①库存商品按售价计价按品种核算 ②设"商品进、销差价"账户	①库存商品各账户均以销售价格计价 ②设"商品进销差价"账户，登记两者的差额。月终按进销差价率调整销售成本 ③建立完整的库存商品明细账体系，建立定期清查盘点核对制度
售价金额核算法	①库存商品按售价核算 ②确定实物负责人 ③售价金额控制 ④严格价格管理	①确定实物负责人，建立实物负责制 ②售价记账，金额控制 ③建立商品盘点制度，定期实际盘点 ④加强商品价格管理，实行明码标价制度 ⑤建立健全进货验收和销货收款制度

方　法	基本要求	具　体　内　容
进价金额核算法	①商品按进价计价 ②月终进行实物盘点，按实存数量和金额倒挤已销商品成本	①商品购进按进价记账，不记数量，只记金额 ②商品销售，按实收销货款记销售收入账 ③定期（一般按月）盘点商品，按实存数量和商品进价计算期末库存商品金额，并倒挤已销商品成本 ④商品购进后发生的升溢、损耗、调价和等级的变化，会计不作账务处理，但要查清责任 ⑤按商品经营分工，建立实物负责制

《小企业会计准则》规定：小企业应当采用先进先出法、加权平均法或者个别计价法确定发出存货的实际成本。计价方法一经选用，不得随意变更。

对于性质和用途相似的存货，应当采用相同的成本计算方法确定发出存货的成本。

三、商品购、销、存核算科目及流程

（一）商品购销存核算科目

《小企业会计准则》规定有在途物资、库存商品、商品进销差价、委托加工物资等科目。

1. 在途物资。

本科目核算小企业采用实际成本进行材料、商品等物资的日常核算、尚未验收入库的各种物资的实际采购成本。

小企业（批发业、零售业）在购买商品过程中发生的费用（包括：运输费、装卸费、包装费、保险费、运输途中的合理损耗和入库前的挑选整理费等），在"销售费用"科目核算，不在"在途物资"科目核算。

本科目按照供应单位和物资品种进行明细核算。

在途物资核算有关规定见图 3 - 5。

在途物资科目核算规定

①外购材料、商品等物资应当按照发票账单所列购买价款、运输费、装卸费、保险费以及外购商品过程中发生的其他直接费用，借记本科目，按照税法规定可抵扣增值税进项税，借记"应交税费"科目，按照购买价款、相关税费以及外购物资中发生的其他直接费，贷记"库存现金"、"银行存款"、"应付账款"等科目。批发业与零售业，在购买商品中发生的费用（包括运输费、装卸费、包装费、保险费、运输途中的合理损耗和入库前的挑选整理费等）在"销售费用"科目核算，不在本科目核算

②商品已经收到，但尚未办理结算手续的，可暂不作会计分录；待办理结算手续后，再根据所付金额或发票账单的应付金额，借记本科目，贷记"银行存款"等科目

③应向供应单位、外部运输部门等收回的商品短缺或其他应冲减商品采购成本的赔偿款项，应根据有关索赔凭证，借记"应付账款"或"其他应收款"科目，贷记本科目

④因自然灾害等发生的损失，或尚待查明原因的途中损耗，先记入"待处理财产损溢"科目，查明原因后再处理

⑤月末，应将仓库转来的外购商品收料凭证，分别按是否收到发票账单分类
1）对收到发票账单的收料凭证，应按照汇总金额借记"库存商品"等科目，贷记本科目
2）对尚未收到发票账单的收料凭证，应分别商品并按照估计金额暂估入账，借记"库存商品"等科目，贷记"应付账款——暂估应付账款"科目，下月用红字做同样的会计分录予以冲回，以便下月收到发票账单等结算凭证时，按照正常程序进行账务处理

⑥本科目借方余额，表示企业已收到发票账单，但商品物资尚未到达或尚未验收入库的在途商品等物资F采购成本

图 3 – 5　在途物资科目核算规定

2. 库存商品。

本科目核算小企业库存的各种商品的实际成本或售价。包括：库存产成品、外购商品、存放在门市部准备出售的商品、发出展览的商品以及寄存在外的商品等。

库存商品科目使用规定见图 3 – 6。

库存商品科目使用规定

①接受来料加工制造的代制品和为外单位加工修理的代修品，完成验收入库后，也通过本科目核算

②可以降价出售的不合格品，也在本科目核算，但应与合格产品分开记账

③已完成销售手续，但在月末尚未提取的库存产成品，应作为代管产品处理，单独设量"备查簿"，不在本科目核算

④批发零售小企业在购买商品过程中发生的费用在"销售费用"核算（费用包括运输费、装卸费、包装费、保险费、运输途中合理损耗等）

本科目按库存商品的种类、品种和规格等进行明细核算

图 3 – 6　库存商品科目使用规定

库存商品账务处理规定见图 3 – 7。

库存商品账务处理规定

①购入商品到达验收入库后，按照商品实际成本或售价借记本科目，贷记"库存现金"、"银行存款"、"在途物资"等科目，涉及增值税进项税额的，还应进行相应处理。实行售价核算的，按照售价与进价之间差额，贷记"商品进销差价"科目

②购入商品已到达并已验收入库，但尚未办理结算手续的，可按照暂估价值入账，借记本科目，贷记"应付账款——暂估应付账款"科目；下月初用红字做同样的会计分录予以冲回，以便下月收到发票账单时，按照正常程序进行账务处理

③对外销售商品结转销售成本或售价，借记"主营业务成本"科目，贷记本科目。月末，分摊已销售商品的进销差价，借记"商品进销差价"科目，贷记"主营业务成本"科目

④本科目期末借方余额，反映小企业库存商品实际成本或售价

图 3 – 7　库存商品账务处理规定

3. 商品进销差价。

本科目核算小企业采用售价进行日常核算的商品售价与进价之间的差额。

本科目按照库存商品的种类、品种和规格设明细账。其账务处理规定见图 3-8。

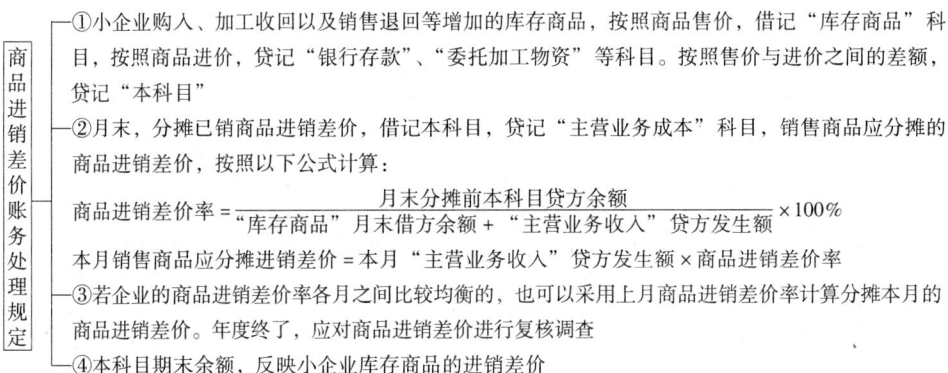

商品进销差价账务处理规定
- ①小企业购入、加工收回以及销售退回等增加的库存商品，按照商品售价，借记"库存商品"科目，按照商品进价，贷记"银行存款"、"委托加工物资"等科目。按照售价与进价之间的差额，贷记"本科目"
- ②月末，分摊已销商品进销差价，借记本科目，贷记"主营业务成本"科目，销售商品应分摊的商品进销差价，按照以下公式计算：

$$商品进销差价率 = \frac{月末分摊前本科目贷方余额}{"库存商品"月末借方余额 + "主营业务收入"贷方发生额} \times 100\%$$

本月销售商品应分摊进销差价 = 本月"主营业务收入"贷方发生额 × 商品进销差价率
- ③若企业的商品进销差价率各月之间比较均衡的，也可以采用上月商品进销差价率计算分摊本月的商品进销差价。年度终了，应对商品进销差价进行复核调查
- ④本科目期末余额，反映小企业库存商品的进销差价

图 3-8　商品进销差价账务处理规定

4. 委托加工物资。

本科目核算小企业委托外单位加工各种材料、商品等物资的实际成本。

本科目按照加工合同、委托加工单位以及加工物资的品种等进行明细分类核算。其账务处理规定见图 3-9。

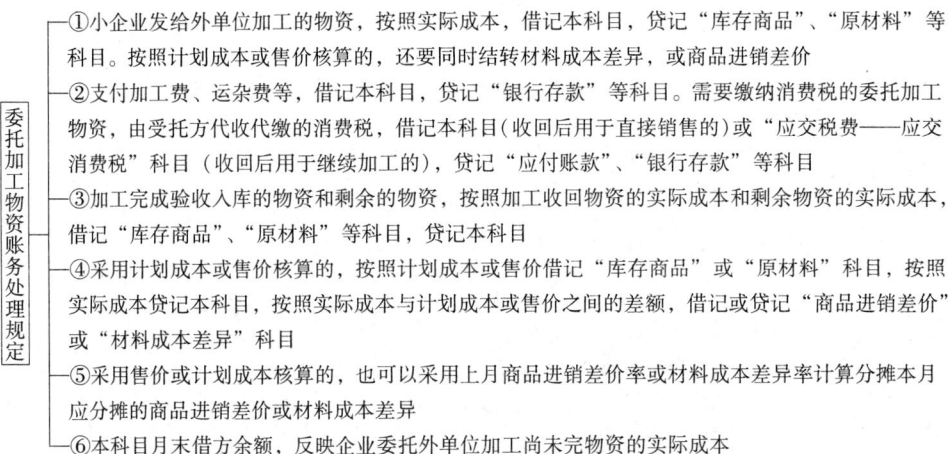

委托加工物资账务处理规定
- ①小企业发给外单位加工的物资，按照实际成本，借记本科目，贷记"库存商品"、"原材料"等科目。按照计划成本或售价核算的，还要同时结转材料成本差异，或商品进销差价
- ②支付加工费、运杂费等，借记本科目，贷记"银行存款"等科目。需要缴纳消费税的委托加工物资，由受托方代收代缴的消费税，借记本科目（收回后用于直接销售的）或"应交税费——应交消费税"科目（收回后用于继续加工的），贷记"应付账款"、"银行存款"等科目
- ③加工完成验收入库的物资和剩余的物资，按照加工收回物资的实际成本和剩余物资的实际成本，借记"库存商品"、"原材料"等科目，贷记本科目
- ④采用计划成本或售价核算的，按照计划成本或售价借记"库存商品"或"原材料"科目，按照实际成本贷记本科目，按照实际成本与计划成本或售价之间的差额，借记或贷记"商品进销差价"或"材料成本差异"科目
- ⑤采用售价或计划成本核算的，也可以采用上月商品进销差价率或材料成本差异率计算分摊本月应分摊的商品进销差价或材料成本差异
- ⑥本科目月末借方余额，反映企业委托外单位加工尚未完物资的实际成本

图 3-9　委托加工物资账务处理规定

（二）库存商品核算流程

1. 采用进价核算方法，见图3－10。

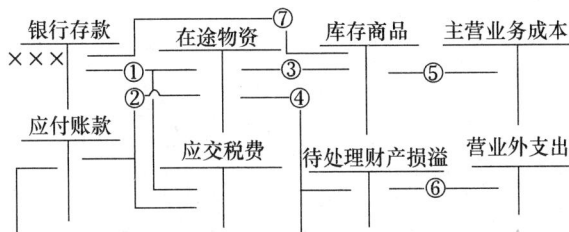

图3－10 进价核算法账务处理流程

图示说明：

①购进商品用银行存款支付，进项税记入应交税费。

②购进商品未曾付款。

③购进商品发票账单已到并验收入库。

④验收中发现短缺商品，如系自然灾害或原因待查，记入"待处理财产损溢"；如系供货方少发等原因造成，记入"应付账款"科目。

⑤月末结转已销售商品成本。

⑥经调查，货物缺少是自然形成，应记入"营业外支出"科目。

⑦如购进商品直接验收入库，可不通过"在途物资"科目，直接记入"库存商品"及"应交税费"科目。

2. 采用售价核算方法，见图3－11。

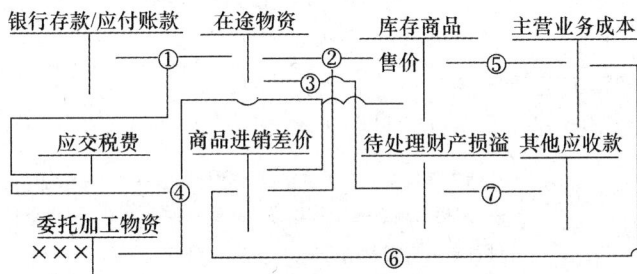

图3－11 售价核算法账务处理流程

图示说明：

①购进商品未到达仓库，发票账单已到，并已支付货款。

②购进商品已经验收入库（售价中不含增值税）。

③验收中发现商品短缺或与合同要求不符时。

④收到委托加工物资，经验收合格入库。

⑤结转本月已销售商品成本（售价）。

⑥结转已销售商品应负担进销差价。

⑦经查已缺少商品应由运输公司赔偿。

表 3 - 2　　　　　　　　　　商品进销差价明细账

百货类：　　　　　　　　　　　　　　　　　　　　　　　　加成率：20%

| 年 | | 凭证号 | 品 名 | 摘 要 | 购 进 | | | | 已销售价额 | 结 存 | |
月	日				数量	单价（元）	进价额（元）	售价额（元）		售 价	进 价
1	1			期初结存						24000	20000
	4	11	女袜	购进	40	8.00	320	384			
	10	略	肥皂	购进	100	2.00	200	240			
	25		毛巾	购进	50	3.00	150	180		72000	60000
1	30			销售					35000	37000	30834

注：本月销售收入 40950 元（含增值税），折合不含税收入为 35000 元。

销售毛利率 =（0.2÷1.20）×100% = 16.67%

第三节　商品采购交接及入账价格

商品采购是指商品流通企业为转卖或加工后转卖、通过货币结算而向产品制造业或其他流通企业购入商品，取得商品所有权的一种活动。它体现企业与生产者和其他经营单位的联系，是商品流转的起点。

一、商品购销的交接方式

商品购销的交接方式有三种，见图 3 - 12。

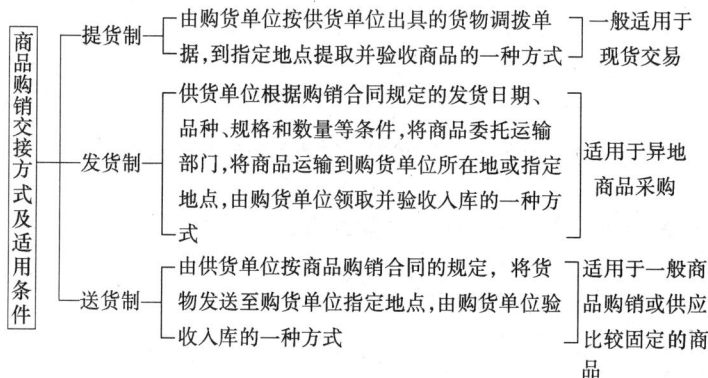

图 3 - 12　商品购销交接方式及适用条件

二、商品采购的入账时间

商品购进一般应以支付货款并取得商品所有权为记账时间，但是由于货款的结算与商品交接的时间存在时间差，这就需要根据不同的货款结算方式和商品交接方式来确定商品购进的时间（见图 3 – 13）。

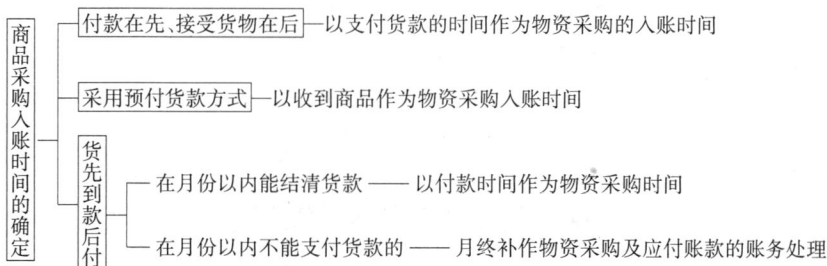

图 3 – 13　商品采购入账时间的确定

三、商品采购入账价格确定

商品采购入账价格即购进商品的入账成本。由于商品购进的渠道不同，其成本也有差异（见图 3 – 14）。

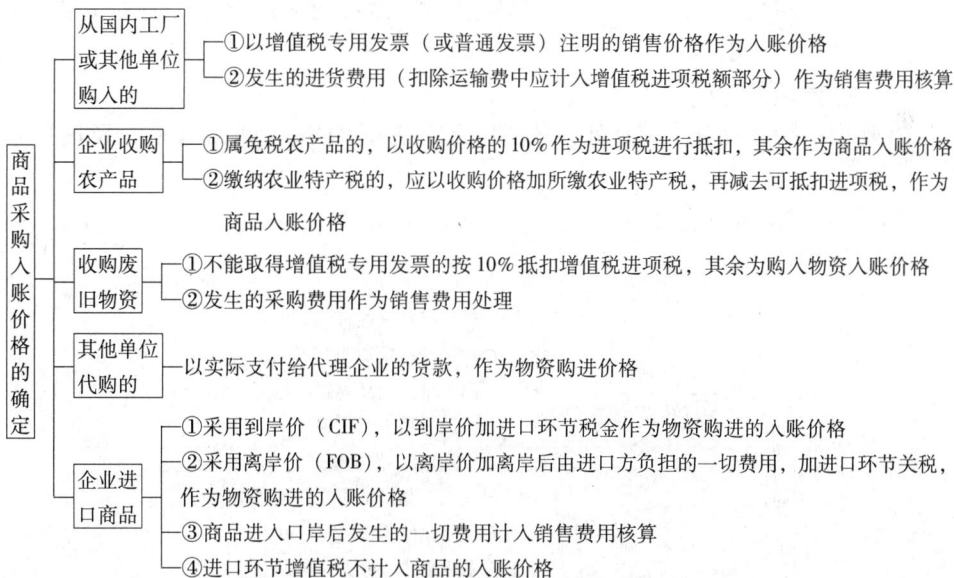

图 3 – 14　商品采购入账价格的确定

四、商品购销货款的结算方式

商品购销购货款结算的方式见图 3 – 15。

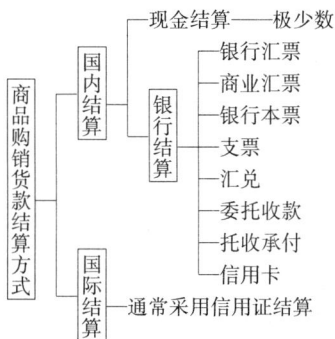

图 3－15　商品购销货款结算方式

第四节　商品购进业务的核算

根据《小企业会计准则》规定，商品采购业务核算涉及的会计科目有：在途物资、库存商品、商品进销差价、委托代销商品、委托加工物资、应付票据、应付账款、销售费用等。

一、在途商品核算方法

在途商品除了总分类核算外，还要进行明细分类核算，明细账格式及核算方法如下：

（一）在途商品核算方法

见图 3－16。

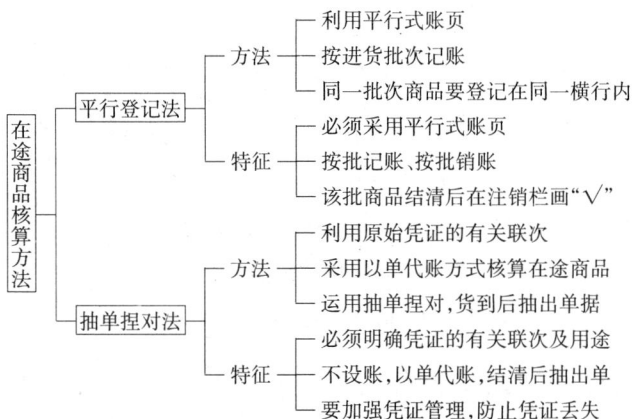

图 3－16　在途商品核算方法

（二）在途商品明细账

见表 3－3。

表 3－3　　　　　　　　在途商品明细账

批次	供货单位	品种	借　　　方				贷　　　方				注销
			月日	凭证号	摘要	金额	月日	凭证号	摘要	金额	
1	××工厂	服装	1.5	15		46800	1.18	收28		46800	√
2	××公司	复印纸	1.16	46		585000	1.20	收25		292500	√
							1.22	收37		292500	√
3	××工厂	计算机	1.28	85		23400					

二、商品采购账务处理

（一）按进价记账的账务处理方法

账务处理要点："库存商品"一律按购进商品的原价记账，进货费用直接记入"销售费用"账户。账务处理方法见图 3－17。

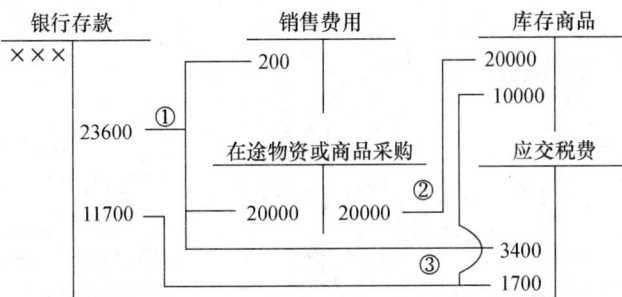

图 3－17　按进价记账的账务处理方法

图示说明：

①以支票购进商品，商品原价20000元，增值税（进项税）3400元，运费200元。

②商品验收入库，进价20000元。

③购进商品也可不通过在途物资直接记入库存商品。如购进商品10000元，增值税（进项税）1700元。

（二）按售价记账的账务处理

账务处理要点："库存商品"一律按商品售价记账，售价与进价差额记入"商品进销差价"科目。账务处理方法见图 3－18。

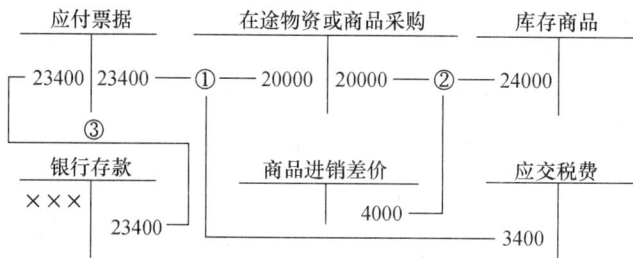

图 3 – 18　按售价记账的账务处理方法（一般纳税人）

图示说明：

①开出商业承兑汇票购进商品一批，进价 20000 元，进项税 3400 元。

②商品验收入库，该批产品进价 20000 元，售价 24000 元。

③商业汇票到期支付票款。账务处理同上。

应关注事项：由于不同类别商品进销差价率不同，因此"商品进销差价账"还要按类别设置明细账。对于小规模纳税人，由于增值税的进项税额不得抵扣，应将进项税额加进商品成本。

三、商品购进一般业务的核算（采用数量进价金额核算法）

（一）单据与货物同时到达的核算

【例1】某公司购进钢材 10 吨，单价 2000 元，增值税 3400 元，运费 500 元（按 7% 扣除率计算进项税）。当日收到仓库转来的验收入库收货单，经审核无误开出支票结算货款。账务处理见图 3 – 19。

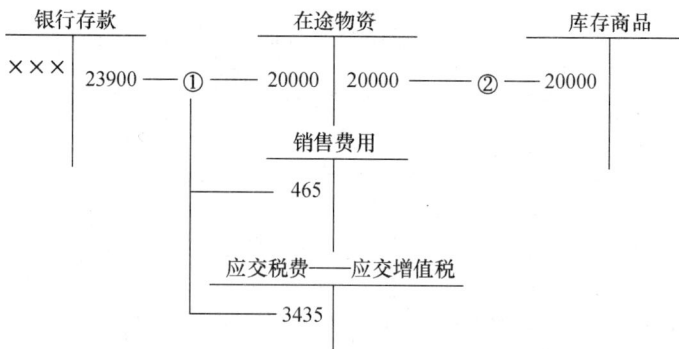

图 3 – 19　单据与货物同时到达的核算

图示说明：

①购进商品物资，同时支付货款。

②物资已验收入库。

（二）单据先到、货物后到的核算

【例2】某公司 4 月 3 日收到银行转来的托收承付单据，购入电冰箱 200 台，每台

1500 元，进项税每台 255 元，运费 800 元（按 7%扣除率抵扣进项税），经审核无误，于 4 月 5 日支付了货款。4 月 25 日仓库收到冰箱并验收入库。账务处理见图 3-20。

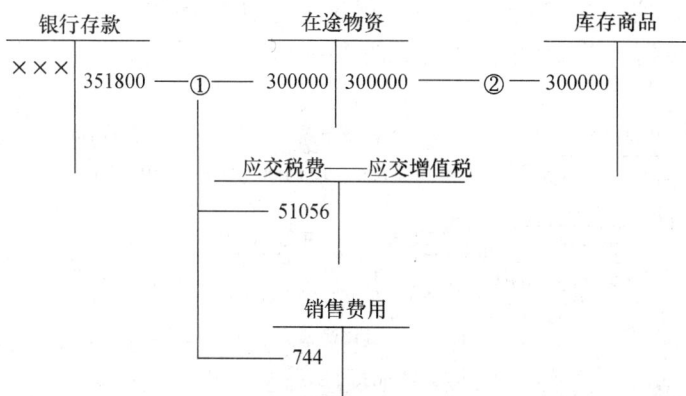

图 3-20　单据先到、货物后到的账务处理

图示说明：
①承付托收货款。
②货物验收入库后。

（三）货物先到、单据后到的核算

【例 3】某公司 6 月中旬收到钢材 100 吨，经与业务部门核对采购合同，价款 300000 元，已验收入库月末单据未到。到 7 月 5 日收到单据，价款 300000 元，增值税 51000 元，运费 4000 元（按 7%扣除率抵扣进项税），经审核无误支票付清。账务处理见图 3-21。

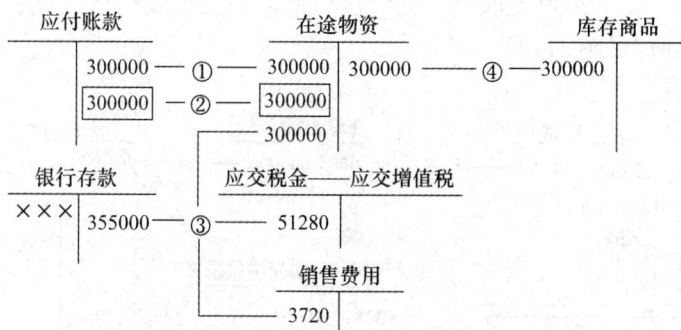

图 3-21　货物先到、单据后到的账务处理

图示说明：
①收到货物验收入库，月末尚未收到发票及单据，可按合同价格估价入账。
②次月初用红字冲回估价入账物资。
③收到发票单据等支付货款。
④结转入库物资金额。

（四）预付货款购进货物的核算

【例4】 某机电公司与汽车生产厂签订了购买 10 辆汽车合同，规定每辆 100000 元，增值税 17000 元，机电公司先预付 20% 货款，运费由厂家垫付，汽车收到后再付剩余货款。账务处理见图 3 - 22。

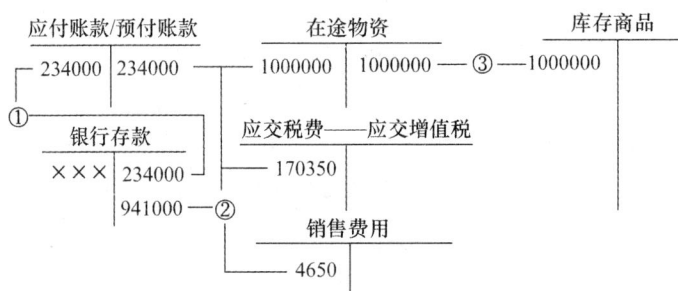

图 3 - 22　预付货款购进货物的账务处理

图示说明：

①支付预付的货款：(100000 + 17000) × 10 × 20% = 234000 （元）。

②收到货物凭证单据后支付余下货款及垫付运费 5000 元。

③购进物资已验收入库。

（五）分期付款购进货物的核算

【例5】 某金属材料公司与某钢厂签订购销合同，购进钢材 200 吨，每吨 3000 元，增值税 510 元，第一次付货款及税金的 40%，其余 60% 分三个月支付，每次付 20%，运费 2000 元收到单据一次付清。增值税发票已收到，物资已验收入库。账务处理见图 3 - 23。

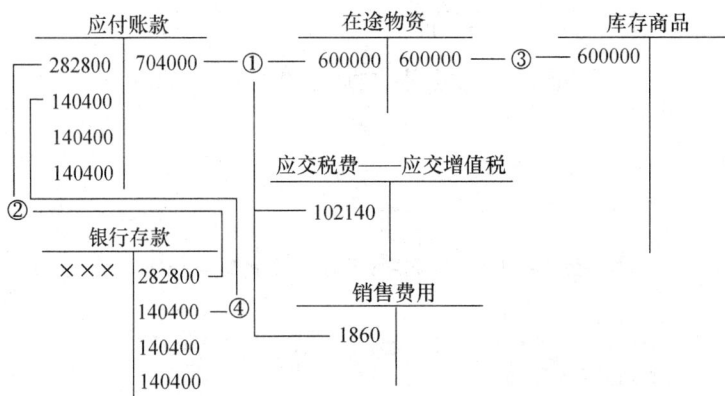

图 3 - 23　分期付款购进货物的账务处理

图示说明：

①收到增值税发票及运输发票（7%增值税扣除率）。

②支付货款及增值税的40%，运费100%。

③货物已验收入库。

④支付货款及税金的20%为140400元，其余两次账务处理相同。

（六）商业汇票购进货物的核算

仍以上例，钢厂要求金属材料公司在支付第一次货款之后，其余三次用三张商业承兑汇票支付，分别为140400元。账务处理见图3-24。

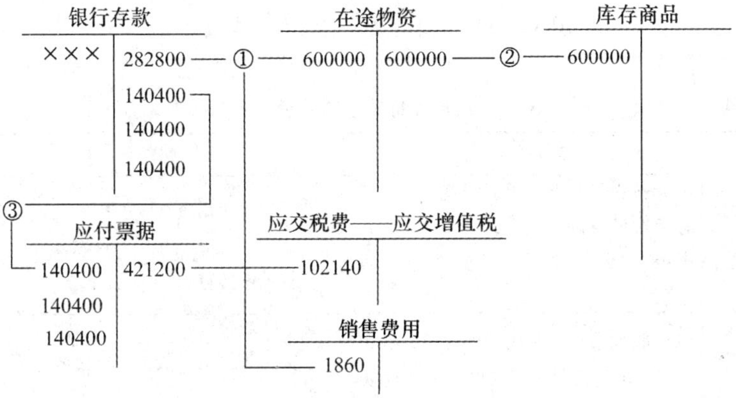

图3-24 商业汇票购进货物的账务处理

图示说明：

①收到单据及发票核对无误，开出支票付40%，其余以汇票付清，物资收到后也可直接记入"库存商品"。

②钢材已验收入库。

③到期后支付商业汇票款，其余两次账务处理相同。

四、进口商品的采购核算

进口商品的采购核算与国内商品采购核算基本相同，但在计算采购成本时有些差异，见图3-25。

【例6】北京国际贸易公司从美国进口小汽车10辆，每辆离岸价12000美元，为计算方便，汇率为1美元=8元人民币。核算过程见表3-4。

- 进口商品的采购成本
  - 含义：是指进口商品在到达国内目的港口以前所发生的各种费用支出，包括进价及进口环节缴纳的税金。到达目的港以后发生的费用列入销售费用
  - 构成内容
    - 进口商品的进价一律以到岸价（CIF）为准
    - 如合同规定不是到岸价而是离岸价，则到岸前发生的运输费用、保险费用等也记入商品进价
    - 进口商品支付佣金加入进价，收到的佣金从进价中扣除
    - 进口税金包括关税和消费税，不含增值税
  - 税金计算
    - 关税=关税完税价格（CIF）×关税税率
    - 消费税=消费税组成计税价格×消费税税率
    - 消费税组成计税价格=（关税完税价格+关税）÷（1－消费税率）
    - 增值税=增值税组成计税价格×增值税率
    - 增值税组成计税价格=关税完税价格+关税+消费税

图 3－25　进口商品采购成本构成及计算

表 3－4　　进口商品核算实例

经济事项	经济活动内容	账　务　处　理
1. 国外进货核算：（1）开立信用证	（1）按银行开立信用证的规定，应存入总货款 50% 的保证金，计 6 万美元，折合 48 万元人民币，根据委托书回单记账	借：其他货币资金——国际信用证存款　480000 　贷：银行存款　480000
（2）对外审单付款	（2）收到银行转来的国外账单，经审核无误，填外汇付款通知单，承兑货款 12 万美元，合 96 万元人民币	借：在途物资　960000 　贷：其他货币资金——国际信用证存款　480000 　　银行存款　480000
（3）支付国外运保费	（3）根据有关外运、保险费清单，支付国外运费及保险费 0.3 万美元，折合人民币 2.4 万元	借：在途物资　24000 　贷：银行存款　24000
（4）收取进口佣金	（4）根据银行转来收款通知，收到外商支付佣金 1200 美元，折合 9600 元人民币	借：银行存款　9600 　贷：在途物资　9600
2. 进口税金的核算	根据规定小汽车消费税为 10%，增值税率为 17%，假定进口关税为 100%，计算如下： （1）应交关税 =（120000 + 3000 − 1200）×8×100% = 974400（元） （2）应交消费税 $=\frac{974400+974400}{1-10\%}\times 10\%$ = 216533.33（元） （3）应交增值税 =（974400 + 974400 + 216533.33）×17% = 368106.67（元）	借：在途物资　1190933.33 　贷：应交税费——应交进口关税　974400.00 　　——应交消费税　216533.33 实际缴纳税金时 借：应交税费——应交进口关税　974400.00 　——应交消费税　216533.33 　——应交增值税　368106.67 　贷：银行存款　1559040.00

续表

经济事项	经济活动内容	账　务　处　理
3. 进口费用的核算	（1）支付港口费用10000元，到港后国内运输费用10000元（按运费7%扣除率抵扣增值税） （2）支付进口商品检验费15000元。收到凭证后进行账务处理 （3）支付银行手续费20000元，收到银行通知	借：销售费用——港口费用　　　10000 　　　　　　——运费　　　　　9300 　　应交税费——应交增值税　　　700 　　贷：银行存款　　　　　　　20000 借：销售费用　　　　　　　　15000 　　贷：银行存款　　　　　　　15000 借：财务费用——银行手续费　20000 　　贷：银行存款　　　　　　　20000
4. 货到入库的核算	将汽车入库后根据入库单结转商品成本	借：库存商品——进口汽车　2165333.33 　　贷：在途物资　　　　　2165333.33

五、进货折扣与折让的核算

（一）进货折扣的核算

见图3-26。

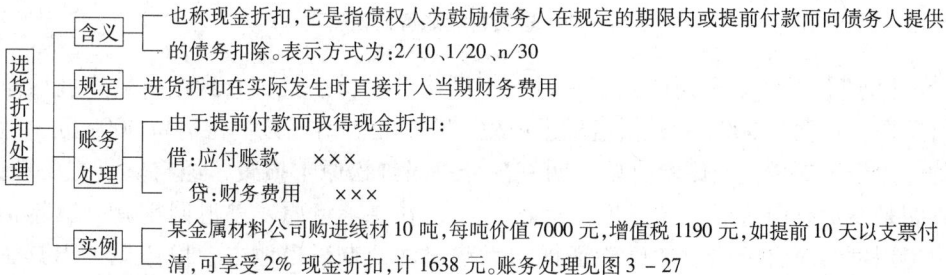

图3-26　现金折扣含义及规定

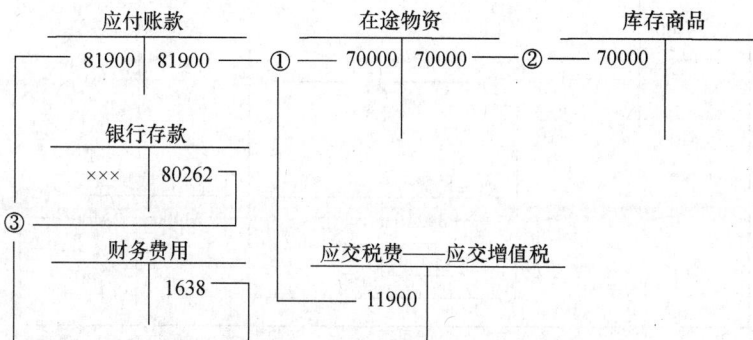

图3-27　现金折扣账务处理

图示说明：

①购进线材未支付货款。

②线材已验收入库。

③提前付款享受2%优惠，计入财务费用。

（二）进货折让的核算

见图3-28。

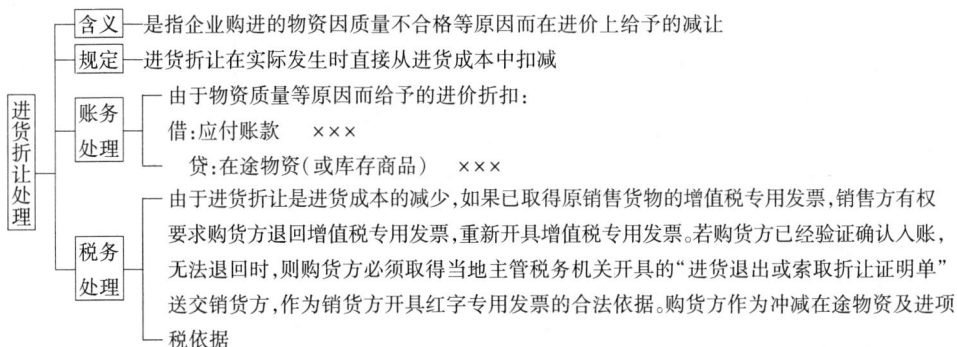

含义 — 是指企业购进的物资因质量不合格等原因而在进价上给予的减让

规定 — 进货折让在实际发生时直接从进货成本中扣减

账务处理 — 由于物资质量等原因而给予的进价折扣：

借：应付账款　×××

　　贷：在途物资（或库存商品）　×××

税务处理 — 由于进货折让是进货成本的减少，如果已取得原销售货物的增值税专用发票，销售方有权要求购货方退回增值税专用发票，重新开具增值税专用发票。若购货方已经验证确认入账，无法退回时，则购货方必须取得当地主管税务机关开具的"进货退出或索取折让证明单"送交销货方，作为销货方开具红字专用发票的合法依据。购货方作为冲减在途物资及进项税依据

图3-28　进货折让账务处理规定

【例7】某木材公司向光华木材加工厂购进木材一批，收到银行转来托收承付单据，货款200000元，增值税进项税34000元。销售方垫付运费3000元。货款已由银行支付。仓库验收单注明有部分一级红松原木损毁，经与供货方交涉，查明是发货有误造成，同意折让货款10%，并要求将原发票退回重新开具增值税专用发票。由于原发票已验证抵扣无法退回，申请当地主管税务机关出具了"进货退出或索取折让证明单"送给销货方。账务处理见图3-29。

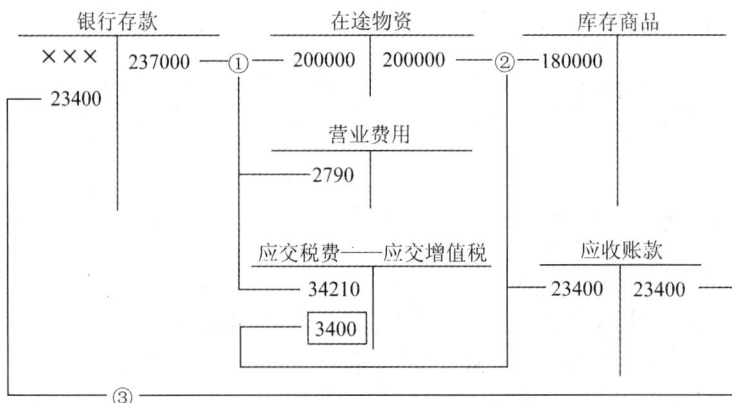

图3-29　进货折让账务处理

图示说明：

①根据托收承付单据支付货款。

②经交涉给10%折让后，并索取折让证明单。

③收到销售方汇来折让款。

第五节　商品购进异常业务的核算

一、在途商品损溢的处理

在途商品在运输中由于种种原因可能发生余缺或毁损。商品发生余缺后首先要编制余缺报告单，见表3-5，账务处理见表3-6。

表3-5　　　　　　　　　商品购进短缺溢余报告单

货号	品名	单位	应收数量	实收数量	单价	短　缺		溢　余	
						数量	金额	数量	金额
供货单位发货单号			短缺溢余原因					处理意见	

主管：　　　　　　复核：　　　　　　制表：　　　　　　　月　　日

表3-6　　　　　　　　　账务处理方法

业务事项	说　明　情　况	处　理　方　法
（1）商品短缺	①某商店购进甲商品1000斤，进价共100000元，增值税17000元，款已承付。②商品到达仓库验收时发现缺少60斤，原因待查。③经查明系供货商少发。④经查明系运输途中丢失，应由运输部门负责赔偿。⑤如系遇上水灾等灾害造成损失。	①借：在途物资　　　100000　　应交税费　　　　17000　　贷：银行存款　　　117000②借：库存商品　　　94000　　其他应收款　　　6000　　贷：在途物资　　　100000③借：应收账款　　　6000　　贷：其他应收款　　6000④借：其他应收款　　7020　　贷：应交税费　　　1020　　　　其他应收款　　6000⑤借：营业外支出　　7020　　贷：应交税费　　　1020　　　　其他应收款　　6000

续表

业务事项	说　明　情　况	处　理　方　法
（2）商品溢余	①某商店购进碱10吨，货款40000元，进项税6800元。入库验收发现溢余0.1吨，价款4000元，原因待查，款已付清。②经查明是运输中自然溢余。转入营业外收入。③经查明如系供货方多发，应补开发票，补付货款及税金。	①借：库存商品　　　　　40400　　　贷：在途物资　　　　　40000　　　　其他应付款　　　　　400②借：其他应付款　　　　　400　　　贷：营业外收入　　　　　400③借：其他应付款　　　　　400　　　　应交税费　　　　　　68　　　贷：银行存款　　　　　468

二、进货退还及商品退补价的核算

（一）进货退还的核算

在商品购进过程中，有时由于购进商品的数量多，只能部分抽样检验，日后又发现在质量上或规格上与合同不相符，经与供货方协商可作退货处理。由于发现晚，增值税专用发票已经入账，还需要到当地税务主管机关开具"进货退出或索取销货折让证明单"。然后由供货方开具红字发票。购货方根据红字发票作账务处理。

【例8】某电器公司购电器一批，价值100000元，增值税17000元，货已验收入库，款已支付。而后发现电器中有20000元的产品规格不符合要求。经与供货方协商同意退货。电器公司已办妥，"进货退出或索取销货折扣证明单"寄给供货方，并收到对方开具的红字发票。账务处理见图3-30。

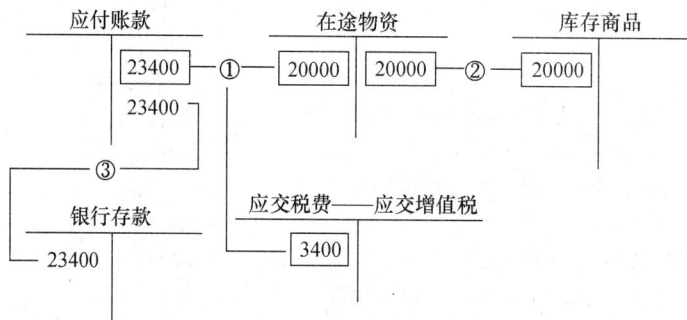

图3-30　进货退还账务处理

图示说明：

①收到退货红字发票时。

②收到仓库转来的红字入库单时。

③收到银行转来供货方汇来退货款时。

（二）购进商品退补价的核算

购进商品已验收入库和结算付款后，由于供货单位的疏忽，会发生定价或价格计算错误，或是发货时试销，按暂定价格结算，后又正式定价等情况，需要进行价格调整，因而产生了商品购进退价和补价的核算。

（1）购进商品退价的核算。它是指已付款的进价高于实际进价，应由供货单位将高于进价的价款退还给购货单位。在发生退价时一般由供货单位收回原开的增值税专用发票，再重新填列增值税专用发票。如原增值税专用发票已入账，须到主管税务机关开具"进货退出或索取销货折让证明单"，然后开具红字专用发票。

【例9】某汽车零配件商店购进汽车配件200件，每件100元。货款已付讫。后该厂发来通知每件实际价格应为90元，应退货款2000元。原增值税专用发票已入账，按有关规定开出证明，供应厂将红字发票寄来，并汇来退价款。账务处理见图3－31。

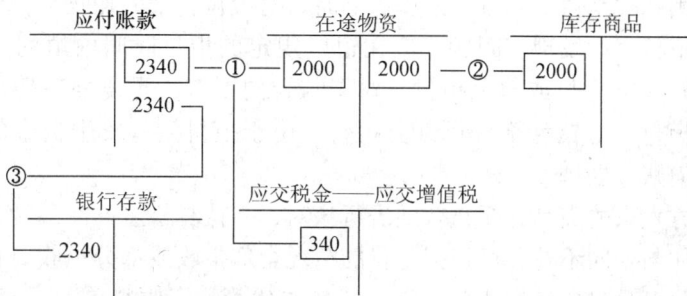

图3－31 商品退价的账务处理

图示说明：

①收到红字专用发票冲减在途物资金额。

②冲减库存商品账面价值。

③收到供应厂退价款。

（2）购进商品补价的核算。它是指已付货款的进价低于实际进价，应由购货单位将低于的差价补给供应单位。在发生补价时供货单位可重新开具增值税专用发票，经有关部门核对后作财务处理。

【例10】仍以上例，假如该零件每件实际价格为110元。应补价2000元，增值税340元，接到供应单位开来补价的增值税专用发票，并将货款全部支付。账务处理见图3-32。

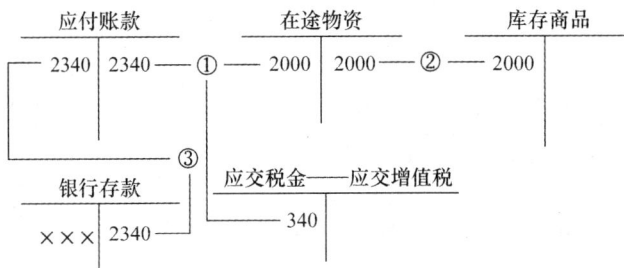

图 3-32　进货补价的账务处理

图示说明：

①补价作为增加采购商品金额。

②将增加金额增加库存商品价值，如已销售部分，可将已销部分补差价转销售产品成本。

③用银行存款支付货款补价。

（三）购进商品拒付货款或拒收商品的核算

企业采用托收承付结算方式购进商品时，对银行转来的托收承付及其所附单据，应认真审核，如发现有问题，应在银行规定的拒付时间内填列"拒付理由书"通知银行全额拒付或部分拒付。对于与合同不符或重复办理托收的购进商品，应全部拒付。对错计部分可部分拒付。由于拒付没有发生资金的支付，因此，不做任何账务处理。

对供货方发来的商品，要与合同进行核对，并认真检查商品品种、规格、数量和质量，如与合同不符，可根据不符的情况全部拒收或部分拒收。仓储部门收到发来的拒收商品时要通知业务部门并填列"代管物资收料单"。仓库应将这部分物资验收后作为"代管物资"单独保管。拒收商品所发生的运输费、仓储费由供货方负担。

由于货款托收与支付和商品运输是通过不同的渠道传递的，企业支付货款与商品验收入库时间往往不一致。因而在发生货款拒付和商品拒收时，常会发生以下情况：

（1）支付货款在先，拒收商品在后。如果货款已支付，商品到达后，经检验不合格等原因，全部拒收商品时，除了将拒收商品记入"代管物资"表外科目外，还应将拒收的货款、增值税和运杂费等一并追问。其账务处理：

发生时

借：应收账款 ××××

　　贷：在途物资 ××××

　　　应交税费——应交增值税 ×××

　　　销售费用 ×××

待收回货款时，再冲回应收账款。

（2）拒收商品在先、拒付货款在后。发生拒收商品时，应将该批商品作为代保管物资储存仓库中，同时业务部门应及时与供货方联系退货事宜，其间发生的仓储费用、运杂费等均由供货方负担。财务部门收到银行转来的托收单据时，应予以拒付。

（3）拒付货款在先、拒收商品在后。如财务部门收到银行转来的托收承付凭证，在审核单据时，发现所发货物与合同不符，应立即向银行提出拒付货款，同时通知仓储部门拒收商品，并及时与供货方联系退货事宜。上述拒付事项因没有发生资金支付，所以不做账务处理。

第六节　废旧物资收购的核算

废旧物资再生是资源的一种，是社会总资源的重要组成部分。但由于很多废旧物资在收购时不能取得增值税专用发票，无法抵扣进项税，企业税负较重。财政部、国家税务总局下发的《关于运输费用和废旧物资准予抵扣进项税额问题的通知》（财税字［1994］第012号）规定，根据经主管税务机关批准使用的收购凭证上注明的收购金额，依10%的扣除率计算进项税额予以扣除。

一、可取得增值税专用发票的废旧物资收购业务的核算

该类废旧物资的购进，与其他商品购进业务相同，其账务处理如同一般商品采购，不再重述。

二、不能取得增值税专用发票的废旧物资收购业务的核算

（一）直接收购废旧物资核算

再生物资回收公司在收购废旧物资时，可从税务机关购买相应的"免税农产品、废旧物资专用收购凭证"。回收公司可按该凭证收购金额的10%抵扣进项税，按凭证的90%做购进成本处理。

【例11】某物资再生利用公司从军队接收退役报废装备汽车100辆，每辆作价1000元。货款已通过银行支付。账务处理：

（1）付款时：

借：在途物资　　　　　　　　　　　　　　　　　　90000

　　应交税费——应交增值税　　　　　　　　　　　　10000

　　贷：银行存款　　　　　　　　　　　　　　　　　　100000

（2）验收入库后：

借：库存商品　　　　　　　　　　　　　　　　　　90000

　　贷：在途物资　　　　　　　　　　　　　　　　　　90000

（二）以旧换新收购业务核算

再生回收公司的另一种业务类型是"以旧换新"。

【例12】某物资回收公司根据与南冶建筑工程公司签订的协议，供给南冶钢材200吨，货款640000元，增值税108800元。同意工程公司以边角料、废旧脚手架等80吨废钢材抵交60000元货款，其余货款688800元已由银行收妥入账。账务处理见图3-33。

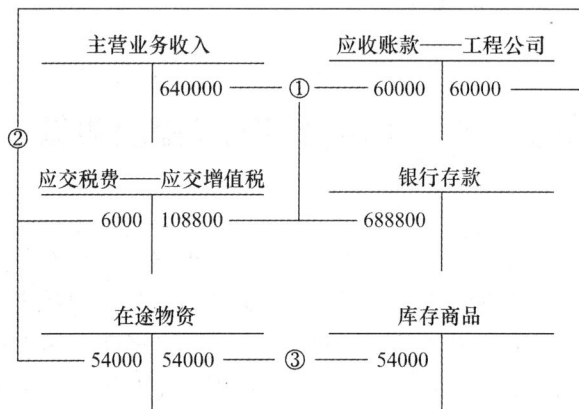

图3-33　物资以旧换新的账务处理

图示说明：

①销售钢材时。

②换取废旧物资时，按10%计算进项税。

③废旧物资入库转账。

【例13】某物资贸易公司为拓宽业务，开展多种经营，投资开设了一家便民商店，自7月1日起对零售的电冰箱、彩电、洗衣机开展"以旧换新"业务。其中：双门旧冰箱折价200元/台，单门旧冰箱折价100元/台。根据当日销售业务记录，销售8台电冰箱，含税收入26000元（增值税率为17%）。回收3台双门旧冰箱、5台单门旧冰箱，共折价1100元，相抵后余额24900元存入银行。账务处理见图3-34。

主营业务收入		其他应收款——家电部	
	22222 ——①—— 1100	1100 ——	

应交税费——应交增值税		银行存款	
110	3778 ——①	—— 24900	②

库存商品	
—— 990	

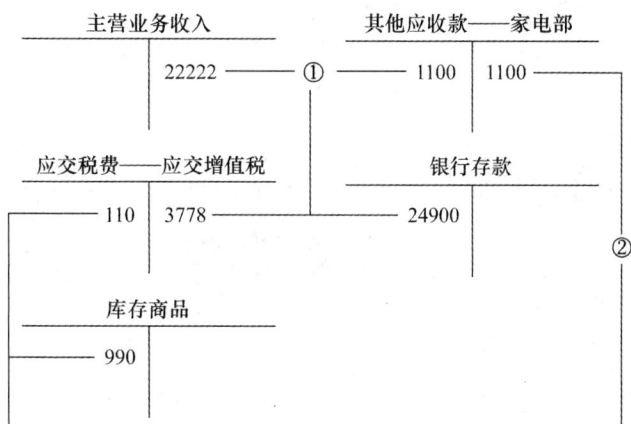

图 3-34　以旧换新业务账务处理

图示说明：

①销售电冰箱收入及应交税费。

②收购旧冰箱入库核算（零售业以物换物，旧物直接入库可不经过在途物资）。

第四章　库存商品核算与税务处理

第一节　库存商品核算意义、目标与风险提示

一、库存商品核算意义

商贸企业对所控制与持有商品的进、出、存的确认、计量、记录与清查盘点等工作，是商贸企业会计核算与监督的重要内容。充分发挥会计功能，正确反映库存商品动态，可确保商品安全完整、提高资金使用效果。

二、库存商品核算目标

1. 结合商品特点正确地选择和使用会计计量方法，规范科目核算的内容，划清不同阶段发生费用的界限，正确计量库存商品成本。

2. 科学确定库存商品不同阶段及特殊业务的核算方法及处理程序，正确处理好各项业务核算。

3. 库存商品做到账账相符、账实相符，确保库存商品安全完整。

三、风险提示

1. 会计计量方法、计价内容选择不当、计量不准，不能正确反映库存商品状况，可能导致影响资金使用效果。

2. 会计核算方法选用不科学、手续不完善，可能导致核算内容混乱，不能为经营决策及时正确地提供库存商品信息。

3. 会计核算与仓储核算口径不一致，可能导致账账不符、账实不符，库存商品安全完整不能得到可靠保障。

第二节 库存商品确认与核算流程

一、库存商品的确认

库存商品确认，包括数量确认与价值确认。

（一）库存商品的确认原则

库存商品是指企业拥有所有权并以出售为目的，由自己或委托其他单位储存的物资及产品等。库存商品的确认应遵循的原则见图 4 - 1。

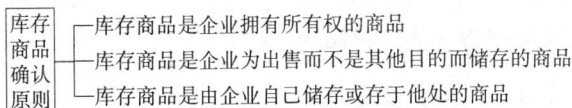

库存商品确认原则
- 库存商品是企业拥有所有权的商品
- 库存商品是企业为出售而不是其他目的而储存的商品
- 库存商品是由企业自己储存或存于他处的商品

图 4 - 1 库存商品确认原则

（二）库存商品数量的确认

库存商品数量的确认方法有实地盘存法和永续盘存法两种，见图 4 - 2 和图 4 - 3。

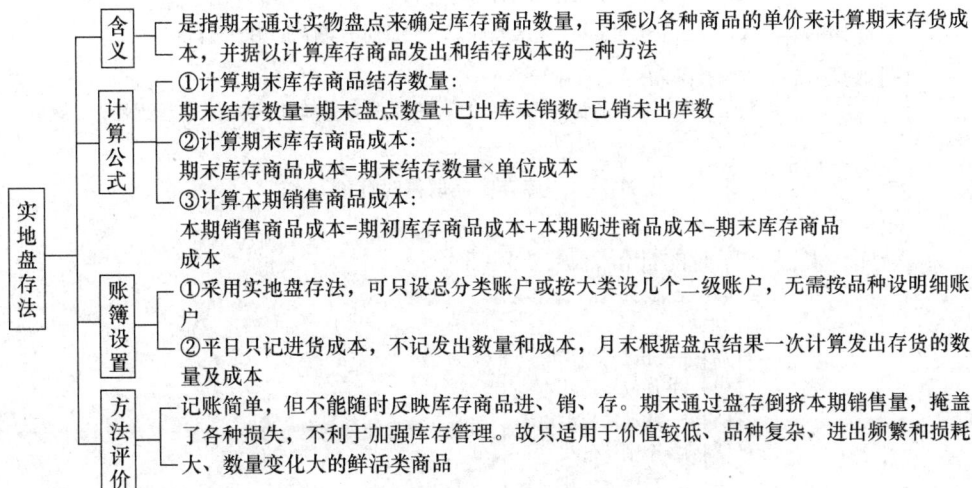

实地盘存法

含义
- 是指期末通过实物盘点来确定库存商品数量，再乘以各种商品的单价来计算期末存货成本，并据以计算库存商品发出和结存成本的一种方法

计算公式
- ①计算期末库存商品结存数量：
期末结存数量=期末盘点数量+已出库未销数-已销未出库数
- ②计算期末库存商品成本：
期末库存商品成本=期末结存数量×单位成本
- ③计算本期销售商品成本：
本期销售商品成本=期初库存商品成本+本期购进商品成本-期末库存商品成本

账簿设置
- ①采用实地盘存法，可只设总分类账户或按大类设几个二级账户，无需按品种设明细账户
- ②平日只记进货成本，不记发出数量和成本，月末根据盘点结果一次计算发出存货的数量及成本

方法评价
- 记账简单，但不能随时反映库存商品进、销、存。期末通过盘存倒挤本期销售量，掩盖了各种损失，不利于加强库存管理。故只适用于价值较低、品种复杂、进出频繁和损耗大、数量变化大的鲜活类商品

图 4 - 2 实地盘存法

永续盘存法

含义——是指按库存商品品种规格逐一设置明细账，逐笔记录库存商品的收入、发出、结存数量和金额的一种方法

公式——每日结存数量=前日结存数量+本日入库数量-本日出库数量

方法评价——能随时了解库存商品的入、出、存数量和金额，能及时发现余缺。加强对库存控制，防止不必要的损失。但核算工作量大，适用于价值较大的商品

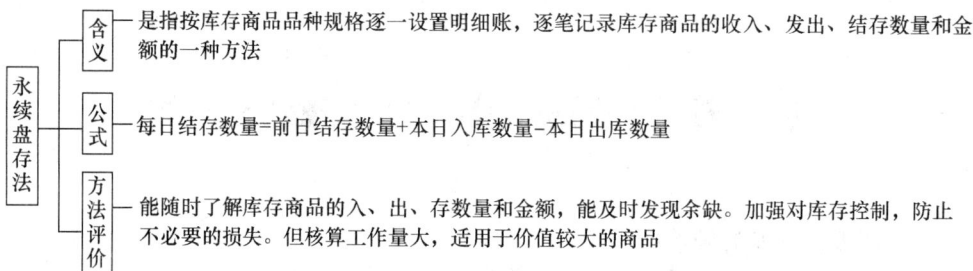

图4-3　永续盘存法

（三）库存商品价值的确认

库存商品价值的确认，实质上就是对库存商品的计价。计价原则是按实际成本，包括取得商品时的计价和出库时的计价。

1. 库存商品取得时的计价，见图4-4。

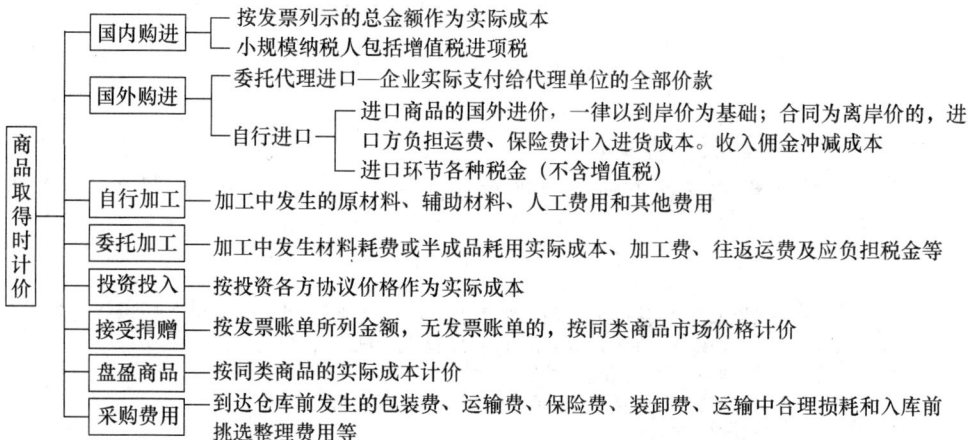

商品取得时计价

国内购进——按发票列示的总金额作为实际成本
　　　　　　小规模纳税人包括增值税进项税

国外购进
　　委托代理进口——企业实际支付给代理单位的全部价款
　　自行进口——进口商品的国外进价，一律以到岸价为基础；合同为离岸价的，进口方负担运费、保险费计入进货成本。收入佣金冲减成本
　　　　　　　　进口环节各种税金（不含增值税）

自行加工——加工中发生的原材料、辅助材料、人工费用和其他费用

委托加工——加工中发生材料耗费或半成品耗用实际成本、加工费、往返运费及应负担税金等

投资投入——按投资各方协议价格作为实际成本

接受捐赠——按发票账单所列金额，无发票账单的，按同类商品市场价格计价

盘盈商品——按同类商品的实际成本计价

采购费用——到达仓库前发生的包装费、运输费、保险费、装卸费、运输中合理损耗和入库前挑选整理费用等

图4-4　库存商品取得时计价

2. 库存商品出库时的计价，见图4-5。

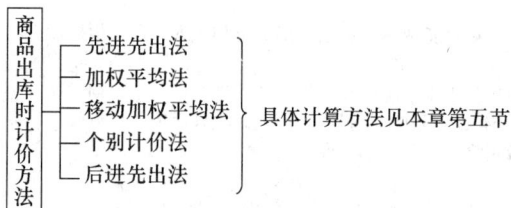

商品出库时计价方法
　先进先出法
　加权平均法
　移动加权平均法　　具体计算方法见本章第五节
　个别计价法
　后进先出法

图4-5　库存商品出库时计价

二、库存商品核算流程

库存商品的账务处理根据其计价方法不同，账务处理程序和方法也不同。主要有两种：

（一）按进价记账的账务处理

账务处理要点："库存商品"一律按购进商品的原价记账，进货费用直接记入"销售费用"账户。它主要适用于商品进销量少、价值比较高的经营单位。账务处理方法见图4-6。

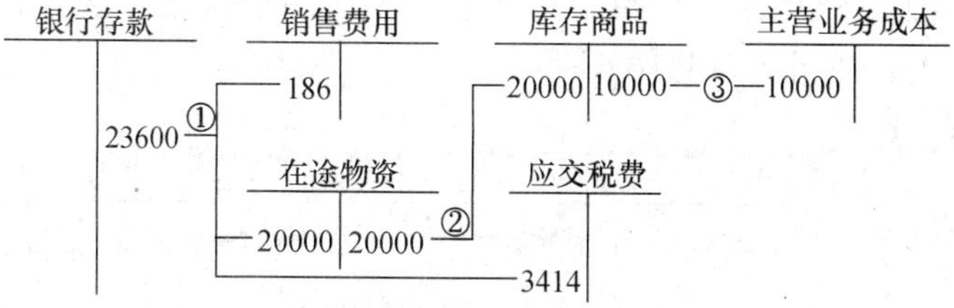

图4-6　按进价记账的账务处理

图示说明：

①以支票购进商品，运费200元（可计入进项税7%）。

②商品验收入库。

③已销售库存商品成本的结转。

（二）按售价记账的账务处理

账务处理要点："库存商品"一律按商品售价记账，售价与进价的差额记入"商品进销差价"科目。它主要适用于商品进销量多而价值又较低的经营单位。账务处理方法见图4-7。

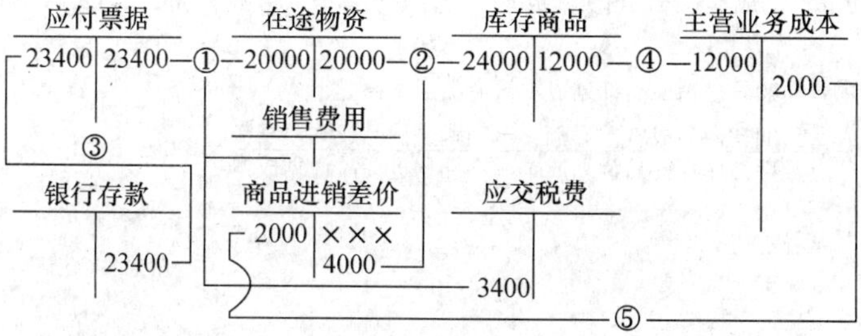

图4-7　按售价记账的账务处理方法（一般纳税人）

图示说明：

①开出商业承兑汇票购进商品一批，进价20000元，进项税3400元。

②商品验收入库，该批产品进价20000元，售价为24000元。

③商业汇票到期支付票款3400元。

④结转已销售商品成本 12000 元。

⑤结转已销售商品进销差价 2000 元。

由于不同类商品进销差价率不同，因此"商品进销差价账"还要按类别设明细账。对于小规模纳税人由于增值税的进项税额不得抵扣，应将进项税额加进商品成本。

（三）按计划价格记账的账务处理

账务处理要点："库存商品"一律按商品计划价格记账，计划价与进价差额记入"商品计划价格差异"科目核算。它主要适用于价格较稳定，常年进销相对大的产品，账务处理方法见图 4-8。

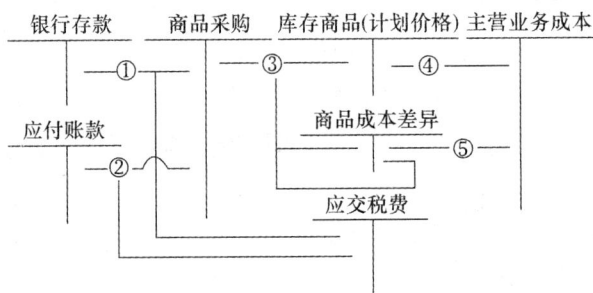

图 4-8　商品按计划价格记账的账务处理

图示说明：

①②购进商品，按实际成本记账。

③商品验收入库，库存商品按计划价格计价，实际大于计划部分，记入"商品成本差异"借方；相反，记入"商品成本差异"贷方。

④按计划成本结转已销售商品成本。

⑤结转已销售商品的成本差异，当实际成本大于计划成本时，用蓝字结转，当实际成本小于计划成本时，用红字结转。

已销商品成本差异额 = 已销商品计划成本 × 商品成本差异率

$$商品成本差异率 = \frac{期初商品成本差异额 \pm 本期购进商品成本差异额}{期初库存商品计划成本 + 本期购进商品计划成本} \times 100\%$$

第三节　　商品储存核算

一、商品储存核算的科目设置

见图4-9。

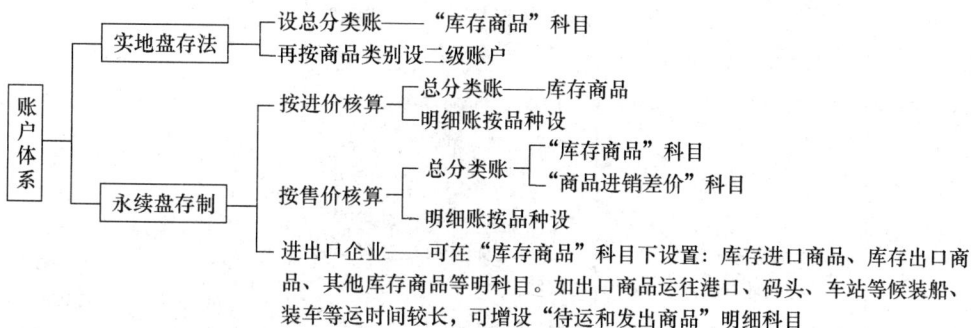

图4-9　商品储存核算账户体系

二、入库商品的核算

入库的商品包括购进、委托加工制造、接受投资和接受捐赠等。

（一）购入商品的核算

小企业有的属于一般纳税人，有的是小规模纳税人；前者增值税进项税可以抵扣，而后者要将进项税计入进货成本。举例核算见表4-1。

表4-1　　　　　　　　　　　　　购入商品账务处理方法

结算情况	实例	账务处理（一般纳税人）	账务处理（小规模纳税人）
先付款后收货	1. 购进商品一批，支付进货价款46800元，其中增值税6800元。税法规定，企业收到发票后可抵扣进项税	支付货款后： ①借：在途物资　　40000 　　应交税费　　　6800 　　贷：银行存款　　46800 商品验收入库后： ②借：库存商品　　40000 　　贷：在途物资　　40000	①借：在途物资　　46800 　　贷：银行存款　　46800 ②借：库存商品　　46800 　　贷：在途物资　　46800

续表

结算情况	实　例	账务处理（一般纳税人）	账务处理（小规模纳税人）
先付款后收货	2. 从外埠购进商品一批，进价 58500 元，其中增值税 8500 元，供货单位代垫运费 500 元（非运输专用发票），不得抵进项税	付货款后： ①借：在途物资　　50000 　　　销售费用　　　　500 　　　应交税费　　　8500 　　贷：银行存款　　59000 商品验收入库后： ②借：库存商品　　50000 　　贷：在途物资　　50000	①借：在途物资　　58500 　　　销售费用　　　500 　　贷：银行存款　　59000 ②借：库存商品　　58500 　　贷：在途物资　　58500
先收货后付款	3. 货先到款后付 （第一种处理方法）	收到商品及发票后： ①借：库存商品　　50000 　　　应交税费　　8500 　　贷：应付账款　　58500 付款后： ②借：销售费用　　　500 　　　应付账款　　58500 　　贷：银行存款　　59000	①借：库存商品　　58500 　　贷：应付账款　　58500 ②借：销售费用　　　500 　　　应付账款　　58500 　　贷：银行存款　　59000
	4. 仍以上例 （第二种处理方法）	收到商品及发票后： ①借：库存商品　　50000 　　贷：在途物资　　50000 付款后： ②借：销售费用　　　500 　　　在途物资　　50000 　　　应交税费　　8500 　　贷：银行存款　　59000	①借：库存商品　　58500 　　贷：在途物资　　58500 ②借：销售费用　　　500 　　　在途物资　　58500 　　贷：银行存款　　59000

注：企业通常采用例 2、例 4 账务处理方法。

（二）接受投资者投资入库商品

根据投资各方确认的价值作如下处理，见图 4 - 10。

```
      实收资本                   库存商品
     351000 ──── ① ──── 300000


                          应交税费——应交增值税
                                 ──── 51000
```

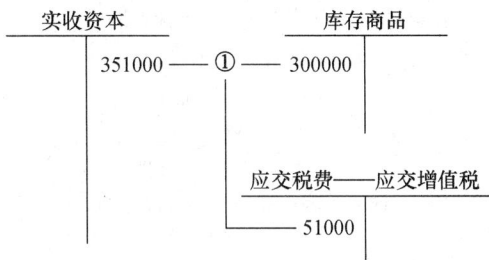

图 4－10　投资者投入商品账务处理

图示说明：

①投资者投资入库商品，如系小规模纳税人，将税金计入商品成本。

（三）接受捐赠入库商品

根据捐赠方提供的有关税证，按凭证上标明金额加上应支付的相关税费作为实际成本；捐赠方没有提供有关凭证的，按其市价或同类、类似商品的市场价格估计金额作为实际成本。账务处理见图 4－11。

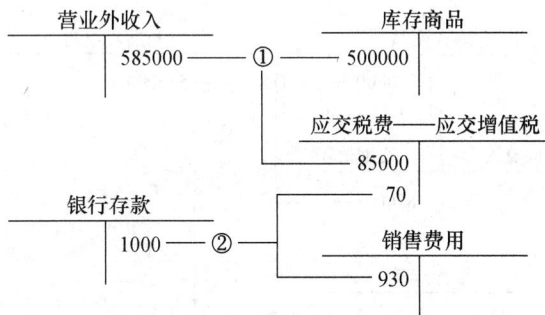

```
      营业外收入                  库存商品
     585000 ──── ① ──── 500000


                          应交税费——应交增值税
                                 ──── 85000
                                 ──── 70
      银行存款                    销售费用
      1000 ──── ②
                                 ──── 930
```

图 4－11　接受捐赠入库商品账务处理

图示说明：

①接受捐赠商品已入库。

②接受捐赠支付运费，凭运费专用发票可抵扣 7% 的税金。

三、出库商品的核算

出库商品包括销售、对外投资、对外捐赠等。

（一）售出或委托代销商品核算

采用进价核算时，根据销售部门开具的出库单等有关凭证作如下账务处理，见图 4－12。

```
      库存商品              主营业务成本
××× 500000 ——①—— 500000
                        —— 400000
                                              ③
               委托代销商品
     850000 ——②—— 850000  400000 ——
```

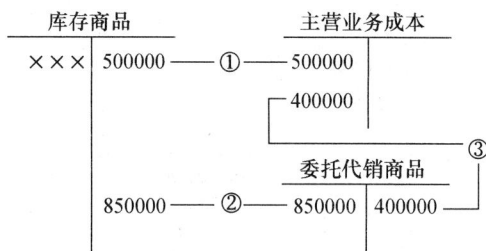

图 4-12　售出出库商品账务处理

图示说明：

①已收到货款，发出商品后结转成本。

②委托外公司代销商品。

③收到代销单位销售清单后转入主营业务成本。

（二）以商品对外投资核算

以库存商品对外投资实质上是一种非货币投资的交易，应以换出资产的账面价值加上应支付的相关税费作为股权投资的成本。账务处理见图 4-13。

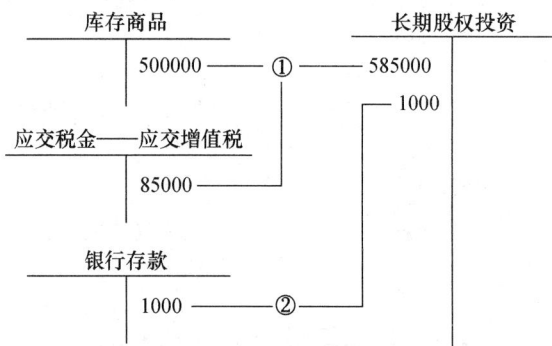

```
      库存商品                  长期股权投资
     500000 ——①—— 585000
                        —— 1000
   应交税金——应交增值税
     85000 ——

      银行存款
     1000 ——②——
```

图 4-13　以库存商品对外投资

图示说明：

①以库存商品进行长期股权投资。该批商品不含税进价为 500000 元，应交增值税 85000 元。

②该批商品投资支付运费。

（三）对外捐赠商品核算

对外捐赠商品应按其账面价值转销，但按税法规定是视同销售行为，应按同类商品售价计算缴纳增值税。核算实例见图 4-14。

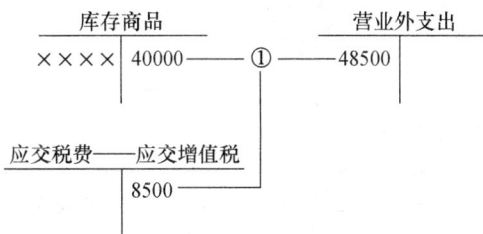

图 4 - 14 对外捐赠账务处理

图示说明:

①一批商品账面成本 40000 元,按同类商品售价(不含增值税)50000 元,销项税 8500 元,对灾区进行捐赠。

四、商品储存特殊业务的核算

商品储存特殊业务包括库存商品调价,库存商品盘盈、盘亏,商品分类挑选等。核算方法见表 4 - 2。根据需要可增设"待处理财产损溢"科目,将商品发生盈亏直接记入有关科目。待原因查明后再处理。

表 4 - 2　　　　　　　　　　商品储存特殊业务处理

事　项	适　用　条　件	账　务　处　理	
(1) 库存商品调价	①采用售价金额核算法时,根据调整前商品数量及调价幅度 ②采用进价核算法时,不做账务处理	①借:库存商品 　贷:商品进销差价	××× ×××
(2) 库存商品盘盈 a. 按进价法记账	①发生商品盘盈 3000 元 ②原因查明是自然升溢	①借:库存商品 　贷:营业外收入	3000 3000
b. 按售价法记账	①盘盈运动鞋 5 双,进价金额 500 元,售价总金额 700 元,原因待查 ②上述盘盈查明系供货单位多发,已补开发票并结清货款	①借:库存商品 　贷:商品进销差价 　　　待处理财产损溢 ②借:待处理财产损溢 　　　应交税费——应交增值税 　贷:银行存款	700 200 500 500 85 585
(3) 商品盘亏 a. 按进价记账 b. 按售价记账	①盘点发现甲产品亏 50 公斤,总计进价金额 3000 元,原因待查 ②查明原因由责任者负担损失 ①盘点发现丁商品亏 10 公斤,总进价金额 1000 元,售价金额 1200 元,原因待查 ②亏损原因已查明,属正常事项。如属非正常损失要将进项税转出。其损失计入营业外支出	①借:待处理财产损溢 　贷:库存商品 ②借:其他应收款 　贷:待处理财产损溢 ①借:待处理财产损溢 　　　商品进销差价 　贷:库存商品 ②借:营业外支出 　贷:待处理财产损溢	3000 3000 3000 3000 1000 200 1200 1000 100

续表

事　项	适　用　条　件	账　务　处　理
（4）商品串号	①发现长余商品甲与短少商品乙数量相等，进价均为3000元	①借：库存商品——甲　　3000 　　　贷：库存商品——乙　　　3000
	②发现长余商品甲进价1500元，短少商品乙进价1000元，原因待查	②借：库存商品——甲　　1500 　　　贷：库存商品——乙　　　1000 　　　　　待处理财产损溢　　500
	③经查明系供货单位发错，现已补差价	③借：待处理财产损溢　　500 　　　贷：银行存款　　　　　500
	④如上项错误难以查明原因，经批准可进入营业外收入	④借：待处理财产损溢　　500 　　　贷：营业外收入　　　　500
	⑤长余商品甲进价1500元，短少商品丙进价2600元，原因待查	⑤借：待处理财产损溢　　1100 　　　　库存商品——甲　　1500 　　　贷：库存商品——丙　　2600
	⑥原因查明是售货时发生错误，其损失由责任者赔偿200元，其余列为企业损失	⑥借：其他应收款　　　　200 　　　　营业外支出　　　　900 　　　贷：待处理财产损溢　　1100
（5）商品对外捐赠	⑦对外捐赠商品一批，进价1800元，售价2000元（不含税），增值税率17%，增值税＝2000×17%＝340（元）	⑦借：营业外支出　　　　2140 　　　贷：库存商品　　　　　1800 　　　　　应交税费——应交增值税　340
（6）库存商品挑选整理	在库存商品中设"挑选整理商品"科目核算。减少被挑选的商品，增加已调选出商品，价值不变。挑选中发生的费用记入"销售费用——挑选整理费"。	借：销售费用　　　　　××× 　　贷：现金　　　　　　　××× 借：库存商品——挑选整理产品　××× 　　贷：库存商品——甲商品等　××× 借：库存商品——乙商品等　××× 　　贷：库存商品——挑选整理产品　×××

第四节　商品加工业务核算

企业为了更好地满足市场和顾客需求，有时需要对某些库存商品进行加工改制，以达到销售的目的。

一、商品加工的方式

见图 4 – 15。

图 4 – 15　商品加工方式

二、商品加工业务的账务处理

（一）自行加工核算

根据《小企业会计准则》规定，企业自行加工应通过"生产成本"进行核算。该账户借方反映加工过程中发生的各种耗费及相关税费。贷方反映已完工入库商品的实际成本。余额在借方反映正在加工改制过程中的各种商品实际成本。账务处理见图4 – 16。

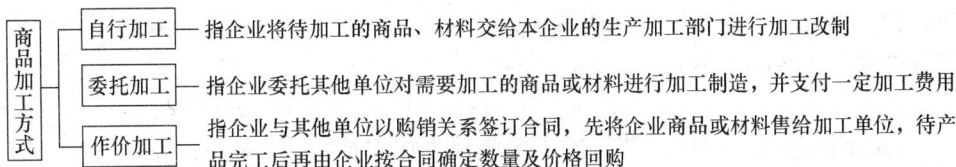

图 4 – 16　自行加工改制商品账务处理

图示说明：

①自行加工耗用材料或库存商品实际成本 50000 元。

②自行加工支付人工费及计提福利费 4400 元。

③自行加工中支付其他相关费用 800 元。

④加工完成后入库商品实际成本 55200 元。

（二）委托外单位加工

根据《小企业会计准则》的规定应设置"委托加工物资"科目进行核算。该科目借方反映委托加工材料、商品成本和支付加工费用、运输费用以及相关税费，贷方反映加工完成后已收回商品实际成本，余额在借方反映正在加工过程中的各种商品的实际成本。

> 采用计划成本或售价核算的，按照计划成本或售价，借记"原材料"或"库存商品"科目，按照实际成本，贷记本科目，按实际成本与计划成本或售价之间的差额，借记或贷记"材料成本差异"或贷记"商品进销差价"科目。
>
> 采用计划成本或售价核算的，也可采用上月材料成本差异率或商品进销差价率，计算分摊本月应分摊的材料成本差异或商品进销差价。

委托加工账务处理见图4－17。

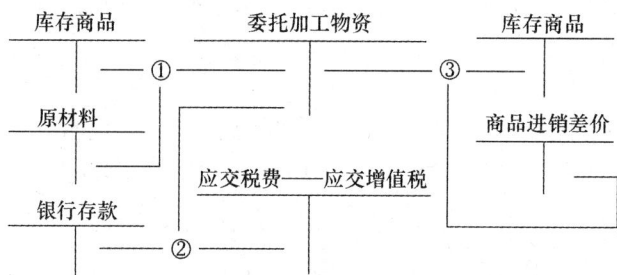

图4－17　委托加工物资账务处理

图示说明：

①委托加工商品、材料的实际成本。

②支付委托加工费用、运费及应抵扣增值税。

③加工完成验收入库后转入库存商品。如采用售价或计划价核算时，其差额记入"商品进销差价"。

（三）作价加工核算

作价加工商品发出如同销售，加工后收回如同收购。账务处理见图4－18。

```
   主营业务收入                    应收账款(或银行存款)
        500000 ——— ①——— 585000

   应交税费——应交增值税
        85000

   库存商品                         主营业务成本
  ××× 450000 ——— ②——— 450000
   ┌─ 550000
   │   应收账款或银行存款          应交税费——应交增值税
        643500 ——— ③——— 93500
```

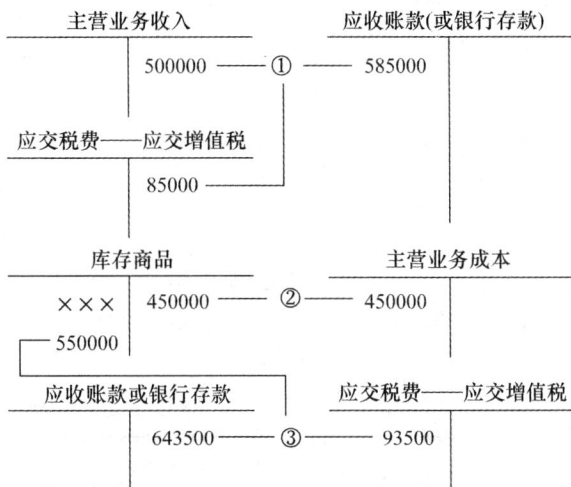

图4-18　作价加工账务处理

图示说明：

①将库存商品发出加工，开出发票同销售处理。

②结转外加工材料、商品成本。

③加工商品完成后验收入库，根据增值税发票入账。如实行售价或计划价格核算的，其差额应记入"商品进销差价"。

三、加工消费品税金的核算

根据《消费税暂行条例实施细则》规定，自营加工应税消费品用于对外销售，于销售时计算缴纳消费税；用于连续加工应税消费品，不纳税；用作固定资产、在建工程等其他方面的，于移送时纳税。委托加工应税消费品应于委托方收回加工商品时，由受托方代扣代缴税款。委托加工应税消费品收回后直接出售的，不再征收消费税，用于连续生产应税消费品的，所纳税款准予按规定抵扣。举例说明如下：

（一）自营加工业务账务处理

【例1】某商贸公司自行加工生产甲商品10吨，消费A商品14吨，每吨单位成本3000元，每吨加工需人工费用400元。甲商品消费税税率8%。完工后5吨用于在建工程，5吨于本月已销售。每吨售价（不含增值税）6000元，增值税率17%。销货款存入银行。计算应交消费税及其账务处理，见图4-19。

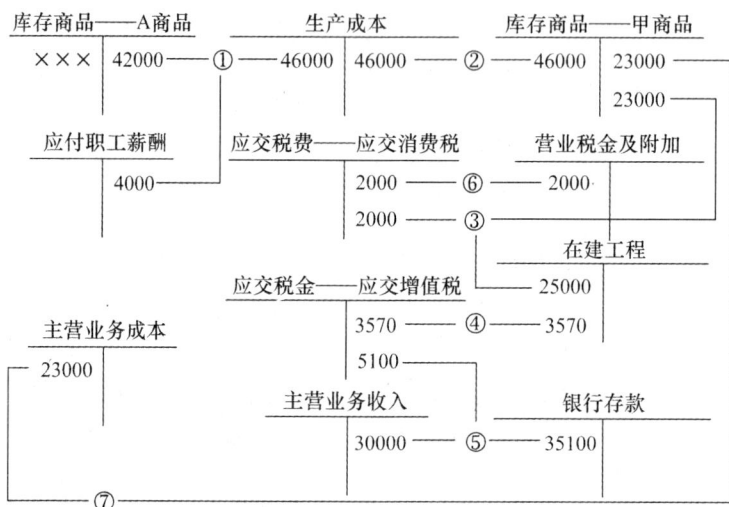

图4-19 自营加工消费品账务处理

图示说明：

①领出 A 商品 14 吨生产加工甲商品，应负担人工费 4000 元。

②甲商品已完工，验收入库 46000 元。

③在建工程领用 5 吨，应交消费税 = $\dfrac{材料成本+加工费}{1-消费税率} \times 消费税率 = \dfrac{4200+400}{1-8\%} \times 8\% \times 5 = 2000$（元）

④在建工程耗用甲商品进项税额转出 3570 元（42000×17%×50%）。

⑤本月销售甲商品 5 吨，收入款 30000 元，增值税 5100 元，款存银行。

⑥本月销售甲商品应交消费税 2000 元。

⑦结转本月销售甲商品的成本。

（二）委托加工业务账务处理

【例2】 某商贸公司委托外单位加工高级护肤液产品 0.5 吨，耗用原材料 41500 元，加工费 10000 元（不含增值税），另外支付运费 1000 元（运费按7%计算增值税进项税），消费税率为 30%，加工完成已验收入库。账务处理见图 4-20。

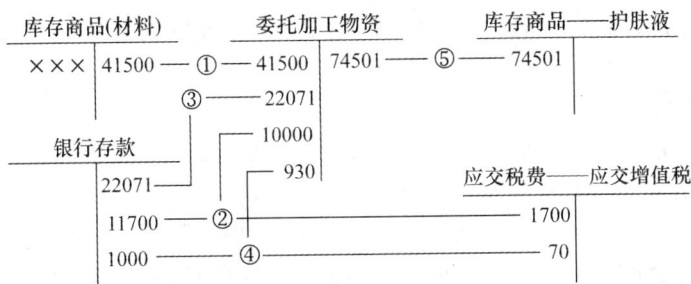

图 4 - 20　委托加工物资账务处理

图示说明：

①将材料或库存商品委托外单位加工高级护肤液 41500 元。

②支付加工费 10000 元，增值税进项税 1700 元。

③加工商品由委托方代缴消费税率 30%，应交消费税 $= \dfrac{41500 + 10000}{1 - 30\%} \times 30\% = 22071$（元）。

④支付运输费 1000 元，按 7% 计算增值税进项税。

⑤加工商品完工后成本 74501 元，按进价进行核算，验收入库。

第五节　　库存商品明细分类核算

　　库存商品明细核算通常由会计既核算数量又核算金额。仓库实物负责人只核算数量、不核算金额；规模小的企业，库存商品明细账也可由仓库实物负责人既核算数量也核算金额，月终由会计检查核对，确保会计总分类账与仓库明细分类账金额一致。

　　库存商品明细分类核算通常使用"九栏"或称"数量金额"式账页。

　　商品收入核算：它是根据"入库单"中所列的实际数量和实际成本，按时间发生顺序逐笔登记，随时结出商品结存量和结存额。

　　商品发出核算：是根据出库凭证按时间发生顺序逐笔登记，随时可了解库存动态与结存情况。为简化记账手续，也可在月终根据"出库凭证汇总表"一次登记。

　　发出商品成本的计算：由于各批商品购入地点不同、时间不同，而且价格随供求状况也在变化，因此，库存同种商品可能出现几种购进价格。发出商品如何计价，应根据商品出库计价方法来确定。

一、库存商品按进价核算

　　《小企业会计准则》规定，企业发出商品可选用先进先出法、移动平均法、加权平均法、个别计价法等确定其出库商品的成本。企业可根据商品的特点，选用不同的计价方法，同一种商品发出的计价方法一经确定，年度内不得随意变更。

（一）先进先出法

先进先出法是假定先收进的商品先发出，来计算发出商品的实际成本。这就需要按商品的顺序分清每批商品的数量和单位成本，随时计算发出商品的实际成本和结存商品的实际成本。采用这种方法，期末结存的账面价值，通常接近于最后一批或近几批购进商品的实际成本。举例核算说明见表4-3。

表4-3　　　　　　　　　　　　库存商品明细账

类别：化工类　　　　　　　　　　　　　　　　　最高储备量：60
品名：硫酸钾　　　　　　　计量单位：公斤　　　　最低储备量：5

| 20×2年 | | 凭证号 | 摘要 | 收入 | | | 发出 | | | 结存 | | |
月	日			数量	单价	金额	数量	单价	金额	数量	单价	金额
×	1		期初结存							50	90	4500
	10	略	领用				40	90	3600	10	90	900
	15		购入	30	100	3000				10	90	900
										30	100	3000
	20		领用				10	90	900			
							10	100	1000	20	100	2000
	25		领用				10	100	1000	10	100	1000
	30		购入	20	95	1900				10	100	1000
										20	95	1900
			本月合计	50		4900	70		6500	10	100	1000
										20	95	1900

（二）移动平均法

它是用以前结余商品的实际成本，加上本批购入商品的实际成本，除以以前结存和本批购入数量，计算出商品的实际平均单位进价，作为发出商品的实际单位成本。采用此法，只要购进商品单价有变动，就要计算一次平均单位成本，因而叫移动平均法，计算公式如下：

$$商品实际平均单位成本 = \frac{变动前库存商品实际成本 + 本批入库商品实际成本}{变动前库存商品数量 + 本批入库商品数量}$$

发出商品的实际成本 = 商品实际平均单位成本 × 发出商品数量

仍以前例说明商品实际平均单位成本的计算过程与结果，见表4-4。

表 4 - 4 　　　　　　　　　　库存商品明细账

类别：化工类　　　　　　　　　　　　　　　　　　　最高储备量：60
品名：硫酸钾　　　　　　　　计量单位：公斤　　　　　最低储备量：5

20×2年		凭证号	摘要	收入			发出			结存		
月	日			数量	单价	金额	数量	单价	金额	数量	单价	金额
×	1		期初结存							50	90	4500
	10	略	领用				40	90	3600	10	90	900
	15		购入	30	100	3000				40	97.50	3900
	20		领用				20	97.50	1950	20	97.50	1950
	25		领用				10	97.50	975	10	97.50	975
	30		购入	20	95	1900				30	95.833	2875
			本月合计	50		4900	70		6525	30	95.833	2875

如 15 日购进商品一批，其库存商品单位实际成本为：

$$商品实际平均单位成本 = \frac{900 + 3000}{10 + 30} = 97.50 （元）$$

采用移动平均法，随时可以取得商品的发出金额和结存金额，并且可以把商品的计价工作分散在平时进行。有助于加快月末结账。但计算工作量较大。

采用此法核算有时期末出现结存"数量×单价≠金额"。因为单价是根据"结存金额÷结存数量"而得出，当除不尽时，就出现上述情况。

（三）加权平均法

它是以数量为权数集中在月末一次计算商品的平均单位成本。计算公式如下：

$$商品实际平均单位成本 = \frac{月初结存商品实际成本 + 本月入库商品实际成本}{月初结存商品数量 + 本月入库商品数量}$$

仍以前例，硫酸钾商品实际平均单位成本 $= \frac{4500 + 4900}{50 + 50} = 94 （元）$

发出商品成本 $= 70 × 94 = 6580 （元）$

商品实际平均单位成本计算过程见表 4 - 5。

从上例看出，采用此法月末才能计算出发出商品的平均单价。因此，在发出栏和结存栏平时只能登记数量，月末计算出平均单位成本后，再追记发出商品的单价和金额。采用此法，工作量过于集中在月末，影响成本计算的及时性。而且平时在商品明细账中看不出发出和结存商品的金额，因而给商品的日常管理带来不便。

（四）个别计价法

也称分批实际法。它是以分批购进商品为基础，按原批购进的商品出库，因而每批出库商品的实际成本就是该批商品购进的单位实际成本。采用这种方法，每批商品的收入必须有较详细的记录，同时对每批商品也要有一定标记，以便出库时确认该商品的批次，从而确定该批商品的实际成本。

表4-5　　　　　　　　　　　　　　库存商品明细账

类品：化工类　　　　　　　　　　　　　　　　　　　最高储备量：60

品名：硫酸钾　　　　　　　　　计量单位：公斤　　　　最低储备量：5

20×2年		凭证号	摘要	收入			发出			结存		
月	日			数量	单价	金额	数量	单价	金额	数量	单价	金额
×	1		期初结存							50	90	4500
	10	略	领用				40	94	3760	10		
	15		收入	30	100	3000				40		
	20		领用				20	94	1880	20		
	25		领用				10	94	940	10		
	30		购入	20	95	1900				30	94	2820
	30		本月合计	50		4900	70	94	6580	30	94	2820

注：发出商品的单位成本与金额是在月末计算出单位成本后填写的。

（五）后进先出法

它是指在某一会计期内假定后进的商品先发出，并根据这一假定的成本流转顺序对发出商品的成本进行计价。采用这种方法期末结存商品的账面成本，是最早购入商品的实际成本，而发出商品的成本则接近于现时的商品成本水平。因此它适用于物价上涨情况的会计期间。举例说明见表4-6。（《小企业会计准则》规定不准使用此计价方法计算发出商品成本）

表4-6　　　　　　　　　　　　　　库存商品明细账

类品：化工类　　　　　　　　　　　　　　　　　　　最高储备量：60

品名：硫酸钾　　　　　　　　　计量单位：公斤　　　　最低储备量：5

20×2年		凭证号	摘要	收入			发出			结存		
月	日			数量	单价	金额	数量	单价	金额	数量	单价	金额
×	1		期初结存							50	90	4500
	10	略	领用				40	90	3600	10	90	900
	15		购入	30	100	3000				40		3900
	20		领用				20	100	2000	20		1900
	25		领用				10	100	1000	10		900
	30		购入	20	95	1900				30		2800

除上述五种计算发出库存商品实际成本的方法外，国际上还有"最后进价法"和"次进先出法"。最后进价法是根据邻近期末的那一次购入商品的单价，计算确定期末商品的金额，从而倒轧发出商品成本的方法。采用此方法，平日只记发出商品的数量，到月末才计算发出商品的成本。这种方法使期末存货的计价，十分接近当前市场商品的价格。因而账面商品的价值具有现实意义。而发出商品在物价上涨情况下成本较低，造成企业利润虚增。次进先出法是指发出的商品要按下批购入商品的单位成本计价，也就是按商品的重置成本计价。就其目的来说就是按现在的市价来计算销售商品的成本，以与销售收入相匹配。但上述方法在西方国家迄今也未被普遍认可。

二、库存商品售价核算法

库存商品按售价核算时其库存各种商品明细分类账的进、出、存都按售价计量，记录方法同进价核算法，只是单位价值都按售价计价，故不再重述。

三、库存商品明细账核对

商品的收、发和保存是由仓库管理人员负责，他们主要关心商品的数量，因此，在仓库必须设置商品卡片，核算每种商品的收、发、存的数量，以做到账实相符。其格式见表 4 – 7。

表 4 – 7　　　　　　　　　　　　　　商品卡片

商品类别：化工类　　　　　　　　　　　　　　　卡片编号：1034
商品编号：0321　　　　　　　　　　　　　　　　最高储备量：60
名称及规格：硫酸钾　　　　　　　　　　　　　　最低储备量：5
存放地点：二号库　　　　　　　　　　　　　　　计量单位：公斤

20×2 年 月	20×2 年 日	记账凭证	摘　要	收　入	发　出	结　存
4	1		承前页			50
	10	领 54			40	10
4	15	收 45		30		40
	20	领 104			20	20
	25	领 125			10	10

（一）库存商品卡片

仓库设置商品卡片，应根据收、发商品原始凭证来登记其收、发和结存数量，及时反映实物的超储或不足情况，便于据以采购，也便于同实物核对，保证财产安全完整。

财会部门所设的每种商品明细分类账的名称规格，应同仓库商品卡片口径一致。它们登记依据一致，因此，两者结存数量应该一致。

（二）"汇总账页"的设置及登记方法

一般企业，商品的种类很多，如果直接根据明细账与总分类账核对，必将造成对账工作的困难。为了便于对账和了解各类商品的收发动态，考核库存商品定额的执行情况，通常在每本（每类）商品明细账前面设置"汇总账页"，并根据收发料凭证，汇总登记商品的收发结存金额。格式见表4-8。

表4-8　　　　　　　　　　　汇总账页

存货科目：库存商品

类别：服装类　　　　　　　　　　　　　　　　　　　资金定额：90000

××年		收　入		发　出		结存金额
月	日	凭证张数	金额	凭证张数	金额	
×	1					89200
	1~10	（略）	60600			
	11~20		45000			
	21~30			（略）	146000	
	合计		105600		146000	48800

（三）库存商品总分类核算和明细分类核算的核对

为了做到账账相符，应按月将商品明细分类账与总分类账"库存商品"科目核对。核对方法是通过"库存商品月报表"进行的。月终，各仓库将"库存商品月报表"连同全部收发商品凭证，一并送财会部门进行核对。"库存商品月报表"格式见表4-9。

表4-9　　　　　　　　　　库存商品月报表

仓库：二号库　　　　　　　　　×年×月份

材料类别	期初余额	本月购入	本月发出	期末结存	备注
有色金属	34500	76000	69000	41500	
××类	54000	98760	88750	64010	
合计	278090	317800	386700	209190	

财会部门部将各库报来的"库存商品月报表"与总分类账"库存商品"总额进行核对。如发现差错应及时查找原因，确保账账相符。

第六节 库存商品清查的核算

一、库存商品清查概述

库存商品清查方法、步骤及账务处理见图4-21。

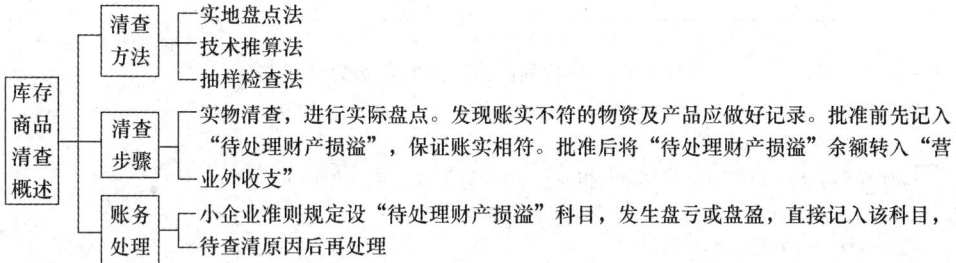

图4-21 存货清查概述

二、库存商品盘盈盘亏账务处理

企业库存商品的盘盈、盘亏应分别情况进行账务处理。在未经批准前应记入"待处理财产损溢"科目，待批复后再进行处理。但在编制企业财务会计报告时必须处理完毕。

【例3】某企业"库存商品盘盈盘亏报告表"见表4-10，其账务处理见图4-22。

表4-10　　库存商品盘盈盘亏报告表

材料编号	材料名称和规格	计量单位	数量		计划单位成本	盈余		亏损			盈亏原因	审批意见
			账存	实存		数量	金额	数量	计划成本	材料成本差异		
	灰口铁	吨	140	142	1600	2	3200			0	过磅不准	按管理不善处理
	圆钢	吨	38	36	610			2	1220	122	过磅不准	按管理不善处理
	油漆	公斤	200	180	5			20	100	1	管理人员过失	按责任事故由过失人赔偿

三、商品物资购入的短缺与毁损的处理

企业购入商品验收入库时，如发现短缺和毁损，必须查明原因，分清经济责任，区别不同情况，分别进行处理。

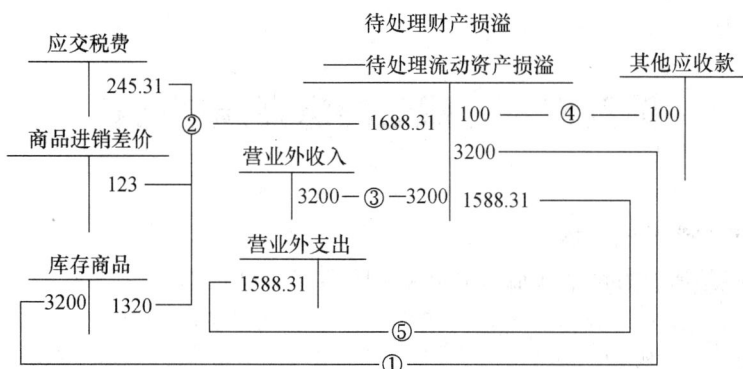

图 4-22 库存商品盘盈盘亏账务处理程序

图示说明：

①库存商品盘盈 3200 元。

②库存商品盘亏 1320 元，计算应负担成本差异 123 元及税金 245.31 元。

③查明盘盈是计算误差造成，记入营业外收入 3200 元。

④由责任者负责赔偿 100 元。

⑤企业负担损失，由于是非正常损耗，列入营业外支出 1588.31 元。

【例4】3 月 5 日大华公司从钢铁公司采购灰口铁 1 吨，买价 12900 元（增值税 2193 元），供应单位代垫运费 1020 元。采用商业汇票结算方式。签发银行承兑汇票 16113 元，向银行申请承兑，按规定以银行存款缴纳承兑手续费 50 元，当日已将汇票和解讫通知交给供应单位。随后材料已到达，验收发现丢失 430 元，保险公司赔 200 元，运输公司赔 150 元，企业负担合理损耗 80 元。账务处理见图 4-23。

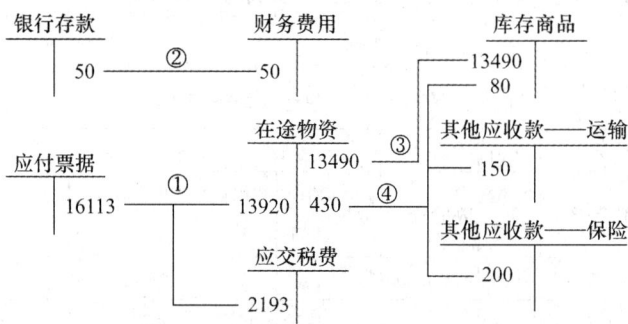

图 4-23 商品物资购入短缺与毁损的账务处理程序

图示说明：

①购买商品，签发汇票时。

②支付承兑手续费时。

③商品验收入库时。

④商品短缺按规定进行处理时。非合理损耗应记入"营业外支出"处理。

第五章　商品销售核算与税务处理

第一节　商品销售核算意义、目标与风险提示

一、商品销售核算意义

商贸企业的销售是将购入或加工制造的商品及提供劳务，通过市场卖给顾客或消费者并收回货款。这一过程进行是否顺畅有利，决定了企业的生存与发展。商品销售的核算，就是正确地计量与反映销售过程的"投入"与"收回"，计量考核销售成果，促进提高经营效果。

二、商品销售核算目标

1. 根据商品特点和条件，正确地选择和使用收入的确认与计量方法，正确计量商品销售收入，同时正确地计算与结转已销售商品成本。

2. 按照税法相关规定，正确确认不同销售方式下的销售收入，依法计算与缴纳各种税费。

3. 规范特殊劳务业务的确认条件，正确确认劳务收入与劳务成本，有效地计量劳务成果。

三、风险提示

1. 销售收入与销售成本，确认与计量方法不当，可能导致数字不真实，影响企业的财务报告质量。

2. 销售收入的确认与计量，与税法规定不一致的，可能导致核算内容违规，给企业带来税务风险。

3. 对特殊劳务的确认与计量，内容不清、确认不准、计量不实，可能导致核算不准，形成税务风险。

4. 对销售过程不能正确组织与实施会计核算，未能充分发挥会计的功能，

可能导致内部控制失控，不利于企业健康发展。

第二节　商品销售收入与销售成本核算

一、商品销售收入核算流程

（一）商品销售概念及分类

商品销售是指企业将商品所有权转让给受让方，同时与交易相关的经济利益能够流入企业。商品销售可分为以下几类（见图5-1）：

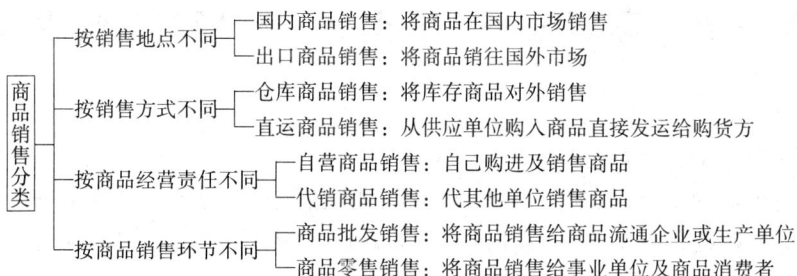

图5-1　商品销售分类

（二）商品销售收入的确认与计量

1. 商品销售收入的确认条件。

商品销售收入的确认，必须同时具备以下条件（见图5-2）：

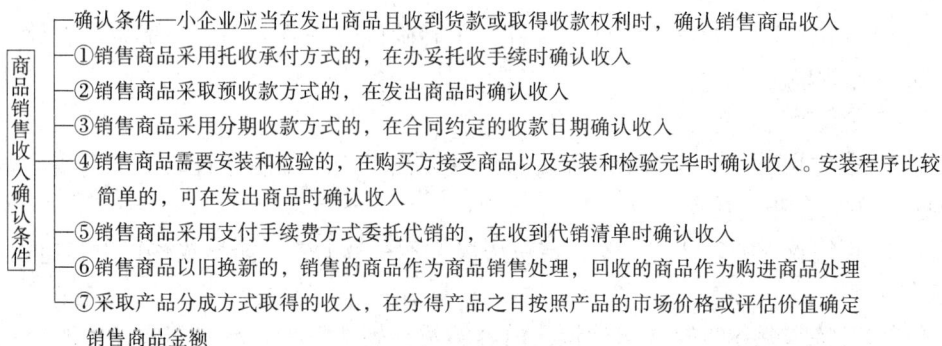

图5-2　商品销售收入确认条件

《小企业会计准则》第58条规定：收入，是指小企业在日常生产经营活动中形成的、会导致所有者权益增加、与所有者投入资本无关的经济利益的总流入。包括：销售商品收入和提供劳务收入。

第59条又指出：销售商品收入，是指小企业销售商品（或产成品、材料，下同）取得的收入。

2. 商品销售收入的计量，见图5-3。

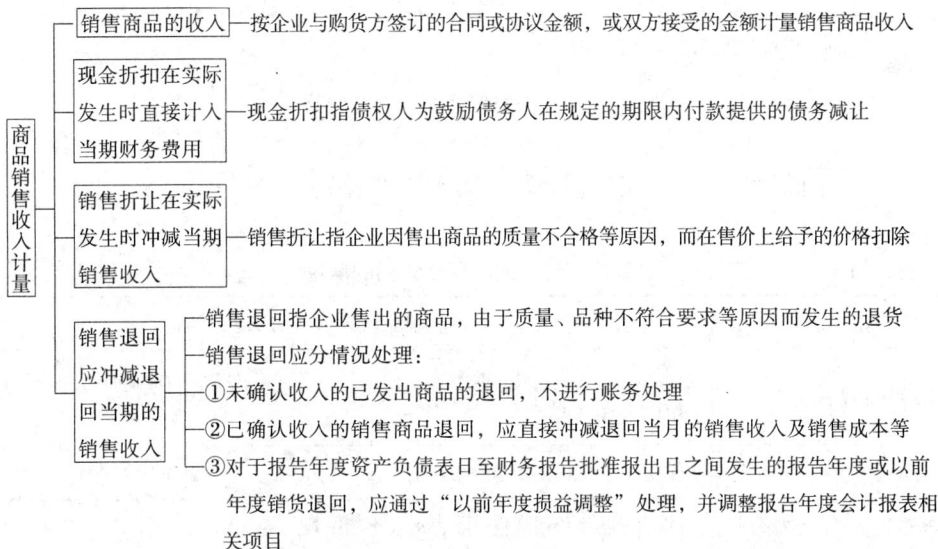

图5-3　商品销售收入的计量要求

3. 商品销售收入确认与计量的税法规定。

（1）不同销售方式下商品销售收入的确认时间，见图5-4。

销售方式	收入确认时间
采取直接收款方式销售货物	不论货物是否发出，均为收到销售款或取得索取销售款的凭证，并将提货单交给买方的当天
采取托收承付和委托收款方式销售货物	发出货物并办妥托收手续的当天
采取赊销或分期收款方式销售货物	按合同约定的收款日期的当天
采取预收货款方式销售货物	货物发出的当天
委托其他纳税人代销货物	收到代销单位代销清单的当天
销售应税劳务	提供劳务同时收讫销售款或取得索取销售款凭据的当天
视同销售货物行为	货物移送的当天

（左侧纵向标签：税法对销售收入确认的规定）

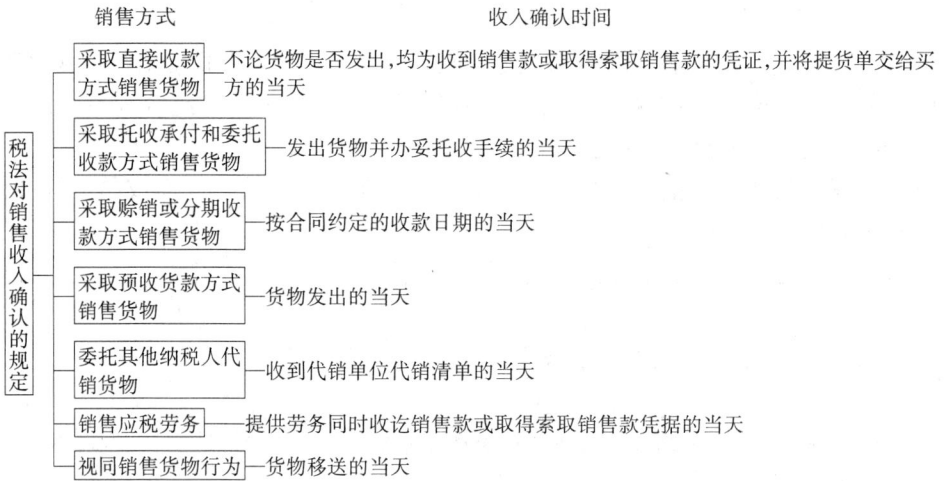

图 5 - 4　税法对销售收入确认的规定

（2）不同销售方式下应税销售额的确定，见表 5 - 1。

表 5 - 1　　　　　　　　　　不同销售方式应税销售额的确定

销售方式	应税销售额的确定方法
采用折扣方式销售	销售额和折扣额在同一张发票上分别注明的，可按折扣后净额计算增值税，否则按全额计税
采取以旧换新方式销售	应按新货物的同期销售价格计税
采取还本销售方式销售	以货物的销售价格计税，不得从销售额中减除还本支出
采取以物易物方式销售	以各自发出的货物销售额计税
视同销售行为销售	①按当月同类货物的平均价格确定销售额 ②按组成计税价格确定计税销售额 组成计税价格 = 成本 × （1 + 成本利润率） 属于应征消费税的货物，其组成计税价格中应加计消费税税额

（三）商品销售收入与销售成本的核算流程

制度规定商品销售收入通过"主营业务收入"核算。各项销售货款结算方式的不同，其账务处理也不一样，见图 5 - 5。

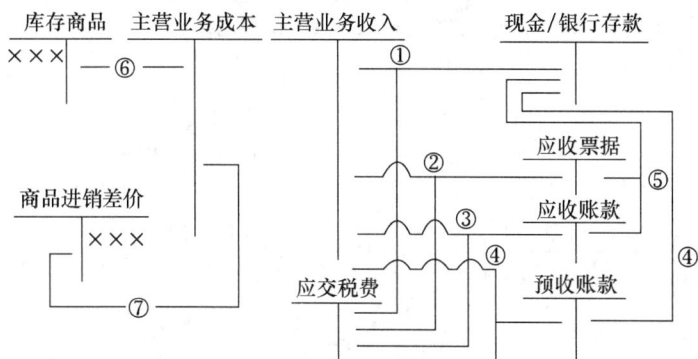

图 5 - 5　销售收入的核算程序

图示说明：

①采用交款提货结算方式。

②采用商业汇票结算方式。

③采用托收承付、委托收款或赊销结算方式。

④采用预收货款结算方式，当收到预收货款时。

⑤收回应收票据、应收账款时。

⑥结转已销售商品成本，制度规定通过"主营业务成本"核算。

⑦实行售价核算法公司须结转已销售商品的进销差价。

二、商品销售收入的核算

商品销售收入的核算依据销售结算方式不同其账务处理也不一致。常用的有交款提货现销、托收承付销售、直运商品销售、委托代销、定货销售、分期收款销售、零售商品销售等。

（一）交款提货销售方式账务处理

见图 5 - 6。

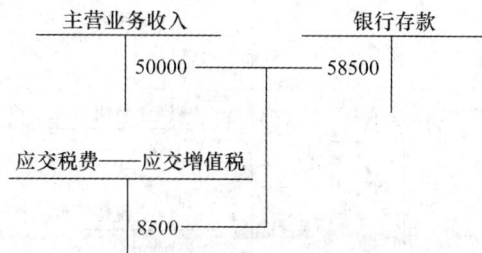

图 5 - 6　交款提货销售

图示说明：

销售商品 50000 元，增值税 8500 元，款存入银行。

（二）采用托收承付或委托收款销售方式账务处理

见图 5－7。

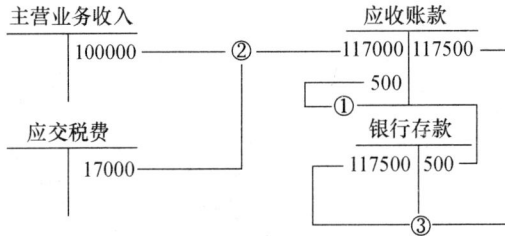

图 5－7　托收承付方式销售账务处理

图示说明：

①代垫运费（非运输发票）。

②商品已发运，办妥托收手续后。

③托收款已收回入账。

（三）直运商品销售方式账务处理

直运商品销售是指商品流通企业从供货单位购进商品，不经过储存，直接调拨发运给购货单位的一种销售方式。直运有两种方式：一种是委托供货单位代办商品发运，垫付费用向购货方办理结算；另一种是由企业派人去供货单位自行办理商品发运，并自行办理托收承付手续。由于单据传递时间不同，账务处理有三种情况：

【例1】某商贸公司向外地甲公司购进商品一批，价款500000元，增值税85000元，直运给外地乙公司，售价600000元，增值税102000元，供货单位垫付运费2000元。根据协议，由商贸公司与乙公司各负担运费50%，以银行存款收付会出现三种不同的情况。

第一种情况：先承付购货款，后托收销货款。

（1）收到银行转来供货单位托收单据审核无误后承付款项。

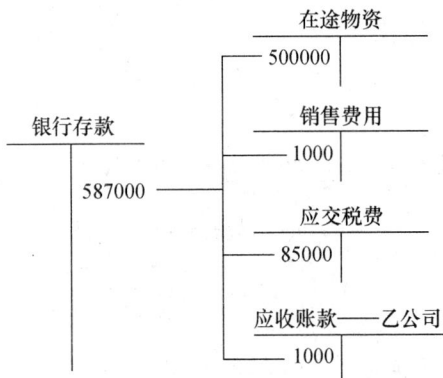

（2）收到采购员寄回托收凭证及发货单。

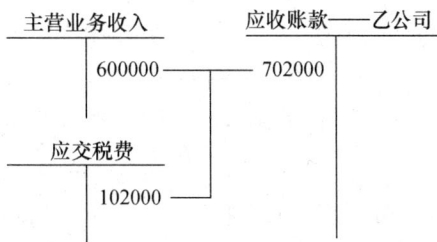

主营业务收入		应收账款——乙公司	
	600000 ——	—— 702000	

应交税费	
	102000 ——

同时结转销售成本：

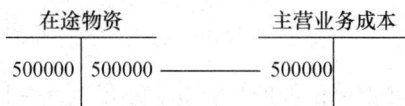

在途物资		主营业务成本	
500000	500000 ——	—— 500000	

（3）收到银行转来收款通知，款如数收到。

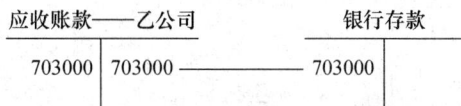

应收账款——乙公司		银行存款	
703000	703000 ——	—— 703000	

第二种情况：先收到销货款，后承付购货款。

（1）收到业务员寄回发货单据等凭证。

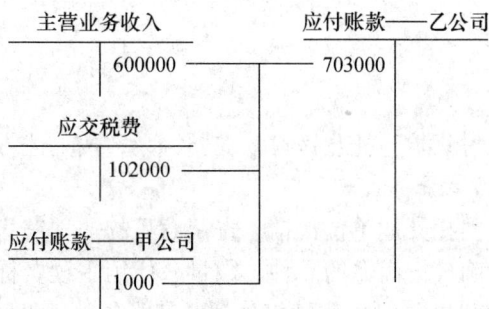

主营业务收入		应付账款——乙公司	
	600000 ——	—— 703000	

应交税费	
	102000 ——

应付账款——甲公司	
	1000 ——

同时结转销售成本：

在途物资		主营业务成本	
	500000 ——	500000	

（2）接到银行收账通知，款项如数收账。

应收账款——乙公司		银行存款	
703000	703000 ——	703000	

（3）收到银行转来供货单位托收凭证审核无误后承付款项。

银行存款		在途物资	
×××		500000	500000
	587000 ——	应交税费	
		85000	×××
		销售费用	
		1000	
		应付账款——甲公司	
		1000	1000

第三种情况是承付货款与托收销售款在同一天，按上述方法处理。

（四）委托销售方式账务处理

委托销售是企业委托其他单位代销、寄销商品的一种销售形式。事先须双方签订合同或协议，明确代销商品的品种、数量、代销手续费标准等。待收到代销单位报来"代销商品清单"时再作销售处理。其账务处理见图5－8。

```
    库存商品            库存商品——委托代销商品         主营业务成本
××× | 40000 — ① — 40000 | 20000 — ③ — 20000

    主营业务收入            应收账款——××商场          银行存款
      | 25000 — ② — 29000 | 29000 — ④ — 29000

    应交税费                销售费用
      | 4250                 | 250
```

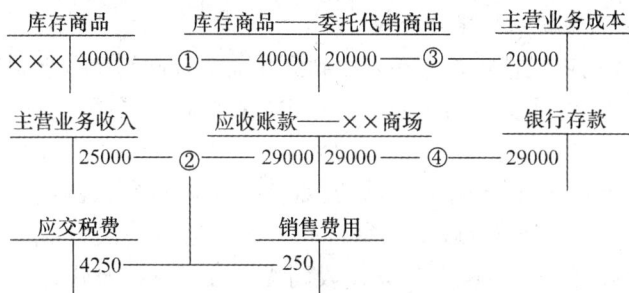

图 5 - 8　委托代销商品账务处理

图示说明：

①将商品委托××商场代销。

②收到代销清单，款未收，扣下 1% 代销手续费 250 元，作销售收入。

③结算已销代销产品成本。

④收到代销商品款。

（五）分期收款销售账务处理

分期收款销售是指商品已经交付，但货款分期收回的一种销售方式。其特点有：销售商品价值大、收回货款时间长、收款风险大。企业应按合同约定的收款日期分期确认销售收入。

【例 2】甲公司 2012 年 5 月 6 日，采用分期收款方式销售设备一套，不含税售价 600000 元，增值税率 17%，增值税 102000 元。实际成本 420000 元，合同约定分三年平均收款。每年付款日期为 5 月 30 日，设备发出后先付第一期货款。甲公司账务处理如图 5 - 9。

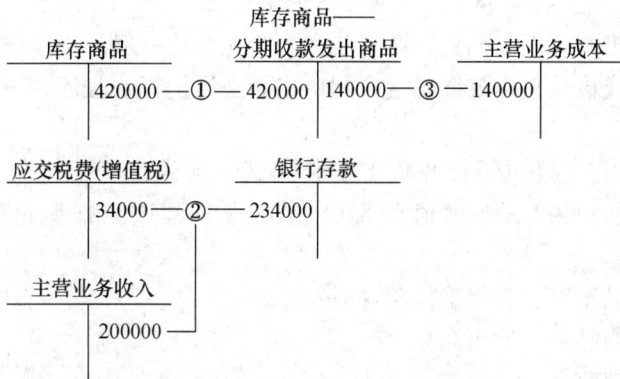

```
      库存商品            库存商品——分期收款发出商品      主营业务成本
      | 420000 — ① — 420000 | 140000 — ③ — 140000

   应交税费(增值税)              银行存款
      | 34000 — ② — 234000

    主营业务收入
      | 200000
```

图 5 - 9　分期收款销售账务处理

图示说明：

①设备交付购货方。

②收到第一年货款 200000（600000÷3）元，增值税 34000 元。

③结转已收到货款部分的成本 140000（420000÷3）元。

（六）分期预收款销售账务处理

分期预收款销售是指购货方在未收到商品前按合同约定分期付款，销售方在收到最后一次货款时才交货的一种销售方式。在此种方式下，预收的货款作为负债处理。

【例3】A公司采用分期预收款方式销售机床一台，售价（不含增值税）300000元，合同约定分三次收款，每月底一次。最后一次付清货款后发货，该产品成本210000元，增值税率17%，收到货款后账务处理见图5-10。

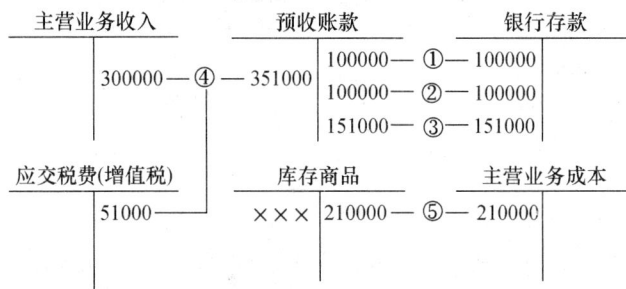

图5-10 分期预收款销售账务处理

图示说明：

①②③收到货款存入银行。

④发出商品结转确认销售收入实现，计算应交税金。

⑤结转销售商品成本。

（七）商品需要安装和检验销售方式账务处理

在此种销售方式下，购买方在安装和检验完毕前一般不确认收入。但如果安装程序简单，或检验是为最终确定合同价格而必须进行的程序，可在商品发出时确认收入。

【例4】某商贸公司销售并负责安装调试××大型测控机两台，账面成本40000元，售价50000元，增值税8500元。安装调试正常后付款。账务处理如下：

①发出商品不符合收入确认条件时：

借：库存商品——发出商品   40000

  贷：库存商品   40000

②待安装检验合格后：

借：应收账款（或银行存款）   58500

  贷：主营业务收入   50000

    应交税费——应交增值税   8500

③月终结转销售成本：

借：主营业务成本　　　　　　　　　　　　　　　　　　40000

　　贷：库存商品——发出商品　　　　　　　　　　　　　40000

（八）附有销售退回条件商品销售的账务处理

附有销售退回条件商品销售是指购货方依据有关协议有权退货的销售方式。账务处理方法有两种：

1. 如果企业根据以往的经验，对退货的可能性能作出合理的估计，应在发出商品时，对估计不发生退货部分，按一般销售确认收入处理；对估计发生退货部分，将其成本转入"发出商品"不确认收入，待验收合格后再进行账务处理。

2. 企业不能合理作出退货可能性估计，将发出商品的成本转入"发出商品"，待验收合格后再确认收入。

（九）零售商品销售账务处理

零售商品销售一般业务频繁、品种规格多、金额小、多数用现金结算。如品种少、商品单位价值大，可采用数量进价金额核算法。但多数零售企业品种规模较多，有些产品价值较小，不可能同批发企业那样逐一核算每一商品的进、销、存，故大多采用售价金额核算法。

零售商品营业收入通常是价税合一，销售价是含税的。因此，每月末还要采用一定的方法计算增值税的销项税额。计算公式如下：

销售收入（不含税）＝销售收入（含税）÷（1＋税率）

增值税销项税额＝销售收入（不含税）×增值税率

零售销售中发生的亏损现象，不能作减少销售收入处理，在未查清前应借记"待处理财产损溢"科目，贷记"库存商品"科目。待查清责任后，根据责任归属借记"其他应收款"等科目，贷记"待处理财产损溢"科目。

【例5】富丽华百货店为小规模纳税人，增值税征收率3%，采用售价金额核算法。4月份的购销业务是：用银行存款购进商品100000元（含增值税进项税），零售价120000元（含税）。本月销售收入90000元（含税）货款存入银行。该商店期初库存商品进价200000元（含增值税），零售价240000元（含增值税），进销差价40000元。账务处理见图5-11。

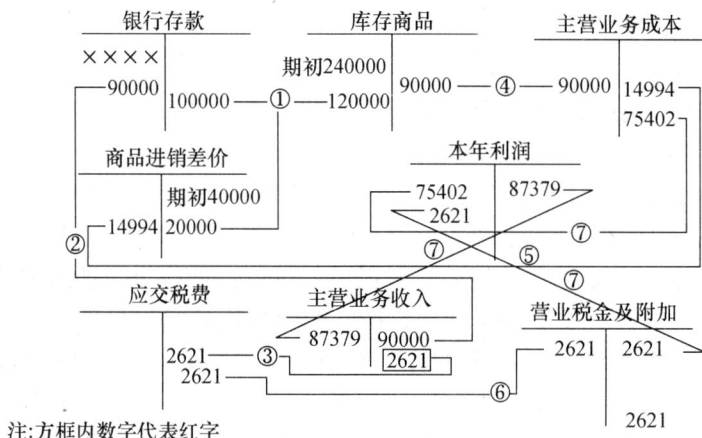

注:方框内数字代表红字

图5-11　销售金额核算账务处理

图示说明:

①以支票购进商品。

商品售价（含税）= 进价含税 × （1 + 进销差价率）

= 100000 × （1 + 20%）= 120000 （元）

进销差价 = 120000 - 100000 = 20000 （元）

②销售商品收入90000元（含税）存入银行。

③结转销售收入中所含销项税金。

$$销项税 = \frac{90000}{1 + 3\%} \times 3\% = 2621 （元）$$

④结转已销售商品成本90000元。

⑤结转已销商品进销差价。

$$差价率 = \frac{月末摊销前差价}{月末库存商品（售价）+ 本月商品销售收入} \times 100\%$$

$$= \frac{60000}{270000 + 90000} \times 100\% = 16.66\%$$

已销商品进销差价 = 90000 × 16.66% = 14994 （元）

⑥计算本期应交纳城市维护建设费7%，教育费附加3%。

⑦期末结转本年损益。

（十）分期付款及代销商品账务处理

【例6】华鑫百货商场为增值税一般纳税人，经营各种日用百货，实行售价金额核算法进行核算。本月除正常的商品进销业务外，发生如下几笔特殊业务:

（1）8月6日从光华家具公司购进家具一批，厂方开具增值税专用发票，标明不含税价400000元，增值税68000元。双方商定进货时付50%货款，次月底再付其余50%货款，该批家具的零售价为561600元。

（2）8月8日亚芳化妆品公司委托商场代销化妆品一批。为减少商场的风险，双方商定该批化妆品待全部售出后，再支付进货款。化妆品不含税进价为180000元，增值税30600元未开给增值税专用发票。商场将该批化妆品的零售价定为273780元。

（3）8月20日收到长江皮鞋厂返还利润6000元的银行入账通知单，作其他业务收入处理（此款系上月购进该厂新式皮鞋一批，实行平价销售，取得增值税专用发票注明不含税进价60000元，增值税10200元，上月全部售出，共取得零售收入70200元）。

（4）8月28日亚芳公司的化妆品全部售出，将销货款存入银行。

（5）8月29日以支票向亚芳公司支付货款，并取得进货增值税专用发票。

（6）8月30日商场以库存商品——护肤护发套装品作为福利发给职工100套。每套进价80元，零售价112.32元。

做出8月上述几笔业务的账务处理，并计算应缴纳的增值税。

注：相关政策规定：

（1）税法规定：分期付款方式购进货物增值税的抵扣时间，商业企业采取分期付款方式购进货物，凡是发生销货方先全额开具发票，购货方再按合同约定的时间分期支付款项的情况，其进项税额的抵扣时间为取得增值税专用发票时间。

（2）国税发〔1997〕167号文规定：自1997年1月1日起，凡增值税一般纳税人，无论是否有平销行为，因购买货物而从销售方取得的各种形式的返还资金，均应依所购货物的增值税税率计算应冲减的进项税金，并从其取得返还资金当期的进项税额中予以冲减。应冲减的进项税额计算公式如下：

当期应冲减进项税额 = 当期取得的返还资金 × 所购货物适用的增值税税率

【解】账务处理及应交税金计算如下：

（1）8月6日购进光华家具公司家具，支付货款50%：

借：在途物资	400000
应交税费——应交增值税	68000
贷：应付账款	234000
银行存款	234000
借：库存商品——家具	561000
贷：在途物资	400000
商品进销差价	161600

（2）8月8日收到代亚芳销售化妆品：

借：库存商品——代销商品	243780
贷：应付账款——代销商品款	180000
商品进销差价	93780

（3）8月20日取得长江皮鞋厂返还利润：

借：银行存款	6000

贷：其他业务收入   4980

  应交税费——应交增值税（进项税额转出） 1020

  （注：应冲减进项税 ＝6000×17% ＝1020）

（4）8月28日销售亚芳化妆品：

借：银行存款   273780

  贷：主营业务收入   234000

    应交税费——应交增值税（销项税额） 39780

结转代销商品销售成本：

借：主营业务成本   273780

  贷：库存商品——代销商品   273780

月末结转商品的进销差价：

借：商品进销差价   93780

  贷：主营业务成本   93780

（5）8月29日支付代销商品进货款并取得增值税专用发票：

借：应付账款——代销商品款   180000

  应交税费——应交增值税（进项税额） 30600

  贷：银行存款   210600

（6）8月30日以库存商品发给职工：

借：应付职工薪酬——职工福利费   9360

  商品进销差价   3232

  贷：库存商品——护肤护发品   11232

    应交税费——应交增值税（进项税额转出） 1360

（7）应纳增值税、税金及附加的计算：

应纳税额 ＝39780－30600＋1020＋1360＝11560（元）

营业税金及附加 ＝11560×（7%＋3%）＝1156（元）

借：营业税金及附加   1156

  贷：应交税费——应交城建税   809

      ——教育费附加   347

（十一）出口商品销售账务处理

1. 出口商品销售的分类，见图5－12。

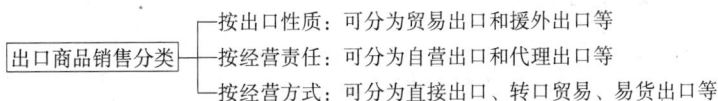

图5－12 出口商品销售的分类

2. 出口业务的一般业务程序，见图 5 – 13。

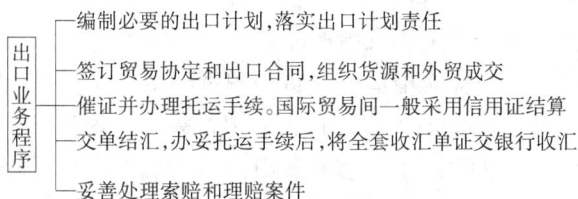

图 5 – 13　出口业务的一般程序

3. 自营出口销售的含义及核算规定，见图 5 – 14。

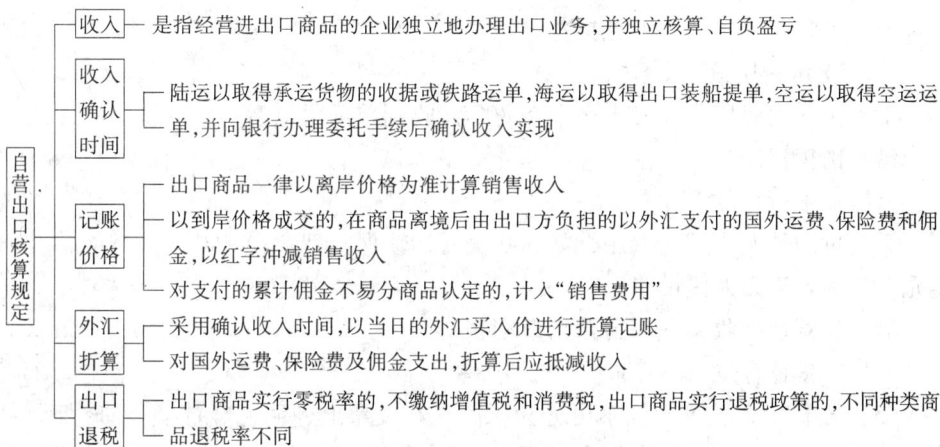

图 5 – 14　自营出口商品核算规定

4. 自营出口商品销售的账务处理。

实行先征后退外贸企业核算实例如下：

（1）待运和发出商品核算。收到国外开来信用证，经审核无误后，由仓库准备发运至港口、车站，如待运时间较长，可做如下账务处理。假如发往纽约 A 商品一批进价 70000 元人民币。增值税率 17% 。

借：库存商品——待运和发出商品　　　　　　　　　　　　70000

　　贷：库存商品——A 商品　　　　　　　　　　　　　　　70000

（2）交单和收汇的核算。如 A 商品装船后取得装船单，连同其他有关单证到银行办理交单结汇，如售价为 1.2 万美元。美元银行买入价 8.3 元人民币。

借：应收账款——纽约甲公司（12000 × 8.3）　　　　　　　99600

　　贷：主营业务收入——自营出口销售　　　　　　　　　　99600

同时结转出口商品成本计人民币 70000 元，结转出口商品不予抵扣进项税

2100 元 [70000×（17%－14%）]，假定退税率为 14%。

借：主营业务成本——自营出口销售　　　　　　　　　72100

　贷：库存商品——待运和发出商品　　　　　　　　　70000

　　　应交税费——应交增值税（进项税额转出）　　　 2100

（3）收到银行转来结汇清单。当日美元银行买入价为 8.4 元人民币。汇兑损益 1200 元（100800－99600）计入财务费用。

借：银行存款——美元（12000×8.4）　　　　　　　　100800

　（按当日汇率 8.4 元人民币）

　贷：应收账款——纽约甲公司（12000×8.3）　　　　 99600

　　（按原账面汇率 8.3 元人民币）

　　　财务费用——汇兑损益　　　　　　　　　　　　 1200

（4）支付费用核算。

①支付国内费用。如发生运杂费 800 元收到单证付款后：

借：销售费用　　　　　　　　　　　　　　　　　　　 800

　贷：银行存款　　　　　　　　　　　　　　　　　　 800

②支付国外发生外币费用，如 300 美元运输保险费，应冲减营业收入。当日美元汇率为 8.4 元人民币。

借：主营业务收入——自营出口销售　　　　　　　　　2520

　贷：银行存款（＄300）　　　　　　　　　　　　　 2520

（5）支付佣金核算。佣金可分为明佣（在发票上列明佣金数额）、暗佣（在发票上不列示，应在合同中规定说明）、累计佣金（对代理商一定时期内推销一定数额以上某种商品所支付的佣金）。支付的明佣、暗佣从该批销售收入中以红字冲减。支付累计佣金如不能确定为哪批商品时，则记入“销售费用”。本案例未支付佣金。

（6）出口退税。对有进出口经营权的外贸企业将收购商品直接出口或委托其他外贸企业出口，应依据购进商品的发票列明进项税金额及该货物适用的退税率计算退税。

应退税额＝购进货物的进项金额×退税率

假定 A 商品的退税率为 14%，则退税额为：

应退税额＝70000×14%＝9800（元）

借：其他应收款——应收退税款　　　　　　　　　　　9800

　贷：应交税费——应交增值税（出口退税）　　　　　9800

收到退回增值税款时：

借：银行存款　　　　　　　　　　　　　　　　　　　9800

　　贷：其他应收款——应收退税款　　　　　　　　　　　　　9800

（十二）视同销售的账务处理

1. 根据增值税税法规定，下列行为应视同销售缴纳增值税：

①将自产或委托加工的货物用于非应税项目；

②将自产、委托加工或购买的货物作为投资；

③将自产、委托加工的货物用于集体福利或个人消费；

④将自产、委托加工或购买的货物无偿赠送他人；

⑤设有两个以上机构并实行统一核算的纳税人，将货物从一个机构移送同一县（市）以外的其他机构用于销售；

⑥以收取手续费方式销售代销的货物；

⑦对销售除啤酒、黄酒外酒类产品收取并返还的包装物押金；

⑧以非货币交易方式换出资产；

⑨以非货币性资产抵偿债务；

⑩在建工程试营业销售的商品。

2. 视同销售行为的账务处理，见图 5－15。

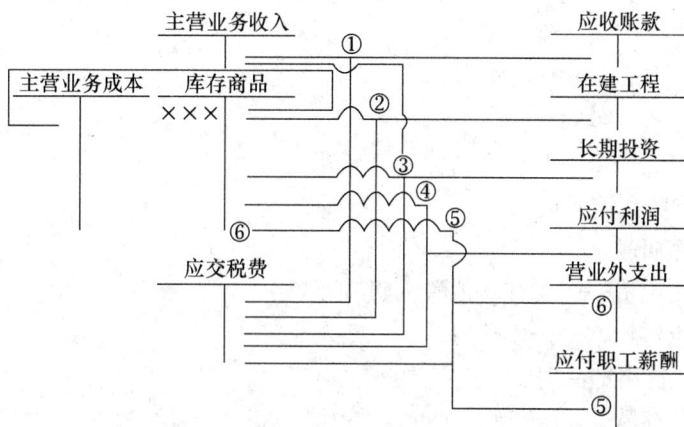

图 5－15　视同销售账务处理

图示说明：

①将货物从一个机构移送到其他机构用于销售（两机构未在同一县市）。

②将商品用于基建，按售价计算应交增值税，按成本价计入基建支出。

③将商品用于对外投资。按售价计算税金并计入营业收入。

④将商品以分配利润形式分配给股东。

⑤将商品分配给职工作为福利费。

⑥对外赠送商品的核算。

3. 视同销售纳税时间的确认。

下列视同销售行为的纳税时间为货物移送当天：

①设有两个以上机构并实行统一核算的纳税人，将货物从一个机构移送另一机构用于销售。但相关机构设在同一县（市）除外。

②将商品或委托加工的货物用于非应税项目。

③将商品或委托加工的货物作为投资提供给其他单位。

④将商品或委托加工的货物分配给投资者。

⑤将商品或委托加工的货物用于集体福利或个人消费。

⑥将商品或委托加工的货物无偿赠送他人。

4. 视同销售核算实例。

【例7】某企业下设 A、B、C 三个分支机构。其中 B、C 两个分支机构与总机构均不在同一县（市），但总分支机构实行统一核算。2011 年 6 月，B 机构移送产品一批售价 6000 元（不含税价）至 C 机构用于销售，C 机构于 7 月份原价全部售出（该产品适用 17% 的税率）。B 机构与 C 机构如何计算纳税？

【解】此行为属于"将货物从一个机构移送其他机构用于销售"，B 机构应于移送产品时计算缴纳增值税款，C 机构应于售出产品时计算税款。

①B 机构移送产品时：

借：应收账款——C 机构　　　　　　　　　　　　　　　　7020

　贷：主营业务收入　　　　　　　　　　　　　　　　　　6000

　　　应交税费——应交增值税（销项税额）　　　　　　　1020

②C 机构收到产品时：

借：库存商品　　　　　　　　　　　　　　　　　　　　　6000

　　应交税费——应交增值税（进项税额）　　　　　　　　1020

　贷：应付账款——B 机构　　　　　　　　　　　　　　　7020

③C 机构售出产品时：

借：银行存款　　　　　　　　　　　　　　　　　　　　　7020

　贷：主营业务收入　　　　　　　　　　　　　　　　　　6000

　　　应交税费——应交增值税（销项税额）　　　　　　　1020

④C 机构归还货款时：

借：应付账款——B 机构　　　　　　　　　　　　　　　　7020

　贷：银行存款　　　　　　　　　　　　　　　　　　　　7020

【例8】某商贸公司将准备销售的水泥 50 吨用于本企业在建工程，其中每吨水泥成本价为 230 元，同期该水泥不含税销售价为 250 元。对该批水泥如何征税？

【解】企业该行为属于"将准备销售的商品用于非应税项目"，应按同期售价计算销项税额。

（1）该批水泥的销项税额 = $250 \times 50 \times 17\% = 2125$（元）

（2）会计分录：

借：在建工程	13625
贷：库存商品	11500
应交税费——应交增值税（销项税额）	2125

三、商品销售成本的计算与结转

商品销售成本应通过"主营业务成本"科目核算。

（一）商品销售成本的计算方法

已销售商品成本的计算，应根据存货计价方法的不同而采用不同的计算方法：

1. 先进先出法，即假定先购进的商品先售出，故销售商品成本按其购进先后顺序，逐一计算结转销售商品成本。

2. 加权平均法，是按每一期的全部存货计算平均成本。

$$加权平均单位成本 = \frac{期初存货成本 + 本期购入存货成本}{期初存货数量 + 本期购入存货数量}$$

销售商品成本 = 加权平均单位成本 × 本期销售商品数量

3. 移动平均法，它是按存货进货单位成本的变动顺序，依次加权平均计算平均单位成本的方法。

$$\frac{移动平均}{单位成本} = \frac{以前结存商品实际成本 + 本次取得商品实际成本}{以前结存商品数量 + 本次取得商品数量}$$

销售商品成本 = 本次销售商品数量 × 移动平均单位成本

4. 个别计价法，又称分批实际计价法，它是以每一件或每一批销售商品的实际进价来确认其销售成本的方法。

5. 毛利率法，它是以假定商品的毛利率前后各期大致相同，在此假定下，按下列公式计算已销售商品的成本：

销售商品成本 = 销售收入 −（销售收入 × 毛利率）

毛利率 =（销售收入 − 销售成本）÷ 销售收入

因此，只要知道毛利率，便可结合有关数字计算出销售商品成本。实务中，商品销售毛利率可按上季实际毛利率或本季计划毛利率加以确定。采用毛利率计算法不是计算每一种商品毛利率，而是综合计算每类或全部商品毛利率。它主要适用于品种多、价值不高的零售商品。

6. 成本率法，它是按成本占零售价比例计算期末存货成本的一种方法。计算公式为：

$$成本率 = \frac{期初存货成本 + 本期购货成本}{期初存货售价 + 本期购货售价} \times 100\%$$

期末存货成本 = 期末存货售价总额 × 成本率

销售商品成本 = 期初存货成本 + 本期购货成本 - 期末存货成本

它主要适用于商品型号、品种多而单位价值低的零售企业。

（二）商品销售成本计算实例

1. 毛利率法计算实例。

【例9】大华物资公司：期初存货340000元，本期购进130000元，本期销售收入净额为120000元，上季实际毛利率15%，则本期销售商品成本和库存商品成本计算如下：

销售商品成本 = 120000 - （120000 × 15%）= 102000 元

期末存货成本 = 340000 + 130000 - 102000 = 368000 元

2. 成本率法计算实例。

【例10】某百货商店采用成本率法计算销售成本，有关资料见表5-2：

表5-2　　　　　　　　　　　成本率法计算实例

项　目	成　本	售　价
期初存货	200000	240000
本期购进	500000	600000
可供销售商品总额	700000	840000
成本率 = $\frac{700000}{840000}$ = 83.33%		
减：销售收入		580000
期末存货售价总额		260000
期末存货成本：		
= 260000 × 83.33%	216658	
本期销售商品成本	483342	

（三）商品销售成本调整

见图5-16。

意义	对季度或年度内结转的不够准确的销售成本,期末应给予必要的调整,使其成本更加正确	
调整内容	实行毛利率法企业:在季度末对上两个月计算结转的商品销售成本应进行调整	
	实行售价金额核算企业:在月末应将已销售商品的进销差价,由进销差价科目转入已销商品成本,调整为实际商品销售成本	

已销售商品成本调整

① 采用毛利率法调整额 =(实际各种存货量 × 每种存货加权平均单位成本)- 存货账面成本

② 采用售价金额核算调整额:即应负担进销差价

本期已销售商品应分摊进销差价 = 本期商品销售收入 × 进销差价率

$$进销差价率 = \frac{期初库存商品进销差价 + 本期购入商品进销差价}{期初库存商品售价 + 本期购入商品售价}$$

$$或进销差价率 = \frac{月末分摊前商品进销差价余额}{月末库存商品余额 + 月末受托代销商品余额 + 本月主营业务收入贷方发生额}$$

调整实例 —— 见例 11、例 12。

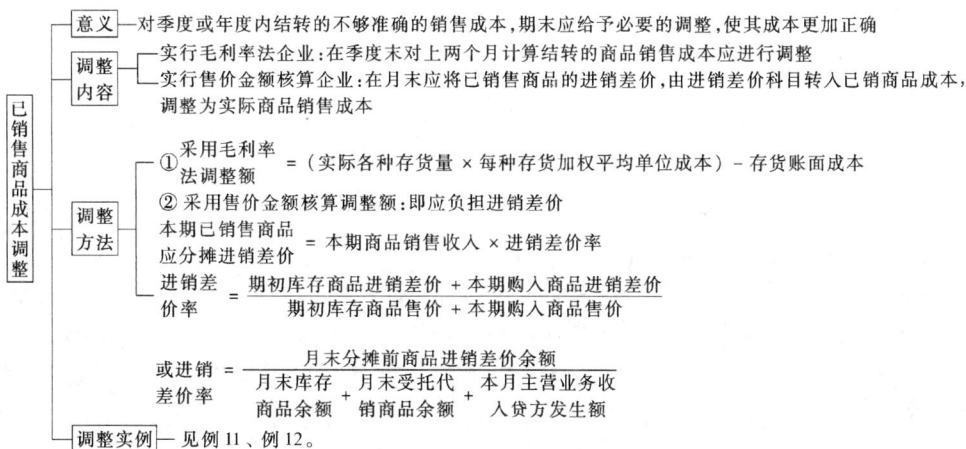

图 5-16 商品销售成本调整内容

【例11】 某副食商店采用毛利率法计算商品销售成本,季末对库存商品进行全面清查盘点,并根据每种商品加权平均的单位进价计算出全部存货的成本为246000 元,库存商品账面成本合计为 258000 元,则应调整增加已销商品成本12000 元,减少库存商品账面成本 12000(258000 - 246000)元。

借:主营业务成本　　　　　　　　　　　　　　　　　　　　12000
　贷:库存商品　　　　　　　　　　　　　　　　　　　　　　12000

【例12】 某百货商店采用售价金额核算法计算商品销售成本,期初库存商品按售价计算为 120000 元(不含增值税,下同),按进价计算为 90000 元,商品进销差价额为 30000 元。本期购入商品进价为 470000 元,售价为 580000 元,商品进销差价为 110000 元,本期销售收入为 610000 元。期末库存商品按售价计算为130000 元。调整数计算如下:

$$进销差价率 = \frac{30000 + 110000}{130000 + 610000} \times 100\% = 18.92\%$$

本期已销商品应分摊进销差价 = 610000 × 18.92% = 115412(元)

借:商品进销差价　　　　　　　　　　　　　　　　　　　　115412
　贷:主营业务成本　　　　　　　　　　　　　　　　　　　　115412

四、销售商品成本结转

根据以上介绍已销商品成本计算方法,计算出已销商品的成本后,作如下账务处理:

1. 采用进价核算法。

借：主营业务成本　　　　　　　　　　　　　　　××××

　　贷：库存商品　　　　　　　　　　　　　　　　××××

2. 采用售价核算法。

借：主营业务成本　　　　　　　　　　　　　　　××××

　　贷：库存商品　　　　　　　　　　　　　　　　××××

借：商品进销差价　　　　　　　　　　　　　　　××××

　　贷：主营业务成本　　　　　　　　　　　　　　××××

库存商品在采用售价金额核算法时，有的企业采用含税售价金额核算，有的企业采用不含税售价金额核算。但不论采用哪一种方法，在每一会计期间计算商品进销差价率所用的资料中，分子、分母口径必须一致。即如果库存商品售价包含了增值税销项税额，商品进销差价也应包含增值税。相反，两者都不应包含增值税。

第三节　销售折让与销售退回核算

对于已入账的销售收入由于销售发票上所开列的数额并不一定和销售时所确定的销售收入额一致。影响销售收入如数收回的因素很多，主要有现金折扣、销售折让和销售退回以及坏账损失等。商业折扣是供货方给购货方的一种价格优惠，不构成销售收入。

一、现金折扣核算

【例13】A 公司于 2011 年 2 月 20 日销售产品一批，增值税专用发票注明售价 100000 元，增值税 17000 元，公司为了早日收回货款，合同规定现金折扣条件是 2/10、1/20、n/30。假定提前 10 天付款（折扣不考虑增值税）。账务处理见图 5 - 17。

图 5 - 17　现金折扣下的账务处理

图示说明：

①发生销售收入。

②提前 10 天付款享受 2% 折扣 2000 元，计入财务费用。

二、销售折让核算

【例14】仍以上例，假设购货方未在现金折扣期内付款，20 天后发现商品有质量问题。要求给予 5% 的折让，A 公司同意购货方意见，并收到货款，账务处理见图 5-18。

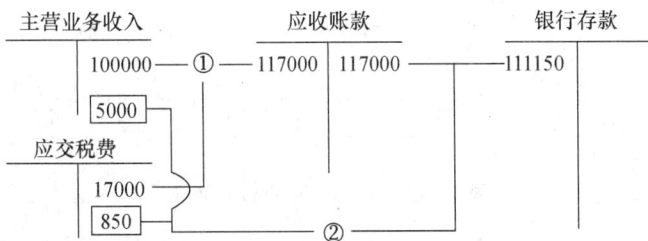

图 5-18　销售折让下的账务处理

图示说明：
①发生销售商品业务。
②给予 5% 折让后收回货款。

三、销售退回的核算

见表 5-3。

表 5-3　销售退回时间不同的账务处理

销售退回发生的时间	账务处理
①发生在收入确认之前	账务不做处理
②发生在收入确认之后	一般应冲减退回当期的销售收入
③发生在资产负债表日后及财务报告批准报出日之前	作为资产负债表日后调整事项处理，冲减报告年度的收入、成本和税金
④如该项销售已发生现金折扣或销售折让	可在退回时一并调整，如按规定允许扣减当期销项税的，应用红字冲减

1. 会计年度内发生销货退回账务处理。

【例15】仍以上例 13，购货方经验收发现商品存在严重质量问题，不符合合同规定标准，经双方协商 A 公司于 3 月末同意退货。并需到税务机关处理进货退出或索取销售折让证明单。假定销售商品成本 80000 元，退回商品已验收入库，账务处理见图 5-19。

2. 资产负债表日后、财务报告批准报出之前销售退回账务处理。

【例16】A 公司 2011 年 12 月 5 日销售商品一批，售价 500000 元，增值税 85000 元，销售成本 400000 元，收到支票存入银行，因商品质量原因于 2012 年 2 月 25 日，财务报告批准报出之前退回。已付退货款 200000 元，其余未付。如 A 企业所得税率 25%，计提法定盈余公积金 10%，2011 年 4 月账务调整见图 5-20。

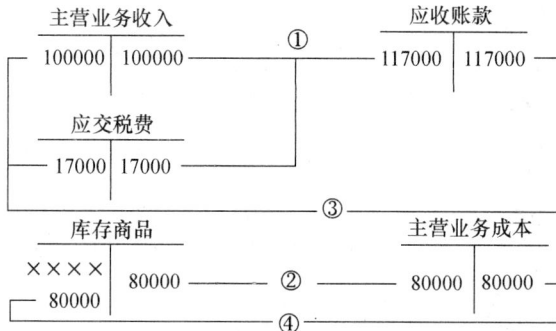

图5-19 销售退回的账务处理

图示说明：

①发生商品销售收入。

②结转已销售商品成本。

③发生销售退回。

④结转已退回商品成本。

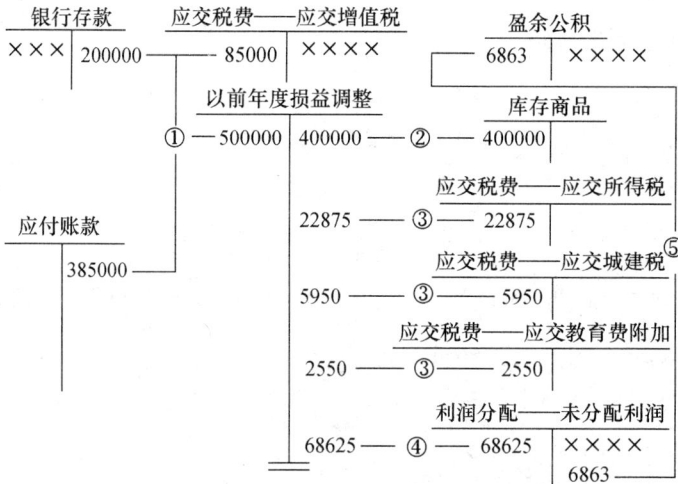

图5-20 销货退回调账调表的处理

图示说明：

①销售商品已退库，同时支付货款20万元，其余38.5万元未付。

②退回商品验收入库，转回销售成本40万元。

③结转已计提的所得税、城建税、教育费附加。

④将以前年度损益调整余额68625元转入未分配利润。如为亏损作相反的会计分录，同时对2011年度会计报表中相关项目作如下调整。

⑤多计提盈余公积作相应调整6863（68625×10%）。

A. 资产负债表中，减少银行存款200000元，增加存货400000元，增加应付账款385000元，减少应交纳税费3137元，减少盈余公积6863元，减少未分配利润61762元。

B. 利润表中，减少主营业务收入500000元，减少主营业务成本400000元，减少营业税金及附加8500元，减少所得税22875元。与其相关的营业利润、利润总额和净利润也作相应调整。

调整税金计算如下：

应调减城建税 $=85000 \times 7\% =5950$（元）

应调减教育费附加 $=85000 \times 3\% =2550$（元）

应调减企业所得税 $=（500000-400000-5950-2550）\times 25\% =22875$（元）

调整已提盈余公积金 $=（100000-5950-2550-22875）\times 10\% =6863$（元）

四、销售折扣、销售退回及销售返利的税务规定

（1）纳税人采用折扣方式销售货物，如果销售额和折扣额在同一张发票上分别注明的，可以按折扣后的销售额征收增值税；如果将折扣额另开发票，不论其在财务上如何处理，均不得从销售额中扣除折扣额。

（2）纳税人采取以旧换新方式销售货物，应按新货物的同期销售价格确定销售额，计征增值税。

（3）税法规定，折扣销售仅限于货物价格的折扣，如果销货者将自产、委托加工或购买的货物用于实物折扣的，则该实物款额不能从货物销售额中减除。则该实物应按"视同销售货物"中的赠送他人，计征增值税。

（4）纳税人采取还本销售货物，不准从销售额中扣除还本支出。

（5）纳税人采取以物易物销售货物，双方都应作购销处理，并以各自发出的货物核算销售额并计算销项税额；以各自收到的货物核算购货额并计算进项税额。

（6）销售货物并给购买方开具专用发票后，如发生退货或销售折让，应分别情况处理：

①购货方未付货款并且未作账务处理的情况下，须将原发票联和税款抵扣联退还销货方，属于销货折让的，销货方应按折让后的货款重开专用发票。

②购货方已付货款，或货款未付但已作账务处理，发票联和抵扣联无法退还的情况下，购货方必须取得当地主管税务机关开具的"进货退出或索取折让证明单"送交销售方，作为销货方开具红字专用发票的合法依据，并开具红字专用发票。

（7）销售返利，商业企业向购货方收取的与销售量或销售额挂钩（如按一定比例、金额、数量计算）的各种返还收入，国税发［2004］136号文规定均应按照平销返利行为的有关规定冲减当期增值税进项税金，不征收营业税。会计上应按销售折让处理。商业企业向供货方收取的与商品销售量、销售额无必然联系而收取的一定劳务的收入，例如，进场费、广告促销费、上架费、展示费、管理费等，不属平销返利，应按营业税的适用税目、税率征收营业税，给供货方开具服务业发票。生产企业对此类费用应作销售费用列支。

第四节　会计商品销售与增值税货物销售的区别

以上根据《小企业会计准则》论述了商品销售收入在会计核算上的确认与计量。但这些确认与计量在某些方面与增值税货物销售的确认与计量有较大不同。为了正确计算与缴纳各种税金，将增值税方面有关规定介绍如下：

1. 代收款。根据《中华人民共和国增值税暂行条例》第六条以及《中华人民共和国增值税暂行条例实施细则》第十二条的规定，企业在货物销售过程中随同货款所收取的代收款项、代垫款项等，均构成价外费用的货物销售额的内容，应征收增值税。当然下述三种情况例外：①向购买方收取的销项税额。②受托加工应征消费税。③同时符合以下条件的代垫运费：承运部门的运费发票开具给购货方的；纳税人将该项发票转交给购货方的。

2. 现金折扣。按照《国家税务总局关于印发〈增值税若干具体问题的规定〉的通知》（国税发［1993］154号）的规定，纳税人以折扣方式销售货物，如果销售额和折扣在同一张发票上分别注明的，可按折扣后的销售额征收增值税；如果将折扣额另开发票，不论其在财务上如何处理，均不得从销售额减除折扣额。

3. 商业折扣与折让。应按照《国家税务总局关于纳税人折扣折让行为开具红字增值税专用发票问题的通知》（国税函［2006］第1279号）的规定处理，即销货方可按现行《增值税专用发票使用规定》的有关规定开具红字增值税专用发票。进一步讲也是允许在货物销售额中扣除的，但不一定是发生当期，而是在按照规定开具增值税红字发票的当期进行扣除。

4. 代销货物。按照《中华人民共和国增值税暂行条例实施细则》第四条的规定，纳税人代销商品，包括收取手续费方式的代销，必须全额计算增值税货物的销售额，即无论是收取的手续费还是代第三方收取的货款均作为商品销售收入计算增值税销项税额。

5. 售后回购。在增值税方面，这种业务已经构成有偿转让货物，销售者从购买方获得了货币，因而构成增值税的货物销售。

6. 售后回租。在增值税方面，这种业务已经构成有偿转让货物，销售者从购买方那里获得了货币，因而构成增值税的货物销售。

7. 混合销售。按照《中华人民共和国增值税暂行条例实施细则》第五条的规定，从事货物的生产、批发或零售的企业、企业性单位及个体经营者的混合销售行为，视为销售货物，应当征收增值税；其他单位和个人的混合销售行为，视为销售非应税劳务，不征收增值税。而《财政部、国家税务总局关于增值税、营业税若干政策法规的通知》（财税字〔1994〕26 号）则进一步明确："从事货物的生产、批发或零售为主，并兼营应税劳务"，是指纳税人的年货物销售额与非增值税应税劳务营业额的合计数中，年货物销售额超过 50%，非增值税应税劳务营业额不到 50%。该文件还同时明确规定：从事运输业务的单位与个人，发生销售货物并负责运输所售货物的混合销售行为，征收增值税。

另外，有一种特例，即纳税人销售自产货物，提供增值税劳务并同时提供建筑业劳务的处理。按照《国家税务总局关于纳税人销售自产货物提供增值税劳务并同时提供建筑业劳务征收流转税问题的通知》（国税发〔2002〕117 号）的规定，从事货物生产的单位或个人，经营活动时，销售自产货物、提供增值税应税劳务并同时提供建筑业劳务（包括建筑、安装、修缮、装饰、其他工程作业，下同），同时符合以下条件的，对销售自产货物和提供增值税应税劳务取得的收入征收增值税，提供建筑业劳务收入（不包括按规定应征收增值税的自产货物和增值税应税劳务收入）征收营业税：①必须具备建设行政部门批准的建筑业施工（安装）资质；②签订建筑工程施工总包或分包合同中单独注明建筑业劳务价款。凡不同时符合以上条件的，对纳税人取得的全部收入征收增值税，不征收营业税。需要注意的是，政策对自产货物的范围具有严格的限制，仅限于下列五种：①金属结构件：包括活动板房、钢结构房、钢结构产品、金属网架等产品；②铝合金门窗；③玻璃幕墙；④机器设备、电子通信设备；⑤国家税务总局规定的其他自产货物。

8. 包装物销售。按照《中华人民共和国增值税暂行条例》第六条以及《中华人民共和国增值税暂行条例实施细则》第十二条的规定，企业出售的包装物，不管是否单独销售，均构成货物销售的价外收费，属于货物销售的内容，需要按照规定计算增值税销项税额。

9. 包装物押金与租金。按照《中华人民共和国增值税暂行条例》第六条以及《中华人民共和国增值税暂行条例实施细则》第十二条的规定，包装物租金应当全额作为货物销售的内容。而根据《增值税若干具体问题的规定》（国税发〔1993〕154 号）的规定，纳税人为销售货物而出租出借包装物收取的押金，单独记账核算的，不并入销售额征税。但对因逾期未收回包装物不再退还的押金，应按所包装货物的适用税率征收增值税。《国家税务总局关于印发〈增值税问题解答（之一）〉的通知》（国税函〔1995〕288 号）进一步规定，包装物押金以 1 年为限，对纳税人收取包装物押金超过 1 年的，无论是否退还均并入货物销售额征税。个别包装物周转使用期限较长的，报经主管税务机关确定后可以适当放宽期限。《国家税务总局关于加强增值税征收管理若干问题的通知》（国税发

[1995] 192 号）又补充规定：从 1995 年 6 月 1 日起，对销售除啤酒、黄酒外的其他酒类产品而收取的包装物押金，无论是否返还以及会计上如何核算，均应并入当期销售额征税。

10. 还本销售。根据《增值税若干具体问题的规定》（国税发 [1993] 154 号）的规定，纳税人采取还本销售方式销售货物，不得从销售额中减除还本支出。也就是说在增值税上，纳税人还本销售构成货物销售的内容。

11. 以旧换新。按照《增值税若干具体问题的规定》（国税发 [1993] 154 号）的规定，纳税人采取以旧换新方式销售货物，应按新货物的同期销售价格确定销售额。

12. 产品与商品的自用或捐赠。按照《中华人民共和国增值税条例实施细则》第四条的规定，企业的这些行为均视同货物销售，需要计算增值税销项税额。

13. 机构间的移送。《中华人民共和国增值税条例实施细则》第四条规定：设有两个以上机构并实行统一核算的纳税人，将货物从一个机构移送其他机构用于销售必须视同销售货物，但相关机构设在同一县（市）的除外。《国家税务总局关于企业所属机构间移送货物征收增值税问题的通知》（国税发 [1998] 137 号）中进一步规定：机构间视同销售的货物移送行为是指售货机构发生以下情形之一的经营行为：向购货方开具发票；向购货方收取货款。售货机构的货物移送行为有上述两项情形之一的，应当向所在地税务机关缴纳增值税；未发生上述两项情形的，则应由总机构统一缴纳增值税。如果售货机构只就部分货物向购买方开具发票或收取货款，则应当区别不同情况计算并分别向总机构所在地或分支机构所在地缴纳税款。

14. 固定资产转让。纳税人所销售的固定资产通常有两种情况，一种是已经使用过的固定资产，另一种是未使用的固定资产。按照财税字 [1994] 26 号文以及国税函发 [1995] 288 号文的规定，只有销售已经使用过的固定资产才可以享受免征增值税的待遇。因而销售未曾使用的固定资产应当作为增值税的货物销售的内容之一，计算增值税销项税额。同时按照《财政部、国家税务总局关于旧货和旧机动车增值税政策的通知》（财税 [2002] 29 号）的规定，纳税人销售旧货（包括旧货经营单位销售旧货和纳税人销售自己使用的应税固定资产），无论其是增值税一般纳税人还是小规模纳税人，也无论其是否为批准认定的旧货调剂试点单位，一律按 4% 的征收率减半征收增值税，不得抵扣进项税额。但是纳税人销售自己使用过的属于应征消费税的机动车、摩托车、游艇，售价超过原值的，按照 4% 的征收率减半征收增值税；售价未超过原值的，免征增值税。旧机动车经营单位销售旧机动车、摩托车、游艇，按照 4% 的征收率减半征收增值税。

15. 其他方面。在会计上，企业在商品销售过程中向对方所收取的手续费、补贴、基金、集资费返还利润、奖励费、违约金（延期付款利息）、储备费、优质费等，通常都不构成商品销售的内容。但是按照《中华人民共和国增值税暂行条例》第六条以及《中华人民共和国增值税暂行条例实施细则》第十二条的规定，这些内容均作为增值税货物销售的内容，需要按照规定计算增值税的销项税额。

16. 根据《增值税暂行条例实施细则》第四条，单位或者个体工商户的下列行为，视同销售货物，按规定应当计算销项税：

（1）将货物交付其他单位或者个人代销；

（2）销售代销货物；

（3）设有两个以上机构并实行统一核算的纳税人，将货物从一个机构移送其他机构用于销售，但相关机构设在同一县（市）的除外；

（4）将自产或者委托加工的货物用于非增值税应税项目；

（5）将自产、委托加工的货物用于集体福利或者个人消费；

（6）将自产、委托加工或者购进的货物作为投资，提供给其他单位或者个体工商户；

（7）将自产、委托加工或者购进的货物分配给股东或者投资者；

（8）将自产、委托加工或者购进的货物无偿赠送其他单位或者个人。

附：税收筹划案例

某大型商场是增值税一般纳税人，购货均能取得增值税专用发票，为促销欲采用以下三种方式：一是商品七折销售；二是购物满 100 元，赠送价值 30 元的商品（该商品购进价格 18 元，为含税价）；三是购物满 100 元，返还 30 元的现金。该商场销售利润率为 40%，即销售额为 100 元的商品，其购进价格为 60 元，进项税额为 $60 \times 17\% = 10.2$（元）。消费者同样购买 100 元的商品，对于该商场来说哪种方式最为有利呢？

分析：方案一　打折销售

商品七折销售，价值 100 元的商品售价 70 元。

增值税：$70 \times 17\% - 10.2 = 1.7$（元）

城建税：$1.7 \times 7\% = 0.12$（元）

教育费附加：$1.7 \times 3\% = 0.05$（元）

合计应纳税：$1.7 + 0.12 + 0.05 = 1.87$（元）

方案二　赠送商品

销售商品增值税：$100 \times 17\% - 10.2 = 6.8$（元）

赠送 30 元的商品视同销售，应纳增值税：

$30 \times 17\% - 18 \times 17\% = 2.04$（元）

合计增值税：$6.8 + 2.04 = 8.84$（元）

城建税：$8.84 \times 7\% = 0.62$（元）

教育费附加：$8.84 \times 3\% = 0.27$（元）

合计应纳税：$8.84 + 0.62 + 0.27 = 9.73$（元）

方案三　返还现金

销售 100 元商品增值税：$100 \times 17\% - 10.2 = 6.8$（元）

城建税：$6.8 \times 7\% = 0.48$（元）

教育费附加：$6.8 \times 3\% = 0.2$（元）

合计应纳税：$6.8 + 0.48 + 0.2 = 7.48$（元）

很明显，上述三种方案中，方案一最优，企业上缴的各种税金最少，后两种方案次之。因此该商场一般情况下采用第一种方案，可使企业降低税费成本，获得最大的经济利益。

第六章　代理、租赁、储运、饮食核算与税务处理

第一节　代理、租赁、储运、饮食核算意义、目标与风险提示

一、代理等业务核算意义

代理、租赁、储运、饮食等行业业务有其独特性，其核算方法也有所差异，做好业务核算不仅可以提高企业经济效益，还可以有效促进业务健康发展。

二、业务核算目标

1. 根据行业业务特点和条件，正确地选择和使用会计科目与方法，能够设计合理简化的会计核算流程。

2. 按照税法相关规定，正确确认不同销售方式下的销售收入，依法计算与缴纳各种税费。

3. 规范特殊劳务业务的确认条件，正确计算业务收入与业务成本，有效地计量经营成果。

三、风险提示

1. 会计科目选择不正确、会计核算流程设计不合理，可能导致收入及成本计量不准、数字不真实，影响企业的财务报告质量。

2. 业务收入的确认与计量，与税法规定不一致的，可能导致税金缴纳不正确，给企业带来税务风险。

3. 对销售过程不能正确组织与实施会计核算，未能充分发挥会计的功能，可能导致内部控制失控，不利于企业健康发展。

第二节 商品代理业务的核算

一、商品代理概念及核算科目

（一）商品代理的概念、特征及方式

见图 6 - 1。

商品代理概念及方式	概念	指代理企业受其他单位委托，在代理权限内，代理其他单位销售或采购某些商品，并取得收入的一种交易行为
	特征	代销货物的所有权属委托方 受托方按委托方规定条件出售 受托方只收手续费，销售收入归委托方
	代理方式	一级代理、二级代理、三级代理
	账务处理方法	①代理企业只收取代理佣金，对代理商品不作购销处理 ②代理企业将代销商品视同本企业的商品，应作购销处理

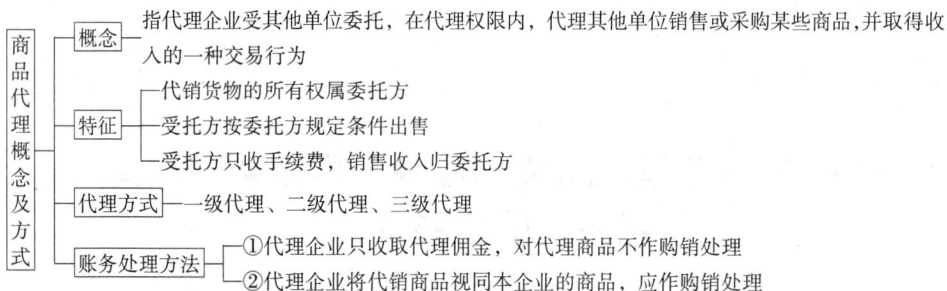

图 6 - 1 商品代理概念及方式

（二）代理销售核算科目。

见表 6 - 1。

表 6 - 1   代理销售核算使用会计科目

科目	核算内容
库存商品——受托代销商品	核算企业接受委托代销或寄销的商品
应付账款——应付代销商品款	核算企业受托代销、寄销商品的价款
主营业务收入	核算企业代销、寄销商品取得佣金收入
其他业务收入	核算代理业务手续费收入

二、代销商品不作为企业购销业务核算

（一）代理方分别与委托方和用户结算货款

【**例 1**】某商贸公司受托代销商品一批，调拨价 85000 元（不含增值税），售价 100000 元，增值税销项税额 17000 元，代理佣金按代理销售收入 3% 收取。佣金收入按 5% 交营业税，城建税为应交营业税额的 7%，教育费附加为应交营业税额的 3%。账务处理见图 6 - 2。

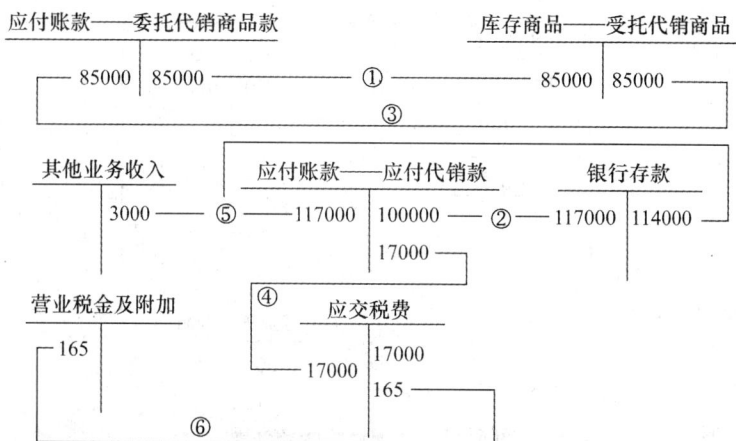

图6-2 代销商品收佣金账务处理

图示说明：

①收到受托代销商品85000元。

②销售代销商品，并开具增值税发票，计117000元。

③同时注销代销商品价款85000元。

④开出代销商品清单，收到委托方开具增值税发票，增值税17000元。

⑤付委托方已销代销商品货款（留下佣金3000元），其余用支票付清。

⑥收入佣金应交营业税、城建税及教育费附加165 [3000×5%×（1+7%+3%）]。

（二）代理商品由委托方根据代理方的订单销售给用户，但货款仍通过代理方结算

【例2】某公司根据用户要求，向委托方提供订单价款10000元，增值税1700元，收佣金1000元，某公司收到货款存入银行。货款通过受托方结算。

代理方向委托方提交用户订单，不需作账务处理。委托方向用户发送货物，代理方也不作账务处理，其余的账务处理见图6-3。

三、代销商品作为企业购销业务核算

（一）售价金额核算法

【例3】某公司经营部采用售价金额核算法，受恒大公司委托代销一批商品，接受价100000元（不含增值税），售价126360元（含增值税销项税额18360元，税率17%），账务处理见图6-4。

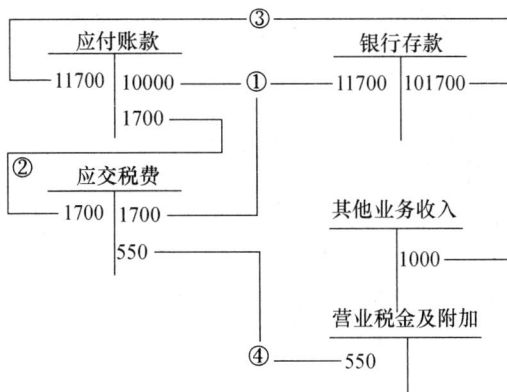

图 6 - 3 代理销售账务处理

图示说明：

①收到代销货款，并开具发票。

②开具代销清单，收到委托方增值税发票。

③付委托方代销商品款，留下佣金收入。

④计算结转应缴纳营业税、城建税及教育费附加。

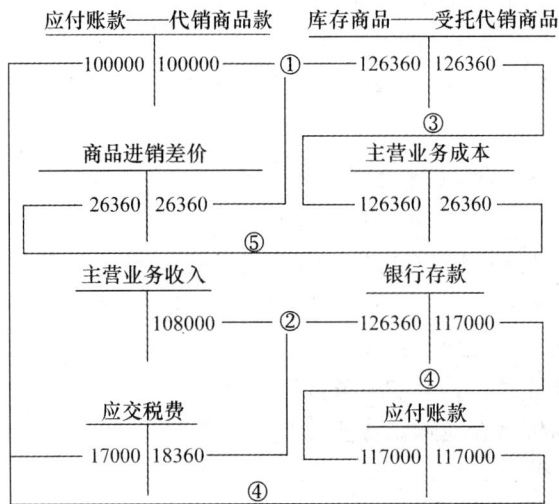

图 6 - 4 售价法核算代销商品

图示说明：

①收到代销商品根据凭证作会计分录。

②代销商品售出收到支票存入银行。

③结转已销代销商品成本。

④开出代销清单，取得委托方开具增值税发票。

⑤结转代销商品进销差价，结余销售收入及其销售成本月终转入本年利润。

（二）进价金额核算法

【例4】仍以上例，核算方法见图6－5。

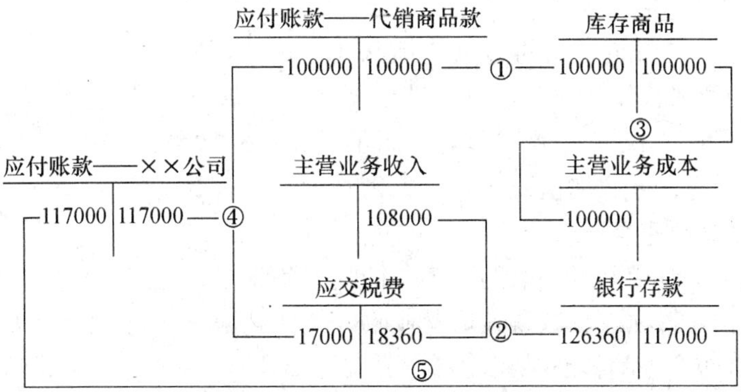

应付账款——代销商品款　　库存商品
　100000　100000　——①——　100000　100000
　　　　　　　　　　　　　　　　　　③

应付账款——××公司　　主营业务收入　　主营业务成本
117000　117000——④　　　　108000　　　　100000

　　　　　　　　　应交税费　　　　银行存款
　　　　　　　17000　18360——②——126360　117000
　　　　　　　　　⑤

图6－5　进价法核算代销商品

图示说明：

①收到代销商品时。

②代销商品销售后，收到支票存入银行。

③结转已销售商品成本。

④开出代销商品清单，取得委托方增值税发票。

⑤与委托方结清货款，商品销售收入及商品销售成本结余额月终转入本年利润。

四、代理业务发生费用的核算

代理企业为代销商品发生的运费、装卸费、检验费、保管费、广告费、保险费、商品损耗支出等，有两种核算方法：

1. 根据代理协议由受托方负担。其核算方法与自营商品相同，费用发生后，直接记入代理企业的销售费用、管理费用。

2. 根据代理协议，由委托方负担。其核算方法如下：

（1）在佣金代理方式下，代理费用发生时：

借：其他应收款——××委托方　　　　　　　　　　×××

　　贷：银行存款　　　　　　　　　　　　　　　　　×××

收回代垫费用时：

借：银行存款　　　　　　　　　　　　　　　　　　×××

　　贷：其他应收款　　　　　　　　　　　　　　　　×××

（2）在购销代理方式下，费用发生时：

借：应付账款　　　　　　　　　　　　　　　　　　×××

贷：银行存款   ×××

结算货款时，直接从"应付账款"中扣除代垫费用。

五、代理业务税法规定

（一）增值税条例规定

条例规定："将货物交付他人代销和销售代销货物均视同销售"，同时规定"委托其他纳税人代销货物，收到代销单位代销清单当天确认收入"。由此看出，增值税法只承认"视同买断"形式，而不承认收取手续费形式。因此，对代理销售货物的行为，征收增值税。

（二）营业税条例规定

条例规定，对代理者收取的手续费征收服务业营业税。纳税义务的发生时间为收讫营业收入款项或者取得索取营业收入款项凭据的当天。

（三）代销业务的三种纳税情况

1. 如果受托方不将代销货物加价出售，只收手续费，则受托方就手续费收入缴纳营业税。

2. 如果受托方将代销货物加价出售，按原价结算，以商品差价作为营业报酬，构成了代销货物手续费，对此差价征收营业税。

3. 如果受托方将代销货物加价出售，仍按原价结算，另外收手续费。则受托方收取的报酬包括销售货物的差价和收取的手续费，这两部分仍征营业税。对于增值税的征收，按增值税的规定办理。

【例5】 B公司受A公司委托代销一批空调机，规定不含税售价2000元，结算价每台1900元，增值税率17%，每销售一台再付手续费40元。A公司发给B公司200台，月末B公司开具代销清单一份给A公司，列明销售150台。B公司将手续费扣除后全部货款支付给A公司。B公司账务处理见图6-6。

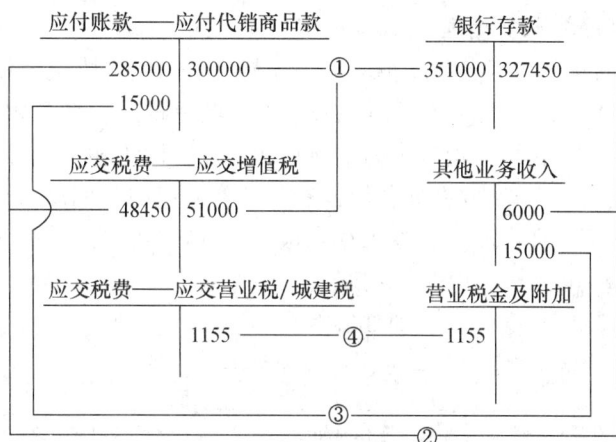

图 6-6 代销业务的账务处理

图示说明：

①将代销货物售出，计算增值税销项税额，货款 300000 元，增值税 51000 元。

②月终开出代销清单，收到增值税发票，扣下手续费后结清货款。

③结转进销差价。

④按规定计算应交营业税 1155 ［（6000＋15000）×5.5%］元。

第三节 经营租赁业务核算

商贸公司经营租赁有两种做法。一种是将闲置或利用率不高或专用于出租的固定资产用于出租。另一种是将企业经营的商品物资用于出租，既满足客户临时性需要，又便于开拓市场，增加收益。由于将用于销售的商品改为出租经营，根据增值税法的规定，其原购进该商品所支付的进项税额不得予以抵扣，应转增为出租商品的价值。同时将库存商品转入出租商品进行核算。

一、出租商品业务含义及特点

见图 6-7。

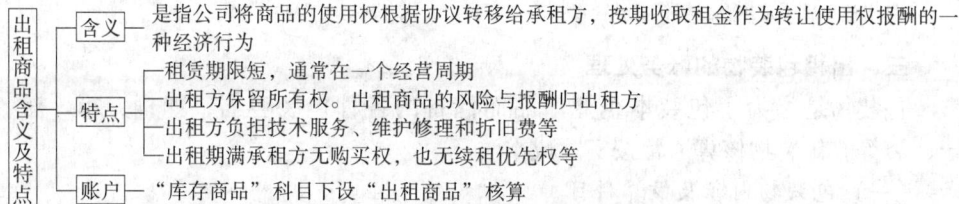

图 6-7 出租商品含义及特点

二、出租商品的账务处理

【例6】 甲商贸公司经营出租商品 A。经与乙公司签订协议租赁 A 商品半年，一次收租金 40000 元存入银行。营业税率 5%，城建税及教育费附加按营业税的 10% 征收，A 商品不含增值税成本为 80000 元。该合同出租的商品按五五摊销法进行摊销。出租后以支票 2000 元付维修费。该商品出租收回后又进行多次出租。最后进行销售，售价 20000 元，款项存入银行。其账务处理见图 6-8。

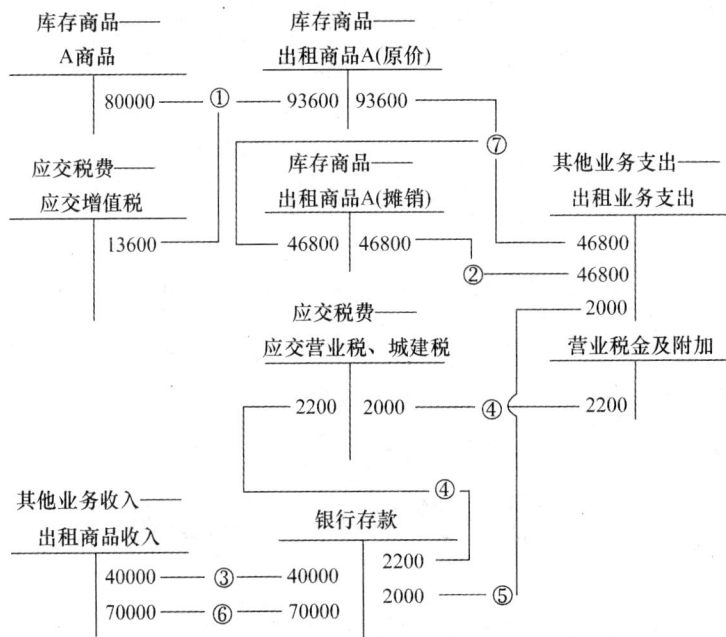

图 6-8　出租商品账务处理

图示说明：

①领出 A 商品 80000 元在门市开展出租业务，同时将 A 商品进项税转出。

②按五五摊销法对 A 商品价值进行摊销，计 46800 元。

③收到租金 4000 元存入银行。

④按规定交 5% 营业税，按营业税 7% 交城建税、3% 交教育费附加，计 2200 元。以后出租收入处理方法相同。

⑤支付出租商品修理费 2000 元。

⑥出租商品进行处理，收入 70000 元存入银行。

⑦将出租商品 A 成本及已摊销部分转销。

三、出租包装物的账务处理

包装物是指为了包装本企业产品而储备的各种包装容器，如桶、箱、瓶、坛、袋等。包装物核算通常按实际成本法。

（一）包装物内容及核算科目

见图 6-9。

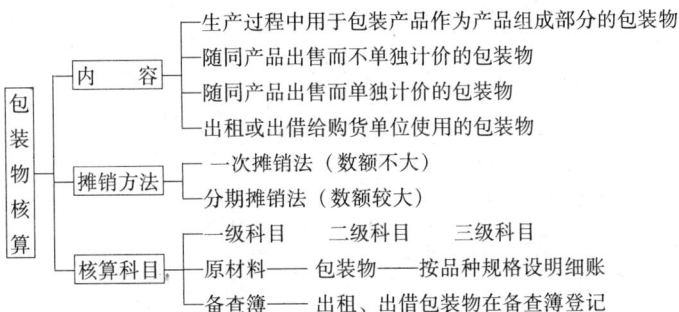

图6-9 包装物核算

（二）包装物领用账务处理

见图6-10。

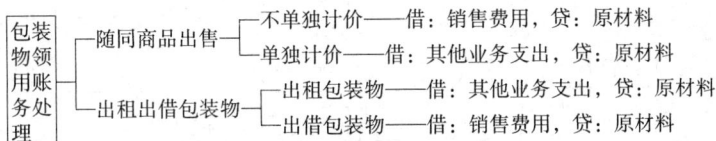

图6-10 包装物领用账务处理

（三）包装物出租账务处理

根据不同用途采用不同处理方法。

1. 随同商品出售包装物账务处理，见图6-11。

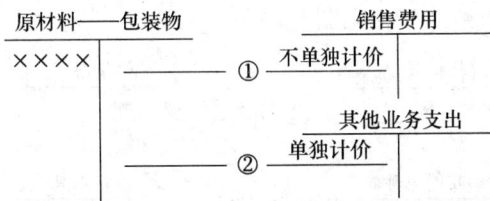

图6-11 随同商品出售包装物账务处理

2. 出租包装物账务处理。

【例7】向外单位出租包装容器100只（库存未用），每只单价60元。租期6个月，每月租金700元。收取押金5000元及对方一次性缴纳的3个月的租金2100元，现已存入银行。

6个月后，对方归还100只，其中5只因损坏严重无法继续使用拒收。退还押金2650元（扣除应付租金2100元和5只拒收包装物押金250元，假定出租包装物摊销期为10个月），账务处理见图6-12。

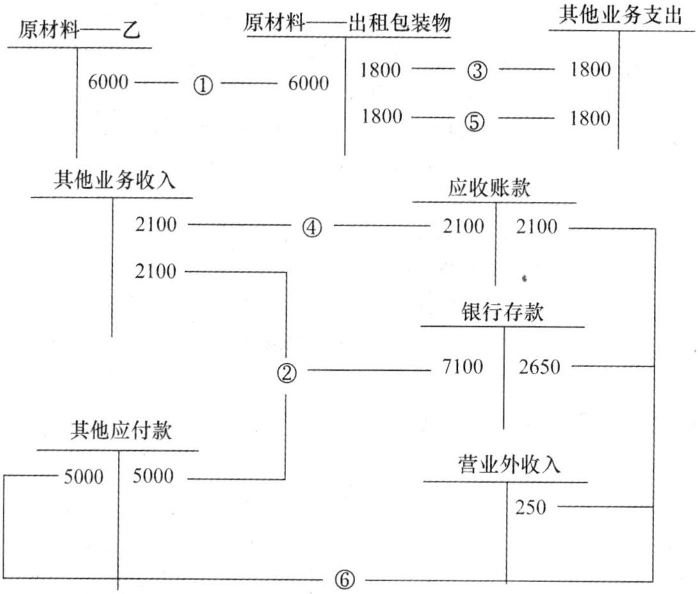

图 6－12　出租包装物账务处理

图示说明：

①出租包装容器100只，出库后转待摊费用使用期估计10个月，报废后无残值。

②收取押金5000元及3个月租金2100元存入银行。

③分次摊销包装容器1800（6000/10×3）元。

④欠3个月应收租金转账。

⑤分次摊销出租包装物成本。

⑥收回包装物，退还押金，损坏部分包装物，其押金被没收。

3. 出借包装物账务处理，见图 6－13。

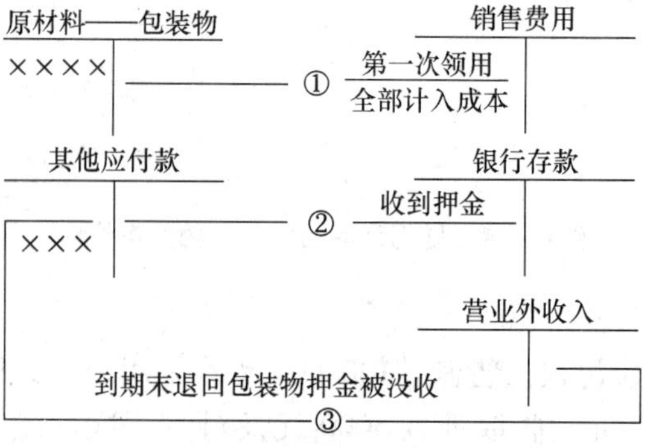

图 6－13　出借包装物账务处理

图示说明：

①第一次领出后记入备查簿。

②收到押金。

③到期末退回包装物，将押金转营业外收入。

四、出租固定资产账务处理

【例8】某商贸公司投资 500 万元兴建一处家具市场，使用期 5 年，每月折旧费 8 万元。市场共设 200 个摊位，全部用于出租，每个摊位收取押金 1 万元。退回摊位时退还押金；每个摊位每年租金 6000 元，半年收一次。同时，按月代收工商行政管理费 30 元。根据有关合同协议及其他凭证，账务处理见图 6 - 14。

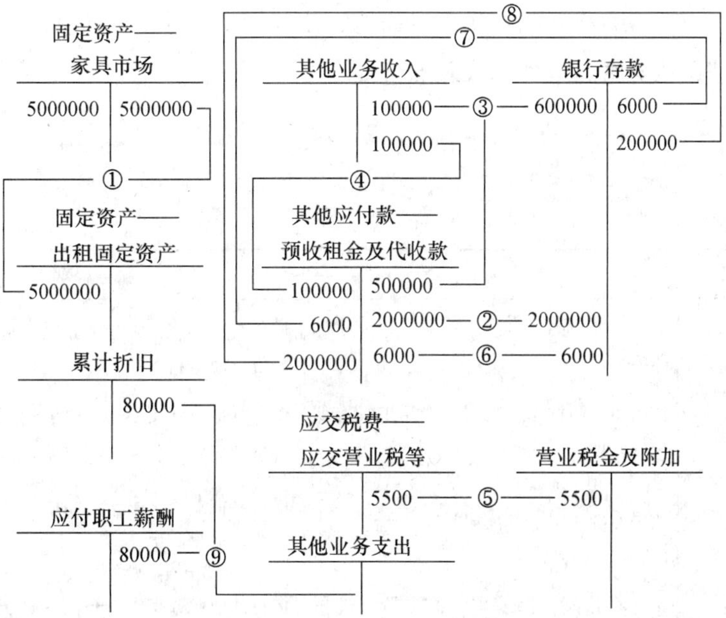

图 6 - 14　经营租赁账务处理

图示说明：

①将固定资产——家具市场对外出租。

②收到摊位押金 200 万元存入银行。

③收到半年租金 60 万元，每月 10 万元租金收入，其余 50 万元为预收租金。

④每月末将预收的摊位租金 10 万元转业务收入。

⑤应交 5% 营业税、城建税及教育费附加按营业税 10%，进行转账。

⑥代收工商行政管理费 6000 元存入银行。

⑦上交代收工商行政管理费 6000 元。

⑧退还租用摊位押金 20 万元。

⑨应计提家具市场月折旧费及应负担的工资费用。

第四节　物资储运业务核算

储运业务一般是指商贸企业附属经营的仓储业务和运输业务。仓储业务是指利用仓库、货场或其他场所代客户储存及保管货物的业务。运输业务是指使用运输工具或人力、畜力将货物运送到目的地，使其货物位置得到转移的业务。

一、储运业务营运成本构成及账务处理

见表6－2。

表6－2　　　　　　　　　　　　　营运成本构成

费用项目	费用内容	账务处理
①直接耗用材料、汽油费	消耗各种材料、燃料、轮胎、备品、配件等	借：其他业务支出——储运业务支出 　　贷：原材料
②直接领用物品	领用和摊销枕木、苫布、专用工具等低值易耗品	借：其他业务支出——储运业务支出 　　贷：周转材料——低值易耗品
③人工费	储运人员的工资、福利费等	借：其他业务支出——储运业务支出 　　贷：应付职工薪酬
④维护费	支付养路费、保险费、消防费、过桥费、车辆清洁费、运输管理费等	借：其他业务支出——储运业务支出 　　贷：银行存款
⑤折旧费	运输车辆等折旧费	借：其他业务支出——储运业务支出 　　贷：累计折旧
⑥营业税金及附加	按规定缴纳营业税、城市维护建设费、教育费附加等	借：营业税金及附加 　　贷：应交税费

二、储运业务核算实例

【例9】某贸易公司附属经营运输业务。2003年12月2日与某集团公司签订协议，为该集团提供运输10万吨物资的服务，收运费300万元，协议签订后预收50%计150万元存入银行。运输全部完成后再进行清算。当月完成运输量7.56万吨，完成合同75.6%。12月份共发生各项运输支出190万元，其中材料费 120 万元，人工费 50 万元，其他费用 12 万元，折旧费 8 万元。该公司营业税率为 3%，城建税及教育费附加分别为应交营业税的 7% 及 3%，账务处理如下：

①收到预交运输收入时：

借：银行存款	1500000
贷：预收账款——××集团公司	1500000

②支付发生各种耗费：

借：其他业务支出——储运业务支出	1900000
贷：原材料	1200000
应付职工薪酬	500000
银行存款	120000
累计折旧	80000

③结转本月完成运输量应获得收入 226.8（75.6%×300）万元：

借：预收账款——××集团公司	1500000
应收账款——××集团公司	768000
贷：其他业务收入——储运业务收入	2268000

④结转本月应交税金及附加：

借：营业税金及附加	74844
贷：应交税费——应交营业税	68040
——应交城建税	4763
——应交教育费附加	2041

⑤月终将储运业务收入和储运业务支出转入本年利润，同其他业务一起计算本月利润。

第五节　饮食服务业核算

一、饮食服务业的经营特征

饮食服务业，同时具有生产、流通、服务三种职能。其特征见图 6 – 15。

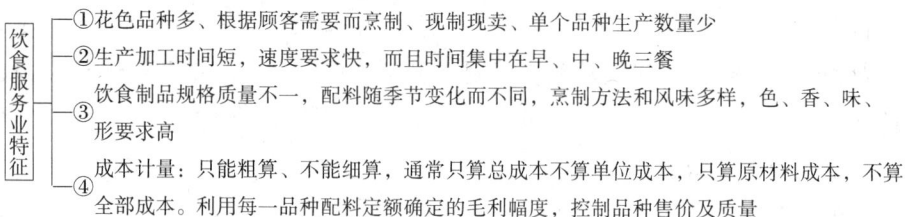

①花色品种多、根据顾客需要而烹制、现制现卖、单个品种生产数量少

②生产加工时间短，速度要求快，而且时间集中在早、中、晚三餐

③饮食制品规格质量不一，配料随季节变化而不同，烹制方法和风味多样，色、香、味、形要求高

④成本计量：只能粗算、不能细算，通常只算总成本不算单位成本，只算原材料成本，不算全部成本。利用每一品种配料定额确定的毛利幅度，控制品种售价及质量

饮食服务业特征

图 6-15 饮食服务业特征

二、饮食服务业原材料成本的计算

（一）原材料管理方法

饮食业原材料包括米面、副食蔬菜和调味品三大类，根据购进材料的特点，通常采用以下管理方法（见表6-3）：

表 6-3　　　　　　　　　　　　原材料管理方法

管理方法	主要特征	适用原材料
入库管理法	原材料入、出库都要办理手续，填制入、出库凭证	主要用于米、面、饮料等
直接使用法	原材料购进后，直接拨付给厨房加工使用，不办理入、出库手续	主要用于蔬菜、肉禽、鱼虾等

（二）购进原材料成本的内容

饮食业购进原材料的成本包括买价及能直接确定的运杂费、保管费以及缴纳的税金等。

（三）净料成本的计算

饮食业的部分原料，如水产品、家禽、猪牛羊肉等，在切配、熟制以前称作毛料，通过加工选料、拆卸、分档、取料等使其成为净料，然后才能用作配制餐饮制品。原材料这一加工选料过程，称为材料精选过程。由于原材料品种多、数量大小不一，经加工精选后的净材料不能逐一过秤，实际工作中通常用净料率（也叫拆卸率）计算净料重量和净料成本。计算公式如下：

净料率 =（净料重量/毛料重量）×100%

净料单位成本 = 进价金额/（毛料重量×净料率）

还有一些原料是一些干货，如木耳、干蘑菇、干海参等。干货原料出品率实际上就是涨发率，如木耳的涨发率是500%，干鹿筋是400%，干海参是

650%等。

出品率 =（净料数量÷原来的原料数）×100%

【例10】大众饮食店购进母鸡一只，毛重2公斤，进价共16元，经宰杀、去毛、去肠肚后，净重1.4公斤，则净料单位成本为：

净料率 =（1.4/2）×100% =70%

净料单位成本 =16/（2×70%）=11.43元/公斤

又如采购8斤生牛肉（肋条）制造蒙古小牛肉，经熟加工后出品4.8斤，其生成品出品率为60%。

（四）领用原材料成本的计算

领用原材料成本的计算可采用加权平均法、个别计价法、先进先出法等。计算成本的方法一经确定，不得随意变更。

（五）燃料成本的计算

饮食业的燃料有煤气、石油液化气、天然气和煤。使用气体燃料的可以根据计量表应交费数额核算其成本；使用煤作燃料的，采用"以存计耗方法"。月末对燃料煤的盘点可采用估推法、尺量法和目测法来计算结余的金额。

本月耗用额 = 期初结存额 + 本月购入额 - 月末结存额

三、饮食制品成本计算的方法与结转

（一）饮食制品材料成本计算的方法

见表6-4。

表6-4　　　　　　　　　　餐饮成本计算与结转

方法	成本计算	账务处理
直接归集冲减法	对领用的原材料在领用时全部归集计入"营业成本"，月末对已领未用、已制未出售的成品、半成品进行实地盘点计价，从全部领用材料成本中冲减 耗用材料成本 = 生产加工部门月初结存额 + 本月领用额 - 生产加工部门月末盘存额	领用时： 借：主营业务成本 　贷：原材料 月终实地盘存额： 借：主营业务成本（红字） 　贷：原材料（红字）
以存计耗计算法	对购进原材料记入"原材料"，平时领用只办手续，不作账务处理，月终对库存原材料实地盘点计价，再用"以存计耗"方法，计算已售制品成本。计算公式： 本月实际耗用材料成本 = 月初库存原材料金额 + 本月购进原材料金额 - 月末库存材料金额	购进材料等： 借：原材料 　贷：银行存款 月终计算出本月实耗材料后： 借：主营业务成本 　贷：原材料

（二）饮食制品成本的结转

计算出原材料及燃料的耗用金额后：

借：营业成本 　　　　　　　　　　　　　　　　　　×××

　　贷：原材料 　　　　　　　　　　　　　　　　　　×××

　　　　燃料 　　　　　　　　　　　　　　　　　　　×××

四、饮食制品价格的制定和收入的核算

（一）饮食制品价格的制定方法

基本方法是：先确定每种制品的材料耗用配量定额和配料定额成本，再根据规定的毛利率计算销售价格。

1. 材料耗用配量定额和配料定额成本计算单及其编制，见表 6 – 5。

表 6 – 5　　　　　　　　　　材料耗用配量定额成本计算单

品名：青椒肉丝

材料名称	用量（克）	单价（元）	成本金额（元）
肉丝	150	0.04	6.00
青椒	100	0.01	1.00
调料			0.10
合计			7.10

2. 饮食制品售价的确定方法，见表 6 – 6。

表 6 – 6　　　　　　　　　　餐饮制品销售价格制定方法

方法	计算公式	计算实例
售价毛利率法	制品售价 = 配量定额成本 /（1 – 毛利率） 毛利额 =（毛利率/售价）×100% 毛利额 = 售价 – 配量定额成本	青椒肉丝（毛利率40%） 售价 = 7.10 ÷（1 – 40%）= 11.83（元）
成本毛利率法	制品售价 = 配量定额成本 ×（1 + 成本毛利率） 成本毛利额 =（毛利率/成本额）×100%	青椒肉丝（成本毛利率为55%） 售价 = 7.10 ×（1 + 55%）= 11.00（元）

（二）服务业务收入的核算

饮食服务收入的核算形式，由于收款结算形式不同，核算方法也不一致。通常有现收制、应收账制和预收账制，详见表 6 – 7。

表6-7 饮食服务收入核算方式及账务处理

方式	内 容	账务处理方式
现收款（适用饮食业）	为顾客提供服务的同时收取服务报酬	①借：现金 　　　应收账款 　　　贷：主营业务收入 ②借：银行存款 　　　贷：应收账款
预收账款（适用旅馆）	收费在先服务在后，每日终了根据营业部门交来预收款列入应收款，同时根据"营业日报表"所列收入冲减应收账款、结转营业收入	①借：银行存款 　　　贷：应收账款 ②借：应收账款 　　　贷：主营业务收入
应收账款（适用旅馆）	先期服务，离店收费，每日终了填报"营业日报表"作应收账款。顾客结账后，冲减应收账款	借：银行存款或现金 　　贷：应收账款 借：应收账款 　　贷：主营业务收入

（三）饮食服务业期间费用与利润核算

饮食服务业期间费用与利润核算，同其他企业类同，不再赘述。

第六节 相关税法规定

一、饮食业营业额的确定

饮食业的营业额为向顾客提供饮食消费服务而收取的餐饮收入。

依据《国家税务总局关于饮食业征收流转税问题的通知》（国税发〔1996〕202号）有关规定：

1. 饮食店、餐馆（厅）、酒店（家）、宾馆、饭店等单位发生属于营业税"饮食业"应税行为的同时销售货物给顾客的，不论顾客是否在现场消费，其货物部分的收入均应当并入营业税应税收入征收营业税。

2. 饮食店、餐馆（厅）、酒店（家）、宾馆、饭店等单位附设门市部、饮食点等对外销售货物的，按《增值税暂行条例实施细则》第七条和《营业税暂行条例实施细则》第八条，关于兼营行为的征税规定征收增值税。

3. 专门生产或销售货物（包括烧卤熟制食品在内）的个体经营者及其他个

人应当征收增值税。

二、旅游业营业额的确定

暂行条例规定，纳税人从事旅游业务的，以其取得的全部价款和价外费用扣除替旅游者支付给其他单位或者个人的住宿费、餐费、交通费、旅游景点门票和支付给其他接团旅游企业的旅游费后的余额为营业额。

三、租赁业营业额的确定

租赁业务的营业额是经营租赁业务所取得的租金的全额收入，不得扣除任何费用。

第七章　对外投资核算与税务处理

第一节　投资的含义、核算目标及风险提示

一、投资含义及分类

投资是指小企业将资金投放于一定对象，期望在未来能获取收益（或报酬）的经济行为。根据不同标准，投资可分为不同种类，见图 7 - 1。

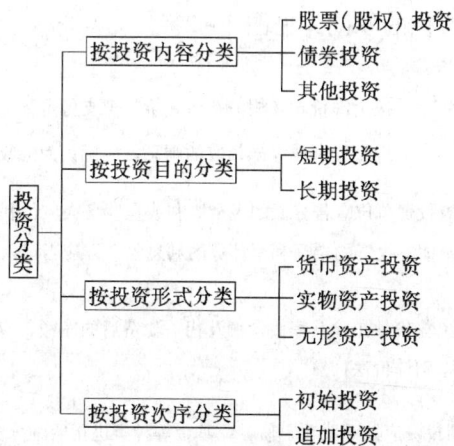

```
                        ┌── 股票（股权）投资
          ┌─按投资内容分类─┼── 债券投资
          │              └── 其他投资
          │
          │              ┌── 短期投资
          ├─按投资目的分类─┤
          │              └── 长期投资
投资
分类  ───┤              ┌── 货币资产投资
          ├─按投资形式分类─┼── 实物资产投资
          │              └── 无形资产投资
          │
          │              ┌── 初始投资
          └─按投资次序分类─┤
                         └── 追加投资
```

图 7 - 1　投资的分类

二、投资核算目标

及时正确地确认、计量、记录投资动态，正确反映投资效益，确保投资安全完整，为经营决策提供有效信息。

三、投资风险提示

1. 投资凭证手续不完善、内容不清晰、会计审核监管不严等，可能导致投资计税基础不真实，影响投资效果。

2. 投资日常核算未能按准则规定及时正确地处理，错误使用会计科目，可能导致数据错误，影响投资收益的正确性。

3. 被投资单位不能及时正确地计算经营成果，不能按准则规定分配利润，可能导致投资单位利益受损。

4. 由于长期投资只准用成本法核算，不能正确反映被投资单位盈亏状况，可能影响投资单位财务状况的真实性。

第二节　短期投资核算

短期投资是指小企业购入的能够随时变现并且持有时间不准备超过 1 年（含 1 年）的投资。如以赚取差价为目的，从二级市场购入的股票、债券、基金等。

一、短期投资核算原则

短期投资核算应遵循的原则，见图 7 - 2。

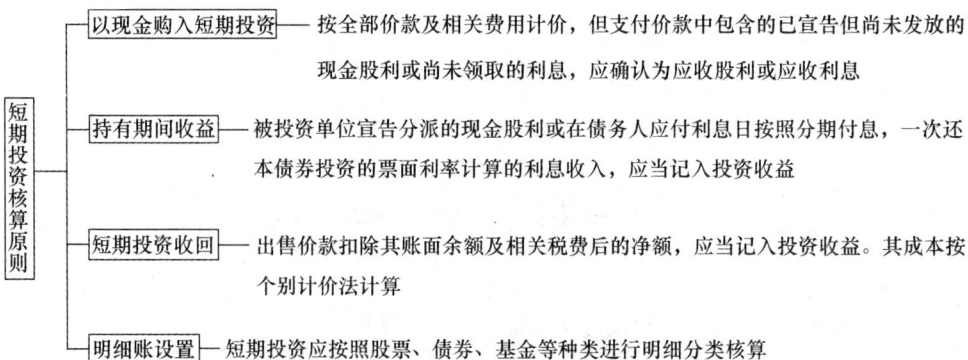

图 7 - 2　短期投资核算原则

二、短期投资账务处理

见图 7 - 3。

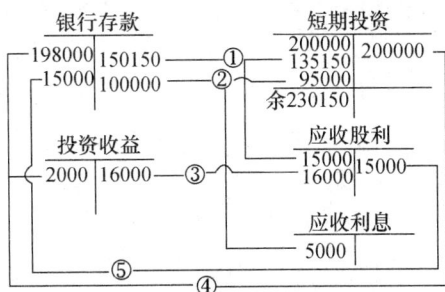

图 7 - 3　短期投资账务处理

图示说明：

①以支票购入股票150000元，税费150元，其中含已宣告但尚未收到的现金股利15000元。

②以支票购买债券100000元，其中含已到付息日但尚未领取的债券利息5000元。

③上年购入乙公司股票200000元，乙公司宣告分派现金股利16000元。

④出售乙公司股票取得净现款198000元，存入银行。

⑤收到购入股票中含现金股利15000元，存入银行。

短期投资科目期末借方余额即为企业持有短期投资成本。

第三节　长期债券投资核算

长期债券投资，是指小企业准备长期（在1年以上，下同）持有债券投资。长期债券投资通过"长期债券投资"科目核算，并按债券种类和被投资单位，分别以"面值"、"折（溢）价"、"应计利息"进行明细核算。

一、长期债券投资分类及核算原则

（一）长期债券投资分类

见图 7 - 4。

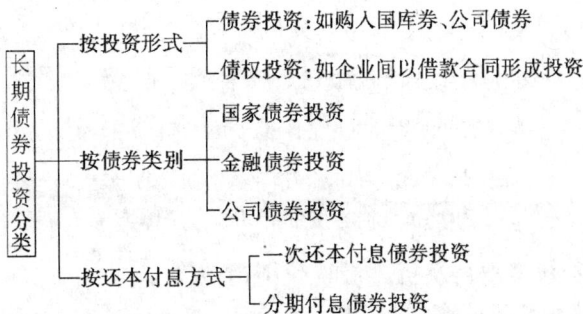

图 7 - 4　长期债券投资分类

（二）长期债券投资核算的原则

见图 7 - 5。

```
购买    ── 以现金购买的应当按照购买价款和相关税费作为成本进行计量，实际支付价款中含有已到付息期
计价       但尚未领取的债券利息应单独确认为"应收利息"，不记入债券投资的成本

        ── 债券持有期间发生的应收利息确认为"投资收益"

存续    ── 分期付息一次还本的长期债券投资，按券面应付利息日，按票面利率计算的应收未收的利息收
期间       入，应确认为"应收利息"

        ── 一次还本付息的长期债券投资，按券面应付利息日，按照票面利率计算的应收未收利息收入，应
           增加"长期债券投资"的账面余额

        ── 债券折价或者溢价在债券存续期间内，于确认相关债券利息收入时采用直线法进行摊销

到期    ── 企业收回长期债券投资，应当冲减其账面余额
后      ── 处理价款扣除其账面余额、相关税费后的净额应当记入投资收益

投资    ── 长期债券投资符合坏账损失条件的（见本书第二章货币资产损失有关规定），减除可收回金额后确
损失       认的、无法收回的长期债券投资，作为投资损失，记入"营业外支出"

期末计价 ── 长期债券投资，期末按账面余额计价，小企业不计提跌价准备

税法    ── 通过支付现金方式取得的投资资产，以购买价款为成本
规定    ── 通过支付现金以外的方式取得的投资资产，以该资产的公允价值和支付的相关税费为成本
        ── 会计与税务差异：投资中含已到期未领或未付利息，会计上不计入投资成本，而税法要计入
           成本
```

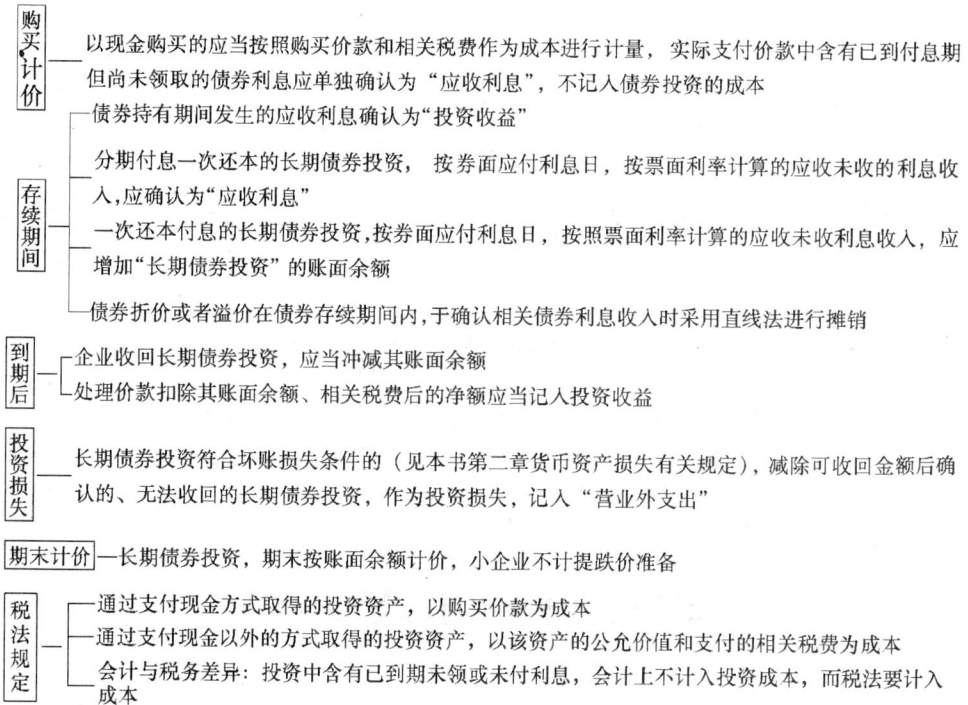

图 7 - 5　长期债券投资核算原则

（三）债券投资折（溢）价确认与摊销方法

长期债券投资折（溢）价均系利息性质，应分摊于债券存续期内，以便正确反映债券投资利息收入（见图 7 - 6）。摊销方法为直线摊销法。

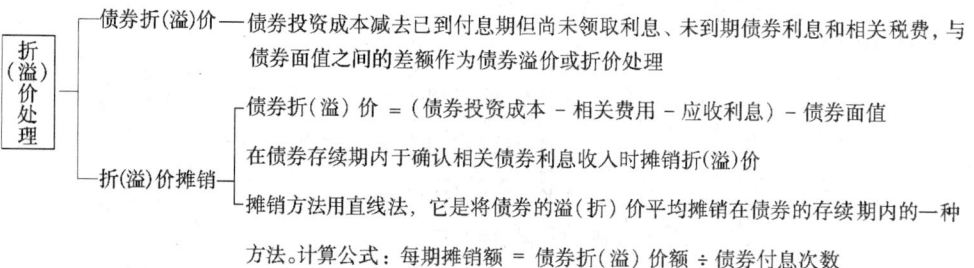

```
折       ── 债券折（溢）价 ── 债券投资成本减去已到付息期但尚未领取利息、未到期债券利息和相关税费，与
（溢）价处理              债券面值之间的差额作为债券溢价或折价处理

               ── 债券折（溢）价 =（债券投资成本 - 相关费用 - 应收利息）- 债券面值

               ── 在债券存续期内于确认相关债券利息收入时摊销折（溢）价

         ── 折（溢）价摊销 ── 摊销方法用直线法，它是将债券的溢（折）价平均摊销在债券的存续期内的一种

                   方法。计算公式：每期摊销额 = 债券折（溢）价额 ÷ 债券付息次数
```

图 7 - 6　债券投资折（溢）价摊销

二、长期债券投资取得及折（溢）价摊销核算

（一）长期债券投资的取得形式

见图 7 - 7。

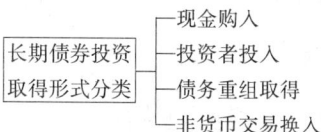

图 7 - 7　长期债券投资取得形式

（二）长期债券取得与折价摊销核算

1. 支付价款中不包含应收利息时，其账务处理见图 7 - 8。

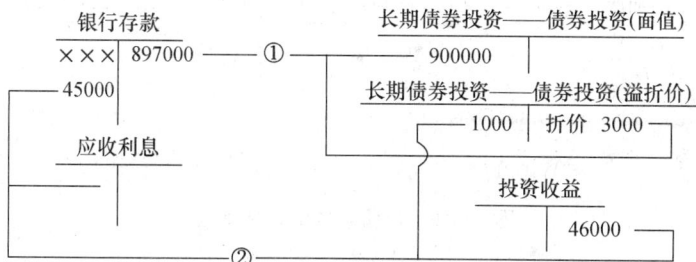

图 7 - 8　购入债券的账务处理（不含利息）

图示说明：

①购入三年期按年付息的债券的面值 900000 元，实际支付款 897000 元（含手续费 500 元）。

②第一年付息日，取得利息 45000 元存入银行，本次应摊销债券折价 1000（3000÷3）元。如果未收到利息，应记入"应收利息"科目。

2. 支付价款中含应收利息时，其账务处理见图 7 - 9。

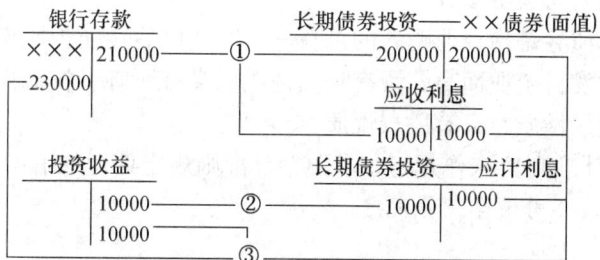

图 7 - 9　应收债券利息核算

图示说明：

①购入一次还本付息债券 210000 元，内含已到付息期但尚未收到利息 10000 元。

②根据券面利率 5%，本年应计利息 10000 元，转账处理。

③债券到期，本息全部收回总计 230000 元。

三、长期债券投资收回核算

见图 7-10。

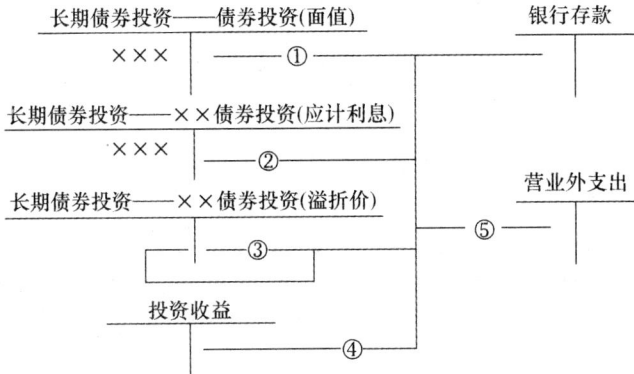

图 7-10 出售债券的账务处理

图示说明：

①债券面值。

②债券已提应计利息。

③未摊销的债券溢价（折价相反）。

④债券投资利息收益（会计处理见图 7-9③）。

⑤如长期债券投资发生坏账损失，损失在实际发生时记入营业外支出。

四、可转换公司债券核算

可转换公司债券是指企业购入的可在一定时期以后转换为股份的债券。它属于混合性质，对发行企业而言，既有负债性质，又有所有者权益性质；对持有企业而言，既有债权性质，又有股权性质。

《小企业会计准则》未作规定，参照会计准则规定处理如下：

（一）可转换公司债券核算规定

见图 7-11。

债转股核算的规定	债转股后，当年发放的现金股利，一般应作为投资成本收回，冲减长期股权投资的账面价值
	在债权转换为股权时，应计算、确认尚未确认的利息收入，并记入当期投资收益
	债转股时均按账面价值转换，不确认转换损益
	购入可转换公司债券，是作为长期债券投资还是作为短期投资，企业应视情况确定
	债权转股权后，是作为长期股权投资还是作为短期投资，应视投资目的而定

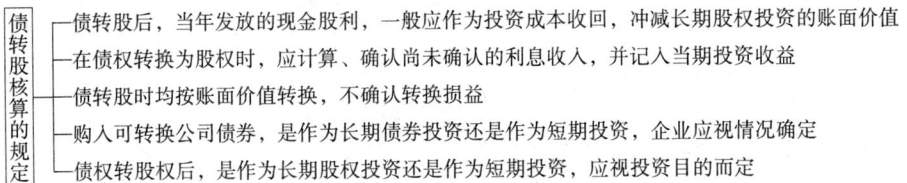

图 7-11 债转股核算的规定

（二）可转换债券账务处理

【例1】经批准，A 公司于 2010 年 1 月 1 日发行 2 年期可转换公司债券 2000000 元，债面年利率 6%，发行价为 2200000 元（不考虑发行费用）。B 公司以银行存款 1100000 元购买 50%。债券发行 1 年后可转换为股份，每百元转换为普通股 4 股，股票面值 2 元，假如转换日为 2011 年 4 月 1 日，B 公司可转换债券账面价值为 1060000 元（含利息 60000 元），2011 年 1 月 1 日至 3 月 31 日尚未计提利息，如果 B 公司将持有债券全部转换为股份，溢价按直线法摊销，则 B 公司会计处理如下：

尚未计提利息 = 1000000 × 6% × 3/12 = 15000（元）

应摊销溢价 = 50000 × 3/12 = 12500（元）

账务处理见图 7 − 12。

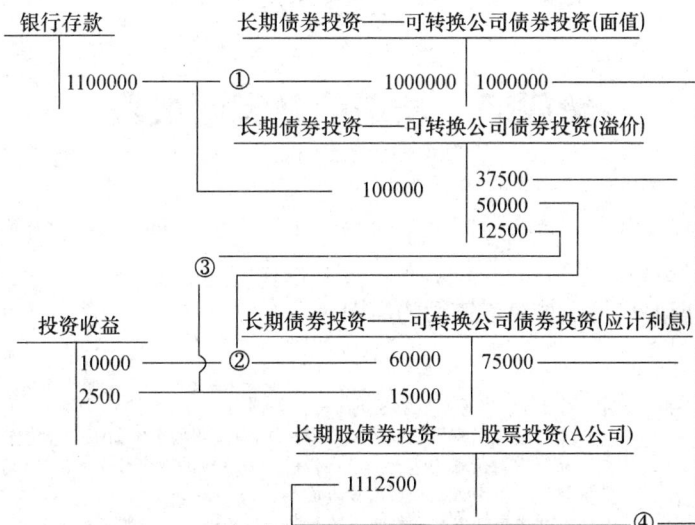

图 7 − 12　可转换债券账务处理

图示说明：

①购入溢价发行公司债券。

②按年结转应计提利息 60000 元及摊销溢价 50000 元。

③转换股份时应计提利息 15000（60000 ÷ 4）元及应摊销溢价 12500（50000 ÷ 4）元。

④债权转换为股权。

五、委托贷款核算

委托贷款为投资，但在具体核算上有以下特点，见图 7 − 13。

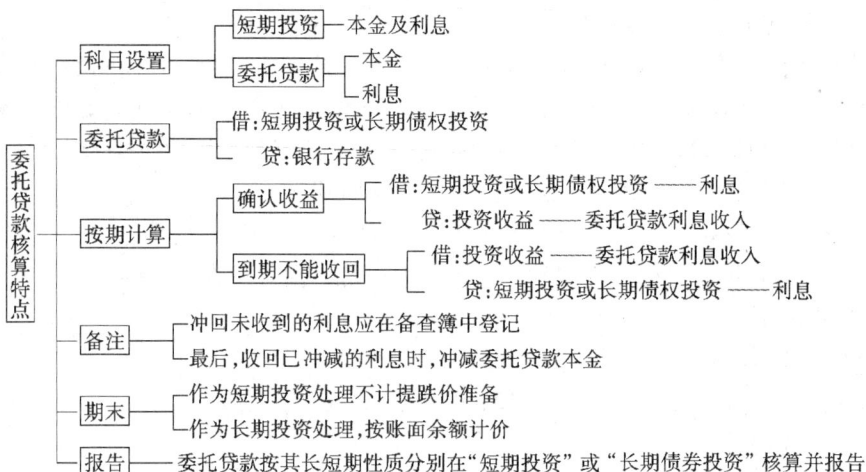

图 7 - 13　委托贷款核算特点

第四节　长期股权投资核算

长期股权投资是指持有时间准备超过一年以上的各种权益性投资。《小企业会计准则》规定长期股权投资按成本法进行核算。

一、长期股权投资核算应遵循的原则

见图 7 - 14。

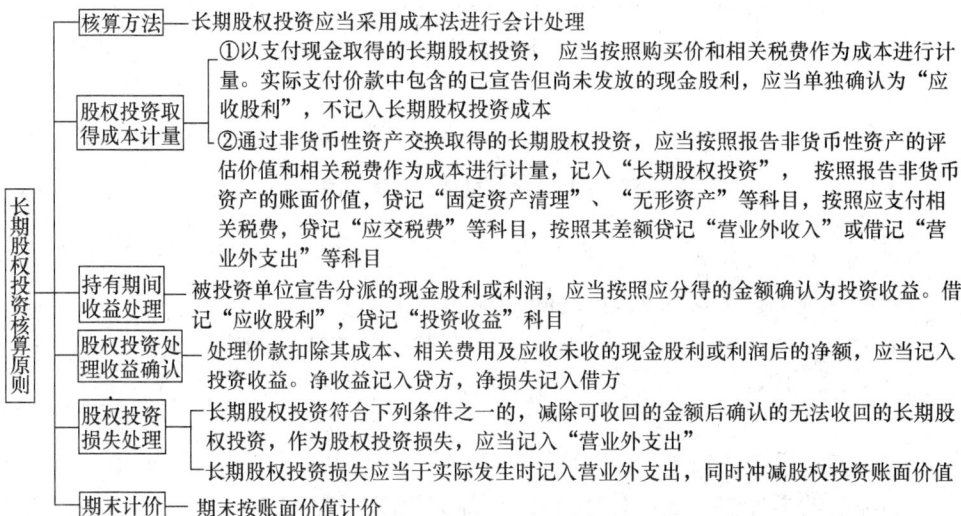

图 7 - 14　长期股权投资核算原则

二、长期股权投资损失确认的条件

《小企业会计准则》第 26 条规定：小企业长期股权投资符合下列条件之一的，减除可收回的金额后确认的无法收回的长期股权投资，作为长期股权投资损失：

1. 被投资单位依法宣告破产、关闭、解散、被撤销，或者被依法注销、吊销营业执照的。

2. 被投资单位财务状况严重恶化，累计发生巨额亏损，已连续停止经营 3 年以上，且无重新恢复经营改组计划的。

3. 对被投资单位不具有控制权，投资期限届满或者投资期限已超过 10 年，并且被投资单位因连续 3 年经营亏损导致资不抵债的。

4. 被投资单位财务状况严重恶化，累计发生巨额亏损，已完成清算或清算期超过 3 年以上的。

5. 国务院财政、税务主管部门规定的其他条件。

上述规定与所得税法规定相一致。

三、长期股权投资账务处理

（一）长期股权投资核算科目及方法

小企业长期股权投资通过"长期股权投资"科目核算，该科目按被投资单位进行明细分类核算，核算方法采用"成本法"。

所谓成本法，是指长期股权投资按投资成本入账。除追加或收回投资等情形外，长期股权投资的成本始终保持不变。被投资单位经营中发生的盈亏及所有者权益（实收资本除外）变动，投资单位不作账务处理，投资单位所获的投资收益仅限于投资后，被投资单位产生的税后净利润的分配额，如分配额超过留存收益，其超过部分应作为投资成本的收回。

（二）长期股权投资核算实例

【例 2】现以大华公司长期股权投资为例，情况如下：

（1）2009 年 3 月 1 日大华公司支付现金 50 万元，购入乙公司 18% 的股权，假如没有发生其他税费。则大华公司账务处理如下：

借：长期股权投资——乙公司　　　　　　　　　　　　　　　500000
　　贷：银行存款　　　　　　　　　　　　　　　　　　　　500000

（2）2009 年 3 月 20 日乙公司宣告分派 2008 年实现净利润，其中分配现金股利 75000 元，大华公司于 3 月 30 日收到现金股利 13500（75000×18%）元。由于 2008 年大华公司未持有乙公司股权，故应冲减投资成本。账务处理如下：

　　借：应收股利　　　　　　　　　　　　　　　　　　　13500
　　　　贷：长期股权投资——乙公司　　　　　　　　　　　　13500
　　借：银行存款　　　　　　　　　　　　　　　　　　　13500
　　　　贷：应收股利　　　　　　　　　　　　　　　　　　13500

（3）2009 年度乙公司实现净利润 20 万元，当年未分配，大华公司不作账务处理。

（4）2010 年 3 月 11 日公司宣告分配 2009 年实现净利润，分派现金股利 5 万元，大华公司账务处理为：

　　应享有投资收益金额 = 50000×18%×10/12 = 7500（元）

　　应冲减投资成本金额 = 被投资单位分派现金股利×投资单位持股比例 - 投资企业投资年度应享有的投资收益

　　应冲减投资成本 = 50000×18% - 7500 = 1500（元）

　　借：应收股利　　　　　　　　　　　　　　　　　　　9000
　　　　贷：长期股权投资——乙公司　　　　　　　　　　　　1500
　　　　　　投资收益　　　　　　　　　　　　　　　　　　7500

（5）2010 年乙公司经营不善，年终计算发生亏损 2 万元。大华公司账务不作账务处理。

（6）2011 年乙公司全年实现利润 3.5 万元。除弥补上年度亏损 2 万元，剩余 1.5 万元，扣除 20% 所得税后，未作利润分配，大华公司不作账务处理。

（7）2012 年 2 月 1 日大华公司以 45 万元价格，将长期股权投资转让给甲公司，收回现款存入银行，支付税费 2000 元。尚有 9000 元应收股利未收回。账务处理如下：

　　借：投资收益　　　　　　　　　　　　　　　　　　　2000
　　　　贷：银行存款　　　　　　　　　　　　　　　　　　2000
　　借：银行存款　　　　　　　　　　　　　　　　　　　450000
　　　　投资收益　　　　　　　　　　　　　　　　　　　44000
　　　　贷：长期股权投资——乙公司　　　　　　　　　　　485000
　　　　　　应收股利　　　　　　　　　　　　　　　　　　9000

【例 3】2011 年 2 月 1 日华清公司以无形资产——专有技术 10 万元，评估值 12 万元，设备 3 台原值 180 万元，已计提折旧 90 万元，评估值 105 万元，向甲公司投资，取得甲公司股份 30%，支付税费 5000 元，华清公司账务处理见图 7 - 15。

固定资产

| 2800000 | 1800000 | ── ① ── |

固定资产清理

| 900000 | 900000 |

银行存款

| ××× | 5000 | ── ③ |

累计折旧

| 900000 | 900000 |

无形资产——专有技术

| 100000 | 100000 |

长期股权投资——甲公司

| 5000 |
| ② ── 1170000 |

营业外收入

| 170000 |

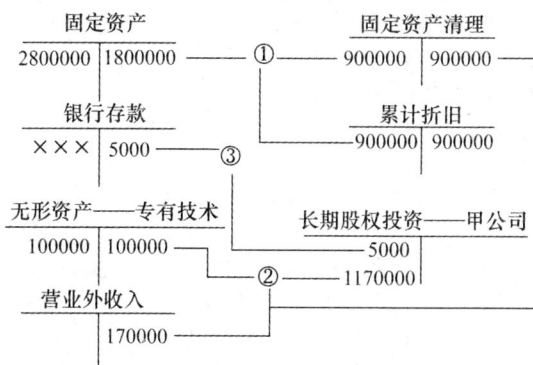

图 7 – 15　以非货币资产投资账务处理

图示说明：

①换出固定资产应进行清理，转入固定资产清理。

②换出固定资产及无形资产按评估值，借记"长期股权投资"，按其账面值贷记"固定资产清理"、"无形资产"，其差额记入"营业外收入"或"营业外支出"。

③支付税费记入"长期股权投资"成本。

第五节　投资损失税务规定

根据《企业资产损失所得税税后扣除管理办法》（2011 年第 25 号公告）第六章规定：

一、债权性投资损失的处理

企业债权性投资损失应依据投资的原始凭证、合同或协议、会计核算资料等相关证据材料确认。因下列情况导致债权投资损失的，还应出具相关证据材料。

债权投资损失证明

①债务人或担保人依法宣告破产、关闭、被解散或撤销、被吊销营业执照、失踪或者死亡等，应出示资产清偿证明或者遗产清偿证明。无法出示上述证明且上述事项超过三年以上的，或债权投资（包括信用卡透支）余额在300万元以下的，应出示对应的债务人和担保人破产、关闭、解散证明、撤销文件、工商行政管理部门注销证明或查询证明以及追索记录等（包括司法追索、电话追索、信件追索和上门追索等原始记录）

②债务人遭受重大自然灾害或意外事故，企业对其资产进行清偿和对担保人进行追偿后，未能收回的债权，应出具债务人遭受重大自然灾害或意外事故证明、保险赔偿证明、资产清偿证明等

③债务人因承担法律责任，其资产不足归还的借款债务，又无其他债务承担者的，应出具法院裁定证明和资产清偿证明

④债务人和担保人不能偿还到期债务，企业提出诉讼或仲裁的，经人民法院对债务人和担保人强制执行，债务人和担保人均无资产可执行，人民法院裁定终结或终止（中止）执行的，应出示人民法院裁定文书

⑤债务人和担保人不能偿还到期债务，企业提出诉讼后被驳回起诉的，人民法院不予受理或不予支持的，或经仲裁机构裁决免除（或部分免除）债务人责任，经追偿后无法收回的债权，应提交法院驳回起诉的证明，或法院不予受理或不予支持的证明，或仲裁机构裁决免除债务人责任的文书

⑥经国务院专案批准核销的债权，应提供国务院批准文件

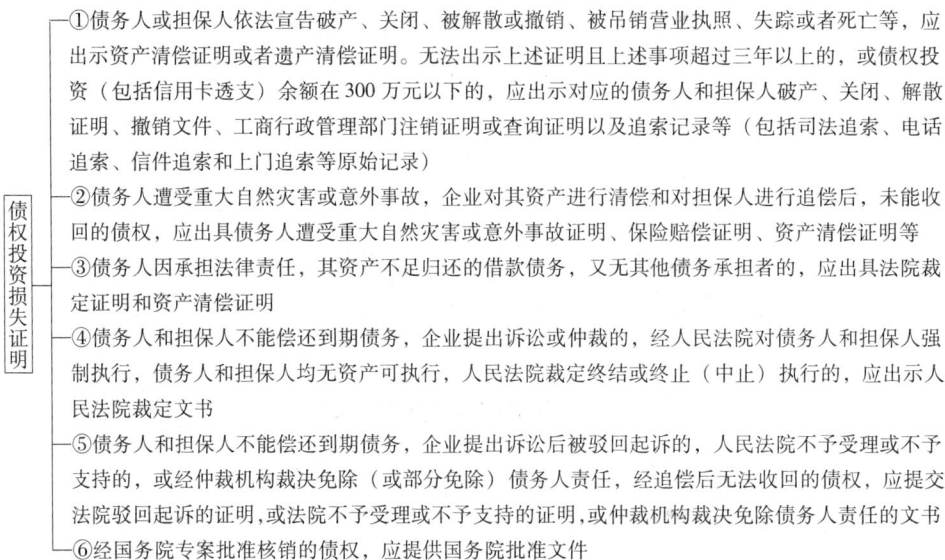

图7-16 债权投资损失证明

二、股权性投资损失的确认

1. 企业股权投资损失应依据下列相关证据材料确认（见图7-17）：

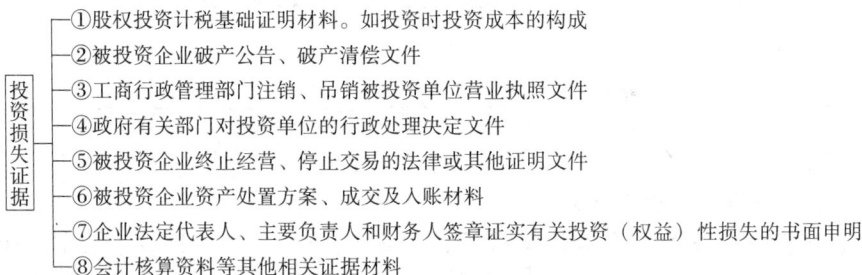

投资损失证据

①股权投资计税基础证明材料。如投资时投资成本的构成

②被投资企业破产公告、破产清偿文件

③工商行政管理部门注销、吊销被投资单位营业执照文件

④政府有关部门对投资单位的行政处理决定文件

⑤被投资企业终止经营、停止交易的法律或其他证明文件

⑥被投资企业资产处置方案、成交及入账材料

⑦企业法定代表人、主要负责人和财务人签章证实有关投资（权益）性损失的书面申明

⑧会计核算资料等其他相关证据材料

图7-17 投资损失的证据资料

2. 被投资企业依法宣告破产、关闭、解散或撤销、吊销营业执照、停止生产经营活动、失踪等，应出示资产清偿证明或者遗产清偿证明。

3. 上述事项超过三年以上且未能完成清算的，应出示被投资企业破产、关闭、解散或撤销、吊销等的证明以及不能清算的原因说明。

4. 企业委托金融机构向其他单位贷款，或委托其他经营机构进行理财，到期不能收回贷款或理财款项，按照本办法有关规定办理。

三、不得作为损失在税前扣除的债权和股权

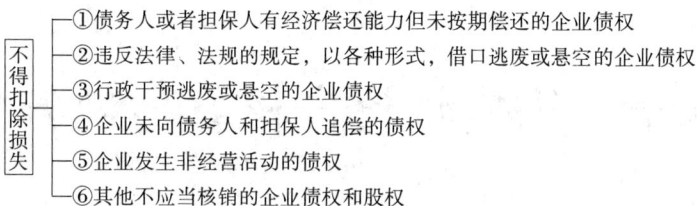

```
        ┌①债务人或者担保人有经济偿还能力但未按期偿还的企业债权
    不   ├②违反法律、法规的规定，以各种形式，借口逃废或悬空的企业债权
    得   ├③行政干预逃废或悬空的企业债权
    扣   ├④企业未向债务人和担保人追偿的债权
    除   ├⑤企业发生非经营活动的债权
    损   └⑥其他不应当核销的企业债权和股权
    失
```

图 7 – 18　不准税前扣除的债权和股权投资

第八章　固定性资产核算与税务处理

第一节　固定性资产的含义、核算目标及风险提示

一、固定性资产的含义及内容

固定性资产是指小企业为生产产品、提供劳务、出租和经营管理而持有的，价值较高、使用寿命超过一年的资产。包括固定资产、在建工程、无形资产、生产性生物资产及长期待摊费用等。

二、固定性资产核算的目标

根据相关规定，固定性资产的核算目标是：及时正确地核算资产的价值、合理计提资产的损耗，提高资产的使用效率及效果，确保资产的安全完整，为经营决策提供有效的资产信息等。

三、风险提示

1. 固定性资产是产品制造业的重要资源，占用资金多，确认不当、计量不准、记录不全，有可能导致资产不清、账实不符，影响企业的经营效果。

2. 固定性资产更新期长，在科技迅速发展的时代，购建时必须做好可行性研究，充分论证技术上的先进性及经济上的效益性，防范可能导致的先天性不足，给企业造成经济损失。

3. 固定性资产分布范围广，必须建立严格手续、保管责任制及会计核算体系，资产管理不善、手续不清、核算不准确，可能导致资产的丢失和损坏。

4. 正确地计量固定性资产的价值、合理评估有效的使用年限，并选择适合资产特性的折旧摊销方法，正确地反映资产的价值、监督资产的安全完整，合理有效地使用资产。

第二节　固定资产的核算及税务处理

一、固定资产的标准及核算要求

　　《小企业会计准则》指出：固定资产，是指小企业为生产产品、提供劳务、出租或经营管理而持有的，使用寿命超过一年的有形资产。

　　小企业的固定资产包括：房屋、建筑物、机器、机械、运输工具、设备、器具、工具等。

　　为了便于组织固定资产核算，通常是根据企业情况将列入固定资产的单位价值确定一个最低标准，如小企业可以将单位价值在 2000 元及以上的作为固定资产标准，标准以下的可列为低值易耗品，视同流动资产管理。

　　《企业会计准则》规定：固定资产通常在满足以下条件时确认：①该项资产能够投入生产经营使用，为企业带来经济效益。②该项资产的成本能够可靠地计量。

　　小企业应当根据固定资产定义，结合本企业的具体情况，制定适合于本企业的固定资产标准，再结合本企业的具体情况制定固定资产目录。明确分类方法、每类或每项固定资产的折旧年限、折旧计算方法和预计净残值，作为固定资产核算的依据。

　　小企业应当设立"固定资产"和"累计折旧"科目，对固定资产进行日常核算。前者按照固定资产的原值记录固定资产的增加及减少，后者是根据计算的固定资产损耗——折旧，记录固定资产折旧的增减变动。同时还要设置"固定资产登记簿"和"固定资产卡片"，按固定资产类别、使用部门对每项固定资产进行明细核算。

二、固定资产的分类与计价

（一）固定资产分类

固定资产的分类见图 8-1。

```
                    ┌── 经营用固定资产
        按经济用途分类 ┤
                    └── 非经营用固定资产
                    ┌── 自有固定资产
        按所有权分类  ┤
                    └── 租入固定资产
                    ┌── 使用中固定资产
        按使用情况分类 ┼── 未使用固定资产
                    └── 不需用固定资产
                    ┌── 土地
                    ├── 房屋及建筑物
  固定                 ├── 机器设备
  资产  按实物形态分类  ┼── 电子设备
  分类                 ├── 运输设备
                    └── 其他设备
                    ┌── 经营用固定资产
                    ├── 非经营用固定资产
                    ├── 租用固定资产
        按综合标准分类 ┼── 未使用固定资产
                    ├── 不需用固定资产
                    ├── 土地
                    └── 融资租入固定资产
```

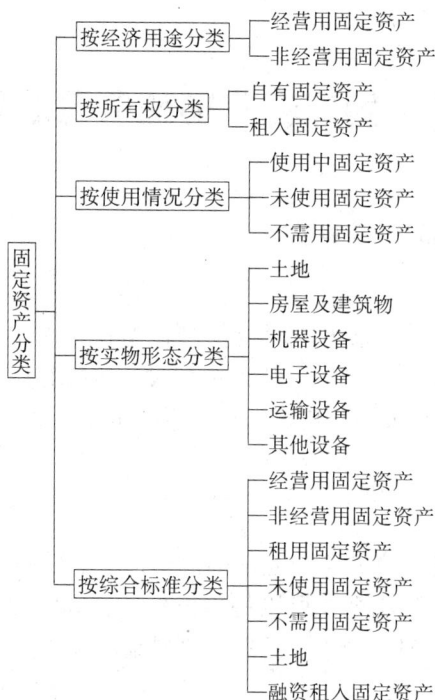

图 8 - 1　固定资产分类

（二）固定资产的计价

《小企业会计准则》规定：固定资产应当按照成本进行计量。

1. 外购固定资产的成本包括：购买价款、相关税费、运输费、装卸费、保险费、安装费等，但不含按照税法规定可以抵扣的增值税进项税额。

以一笔款项购入多项没有单独标价的固定资产，应当按照各项固定资产或类似资产的市场价格或评估价值比例对总成本进行分配，分别确定各项固定资产的成本。

2. 自行建造固定资产的成本，由建造该项资产在竣工决算前发生的支出（含相关的借款费用）构成。

小企业在建工程在试运转过程中形成的产品、副产品或试车收入冲减在建工程成本。

3. 投资者投入固定资产的成本，应当按照评估价值和相关税费确定。

4. 融资租入的固定资产的成本，应当按照租赁合同约定的付款总额和在签订租赁合同过程中发生的相关税费等确定。

5. 盘盈固定资产的成本，应当按照同类或者类似固定资产的市场价格或评估价值，扣除按照该项固定资产新旧程度估计的折旧后的余额确定。

（三）固定资产入账价值的变更

固定资产原始价值（也称原价）一经确认入账，除发生下列情况，已入账的原价不得变更：

1. 根据国家统一规定对固定资产的价值重新评估。

2. 增加补充设备或改良装置。

3. 将固定资产的一部分拆除。

4. 根据实际价值调整原来的暂估价值。

5. 发现原登记固定资产账面价值有误。

三、固定资产增加的核算

根据固定资产的取得方式，账务处理见图 8 - 2。

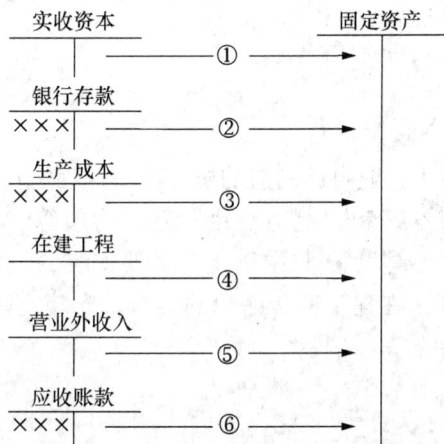

图 8 - 2　固定资产取得的账务处理

图示说明：

①投资者投入固定资产。

②购入不需安装的固定资产。

③自制固定资产。

④自建或需安装固定资产交付使用后。

⑤接受捐赠的固定资产。

⑥以债务重组取得的固定资产。

（一）购入固定资产账务处理

购入固定资产有三种情况：一是购入不需安装的固定资产；二是购入需安装的固定资产；三是购入已使用过的固定资产。其账务处理见图 8 - 3。

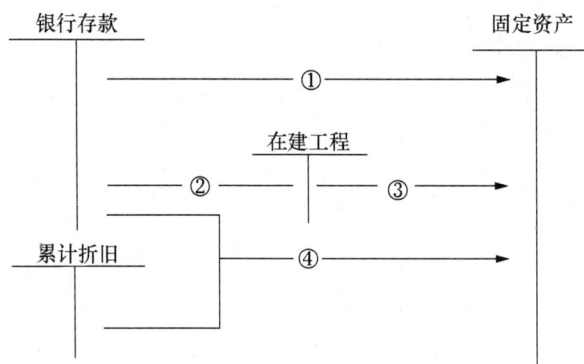

图 8 - 3　购入固定资产账务处理

图示说明：

①购入不需安装的固定资产。

②购入需要安装的固定资产进行安装。

③安装完毕交付使用，转入固定资产。

④购入已使用过的固定资产，也可按①处理。

（二）自制固定资产账务处理

自制固定资产是指小企业自己制造的机器设备等固定资产，自制过程中发生的各种支出在"生产成本"和"制造费用"账户中核算。自制完工后，将其发生的实际成本从"生产成本"账户中转出。需要安装的固定资产，则从"生产成本"账户的贷方转入"在建工程"账户的借方，安装完毕后再转入固定资产，这一核算过程见图 8 - 4。

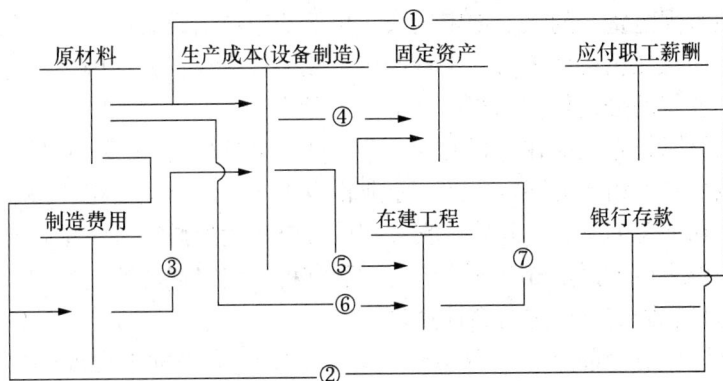

图 8-4　自制固定资产账务处理

图示说明：

①自制过程中发生的直接费用，包括材料、人工费及其他费用。

②自制过程中发生的间接费用。

③间接费用分配计入生产成本（设备制造）账户。

④完工结转不需安装的固定资产成本。

⑤完工结转需安装的固定资产成本。

⑥安装过程需用材料。

⑦安装完毕，转入固定资产结转成本。

（三）融资租入固定资产的核算

融资租入固定资产是指企业向经国家有关部门批准经营融资租赁业务的公司租入的固定资产，其账务处理见图 8-5。

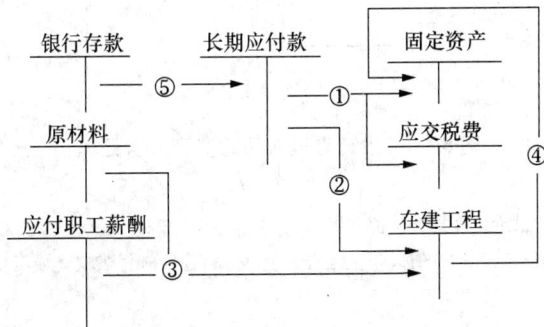

图 8-5　融资租入固定资产账务处理

图示说明：

①租入不需要安装机器设备。

②租入需要安装机器设备等。

③安装过程中耗用材料及人工费。

④安装完毕交付使用，结转成本。

⑤按期偿付设备租赁费。

融资租入固定资产的租赁期限较长，租赁费用包括设备的价款、租赁费、借款利息等，而且在租赁期满后，设备产权一般要转给承租方。因此，融资租赁实际上是一种变相的分期付款购买固定资产的形式。

会计核算时，企业应在"固定资产"账户下单设"融资租入固定资产"明细账户，核算融资租入的固定资产。企业租入固定资产时，按租赁协议或合同确定租赁费，加上运输费、保险费、安装调试费以及达到预定可使用状态前发生的借款费用等作为租入固定资产的原价。对融资租入固定资产计提折旧、修理等核算，应视为自有固定资产进行会计处理。

租赁期满付清全部价款及费用后，将固定资产从"融资租入固定资产"转入生产经营用固定资产。

（四）投资者投入固定资产的账务处理

企业对投资者投入企业的房屋、机器设备等固定资产进行账务处理时，一方面要反映固定资产的增加，另一方面要反映投资者投资额的增加，即实收资本的增加。投资者投入资产的价值有时高于认缴出资额，其差额处理：①作为企业负债。②作为资本公积。如何处理由投资各方商议决定。账务处理见图8-6。

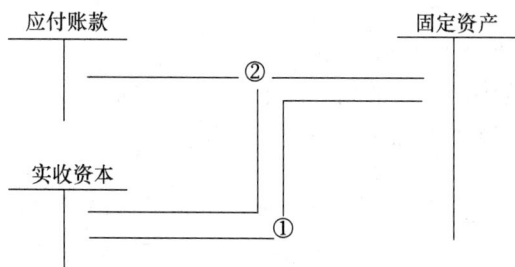

图8-6　投资者投入固定资产账务处理

图示说明：

①接受一项固定资产投资，按评估价值入账。

②接受固定资产投资，其评估价值大于认缴资本金部分，记入应付账款（或资本公积）。

（五）换入固定资产的账务处理

换入固定资产项目较多，如以应收账款、产成品及商品、原材料、短期投资、长期股权投资、无形资产、固定资产等换入固定资产。在非货币资产交易中涉及支付补价和收取补价的，具体计算方法及账务处理《小企业会计准则》未明确规定，具体处理方法可参照《企业会计准则》规定，见表8-1。

表 8 - 1　　　　　　　　非货币性资产交易取得的固定资产账务处理

交易事项	账 务 处 理
①以应收账款换入固定资产 【例1】A 公司以应收账款 20 万元换入宝马车一辆，已计提坏账准备 2 万元，支付过户手续费 5000 元	借：固定资产　　　　　　　　　　　185000 　　坏账准备　　　　　　　　　　　　20000 　贷：应收账款　　　　　　　　　　　200000 　　　银行存款　　　　　　　　　　　　5000 注：如收到补价借银行存款
②以短期投资换入固定资产 【例2】A 公司以短期债券投资 10 万元换入设备一套。设备已投入使用	借：固定资产　　　　　　　　　　　100000 　贷：短期投资　　　　　　　　　　　100000 注：支付补价的贷银行存款
③以存货换入固定资产 【例3】A 公司以库存商品 28 万元（售价 30 万元），应交增值税 5.1 万元，换入机器设备 3 台。设备已投入使用	借：固定资产　　　　　　　　　　　280000 　　应交税费——应交增值税　　　　　51000 　贷：库存商品　　　　　　　　　　　280000 　　　应交税费——应交增值税　　　　　51000 注：视同销售按售价计税
④以无形资产换入固定资产 【例4】A 公司以土地使用权（账面价值 80 万元，公允价值 100 万元）换入楼房一幢，并收到补价 10 万元，需支付过户手续费、印花税等 5 万元	应确认收益 = 补价 ×［1 -（换出资产账面价值 + 应交税费及教育费附加）÷换出资产公允价值］ 　　　　　＝ 10 ×［1 -（80 + 5）÷100］ 　　　　　＝ 1.5（万元） 换入资产入账价值 = 换出资产账面价值 -（补价÷换出资产公允价值）× 换出资产账面价值 -（补价÷换出资产公允价值）× 应交的税金及附加 + 支付的相关税费 　　　　　＝ 80 -（10÷100）× 80 -（10÷100）× 5 + 5 　　　　　＝ 80 - 8 - 0.5 + 5 　　　　　＝ 76.5（万元） 借：固定资产——房屋　　　　　　　765000 　　银行存款　　　　　　　　　　　100000 　贷：无形资产——土地使用权　　　　800000 　　　银行存款　　　　　　　　　　　50000 　　　营业外收入　　　　　　　　　　15000
⑤以长期股权投资换入固定资产 【例5】A 公司以长期股权投资 100 万元换入厂房一幢，并支付手续费等 2 万元	借：固定资产　　　　　　　　　　1020000 　贷：长期股权投资　　　　　　　　1000000 　　　银行存款　　　　　　　　　　　20000
⑥以固定资产换入固定资产 【例6】A 公司以办公楼 80 万元换入印	①借：固定资产清理　　　　　　　　500000 　　　累计折旧　　　　　　　　　　300000

续表

交易事项	账 务 处 理	
刷机一套，办公楼已计提折旧 30 万元，支付补价 4 万元，办公楼应交土地增值税 9 万元 换入印刷机价值 = 80 - 30 ÷ 4 + 9 = 63（万元）	贷：固定资产 ②借：固定资产清理 　　贷：银行存款 　　　　应交税费 ③借：固定资产 　　贷：固定资产清理	800000 130000 40000 90000 630000 630000

（六）企业研究开发新产品、新技术、新工艺购置固定资产

为研制开发新产品、新技术、新工艺购置设备，单位价值在 10 万元以下的，可一次或分次记入管理费用。

发生后，借记：固定资产，贷记：银行存款；同时，借记：研发支出，贷记：累计折旧。并作为固定资产进行登记管理。

四、固定资产折旧核算

折旧是固定资产在使用过程中，由于损耗而转移到产品成本或期间费用中的价值。折旧核算是一个成本分配过程，其目的在于将固定资产的取得成本按系统合理的方式，在估计的有效使用期内进行摊销。

（一）固定资产折旧有关规定

《小企业会计准则》规定：小企业应当对所有固定资产计提折旧，但已提足折旧仍继续使用的固定资产和单独计价入账的土地不得计提折旧。

固定资产的折旧费应当根据固定资产的受益对象记入相关资产成本或者当期损益。

前款所称折旧，是指在固定资产使用寿命内，按照确定的方法对应计折旧额进行系统分摊。应计折旧额，是指应当计提折旧的固定资产的原价（成本）扣除其预计净残值后的金额。预计净残值，是指固定资产预计使用寿命已满，小企业从该项固定资产处置中获得的扣除。预计处置费用后的净额。已提足折旧，是指已经提足该项固定资产的应计折旧额。

为进行固定资产折旧核算，企业应设置"累计折旧"科目，准则要求该科目可以进行总分类核算，也可以进行明细核算，需要查明某项固定资产已提折旧，可根据固定资产卡片上所记载该项资产的原价、折旧率和实际使用年限等资料进行计算。

（二）固定资产折旧计提范围

除下列情况外，小企业应对所有固定资产计提折旧：

1. 已提足折旧仍继续使用的固定资产。

2. 按规定单独估价作为固定资产入账的土地。

已达到预提可使用状态的固定资产，如尚未办理竣工决算的，应按估计价值暂估入账，并计提折旧；待办理了竣工决算手续后，再按实际成本调整原来的暂估价，但不需要调整原已计提的折旧额。

固定资产进行改良后，应根据调整后的固定资产成本及本企业使用情况，合理估计折旧年限和净残值，提取折旧。

《企业所得税法》规定，下列固定资产不得计算折旧扣除：

　　1. 房屋建筑物以外未投入使用的固定资产。

　　2. 以经营租赁方式租入的固定资产。

　　3. 以融资租赁方式租出的固定资产。

　　4. 已足额提取折旧仍继续使用的固定资产。

　　5. 与经营活动无关的固定资产，自创商誉。

　　6. 单独估价作为固定资产入账的土地。

　　7. 其他不得计算折旧扣除的固定资产，如用专项拨款购置固定资产。

制度及税法规定：企业应当自固定资产投入使用的次月起计算折旧，停止使用的固定资产，应当从停止使用的次月起停止计算折旧。固定资产提前报废的，也不再补提折旧。已提足折旧继续使用的固定资产不再计提折旧。

（三）计提折旧方法

企业应根据固定资产有关的经济利益的预期实现方式，合理选择折旧方法。固定资产的折旧方法见图 8 – 7。

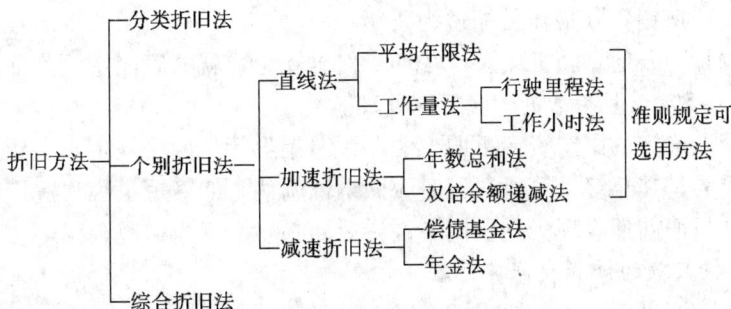

图 8 – 7　折旧方法

《小企业会计准则》规定：小企业应当按照年限平均法（直线法，下同）计提折旧。小企业的固定资产由于技术进步等原因，确需加速折旧的，可以采用双倍余额递减法和年数总和法。

（四）固定资产折旧年限及计提的规定

《小企业会计准则》规定：小企业应当根据固定资产的性质和使用情况，并考虑税法的规定，合理确定固定资产的使用寿命和预计净残值。

固定资产的折旧方法、使用寿命、预计净残值一经确定，不得随意变更。

固定资产折旧年限的长短直接影响各期的应提折旧额，在确定固定资产使用年限时，不仅要考虑固定资产的使用年限、预计生产能力或实物量以及该资产的有形损耗，还要考虑固定资产的无形损耗及相关的法规限制。由于固定资产的生产能力、有形损耗与无形损耗很难正确估计，因此只能预计，所以具有主观随意性。会计制度规定企业应当按照固定资产性质和消耗方式，合理地确定固定资产的预计使用年限、预计净残值和折旧方法。按照管理权限，经批准作为计提折旧的依据。

《企业所得税法》规定：除国务院财政、税务主管部门另有规定外，固定资产计算折旧的最低年限如下：

1. 房屋、建筑物，为 20 年。

2. 飞机、火车、轮船、机器、机械和其他生产设备，为 10 年。

3. 与生产经营活动有关的机器、工具、家具等，为 5 年。

4. 飞机、火车、轮船以外的运输工具，为 4 年。

5. 电子设备，为 3 年。

另外，企事业单位购置的软件达到固定资产标准或构成无形资产的，经批准，其折旧或摊销年限最短可缩短为 2 年。

关于预计净残值，新准则及税法均未作出规定，就一般固定资产而言，通常控制在 3% ~5%。但特殊资产应特殊处理。

如果企业确定的固定资产折旧方法、折旧年限等与税法规定不一致，其差额属时间性差异，在年终计算所得税时应做纳税调整。如缩短了税法规定的最低折旧年限，在折旧前期表现为纳税调增；在后期必然表现为纳税调减。

（五）折旧额的计算及账务处理

1. 折旧额的计算公式（见图 8 - 8）。

$$年限平均法 \begin{cases} 年折旧率 = \dfrac{1 - 预计净残值率}{折旧年限} \\ 月折旧率 = 年折旧率 \div 12 \\ 月折旧额 = 固定资产原值 \times 月折旧率 \end{cases}$$

$$折旧额的计算公式 \begin{cases} 年限平均法 \\ 加速折旧法 \begin{cases} 双倍余额递减法 \begin{cases} 年折旧率 = \dfrac{2}{预计使用寿命（年）} \times 100\% \\ 月折旧率 = 年折旧率 \div 12 \\ 月折旧额 = 固定资产账面净值 \times 月折旧率 \end{cases} \\ 年数总和法 \begin{cases} 年折旧率 = \dfrac{预计使用寿命（年） - 已使用年数}{预计使用寿命（年） \times （折旧年限 + 1） \div 2} \times 100\% \\ 月折旧率 = 年折旧率 \div 12 \\ 月折旧额 = \left(\begin{matrix} 固定资 \\ 产原值 \end{matrix} - \begin{matrix} 预计净 \\ 残值 \end{matrix}\right) \times \begin{matrix} 月折 \\ 旧率 \end{matrix} \end{cases} \end{cases} \\ 净残值率 = \dfrac{预计固定资产报废处置收入 - 预计清理费用}{固定资产原值} \times 100\% \end{cases}$$

图 8 - 8　折旧额的计算公式

2. 固定资产折旧额的计算。采用不同折旧方法各期计提折旧额是不同的，现举例说明。

【例 7】某公司购入自控设备一台，原价 32000 元，预计净残值 1000 元，预计使用 5 年。采用不同折旧方法，其折旧额计算如下：

（1）年限平均法。它是将固定资产的折旧额均衡地分摊于其使用年限内的一种方法。

$$年折旧额 = \frac{32000 - 1000}{5} = 6200 \text{（元）}$$

$$月折旧额 = 6200 \div 12 = 516.67 \text{（元）}$$

年限平均法的优点是易于理解，便于计算。缺点是未充分考虑固定资产使用过程中的其他支出。固定资产的使用效能一般随时间的增加而递减，但其他支出却是随时间的增长而增加，这样在各期折旧费用相同的情况下，费用总额呈逐年上升趋势，故不符合配比原则。

（2）双倍余额递减法。它是用平均年限法下折旧率的两倍作为固定的折旧率，按固定资产的账面净值计算折旧的一种加速折旧方法。

采用双倍余额递减法时，应当在固定资产折旧年限到期前两年内，将固定资产净值平均摊销。

仍以上例，该资产的年折旧率及折旧额计算见表 8 - 2。

$$年折旧率 = \frac{2}{5} \times 100\% = 40\%$$

表 8 - 2

年序	每年折旧额	累计折旧	年末净值
第 1 年	$32000 \times 40\% = 12800$	12800	19200
第 2 年	$19200 \times 40\% = 7680$	20480	11520
第 3 年	$11520 \times 40\% = 4608$	25088	6912
第 4 年	$\dfrac{6912 - 1000}{2} = 2956$	28044	3956
第 5 年	2956	31000	1000
合计	31000	—	—

（3）年数总和法。它是以固定资产规定的折旧年限各年数字之和为分母，以年数各个数字的相反顺序为分子，形成变动的各年折旧率。仍以上例，其年数总和为 15（$1 + 2 + 3 + 4 + 5$），则各年折旧率分别为：$\dfrac{5}{15}$、$\dfrac{4}{15}$、$\dfrac{3}{15}$、$\dfrac{2}{15}$、$\dfrac{1}{15}$。按年数总和法计算各年折旧额，见表 8 - 3。

表 8 - 3

年序	折旧率	每年折旧额	累计折旧
第 1 年	$\dfrac{5 - 0}{5 \times (5 + 1) \div 2} = \dfrac{5}{15}$	$(32000 - 1000) \times \dfrac{5}{15} = 10333$	10333
第 2 年	$\dfrac{5 - 1}{5 \times (5 + 1) \div 2} = \dfrac{4}{15}$	$31000 \times \dfrac{4}{15} = 8267$	18600
第 3 年	$\dfrac{5 - 2}{5 \times (5 + 1) \div 2} = \dfrac{3}{15}$	$31000 \times \dfrac{3}{15} = 6200$	24800
第 4 年	$\dfrac{5 - 3}{5 \times (5 + 1) \div 2} = \dfrac{2}{15}$	$31000 \times \dfrac{2}{15} = 4133$	28933
第 5 年	$\dfrac{5 - 4}{5 \times (5 + 1) \div 2} = \dfrac{1}{15}$	$31000 \times \dfrac{1}{15} = 2067$	31000

加速折旧法的优点是，符合固定资产使用过程中的效用递减模式以及资本回收过程中的时间价值。但这种方法会使固定资产使用的早期应税收益减少而影响国家的税收。故税法规定只限于某些行业使用。

3. 计提折旧的账务处理。按《小企业会计准则》规定，固定资产应当按月计提折旧。

【例 8】某公司 9 月份固定资产应计提折旧额计算，见表 8-4。

表 8-4 固定资产折旧额计算表

部门	上月初固定资产应提折旧额	上月增加固定资产应提折旧额	上月减少固定资产应提折旧额	本月应计提的固定资产折旧额
生产部门	65600	4000	5000	64600
管理部门	20000	1000	2000	19000
出租资产	15000	0	0	15000
合计	100600	5000	7000	98600

根据表 8-4 作会计分录，见图 8-9。

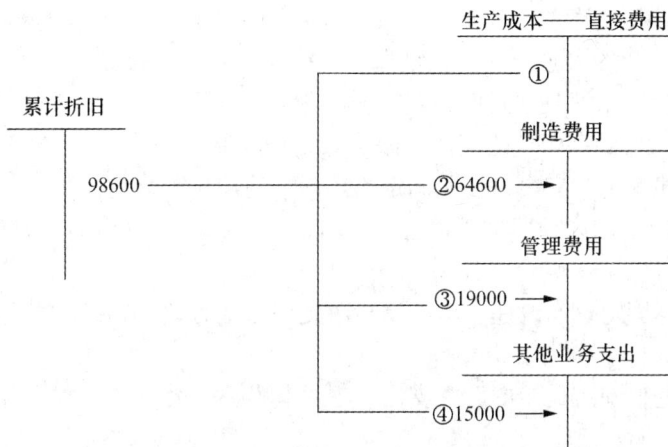

图 8-9 计提折旧账务处理

图示说明：

①生产某种产品的专用设备计提折旧额记入"生产成本"。

②普通设备及车间房屋建筑物计提的折旧额记入"制造费用"，然后按一定比例标准分配计入受益产品。

③公司管理部门用固定资产计提折旧额记入"管理费用"。

④出租固定资产计提的折旧额记入"其他业务支出"。

五、固定资产后续支出的核算及税法规定

固定资产投入使用后，为适应新技术发展的需要，或者维护或提高固定资产的使用效能，往往需要对现有固定资产进行维护、改建、扩建或改良。

> 《小企业会计准则》规定：固定资产的日常修理费，应当在发生时根据固定资产的受益对象记入相关资产成本或者当期损益。
>
> 固定资产的改建支出，应当记入固定资产的成本，但已提足折旧的固定资产和经营租入的固定资产发生的改建支出应当记入长期待摊费用。
>
> 前款所称固定资产的改建支出，是指改变房屋或者建筑结构、延长使用年限等发生的支出。

《企业所得税法》规定：在计算应纳税所得额时，企业发生的下列支出作为长期待摊费用，按照规定摊销的，准予扣除：

1. 已足额提取折旧的固定资产的改良支出，按照固定资产预计尚可使用年限分期摊销。

2. 租入固定资产的改建支出，按照合同约定的剩余租赁期限分期摊销。

3. 固定资产的大修理支出，是指同时符合下列条件的支出：

（1）修理支出达到取得固定资产时计税基础在 50% 以上。

（2）修理后固定资产的使用年限延长 2 年以上。

符合上述规定的支出，按照固定资产尚可使用年限分期摊销。

4. 其他应当作为长期待摊费用的支出，自支出发生月份的次月起分期摊销，摊销年限不得低于 3 年。

以上所称固定资产改建支出，是指改变房屋或者建筑物结构、延长使用年限等发生的支出。

由此可见，固定资产的后续支出，根据其性质，可分为资本化和费用化两种后续支出。

（1）应予资本化后续支出。

【例9】某公司一条××生产线由于设计原因不能适应生产新产品需要，决定进行技术改造。该生产线原值 100 万元，预计净残值 4 万元，预计使用 10 年，已使用 5 年，累计折旧已计提 48 万元，技术改造实际支出 70 万元，预计改造完成后增加收益 180 万元。该项目已完工交付生产使用，尚可使用 8 年，净残值率为 4%。现作出账务处理。

从上述资料说明，该技术改造项目支出符合税法规定应作为资本化处理。账务处理见图 8-10。

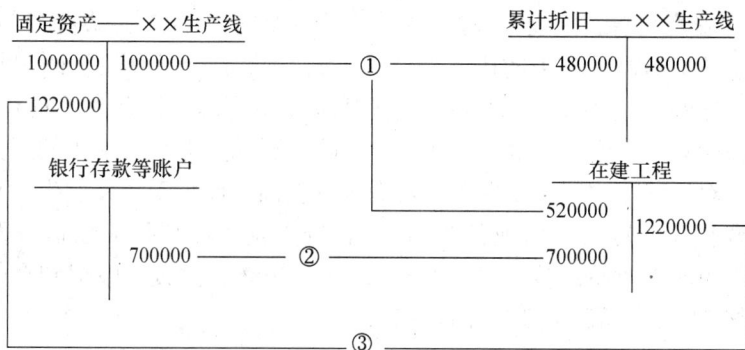

图 8 – 10　固定资产后续支出资本化账务处理

图示说明：

①将固定资产××生产线账面原值及已提折旧转入在建工程。

②支付技术改造过程中费用（含耗用材料、人工费等）700000 元。

③将改造后××生产线转回固定资产 1220000 元。

注：原生产线年折旧额 $= \dfrac{1000000 - 40000}{10} = 96000$（元）

改造后生产线年折旧额 $= \dfrac{1220000 \times (1 - 4\%)}{8} = 146400$（元）

（2）应予费用化后续支出。

一般情况下固定资产投入使用后，由于磨损及各组成部分的耐用程度不同，可能导致固定资产的局部损坏。为了使固定资产正常运转和使用，企业将对固定资产进行必要的修理与维护。但这些维护修理支出，只是确保固定资产的正常工作状况，不导致固定资产性能改变或未来经济利益的增加。因此，应在费用发生时一次性记入当期损益，不再通过预提或待摊进行核算。

根据以上原则，固定资产的大修理及中小修理，在发生支出时，借记"制造费用"、"管理费用"等科目，贷记"银行存款"、"原材料"、"应付职工薪酬"等科目。数额较大时可以分数月摊销。

六、固定资产处置的核算

固定资产处置包括固定资产出售、报废、毁损以及对外投资、对外捐赠、以非货币性交易转出固定资产、无偿调出固定资产等。

《小企业会计准则》指出：处置固定资产，处置收入扣除其账面价值、相关税费和清理费用后的净额，应当记入营业外收入或营业外支出。

前款所称固定资产的账面价值，是指固定资产原价（成本）扣减累计折旧后的金额。

1. 固定资产出售、报废、毁损的核算。《小企业会计准则》规定，企业因变卖、报废、毁损等原因减少的固定资产要通过"固定资产清理"账户核算。该账户属于对比账户，其借方反映转入清理的固定资产净值以及发生的清理费用；贷方反映清理固定资产的变价收入和应由保险公司或过失个人承担的损失等。清理完毕后，对比该账户借贷发生额，若借方发生额合计大于贷方发生额合计，其差额为清理损失，转入"营业外支出"；若贷方发生额合计大于借方发生额合计，其差额为清理收益，转入"营业外收入"。出售、报废、毁损和对外捐赠固定资产的核算步骤和账务处理见图 8-11。

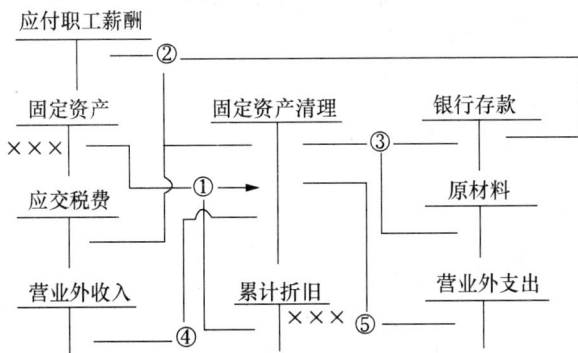

图 8-11　固定资产清理账务处理

图示说明：

①出售、报废、毁损固定资产的原值、折旧、净值的结转。

②发生的清理费用及应交税费、应付职工薪酬。

③收到变卖固定资产的价款、毁损固定资产所收取的保险赔偿以及毁损、报废固定资产的残料收入。

④对出售、报废固定资产的清理收益转入"营业外收入——处理固定资产净收益"。

⑤对出售、报废固定资产的清理净损失转入"营业外支出——处理固定资产净损失"，毁损固定资产的清理损失转入"营业外支出——非常损失"，对外捐赠净损失转入"营业外支出——捐赠支出"。

2. 固定资产对外投资的核算。企业以固定资产对外投资，按固定资产账面价值加上应支付税费，作如下账务处理（见图 8-12）。

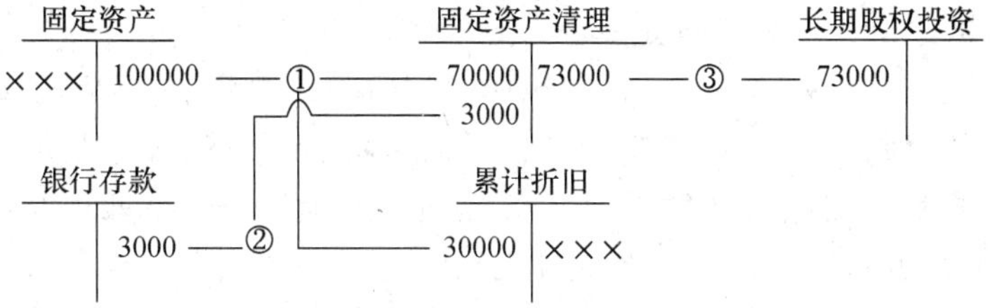

图 8 – 12 固定资产对外投资账务处理

图示说明：

①投资固定资产原值从固定资产转出，同时转出该项固定资产已提折旧。

②支付发生费用 3000 元。

③将固定资产清理余额转入长期投资。

3. 以固定资产抵偿债务的核算（见图 8 – 13）。

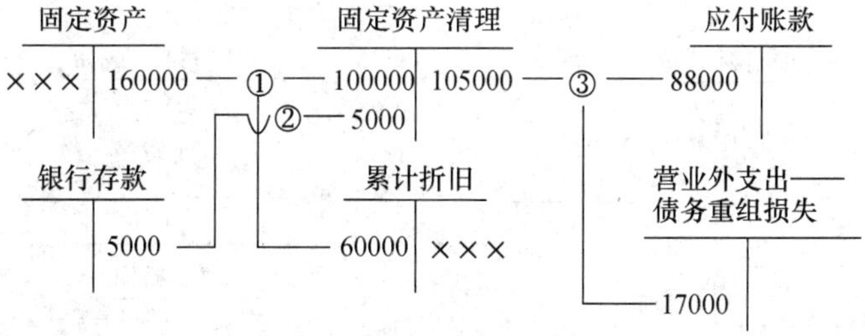

图 8 – 13 以固定资产抵偿债务账务处理

图示说明：

①将固定资产原价及已提折旧结转入固定资产清理。

②支付手续费及其他费用。

③清偿应付款项及债务重组损失。

4. 以非货币性交易换出固定资产，应通过"固定资产清理"，账务处理同上。

七、固定资产盘盈、盘亏处理

为了确保账实相符，应定期清查盘点固定资产，对于盘盈盘亏的固定资产，通过"待处理财产损溢——待处理非流动资产损溢"账户核算。

盘盈的固定资产，按其市价或同类、类似固定资产的市场价格，减去按该项资产的新旧程度估计的折旧后的余额，借记"固定资产"，贷记"待处理财产损溢——待处理非流动资产损溢"；盘亏的固定资产，则按其账面净值，借记"待处理财产损溢——待处理非流动资产损溢"，按已提折旧，借记"累计折旧"，按固定资产的原价，贷记"固定资产"（见图8-14）。

盘亏、毁损、报废的各项资产，按照管理权限经批准后处理时，按照残料价值，借记"原材料"等科目，按照可收回的保险赔偿或过失人赔偿，借记"其他应收款"科目，按照其余额贷记"待处理财产损溢——待处理非流动资产损溢"，按照其借方差额，借记"营业外支出"。

盘盈的各种材料、产成品、商品、固定资产、现金等，按照管理权限经批准后处理时，按照"待处理财产损溢"余额，借记"待处理财产损溢——待处理流动资产损溢"或"待处理非流动资产损溢"。

小企业的财产损溢，应当查明原因，在年末结账前处理完毕，处理后年终无余额。

账务处理见图8-14。

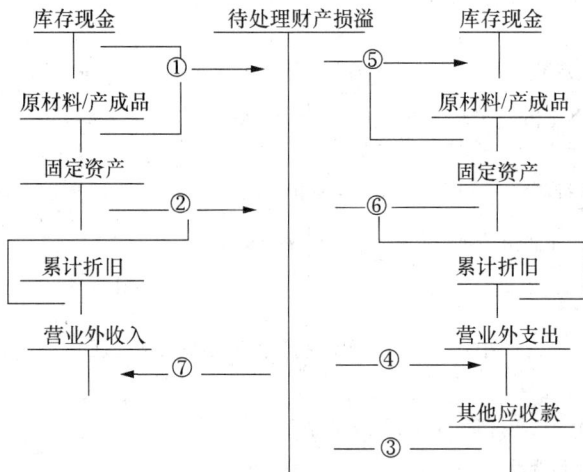

图8-14 待处理财产损溢账务处理

图示说明：

①流动资产盘亏及毁损等。

②非流动资产盘亏及毁损等。

③责任者应负责赔偿金。

④损失批准后，转入"营业外支出"。

⑤流动资产盘盈。

⑥非流动资产盘盈。

⑦经批准后转入"营业外收入"。

八、固定资产销售及损失处理税务规定

（一）销售已使用过的固定资产的征税

《关于一般纳税人销售自己使用过的固定资产增值税有关问题的公告》（以下简称《公告》）（国家税务局公告2012年第1号）指出，增值税一般纳税人销售自己使用过的固定资产，属于以下两种情形的，可按简易办法依4%征收率减半征收增值税，同时不得开具增值税专用发票：①纳税人购进或者自制固定资产时为小规模纳税人，认定为一般纳税人后销售该固定资产。②增值税一般纳税人发生按简易办法征收增值税应税行为，销售其按照规定不得抵扣且未抵扣进项税额的固定资产。

《公告》自2012年2月1日起施行。此前已发生并已经征税的事项，不再调整；此前已发生但未处理的，按本公告规定执行。

（二）《企业资产损失所得税前扣除管理办法》中关于固定资产损失的处理规定

1. 固定资产盘亏、丢失及损失，为其账面净值扣除责任人赔偿后的余额，应依据以下证据材料确认：

（1）企业内部有关责任认定和核销资料。

（2）固定资产盘点表。

（3）固定资产的计税基础相关资料。

（4）固定资产盘亏、丢失情况说明。

（5）损失金额较大的，应有专业技术鉴定报告或法定资质中介机构出具的专项报告等。

2. 固定资产报废、毁损的损失，为其账面净值扣除残值和责任人赔偿后的余额，应依据以下证据材料确认：

（1）固定资产的计税基础相关资料。

（2）企业内部有关责任认定和核销资料。

（3）企业内部有关部门出具的鉴定材料。

（4）涉及责任赔偿的，应当有赔偿情况的说明。

（5）丢失金额较大的或自然灾害等不可抗力原因造成固定资产毁损、报废的，应有专业技术鉴定意见或法定资质中介机构出具的专项报告等。

3. 固定资产被盗损失，为其账面净值扣除责任人赔偿后的余额，应依据以下证据材料确认：

（1）固定资产计税基础相关资料。

（2）公安机关的报案记录，公安机关立案、破案和结案的证明材料。

（3）涉及责任赔偿的，应有赔偿责任的认定、已赔偿情况的说明等。

4. 在建工程停建、报废损失，为其工程项目投资账面价值和扣除残值后的余额，应依据以下证据材料确认：

（1）工程项目投资账面价值确定依据。

（2）工程项目停建原因说明及相关材料。

（3）因质量原因停建、报废的工程项目和因自然灾害与意外事故停建、报废的工程项目，应出具专业技术鉴定意见和责任认定、赔偿情况的说明等。

第三节　在建工程的核算

在建工程核算小企业自行建造准备在生产经营中使用的固定资产，如新建固定资产、改造固定资产等。小企业已提足折旧的固定资产改建支出和经营租入固定资产改建支出，在"长期待摊费用"科目核算。在建工程核算的有关规定如下：

1. 明细科目设置：按工程项目分别设置，如建筑工程、安装工程、技术改造工程、大修理工程、其他支出等。

2. 工程发生的工程管理费、征地费、可行性研究费、临时设施费、公证费、监理费等，借记"在建工程——其他支出"，贷记"银行存款"等。

企业自营基建工程领用工程材料、生产用材料、库存商品以及应负担工资费用等按实际成本计价。

3. 在建工程由于自然灾害等原因造成的单项工程报废或毁损，减去残料值或保险公司和过失人赔款后的净损失，报经批准后，记入继续施工的工程成本。如为部分正常原因造成报废或毁损，或在建工程项目全部报废或毁损，其净损失直接记入当期营业外支出。工程物资的盘盈、盘亏、报废及毁损，减去保险公司、过失人的赔偿部分，工程尚未完工的，记入或冲减所建工程项目的成本；工程已完工的，记入营业外支出。

4. 在建工程达到预定可使用状态前进行试点测试等发生费用记入在建工程成本，获得试点收入或入库产成品，冲减在建工程成本（税法规定作营业收入处理）。

5. 在建工程完工后应当进行清理，将剩余材料物资办退库处理。

6. 在建工程完工交付使用时，应计算各项交付使用固定资产的成本，编制交付使用固定资产明细表。

7. 企业应设置"在建工程其他支出备查簿"，专门登记基建项目发生的构成项目核算内容，但不通过"在建工程"核算的其他支出，如购置不需要安装固定资产。在建工程核算程序见图 8 – 15。

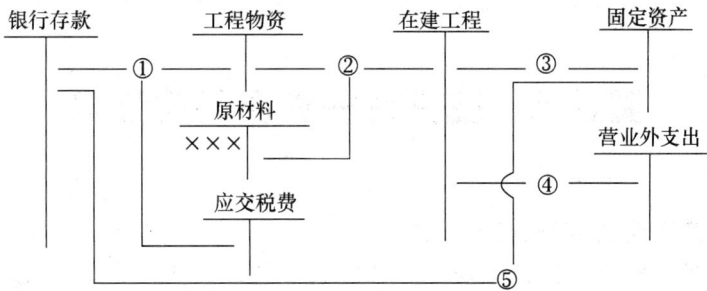

图 8 – 15　在建工程核算程序

图示说明：

①购入在建工程用材料物资以及待安装设备，验收后入物资库，按照税法规定可抵扣的增值税进项税。

②领用工程物资设备及生产用材料进行基建。其应负担税金也记入工程成本。

③完工后交付使用。

④整个工程报废。

⑤购入不需要安装的固定资产。

8. 固定资产改扩建工程核算（见图 8 – 16）。

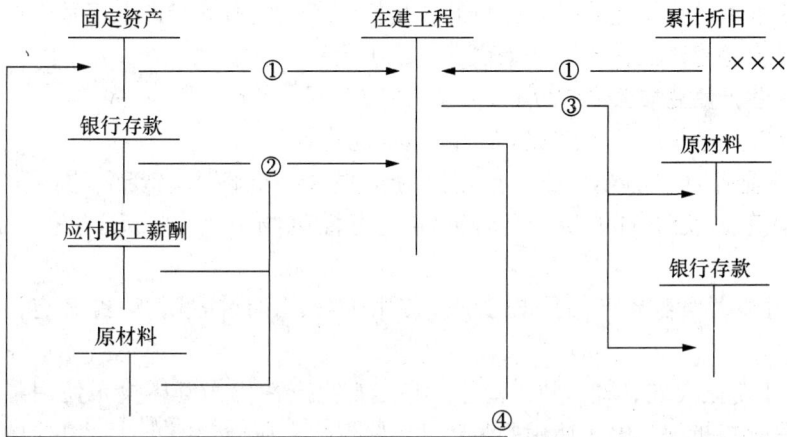

图 8 – 16　改扩建工程核算程序

图示说明：

①将改扩建资产原值及已提折旧转入在建工程。

②改扩建工程应负担人工费、材料费和其他费用。

③改扩建工程拆除可利用材料验收入库及变价收入。

④改扩建工程完工交付使用。

第四节 生产性生物资产的核算

一、生产性生物资产的含义及内容

生产性生物资产，是指小企业（农、林、牧、渔业）为生产农产品、提供劳务或出租等目的而持有的生产资产。包括经济林、薪炭林、产畜和役畜等。

二、生产性生物资产的计量

生产性生物资产应当按照成本进行计量。

1. 外购的生产性生物资产的成本，应当按照购买价款和相关税费确定。

2. 自行营造或繁殖的生产性生物资产的成本，应当按照下列规定确定：

（1）自行营造的林木类生产性生物资产的成本包括达到预定生产经营目的前发生的造林费、抚育费、营林设施费、良种试验费、调查设计费和应分摊的间接费用等必要支出。

（2）自行繁殖的产畜和役畜的成本包括达到预定生产经营目的前发生的饲料费、人工费和应分摊的间接费用等必要支出。

前款所称达到预定生产经营目的，是指生产性生物资产进入正常生产期，可以多年连续稳定产出农产品、提供劳务或出租。

三、生产性生物资产的折旧

生产性生物资产应当按照年限平均法计提折旧。

1. 小企业（农、林、牧、渔业）应当根据生产性生物资产的性质和使用情况，并考虑税法的规定，合理确定生产性生物资产的使用寿命和预计净残值。

2. 生产性生物资产的折旧方法、使用寿命、预计净残值一经确定，不得随意变更。

3. 小企业（农、林、牧、渔业）应当自生产性生物资产投入使用月份的下月起按月计提折旧，停止使用的生产性生物资产，应当自停止使用月份的下月起停止计提折旧。

四、生产性生物资产的账务处理

通过"生产性生物资产"及"生产性生物资产累计折旧"进行核算。该两类科目，应按照"未成熟生产性生物资产"和"成熟生产性生物资产"，分别按照生物资产的种类、群别等进行明细分类核算。其账务处理见图 8-17。

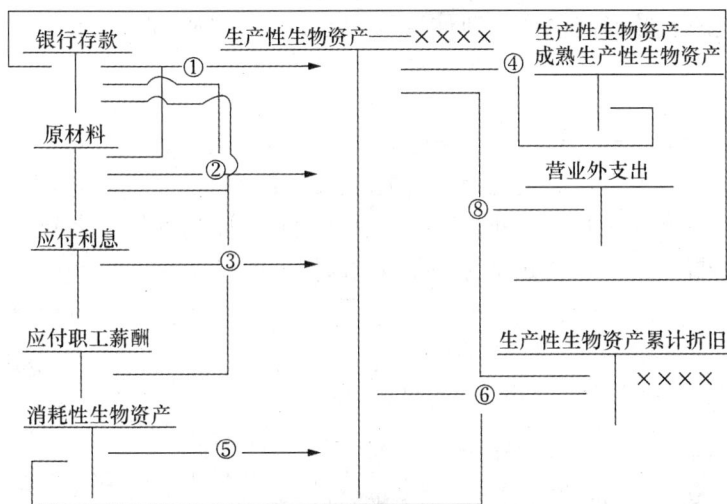

图 8 - 17　生产性生物资产的账务处理

图示说明：

①小企业外购生产性生物资产，按买价及相关税费确定，有可抵扣增值税，应记入"应交税费"科目。

②自行营造的林木类生产性生物资产，达到预定生产经营目的前发生的造林费、抚育费、营林设施费、良种试验费、调查设计费和应摊销的间接费用等必要的支出。

③自行繁殖的产畜和役畜，达到预定生产经营目的前发生的饲料费、人工费和应分摊的间接费用等必要支出。

④未成熟生产性生物资产达到预定生产经营目的时，按照账面余额借记本科目（成熟生产性生物资产），贷记本科目（未成熟生产性生物资产）。

⑤育肥畜转为产畜或役畜，应按其账面余额借记本科目，贷记"消耗性生物资产"科目。

⑥产畜或役畜淘汰转为育肥畜，应按结转时账面价值转入"消耗性生物资产"。

⑦择伐、间伐或抚育更新等生产性采伐而补植林木类生产性生物资产发生的后续支出，同①的会计分录。

⑧因出售、报废、毁损、对外投资等原因处置生产性生物资产，应按变价收入等记入有关科目。将计提折旧借记"生产性生物性资产累计折旧"，按照原价贷记"生产性生物资产"等科目，差额记入"营业外支出"或"营业外收入"。

第五节　无形资产的核算及税务处理

一、无形资产的含义及分类

无形资产，是指小企业为生产产品、提供劳务、出租或经营管理而持有的、没有实物形态的可辨认非货币性资产。

小企业的无形资产包括土地使用权、专利权、商标权、著作权、非专利技术等。

自行开发建造厂房等建筑物，相关的土地使用权与建筑物应当分别进行处理。外购土地及建筑物支付的价款应当在建筑物与土地使用权之间按照合理的方法进行分配，难以合理分配的，应当全部作为固定资产。

无形资产分类见图 8 – 18。

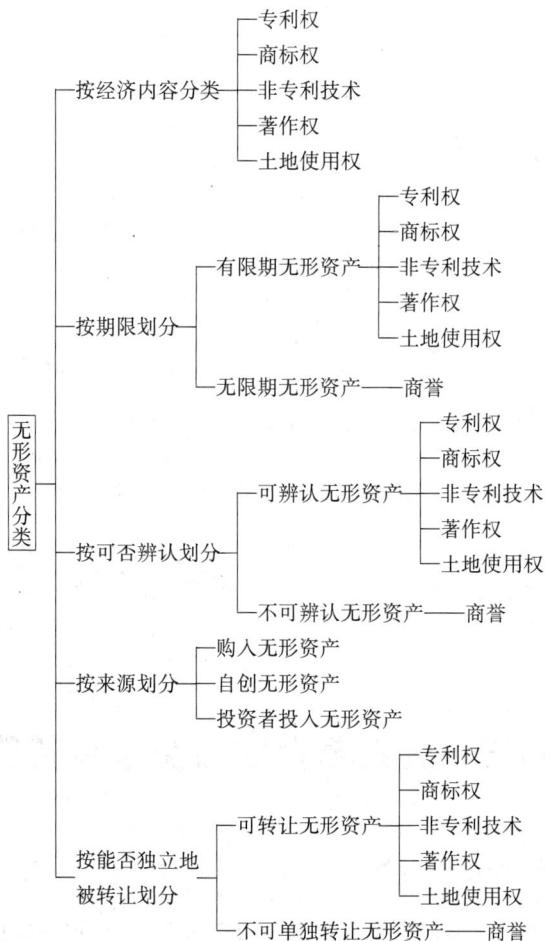

图 8 – 18　无形资产分类

二、无形资产的计价

无形资产应当按实际成本计量，取得时的实际成本按下列原则确定：

1. 外购无形资产。外购无形资产的成本包括购买价款、相关税费和相关的其他支出（含相关的借款费用）。

2. 投资者投入无形资产。投资者投入的无形资产的成本，应按照评估价值和相关税费确定。

3. 自行研发无形资产。自行研发的无形资产的成本，由符合资本化条件后至达到预定用途前发生的支出（含相关的借款费用）购成。

4. 非专利技术。经法定评估机构评估确认的价值为实际成本。

5. 其他取得。如通过捐赠、非货币资产交换、债务重组等方式取得的无形资产，以该资产的公允价值和支付的相关税费为计税基础。

《小企业会计准则》规定：小企业自行开发无形资产发生的支出，同时满足下列条件的，才能确认为无形资产：

1. 完成该无形资产以使其能够使用或出售在技术上具有可行性。

2. 具有完成该无形资产并使用或出售的意图。

3. 能够证明运用该无形资产生产的产品存在市场或无形资产自身存在市场，无形资产将在内部使用的，应当证明其有用性。

4. 有足够的技术、财务资源和其他资源支持，以完成该无形资产的开发，并有能力使用或出售该无形资产。

5. 归属于该无形资产开发阶段的支出能够可靠地计量。

三、无形资产的摊销

（一）无形资产摊销年限

无形资产与有形资产一样，其价值会逐渐丧失。同时无形资产所带来的经济效益涉及多个经营周期。因此，它们的价值应当在发挥效益的期间内进行分摊，以便使收入与费用配比，正确计算损益。但无形资产受益期限很难确定。

《小企业会计准则》规定：无形资产应当在其使用寿命内采用年限平均法进行摊销，根据其受益对象记入相关资产成本或者当期损益。

无形资产的摊销期自其可供使用时开始至停止使用或出售时止。有关法律规定或合同约定了使用年限的，可以按照规定或约定的使用年限分期摊销。

小企业不能可靠估计无形资产使用寿命的，摊销期不得低于10年。

在实际核算时可参照表 8 – 5。

表 8 – 5   无形资产摊销期限

内容	摊销期限
合同规定年限，但法律没有规定有效年限的	摊销年限不超过合同规定的年限
合同未规定年限，但法律规定了有效年限的	摊销年限不应超过法律规定的有效年限
合同规定了年限，法律也规定了有效年限的	摊销年限取其短者
合同及法律都未规定年限的	摊销期限不低于 10 年
列入无形资产计算机软件	可缩短为 2 年

（二）无形资产摊销额计算

计算公式：

$$每年摊销额 = \frac{无形资产成本价值}{预计有效年限}$$

$$每月摊销额 = \frac{年摊销额}{12}$$

（三）无形资产摊销的有关规定

当月增加的无形资产当月开始摊销，当月减少的无形资产当月不再摊销。

四、无形资产处置

《小企业会计准则》规定：处置无形资产，处置收入扣除其账面价值、相关税费等后的净额，应当记入营业外收入或营业外支出。

前款所称无形资产的账面价值，是指无形资产的成本扣减累计摊销后的金额。

五、无形资产账务处理

（一）无形资产的取得与摊销账务处理

无形资产的取得有多种方式，其摊销是按期从无形资产账户的贷方直接转入管理费用。图 8 – 19 演示了无形资产的取得、转让及摊销的账务处理程序。

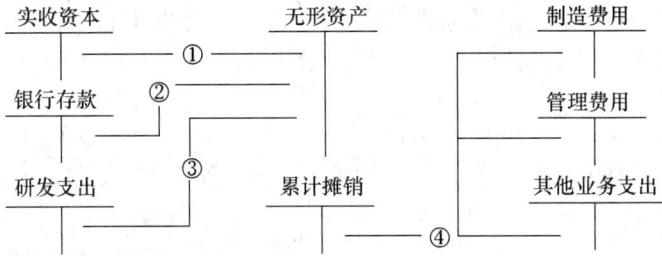

图 8 - 19　无形资产取得账务处理

图示说明：

①投资者投入的无形资产入账。

②购入无形资产入账。

③自行研制的无形资产入账。

④无形资产按期摊销，应根据其受益对象计入相关资产成本及损益。

（二）无形资产转让的账务处理

见图 8 - 20。

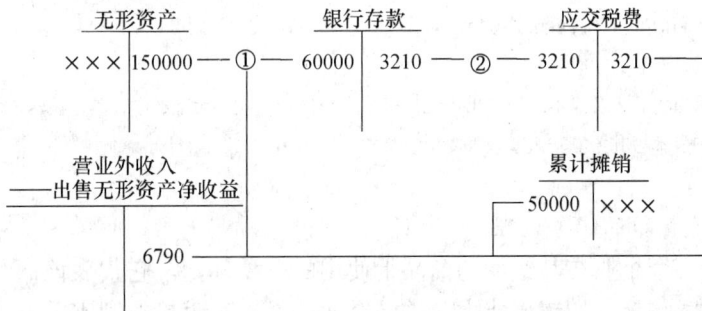

图 8 - 20　无形资产转让账务处理

图示说明：

①转让无形资产专利技术，原价100000元，已摊销50000元，转让收入60000元，账面价值50000元，应交税费3210元，差额6790元，记入营业外收入。

②实际缴纳税费3210元，其中营业税3000元、城建税150元、教育费附加60元。

（三）专利权与非专利技术账务处理

专利权是指创造发明者向本国或外国政府按法律规定的程序提出申请，经批准后受法律保障的独自享有利益的权利。

非专利技术（俗称秘诀）是保密的技术和资料，一般是指工厂在生产、工艺、检验、流水线安装、调试等的实践经验和技巧，由发明者拥有。非专利技术与专利权技术一样，都能为企业带来经济利益，只是由于它未向政府申请专利，因而不受法律保护。专利权与非专利技术的账务处理见图 8 – 21。

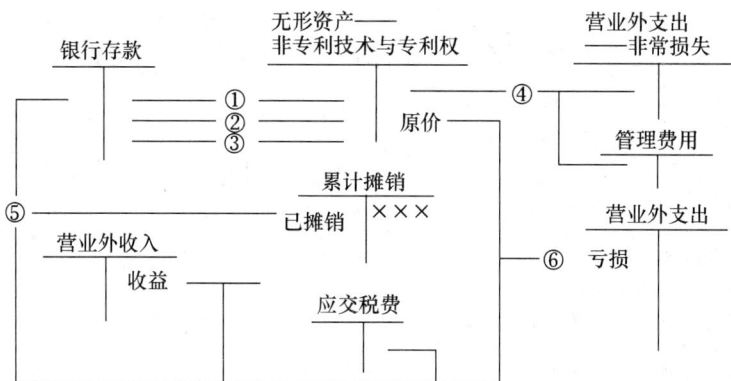

图 8 – 21　专利权与非专利技术的账务处理

图示说明：

①购入专利权时。

②自创专利权后支付费用。

③为保护专利而发生经济诉讼并胜诉时。

④诉讼失败，专利失效时。

⑤专利技术出售收入及成本结转，出售无形资产应交税费，收入大于成本，其差额转入营业外收入。

⑥收入小于成本，其差额转入营业外支出。

（四）商标权的账务处理

商标是一个企业在其经营的商品上使用的一种标记。它代表该商品的质量和信誉，直接影响企业的销售能力，并同企业的发展有直接的利害关系。企业向政府申请注册的商标经批准后，即获得了商标权，它受国家《商标法》的保护，有关账务处理见图 8 – 22。

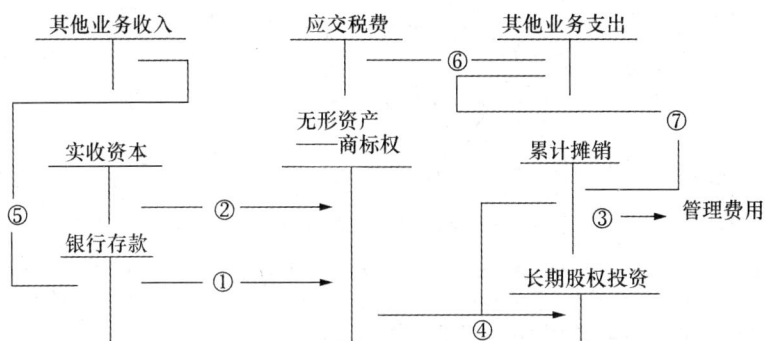

图 8-22　商标权账务处理

图示说明：

①购入商标或申请自创商标时。

②收到投资人以商标权作为投资入股时。

③按规定期限进行摊销，如系自用应记入管理费用。

④以商标权作价对外投资时。

⑤出租商标所有权收入。

⑥出租无形资产应交税费。

⑦出租无形资产成本，即应转摊销额。

（五）土地使用权账务处理

土地使用权实质上是一种土地租赁权。企业应按照有关规定和计价标准合法取得土地使用权。会计上核算的土地使用权是指投资人作为投资，成本企业购入的土地使用权的价值。有关账务处理见图 8-23。

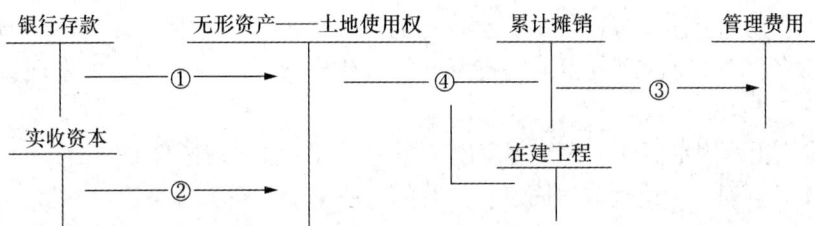

图 8-23　土地使用权账务处理

图示说明：

①从外界购入并分期支付土地使用费时。

②收到投资者以土地使用权进行投资时。

③按规定使用期限对土地使用权进行摊销时。

④对土地进行开发时，记入在建工程。

六、无形资产税务规定

见图 8-24。

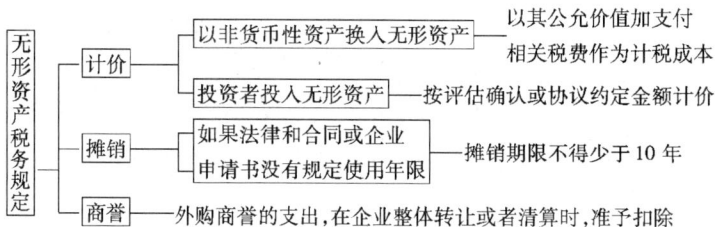

图 8 - 24　无形资产税务规定

企业在上述业务核算中如与税法规定不一致而发生纳税差异，应在申报企业所得税时，作纳税调整。

第六节　其他资产的核算

其他资产是指流动资产、长期股权投资、固定资产、无形资产以外的资产，包括长期性质的待摊费用、待处理财产损失、被冻结存款以及涉及诉讼中的财产等。

一、长期待摊费用

长期待摊费用是指企业已经支出，但受益期限在 1 年以上（不含 1 年）的各项费用。

（一）长期待摊费用有关规定

《小企业会计准则》指出：小企业的长期待摊费用包括：已提足折旧的固定资产的改建支出、经营租入固定资产的改建支出、固定资产的大修理支出和其他长期待摊费用等。

前款所称固定资产的大修理支出，是指同时符合下列条件的支出：

（1）修理支出达到取得固定资产时的计税基础 50% 以上。

（2）修理后固定资产的使用寿命延长 2 年以上。

长期待摊费用应当在其摊销期限内采用年限平均法进行摊销，根据其受益对象记入相关资产的成本或者管理费用，并冲减长期待摊费用。

1. 已提足折旧的固定资产的改建支出，按照固定资产预计尚可使用年限分期摊销。

2. 经营租入固定资产的改建支出，按照合同约定的剩余租赁期限分期摊销。

3. 固定资产的大修理支出，按照固定资产尚可使用年限分期摊销。

4. 其他长期待摊费用，自支出发生月份的下月起分期摊销，摊销期不得低于 3 年。

（二）长期待摊费用内容及摊销（见图 8 - 25）

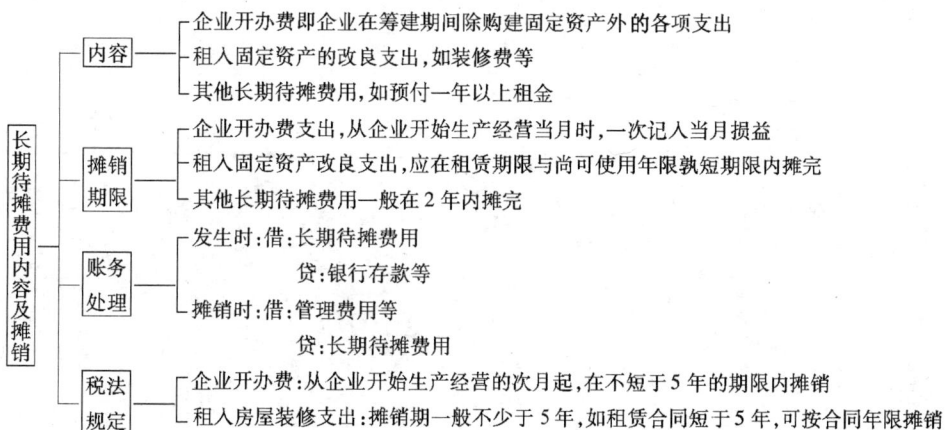

图 8 - 25　长期待摊费用内容及摊销

【例 10】建华公司租入办公用房一套，租期 3 年。根据租赁合同建华公司可以对办公用房进行装修，装修费用自己承担。装修工程出包给某装修公司，装修费 6 万元。因装修图变更又补交 1.2 万元。工程已完工交付使用。

（1）支付装修费时：

借：在建工程——装修工程	72000
贷：银行存款	72000

（2）装修工程交付使用后：

借：长期待摊费用——租入固定资产改良支出	72000
贷：在建工程——装修工程	72000

（3）使用后摊销时（分月摊销）：

每月应摊金额 = 72000 ÷ 3 ÷ 12 = 2000（元）

借：管理费用——摊销费	2000
贷：长期待摊费用——租入固定资产改良支出	2000

二、其他长期资产

其他长期资产一般包括临时设施、国家批准储备的特种物资、银行冻结存款以及涉及诉讼中的财产等。其他长期资产中有些是不正常的，如待处理海关罚没物资、税务纠纷冻结物资、未决诉讼冻结财产、海外纠纷冻结财产等。这些资产处理要经过企业权力机构批准，按税法规定进行恰当处理。

第九章 负债核算与税务处理

第一节 负债的概念、核算目标及风险提示

一、负债的含义及内容

负债，是指由企业过去的交易或者事项形成的，预期会导致经济利益流出企业的现时义务。企业的负债按其流动性可分为流动负债和非流动负债。

> 《小企业会计准则》指出：小企业的流动负债，是指预计在一年内或者超过一年的一个正常营业周期内清偿的债务。包括：短期借款、应付票据、应付及预收款项、应付职工薪酬、应交税费、应付利息等。
>
> 各项流动负债按其实际发生额入账。

二、核算目标

及时正确地计量和记录企业负债状况，正确地计算和缴纳各种税费，确保按时偿还到期的债务。

三、风险提示

1. 企业负债计量不准确、记录不真实，可能导致企业财务状况虚假，影响企业的经营决策。

2. 企业应交税费的确认、计算不准确，记录不真实，缴纳不及时，可能导致企业税金的多缴或少缴，形成违法违规风险。

3. 企业负债管理不善，控制不严，会影响企业资金运用筹划，不利于提高资金的使用效果，可能导致债务风险。

第二节　短期借款及应付款项的核算

一、短期借款的核算

（一）短期借款核算的内容

短期借款是指企业借入的期限在一年以内的各种借款，短期借款一般是企业为维持正常的生产经营活动所需而借入的或者为抵偿某项债务而借入的资金，包括流动资金借款、生产周转借款和临时借款、信用借款等。

> 《小企业会计准则》规定：短期借款应当按照借款本金和借款合同利率在应付利息日计算利息费用，计入财务费用。

（二）短期借款的账务处理

短期借款通过"短期借款"账户核算，账务处理程序见图9-1。

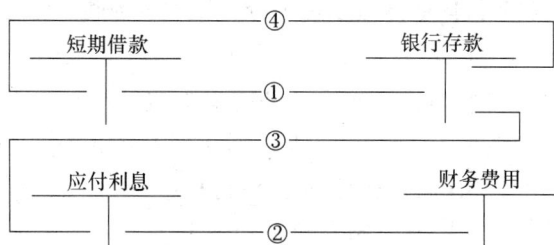

图9-1　短期借款的账务处理

图示说明：

①企业借入流动资金借款、生产周转借款和临时借款时。

②按月预提利息费用。

③按季支付利息费用。

④短期借款到期，归还本金。

二、应付票据核算

（一）应付票据核算的内容

应付票据是由出票人出票，委托付款人在指定日期无条件支付确定的金额给收款人或者持票人的凭证，也是委托付款人允诺，在一定时期内支付一定款额的书面证明。我国目前主要是商业承兑汇票和银行承兑汇票。

为了反映和监督应付票据的承兑以及支付情况，企业应设置"应付票据备查簿"，详细登记每一笔应付票据的种类、号数、签发日期、到日期、票面金额、合同交易号、收款人姓名或单位名称、付款日期和金额及利息等。应付票据到期付清后，应在备查账簿内逐笔注销。

（二）应付票据的账务处理

1. 商业承兑汇票的账务处理，见图9-2。

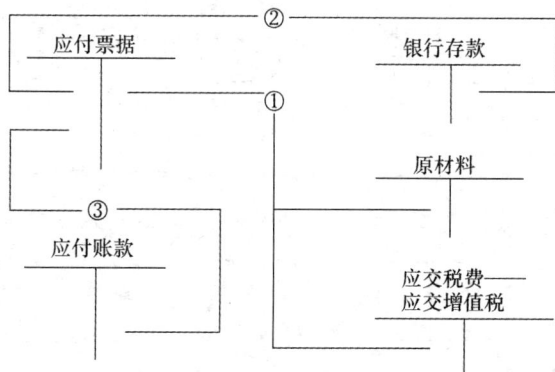

图9-2　商业承兑汇票的账务处理

图示说明：

①购买材料开出并承兑商业汇票，同时取得专用发票。

②汇票到期，按期支付票款。

③汇票到期，无支付应付票据款，将其转为应付账款。

2. 银行承兑汇票的账务处理，见图9-3。

三、应付及预收账款核算

（一）应付账款核算

1. 应付账款核算内容。应付账款是指企业因购买材料、商品或接受劳务供应等而发生的债务。它是买卖双方在购销活动中由于取得物资与支付货款在时间上不一致而产生的债务。

2. 应付账款的账务处理，见图9-4。

（二）预收账款核算

1. 预收账款核算内容。预收账款是指买卖双方协议商定，按合同规定由购买方预先支付一部分货款给供应方而产生的一项债务。这项债务需要用以后的商品或劳务等偿还。包括预收的购物款、工程款等。该科目按付款方单位或个人进行明细核算。

2. 预收账款的账务处理，见图9-5。

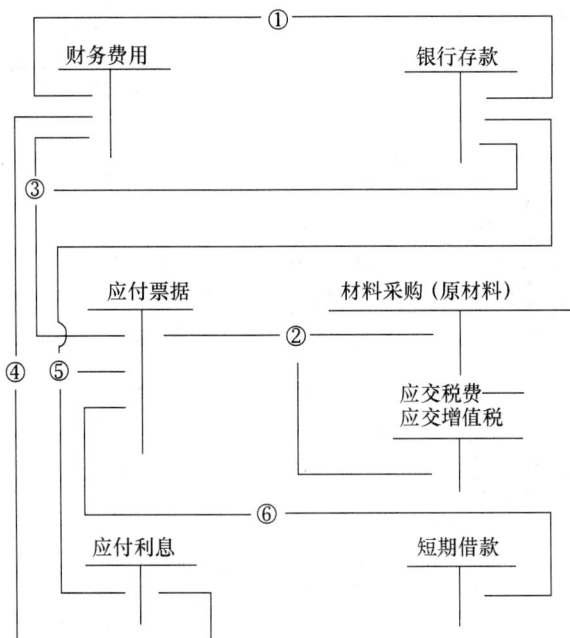

图 9 – 3　银行承兑汇票的账务处理

图示说明：

①向银行办理承兑手续，支付手续费。

②开出票据，购买材料，验收入库。

③到期支付票面金额及利息。

④如汇票期限长，利息费用高，也可采用按月预提办法，预提利息账务处理。

⑤如预提利息费用，到期支付票面金额及利息时。

⑥汇票到期，企业无款支付票面金额，接到银行转来的支付通知，将应付票据转作短期借款。

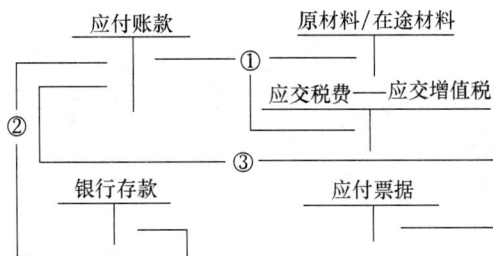

图 9 – 4　应付账款的账务处理

图示说明：

①购进材料验收入库，已取得专用发票，但货款尚未支付。

②开出转账支票，支付上项货款。

③开出商业汇票，抵付上项货款。

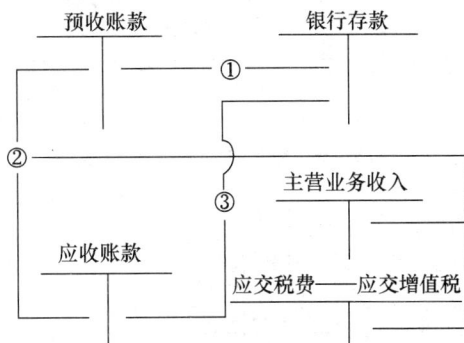

图 9 – 5　预收账款的账务处理

图示说明：

①收到购货单位的预付货款，存入银行。

②销售产品或提供劳务，结算预收货款，预收款不足部分记入应收账款。

③收到购货单位补足货款存入银行。

小企业如不设置"预收账款"科目，发生预收账款业务可并入"应收账款"核算。

（三）其他应付款核算

1. 其他应付款核算内容。

其他应付款是企业应付和暂收其他单位与个人的款项，如应付保险费、存入保证金等。

2. 其他应付款的账务处理。

业务发生时：

（1）如存入保证金或押金时：

借：银行存款　　　　　　　　　　　　　　　　　　　　　　×××

　　贷：其他应付款　　　　　　　　　　　　　　　　　　　　×××

（2）退还保证金或押金时：

借：其他应付款　　　　　　　　　　　　　　　　　　　　　×××

　　贷：银行存款　　　　　　　　　　　　　　　　　　　　　×××

（四）应付利润的核算

小企业应根据董事会或类似机构决议及批准的利润分配方案，按应分配给投资者的利润，账务处理见图 9 – 6。

（五）应付利息的核算

本科目核算小企业按照合同约定应支付的利息费用，并按货款单或个人进行明细核算。账务处理见图 9 – 7。

图9-6 应付利润的账务处理

图示说明：

①根据批准的利润分配方案按应付利润额转账。

②实际支付时，期末贷方余额为应付未付的利润。

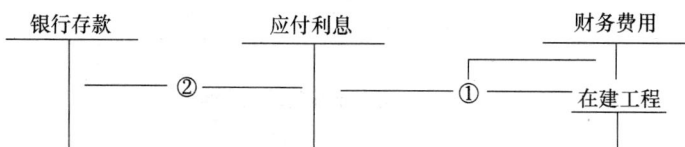

图9-7 应付利息的账务处理

图示说明：

①根据合同规定应付利息日的账务处理，按费用化或资本化要求，分别计入"财务费用"或"在建工程"。

②实际支付利息时，期末贷方余额为应付未付利息。

四、递延收益核算

递延收益是指企业已经收到，但应在以后期间计入损益的政府补助，或预收服务费等应在以后提供服务的收入，其账务处理见图9-8。

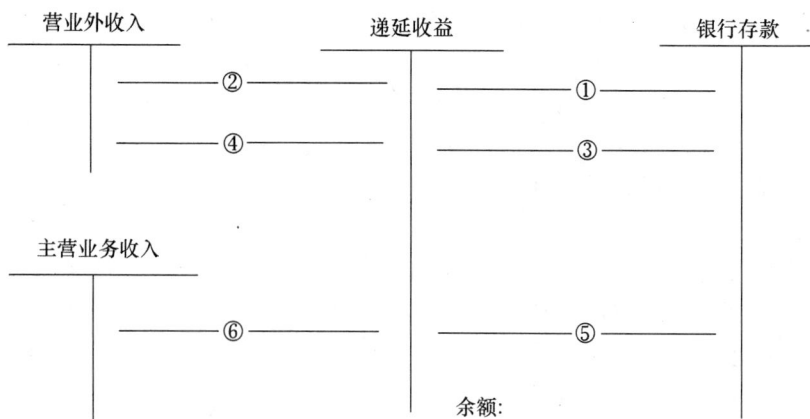

图9-8 递延收益的账务处理

图示说明：

①收到与资产相关政府补助时。

②在相关资产的使用寿命内平均分配递延收益。

③收到其他政府补助，用于补助企业以后期间的相关费用或亏损的。

④在发生相关费用或亏损后的未来期间，按补偿金额结转。

⑤其他服务企业（如健身场所）收到一年的服务费时。

⑥按合同约定服务月份，平均记入提供服务的各月份。

本科目按相关项目，进行明细核算。

贷方余额反映企业已收到应在以后各期计入损益的补助及收入。

第三节　应付职工薪酬核算

《小企业会计准则》指出：应付职工薪酬，是指小企业为获得职工提供的服务而应付给职工的各种形式的报酬及其他相关支出。

一、职工薪酬的内容及其核算要求

（一）职工薪酬内容

1. 职工工资、奖金、津贴和补贴。
2. 职工福利费。
3. 医疗保险费、养老保险费、失业保险费、工伤保险费和生育保险费等社会保险费。
4. 住房公积金。
5. 工会经费和职工教育经费。
6. 非货币性福利。
7. 因解除与职工的劳动关系给予补偿。
8. 其他与获得职工提供的服务相关的支出等。

（二）小企业职工薪酬分配

《小企业会计准则》指出：小企业应当在职工为其服务的会计期间，将应付的职工薪酬确认为负债，并根据职工提供服务的受益对象，分下列情况进行会计处理：

1. 应由生产产品、提供劳务负担的职工薪酬，计入产品成本或劳务成本。
2. 应由在建工程、无形资产开发项目负担的职工薪酬，计入固定资产成本或无形资产成本。
3. 其他职工薪酬（含因解除与职工的劳务关系给予的补偿），计入当期损益。

（三）应付职工薪酬核算

小企业应设置"应付职工薪酬"科目，核算按有关规定应付给职工的各种薪酬，并根据职工提供服务的受益对象，对发生费用进行核算。其核算内容及对应科目见表 9－1。

表 9－1   **应付职工薪酬核算对应关系**

贷：对应科目	应付职工薪酬		借：对应科目
现金/银行存款 其他应收款/应交税费	①支付工资、奖金、津贴、福利等，代扣各种款项及税金	①生产人员职工薪酬	生产成本/制造费用
银行存款	②支付工会经费和职工教育费，用于工会活动和职工培训	②应由在建工程负担薪酬	在建工程
银行存款	③按规定缴纳的社会保险和住房公积金	③无形资产开发项目负担薪酬	研发支出
主营业务收入	④以自产产品发放给职工，涉及增值税应计算增值税	④管理人员薪酬	管理费用
银行存款	⑤支付因解除与职工劳动关系给予的补偿	⑤与职工解除劳动关系的外债	管理费用
		⑥销售人员的薪酬	销售费用
		期末如有贷方余额即为应付未付的职工薪酬	

（四）应付职工薪酬的明细核算

为了正确核算企业职工薪酬构成，正确反映企业的薪酬构成，《小企业会计准则》要求按下列项目设立明细科目进行明细分类核算：

1. 职工工资，也称基本工资，是按职工工作时间或完成的工作数量、质量及单价计算的，应支付给职工的劳务报酬。

2. 职工奖金，也称奖励工资，是指职工超额完成任务或工作优异而支付的额外报酬。

3. 津贴和补贴，也称附加工资，是指职工在艰苦或特殊条件下工作给予的补偿。

4. 职工福利费，是企业按工资一定比例（14%）列支用于职工医疗、生活补贴等费用。

5. 社会保险费，为保障职工合法权益由政府统一筹集和管理的福利和措施费用。

6. 住房公积金，是各单位为在职职工缴存的长期住房储金。

7. 工会经费，按工资一定比例（2%）向工会缴纳的工会费用。

8. 职工教育费，对职工进行培训教育，提高职工业务素质的费用。

9. 非货币性福利，将企业资产无偿提供给职工使用。

10. 辞退福利，企业与职工解除劳动关系时的一次性补偿。

二、应付职工薪酬的计算

职工工资计算分两种形式：计时工资、计件工资。

（一）计时工资的计算

职工计时工资是根据每一职工考勤记录的出勤或缺勤天数，按照该人的工资等级规定的工资标准而计算的工资额。企业固定职工的计时工资通常是按月薪计算，按该月法定出勤日或自然工作日乘日平均工资。工资的计算有的按出勤算，有的按缺勤扣，具体计算方法有以下四种，见图9-9。

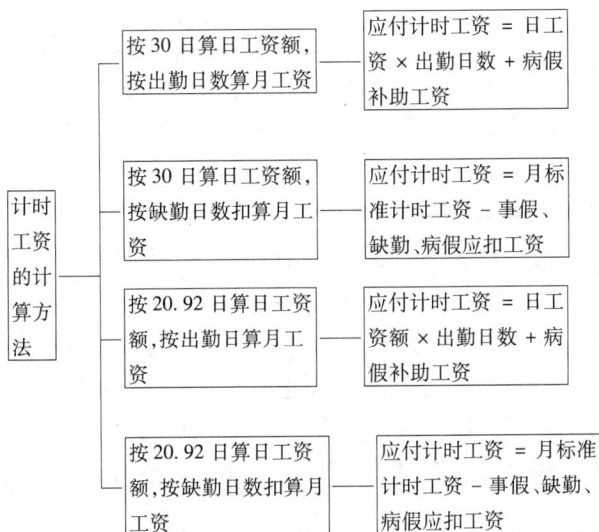

	按30日算日工资额，按出勤日数算月工资	应付计时工资＝日工资×出勤日数＋病假补助工资
计时工资的计算方法	按30日算日工资额，按缺勤日数扣算月工资	应付计时工资＝月标准计时工资－事假、缺勤、病假应扣工资
	按20.92日算日工资额，按出勤日算月工资	应付计时工资＝日工资额×出勤日数＋病假补助工资
	按20.92日算日工资额，按缺勤日数扣算月工资	应付计时工资＝月标准计时工资－事假、缺勤、病假应扣工资

图9-9　计时工资的计算方法

劳动保障部规定：公民节假日每年为10天；全年52周，每周休2天；月平均工作日为20.92天，月工作小时为167.4小时。

（二）计件工资的计算

1. 应付个人计件工资的计算。

$$该月应付计件工资 = \sum \frac{月内每种产品产量}{(合格品和料废品)} \times 该种产品计件单价$$

2. 应付小组计件工资的计算。

应付小组计件工资的计算与应付个人计件工资的计算相同，但小组内部各成员应得计件工资需要进行如下计算分配：

$$小组内部工资分配率 = \frac{小组计件工资总额}{\sum 个人日工资率 \times 个人工作日数}$$

$$每人应得计件工资 = 个人日工资率 \times 个人工作日数 \times 小组内部工资分配率$$

（三）病假工资的计算

工龄不同，病假时间不同，其补助工资额的计算也不同，一般企业病假工资的计算标准如下：

1. 职工一年内累计请病假在六个月以内，根据工龄长短计算（见表9-2）。

表9-2

企业工龄	不满二年	满二年不满四年	满四年不满六年	满六年不满八年	八年以上
工会会员待遇	60%	70%	80%	90%	100%
非会员待遇	30%	35%	40%	45%	50%

2. 职工请病假超过六个月发给疾病救济费（见表9-3）。

表9-3

企业工龄	不满一年	满一年不满三年	满三年以上
工会会员待遇	40%	50%	60%
非会员待遇	25%	25%	30%

工会会员本人工资低于全公司平均工资者，应按平均工资40%计算，但不得超过本人标准工资和六个月内假期工资待遇。非会员减半。

3. 职工半日工作半日休病假，按两个半天折算一天计算休假期。

4. 学徒期间请病假在六个月内照发生活补贴，超过六个月按休学办理，停发生活补贴。

三、代扣个人款项的计算

（一）代扣个人所得税计算

职工取得工资收入时，企业应按税法规定代扣代缴个人所得税，根据规定不征税项目有独生子女补贴、托儿补助费、差旅费津贴、误餐补贴等。除此以外均应按工薪收入一定比例缴纳个人所得税。

应纳税额＝应纳税所得额×适用税率－速算扣除数

　　　　或＝（每月收入－费用扣除标准）×适用税率－速算扣除数

（二）其他代扣款计算

其他代扣款是企业代个人负担的房租、水电费、需个人支付的基本养老保险金、大病统筹、住房公积金等。

代扣的基本养老保险＝个人上年工资总额×一定比例

代扣的基本医疗保险＝个人上年工资总额×一定比例

代扣住房公积金＝个人上年工资总额×一定比例

代扣的各种保险金向指定金融机构交付，未超过税务规定扣除比例部分，免征个人所得税。各地扣除比例由税务机关规定。

四、职工薪酬结算

企业办理职工的工资结算，是通过"职工薪酬结算单"进行的。"职工薪酬结算单"通常一式三份，按车间及部门编制。一份由劳资部门存档；一份随同工资一起发给职工；另一份发工资时由职工签章后，财会部门作工资核算的凭证，并代替工资核算明细账。"职工薪酬结算单"的格式见表9-4。

为了反映整个企业的工资结算情况，还要编制"职工薪酬结算汇总表"。"职工薪酬结算汇总表"可以按工资类别，反映应付工资总额。又可以计算出各单位、部门以及全单位应付工资薪酬总额，据此向银行提取现金发放工资或委托银行代付工资。

"职工薪酬结算汇总表"的格式见表9-5。

根据职工薪酬结算汇总表数额进行以下账务处理，见图9-10。

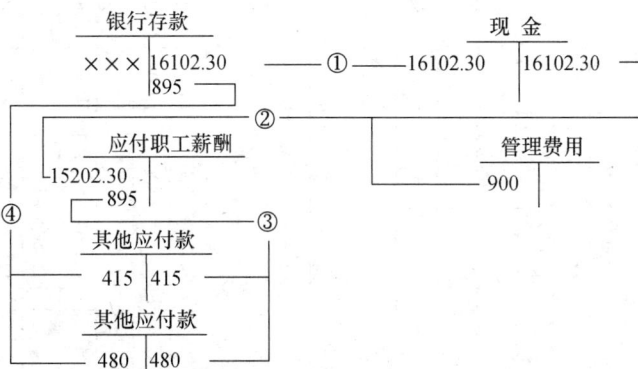

图9-10　职工薪酬结算的账务处理

图示说明：

①提取现金：

借：现金　　　　　　　　　　　　　　　　　　　　　　16102.30

　　贷：银行存款　　　　　　　　　　　　　　　　　　　　16102.30

②发放工资及福利费：

借：应付职工薪酬　　　　　　　　　　　　　　　　　　15202.30

　　管理费用　　　　　　　　　　　　　　　　　　　　900.00

　　贷：现金　　　　　　　　　　　　　　　　　　　　　16102.30

③结转代扣款：

借：应付职工薪酬　　　　　　　　　　　　　　　　　　895

　　贷：其他应付款——托保费　　　　　　　　　　　　　170

　　　　应交税费——代扣代缴个人所得税　　　　　　　　245

　　　　其他应付款——基本养老保险金　　　　　　　　　240

　　　　　　——失业保险基金　　　　　　　　　　　　120

　　　　　　——基本医疗保险基金　　　　　　　　　　120

④上交及归还代扣款：

借：其他应付款——托保费　　　　　　　　　　　　　　170

　　应交税费——代扣代缴个人所得税　　　　　　　　　245

　　其他应付款——养老保险金　　　　　　　　　　　　240

　　　　——失业保险基金　　　　　　　　　　　　　　120

　　　　——基本医疗保险基金　　　　　　　　　　　　120

　　贷：银行存款　　　　　　　　　　　　　　　　　　　895

表9－4

职工薪酬结算单

××××年×月

姓名	月基本工资	事假		病假		奖金	各种津贴和补贴			应付工资	代发款项		三项基金	代扣款项		实发金额	领款人签章
		日数	扣工资	日数	扣工资		物价补贴	夜班津贴	回民津贴		交通费	福利费		托保费	个人所得税		
张强	81.60	7	22.40	4	0	15	30	6		110.2	10	20	10			130.2	
王力	55.80					40	30	18		143.80	10	20				173.80	
李力	73.40					40	30	20		163.40	10	20		30		163.40	
赵克	48.9	1	1.92	1	0.38	30	30	16	5	127.60	10	20			10	147.60	
合计	3750		250.20		101.30	1850	1590	840	20	7698.50	530	1060	350	150	205	8583.50	

表9－5

职工薪酬结算汇总表

××××年×月

车间部门	基本工资	事假应扣工资	病假应扣工资	奖金	各种津贴和补贴			应付工资	代发款项		三项基金	代扣款项		实发金额
					物价补贴	夜班津贴	回民津贴		交通费	福利费		托保费	个人所得税	
基本生产车间	3750	250.20	101.30	1850	1590	840	20	7698.50	530	1060	350	150	205	8583.50
生产工人	3260.4	250.2	96.10	1700	1500	840	20	6974.10	500	1000	320	150	200	7804.10
管理人员	489.6		5.20	150	90			724.40	30	60	30		5	779.4
辅助生产车间	1586		23.40	540	450	200	5	2757.60	150	300	40	20		3147.20
企业管理部门	1368		31.20	420	360			2116.80	120	240	60		30	2386.80
医务福利部门	264			120	90			474	30	60	20			544.00
在建工程	78.40			40	30			148.40	10	20	10			178.40
产品销售部门	682			240	180			1102	60	120	10		10	1262.00
合计	7728.40	250.20	155.90	3210	2700	1040	25	14297.30	900	1800	480	170	245	16102.30

注：代扣三项基金包括基本养老保险金、失业保险金、基本医疗保险金。

五、职工薪酬分配的核算

为了反映工资分配情况，应编制职工薪酬分配表，将应付职工薪酬总额按用途进行分配，分别计入生产成本、费用和有关账户。

（一）编制职工薪酬分配表

见表 9－6。

表 9－6			职工薪酬分配表			××××年×月	
应借科目 应分配薪酬 车间部门	基本生产车间	辅助生产车间	企业管理部门	医务福利部门	在建工程	产品销售部门	合计
生产成本							
基本生产成本	6974.10						6974.10
辅助生产成本		2757.60					2757.60
制造费用	724.40						724.40
管理费用			2116.80				2116.80
应付职工薪酬				474.00			474.00
在建工程					148.40		148.40
销售费用						1102.00	1102.00
合计	7698.50	2757.60	2116.80	474.00	148.40	1102.00	14297.30

（二）进行工资费用分配

职工薪酬分配的账务处理见图 9－11。

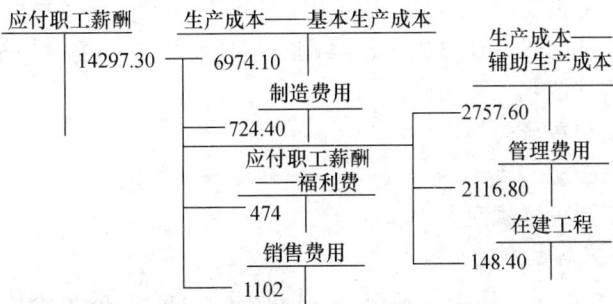

图 9－11 职工薪酬分配的账务处理

注：按工资的用途分配工资费用。

六、职工保险费和应付福利费核算

（一）计提和缴纳职工四项保险核算

1. 2004年北京市四项保险及住房公积金缴纳比例，见表9-7。

2. 账务处理。

（1）月终根据规定标准及缴费职工人数，计算出应缴数额，按规定科目处理如下：

借：管理费用——劳务保险费   ×××

  应付职工薪酬——职工福利费   ×××

  贷：其他应付款——应交×××保险   ×××

（2）代扣个人应缴部分：

借：应付职工薪酬   ×××

  贷：其他应付款——应交代扣个人交费   ×××

（3）缴纳时：

借：其他应付款——应交×××保险费   ×××

  贷：银行存款   ×××

（二）应付福利费核算内容

企业职工除领取劳动报酬——工资以外，为确保职工健康，职工还可享受公费医疗、困难补助及集体福利待遇等。这些用于职工福利方面开支的资金称为职工福利费。

1. 企业职工福利费来源。根据现行制度规定，职工福利费按职工工资总额的一定比例使用，具实报销不再预提，限额为14%。费用列支渠道与工资相同，所以又称为工资附加费。

2. 企业职工福利费用途。根据现行制度的规定，职工福利费可用于：职工医疗费、职工因工负伤就医路费、职工生活困难补助费、医务室经费、医务人员工资、职工洗理补助费、食堂炊事用具购置费及修理费、集体福利设施、支出，以及国家规定的其他职工福利支出。

七、应付福利费账务处理

处理方法见图9-12。

八、职工薪酬税法规定

（一）工资薪金支出的扣除

《实施条例》第三十四条明确规定，企业发生的合理的工资、薪金支出，准予扣除。

表 9-7

项目	企业交费部分			个人负担部分		2002 年月均工资上下限	
	依据	比例	列支项目	依据	比例	上限	下限
基本养老保险	上年缴费职工工资总额	20	劳动保险费列支	按个人上年工资总额	8%	月均工资300%	最低工资标准
基本医疗保险	上年缴费职工工资总额	9%	5%列福利费，4%列劳动保险	按个人上年工资额	2%	月均工资300%	月均工资60%
大额医疗费互助	上年缴费职工工资总额	1%	应付福利费列支	按月定额缴纳	3 元		
失业保险	按全部职工工资总额	1.5%	劳动保险费	按个人上年工资额	0.5%	月均工资300%	月最低工资标准
工伤保险	参保人数月均工资	0.3%～1.6%	劳动保险费		不同行业不同标准	月均工资300%	月最低工资标准
住房公积金	按上月缴费工资总额	12%	由成本列支	按本人上年工资总额	12%		月最低工资标准

注：在计算应缴四项保险金时月均工资最低不得低于下限，最高不得高于上限。在北京2003年月均工资2004元，最低工资标准465元。

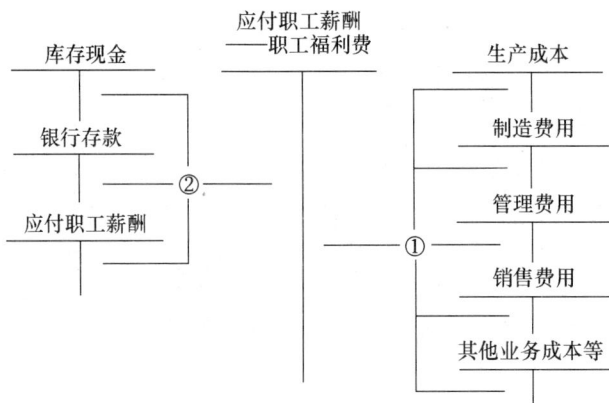

图 9 - 12　职工福利费的账务处理

图示说明：

①根据福利费计算表提取福利费时，记入应付职工薪酬——职工福利费。

②日常支付福利费时。

　　　所谓工资薪金，是指企业每一纳税年度支付给在本企业任职或者受雇的员工的所有现金形式或者非现金形式的劳动报酬，包括基本工资、奖金、津贴、补贴、年终加薪、加班工资，以及与员工任职或者受雇有关的其他支出。

　　　所称合理工资薪金，是指企业按照股东大会、董事会、薪酬委员会或相关管理机构制定的工资薪金制度，实际发放给员工的工资薪金。税务机关在对工资薪金进行合理性确认时，可按以下原则掌握：

　　　1. 企业制定了较为规范的员工工资薪酬制度。

　　　2. 企业所制定的工资薪金制度符合行业及地区水平。

　　　3. 企业在一定时期所发放的工资薪金是相对固定的，工资薪金的调整是有序进行的。

　　　4. 企业对实际发放的工资薪金，已依法履行了代扣代缴个人所得税义务。

　　　5. 有关工资薪金的安排，不以减少或逃避税款为目的。

　　（二）职工福利费支出、工会经费、职工教育经费支出的扣除

　　1. 职工福利费支出。企业发生的职工福利费支出，不超过工资薪金总额14%的部分，准予扣除。

　　依照《国家税务总局关于企业工资薪金及职工福利费扣除问题的通知》（国税函〔2009〕3号）规定，企业职工福利费包括以下内容：

　　（1）尚未实行分离办社会职能的企业，其内设福利部门所发生的设备、设施和人员费用，包括职工食堂、职工浴室、理发室、医务所、托儿所、疗养院等

集体福利部门的设备、设施及维修保养费和福利部门工作人员的工资薪金、社会保险费、住房公积金、劳务费等。

（2）为职工卫生保健、生活、住房、交通等所发放的各项补贴和非货币性福利，包括企业向职工发放的因公外地就医费用、未实行医疗统筹企业职工医疗费用、职工供养直系亲属医疗补贴、供暖费补贴、职工防暑降温费、职工困难补贴、救济费、职工食堂经费补贴、职工交通补贴等。

（3）按照其他规定发生的其他职工福利费，包括丧葬补助费、抚恤费、安家费、探亲假路费等。

企业发生的职工福利费，应该单独设置账册，进行准确核算。没有单独设置账册准确核算的，税务机关应责令企业在规定的期限内进行改正。

逾期仍未改正的，税务机关可对企业发生的职工福利费进行合理的核定。

工资薪金总额，是指企业按照规定实际发放的工资薪金总和，不包括企业的职工福利费、职工教育经费、工会经费以及养老保险费、医疗保险费、失业保险费、工伤保险费、生育保险费等社会保险费和住房公积金。属于国有性质的企业，其工资薪金不得超过政府有关部门给予的限定数额；超过部分，不得计入企业工资薪金总额，也不得在计算企业应纳税所得额时扣除。

2. 工会经费。企业拨缴的工会经费，不超过工资薪金总额2%的部分，准予扣除。

3. 职工教育经费支出。除国务院财政、税务主管部门另有规定外，企业发生的职工教育费支出，不超过工资薪金总额2.5%的部分，准予扣除；超过部分，准予在以后纳税年度结转扣除。

这里的职工教育经费支出，是指企业为提高其职工工作技能，为企业带来更多的经济利益流入，而通过各种形式提升职工素质，提高职工工作能力等方面的教育费支出。具体的范围由国务院财政、税务主管部门再具体认定。

软件生产企业发生的职工教育经费中的职工培训费用，根据《财政部、国家税务总局关于企业所得税若干优惠政策的通知》（财税〔2008〕1号）规定，可以全额在企业所得税前扣除。软件生产企业应准确划分职工教育经费中的职工培训支出，对于不能准确划分的，以及准确划分后职工教育经费中扣除职工培训费用的余额，一律按照《实施条例》第四十二条规定的比例扣除（国税函〔2009〕202号）。

（三）保险费用支出的扣除

1. 企业依照国务院有关主管部门或者省级人民政府规定的范围和标准为职工缴纳的基本养老保险费、基本医疗保险费、失业保险费、工伤保险费、生育保险费等基本社会保险费和住房公积金，准予扣除。

企业为投资者或者职工支付的补充养老保险费、补充医疗保险费，在国务院财政、税务主管部门规定的范围和标准内，准予扣除。

注：根据财税［2009］27 号文件规定，企业根据国家有关政策规定，为在本企业任职或者受雇的全体员工支付的补充养老保险费、补充医疗保险费，分别在不超过职工工资总额 5% 标准内的部分，在计算应纳税所得额时准予扣除；超过的部分，不予扣除。

2. 除企业依照国家有关规定为特殊工种职工支付的人身安全保险费和国务院财政、税务主管部门规定可以扣除其他商业保险费外，企业为投资者或者职工支付的商业保险费，不予扣除。

第四节　应交税费核算

一、应交税费核算的内容及科目

（一）应交税费的内容及列支渠道

应交税费是小企业按税法规定计算应缴纳的各种税费。其内容包括增值税、消费税、营业税、城市维护建设税、企业所得税、资源税、土地增值税、城镇土地使用税、房产税、矿产资源补偿费、排污费等。

小企业代扣代缴的个人所得税等也在应交税费科目核算。

各种税费的列支渠道见图 9-13。

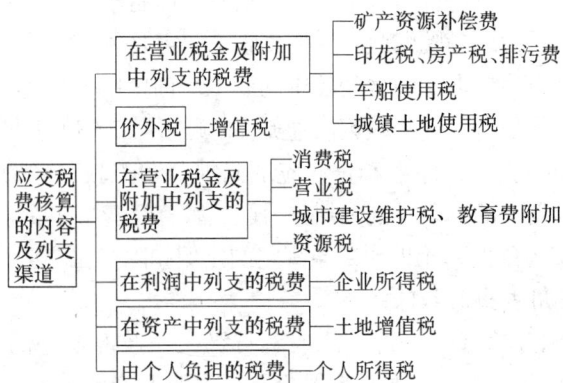

图 9-13　应交税费核算的内容及列支渠道

（二）应交税费应按照应交的税费项目进行明细核算

企业应交税费见图9－14。

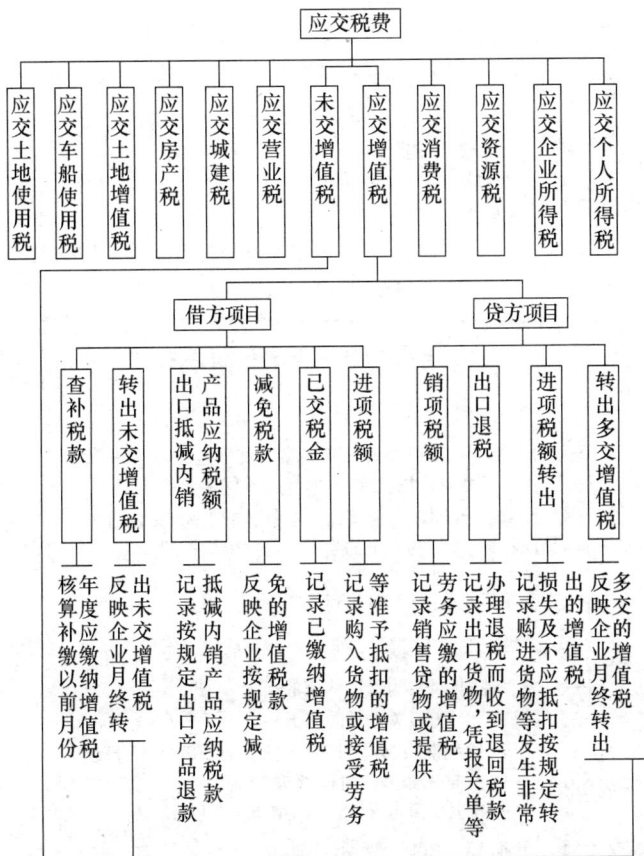

图9－14 应交税费核算的内容

二、应交增值税核算

增值税的特征与基本内容见图9－15。

（一）应交增值税核算科目

一般纳税人应当分别设置"进项税额"、"销项税额"、"进口退税"、"进项税额转出"、"已交税金"等明细科目。小规模纳税人只需设置"应交增值税"明细科目。

（二）应交增值税账务处理

1. 账务处理见图9－16。

增值税核算的内容

- 特征
  - 是对销售货物或提供劳务的增值部分所征收的税金
  - 是价外税,不含在产品销售收入之内
- 税率
  - 基本税率:17%,用于销售货物、提供劳务的通用税率
  - 低税率:13%,适用于人民生活必需品
  - 零税率:0%,适用于出口产品
  - 征收率
    - 3%,适用于商业小规模纳税人
    - 3%,适用于工业小规模纳税人
- 起征点
  - 销售货物为月 2000 ~ 5000 元
  - 销售应税劳务为月 1500 ~ 3000 元
  - 按次纳税的,为每次(日)150 ~ 200 元
- 纳税主体
  - 一般纳税人
    - 年销售额
      - 从事生产或提供劳务为主并兼营货物批发或零售年销售额 50 万元及以上
      - 除上述条件以外纳税人,年销售额在 80 万元及以上的
    - 会计核算资料健全,经税务机关批准
  - 小规模纳税人:不具备上述条件的工商企业及纳税人
- 纳税时限
  - 纳税义务发生时间
    - ① 直接收款:收到货款或取得索取货款凭证,并将提货单交给买方的当天
    - ② 托收承付或委托收款:办完托收承付手续的当天
    - ③ 赊销或分期收款:合同约定收款日的当天,无合同为货物发生当天
    - ④ 预收货款:货物发出的当天,但发生周期超过 12 个月的设备,为合同约定收款日当天
    - ⑤ 委托其他单位代销:收到代销清单的当天
    - ⑥ 销售应税劳务:提供劳务收讫款项或取得索取款项凭证的当天
    - ⑦ 发生视同销售:为货物移交的当天
    - ⑧ 进口货物:为报关进口的当天
  - 纳税期限
    - 纳税期限:分为 1 日、3 日、5 日、10 日、15 日或 1 个月
    - 根据税额多少由税务机关确定
    - 于次月 1 日起至 15 日内结清应缴税款
- 计算方法
  - 应交税额 = 当期销项税额 - 当期进项税额
  - 销项税额 = 销售额(不含税)× 税率
  - 销售额(不含税) $= \dfrac{销售额(含税)}{1 + 增值税税率}$
  - 进项税额
    - 购进货物或劳务增值税专用发票凭证上注明的增值税额
    - 购进免税农产品:进项税 = 买价 × 扣除率
    - 支付运费:进项税 = 支付运费凭证金额 × 扣除率
  - 进口货物增值税 $= \left(\dfrac{关税完}{税价格} + 关税 + 消费税\right) × 税率$
  - 进项税抵扣
    - 依据:增值税专用发票,海关完税凭证,收购农产品发票,运费专用发票等
    - 时间:自专用发票开具之日起 180 日内到税务机关认证,认证后即可抵扣

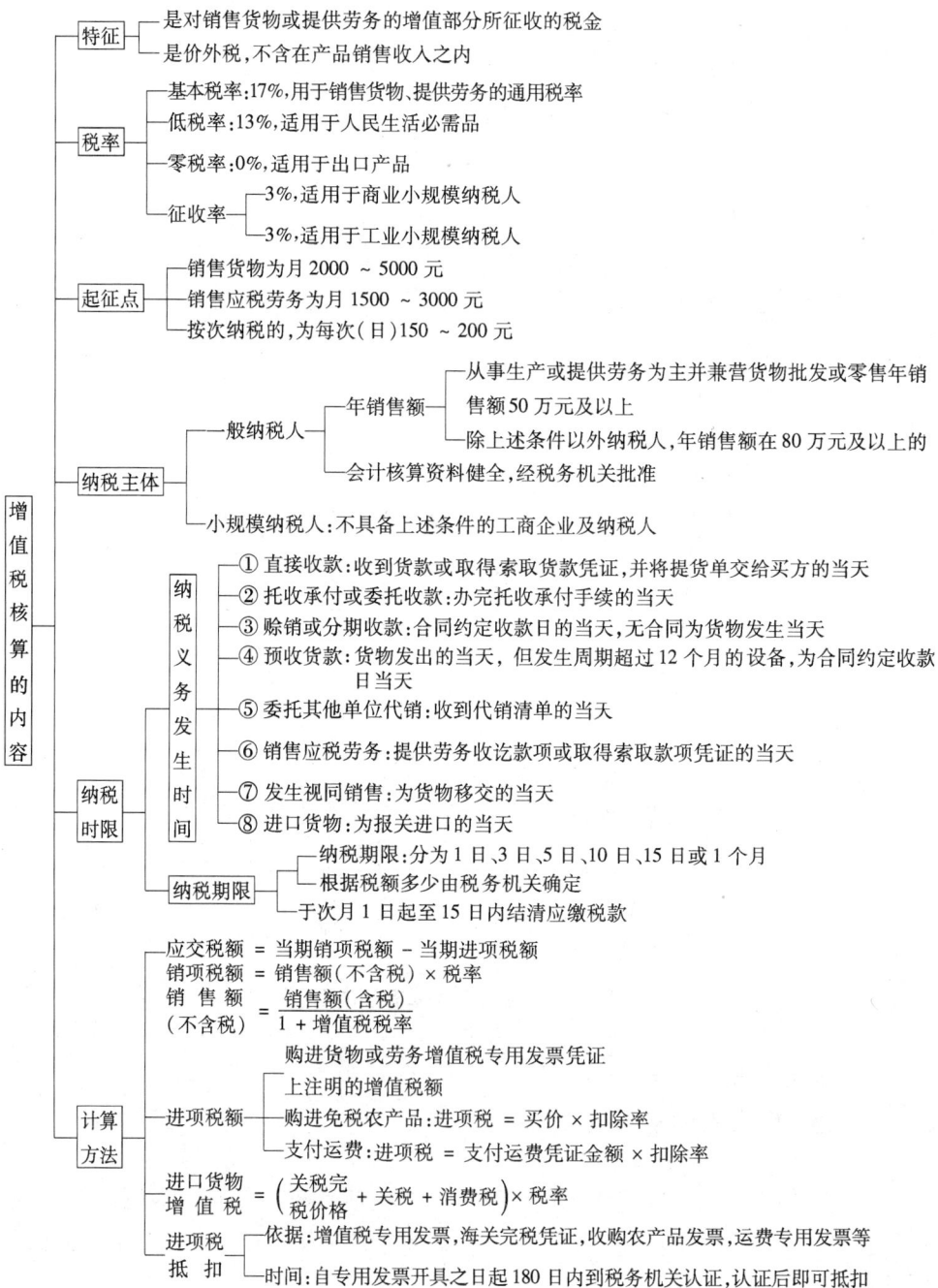

图 9 - 15 增值税核算的内容

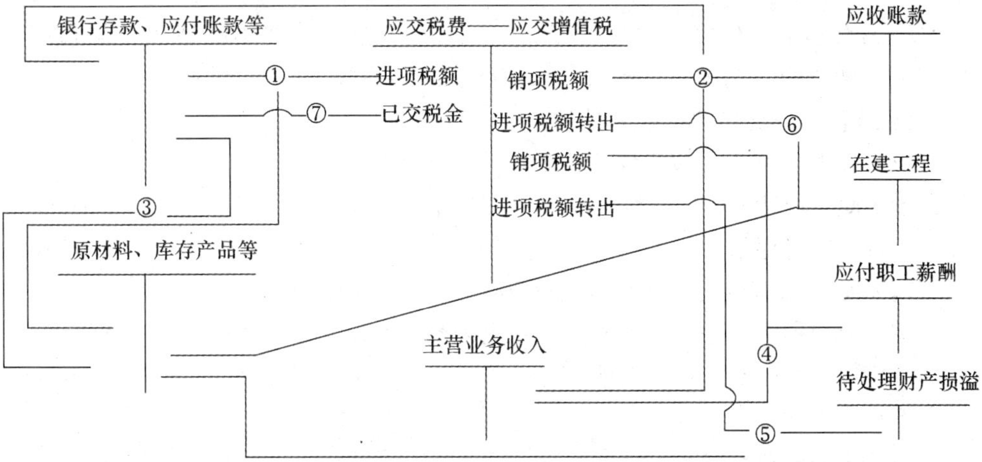

图 9 – 16 应交增值税账务处理

图示说明:

①小企业采购物资等,按照应记入采购成本的金额,借记"材料采购"或"在途物资"、"原材料"、"库存商品"等科目,按照税法规定可抵扣的增值税进项税额,借记本科目(应交增值税——进项税额),按照应付或实际支付的金额,贷记"应付账款"、"银行存款"等科目。购入物资发生退货的,做相反的会计分录。

购进免税农业产品,按照购入农业产品的买价和税法规定的税率计算的增值税进项税额,借记本科目(应交增值税——进项税额),按照买价减去按照税法规定计算的增值税进项税额后的金额,借记"材料采购"或"在途物资"等科目,按照应付或实际支付的价款,贷记"应付账款"、"库存现金"、"银行存款"等科目。

随同商品出售但单独计价的包装物,应当按照实际收到或应收的金额,借记"银行存款"、"应收账款"等科目;按照税法规定应缴纳的增值税销项税额,贷记本科目(应交增值税——销项税额),按照确认的其他业务收入金额,贷记"其他业务收入"科目。

②销售商品(提供劳务),按照收入金额和应收取的增值税销项税额,借记"应收账款"、"银行存款"等科目,按照税法规定应缴纳增值税销项税额,贷记本科目(应交增值税——销项税额),按照确认的营业收入金额,贷记"主营业务收入"、"其他业务收入"等科目。发生销售退回的,做相反的会计分录。

随同商品出保但单独计价的包装物,应当按照实际收到或应收的金额,借记"银行存款"、"应收账款"等科目;按照税法规定应缴纳的增值税销项税额,贷记本科目(应交增值税——销项税额),按照确认的其他业务收入金额,贷记"其他业务收入"科目。

③购入材料等按照税法规定不得从增值税销项税额中抵扣的进项税额,其进项税额应记入材料等成本,借记"材料采购"或"在途物资"等科目,贷记"银行存款"等科目,不通过本科目(应交增值税——进项税额)核算。

④将自产的产品等用做福利发放给职工,应视同产品销售计算应交增值税的,借记"应付职工薪酬"科目,贷记"主营业务收入"、本科目(应交增值税——销项税额)等科目。

⑤购进的物资、在产品、产成品因盘亏、毁损、报废、被盗,以及购进物资改变用途等原因按照税法规定不得从增值税销项税额中抵扣的进项税额,其进项税额应转入有关科目,借记"待处理财产损溢"等科目,贷记本科目(应交增值税——进项税额转出)。

⑥由于工程而使用本企业的产品或商品,应当按照成本,借记"在建工程"科目,贷记"库存商品"科目。同时,按照税法规定应缴纳的增值税销项税额,借记"在建工程"科目,贷记本科目(应交增值税——销项税额)。

⑦缴纳的增值税,借记本科目(应交增值税——已交税金),贷记"银行存款"科目。

2. 月终多交、欠交增值税的账务处理。企业到月终将多交或欠交增值税，由"应交增值税"明细科目转入"未交增值税"科目。

【例1】 应交增值税账务处理。

（1）本月上交本月应交增值税8160元，应作：

借：应交税费——应交增值税（已交税金）　　　　　　　　　8160

　贷：银行存款　　　　　　　　　　　　　　　　　　　　　8160

（2）如月末有应交未交增值税60000元，应作：

借：应交税费——应交增值税（转出未交增值税）　　　　　60000

　贷：应交税费——未交增值税　　　　　　　　　　　　　60000

下月缴纳时：

借：应交税费——未交增值税　　　　　　　　　　　　　　60000

　贷：银行存款　　　　　　　　　　　　　　　　　　　　60000

（3）如本月多交增值税4000元，应作如下处理：

借：应交税费——未交增值税　　　　　　　　　　　　　　4000

　贷：应交税费——应交增值税（转出多交增值税）　　　　4000

（三）出口企业"免、抵、退"税务处理

出口类型较多，依据出口类型不同，大致可将出口企业分为生产型出口企业和外贸型企业；依据出口方式不同，又可分为自营出口和委托代理出口。生产型自营出口企业一般采用增值税"免、抵、退"税务处理，现对有代表性的生产自营出口的增值税"免、抵、退"业务税务处理相关事项介绍如下：

1. "免、抵、退"税办法的含义。

生产型自营出口的企业使用"免、抵、退"税简易征收的计算办法，自1994年制定到现在不断修订更新，但主导思想并未改变："免、抵、退"税办法包含免税、抵税、退税三个方面。具体含义可以从以下三个方面理解：

免："免、抵、退"税办法的"免"税，是指对生产企业出口自产及视同销售自产货物，免征本企业生产销售环节的增值税。对上述企业，出口自产货物时直接体现为出口销售环节的销项税为0。如甲生产性企业生产销售电子元器件，货物全部出口，此货物在出口时不征收增值税。

抵："免、抵、退"税办法的"抵"税，是指生产型出口企业购买用于自产及视同自产出口货物所耗用的原材料、零部件、燃料、动力等承担的进项税额，可以抵顶内销货物的增值税应纳税额。

退："免、抵、退"税办法的"退"税，是指对生产出口自产及视同销售货物，在当月应抵顶的进项税额大于应纳税额时，未抵顶完的税额部分按规定予以退税。

企业一般按照增值税的规定进行处理：首先不区分采购材料用于国内还是国

外商品生产，全部予以抵扣进项税；其次根据"免、抵、退"管理办法不得抵扣部分进项税额予以转出；最后将不能抵顶完部分申报退税。

2. 出口退税账务处理。

有出口产品的小企业，其出口退税的账务处理见图9-17。

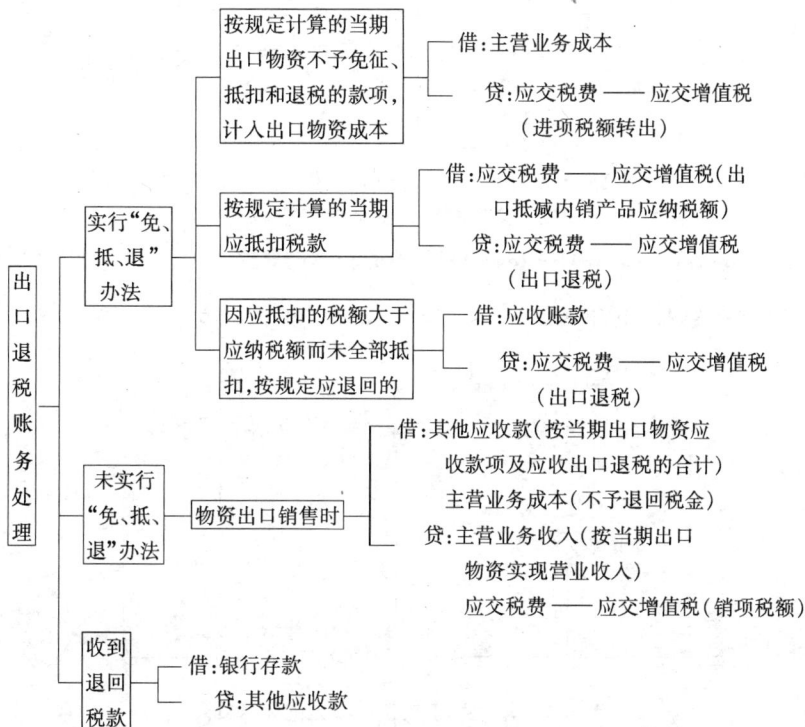

图9-17 小企业出口退税账务处理

（1）实行"免、抵、退"管理办法的小企业，按照税法规定计算的当期出口产品不予免征、抵扣和退税的增值税额，借记"主营业务成本"科目，贷记本科目（应交增值税——进项税额转出）。按照税法规定计算的当期应予抵扣的增值税额，借记本科目（应交增值税——出口抵减内销产品应纳税额），贷记本科目（应交增值税——出口退税）。

出口产品按照税法规定应予退回的增值税款，借记"其他应收款"科目，贷记本科目（应交增值税——出口退税）。

（2）未实行"免、抵、退"管理办法的小企业，出口产品实现销售收入时，应当按照应收的金额，借记"应收账款"等科目，按照税法规定应收的出口退税，借记"其他应收款"科目，按照税法规定不予退回的增值税额，借记"主营业务成本"科目，按照确认的销售商品收入，贷记"主营业务收入"科目，按照税法规定应缴纳的增值税额，贷记本科目（应交增值税——销项税额）。

（四）增值税小规模纳税人的账务处理

1. 小规模纳税人的核算特征，见图 9-18。

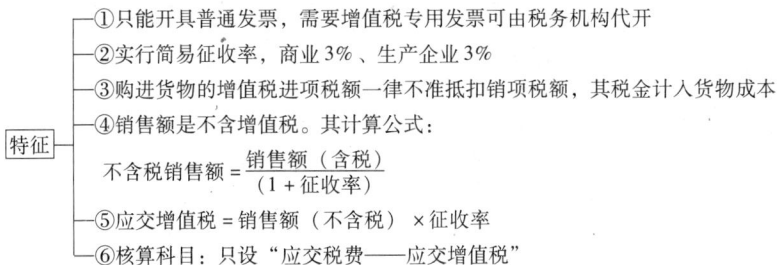

特征
①只能开具普通发票，需要增值税专用发票可由税务机构代开
②实行简易征收率，商业 3%、生产企业 3%
③购进货物的增值税进项税额一律不准抵扣销项税额，其税金计入货物成本
④销售额是不含增值税。其计算公式：

$$不含税销售额 = \frac{销售额（含税）}{1 + 征收率}$$

⑤应交增值税 = 销售额（不含税）× 征收率
⑥核算科目：只设"应交税费——应交增值税"

图 9-18　小规模纳税人的核算特征

2. 小规模纳税人的账务处理，见图 9-19。

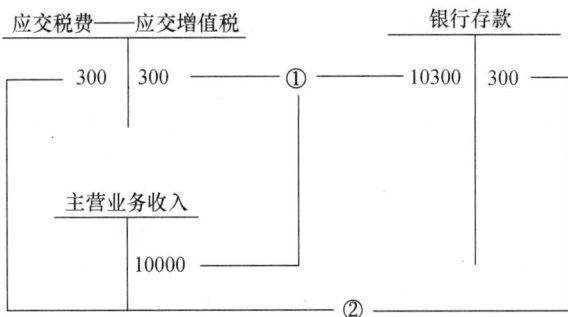

图 9-19　增值税小规模纳税人的账务处理

图示说明：

①实现销售收入交存银行，销项税额记入应交税费。
②交纳增值税时。

（五）应交增值税核算实例

【例2】 某饭店为顾客供应饭菜，当月取得饮食收入 60000 元，同时为用餐顾客供应烟、酒、饮料等，收入 15600 元。该饭店应如何计税？

【解】 该饭店取得的饮食收入和销售烟酒的收入是因同一项业务而发生，饮食收入属于营业税中服务项目，销售烟酒的收入属于增值税征税范围，故该饭店的业务行为属混合销售行为。但该企业不属于从事货物的生产、批发或零售的企业以及从事货物的生产、批发或零售为主，并兼营非应税劳务的企业，所以该饭店的全部收入应缴纳营业税，即：

（60000 + 15600）× 5% = 3780（元）

【例3】 增值税的调账及补税的账务处理。

某机械经销公司位于某县城，为增值税一般纳税人。2012 年 6 月份税务稽查人员对该企业本年 1 月份和上一年度的增值税纳税情况进行检查，发现如下问题：

（1）本年度存在的问题。

1）2011 年 12 月采用分期收款方式销售 A 型设备一台，成本为 450000 元，不含税售价为 600000 元，增值税 102000 元。合同规定货款分 3 个月付清，交货时支付货款的 1/3，2012 年 1 月底和 2 月底以前各付货款的 1/3。2011 年 12 月的账务处理正确，但 2012 年 1 月 31 日以前购货方未按合同约定时间支付货款，对此机械厂也未作任何账务处理。

2）2012 年 1 月 24 日销售一批钢材下脚料给一小规模纳税人，共取得销售收入 3510 元，账务处理如下：

借：银行存款 　　　　　　　　　　　　　　　　　　　　　　3510

贷：其他业务收入 　　　　　　　　　　　　　　　　　　　3510

3）2012 年 1 月 25 日委托电镀厂镀锌的机器零部件收回入库，取得增值税专用发票注明不含税加工费 7200 元，增值税 1224 元，因资金周转困难，暂未付款。委托加工材料的发出成本为 10800 元，账务处理如下：

借：委托加工物资 　　　　　　　　　　　　　　　　　　　10800

贷：原材料 　　　　　　　　　　　　　　　　　　　　　10800

借：委托加工物资 　　　　　　　　　　　　　　　　　　　7200

应交税费——应交增值税（销项税额） 　　　　　　　　1224

贷：应付账款——应付电镀厂 　　　　　　　　　　　　8424

借：原材料——镀锌零件 　　　　　　　　　　　　　　　18000

贷：委托加工物资 　　　　　　　　　　　　　　　　　18000

注：委托加工材料成本：10800 + 7200 = 18000（元）

4）2012 年 1 月 20 日材料库失火损失材料的账面价值为 14000 元，库存材料适用的增值税税率均为 17%，1 月 28 日经批准核销该批材料的损失，其账务处理为：

借：营业外支出——材料损失 　　　　　　　　　　　　　　14000

贷：原材料 　　　　　　　　　　　　　　　　　　　　14000

（2）上年度存在的问题。

1）2011 年 9～12 月车间扩建工程用电与生产用电一并记入了制造费用，经计算扩建工程用电不含税电费应为 66000 元，这一时期生产的产品目前均已完工，在库产成品与已销产成品的比例约各占一半。检查扩建工程尚未完工。

2）2011 年度共有三笔为客户送货的销售设备业务，所收取的运输费用未计提销项税，其账务处理和金额合计数为：

借：银行存款	7502040
贷：主营业务收入	6400000
应交税费——应交增值税（销项税额）	1088000
其他业务收入	14040

2012 年 1 月末该企业"应交税费——应交增值税"账户和"应交税费——未交增值税"账户均无余额，该企业没有期初存货抵扣税款的问题。

要求：根据上述检查发现的问题做出调账和补缴税款的账务处理。

根据以上情况账务处理如下：

【解】

（1）本年度存在问题的调账。

1）采用分期收款方式销售货物，应于合同约定的收款日期做销售收入并计提销项税，1 月份应调增销项税税额为 $200000 \times 17\% = 34000$ 元。

借：应收账款	234000
贷：主营业务收入	200000
应交税费——应交增值税（销项税额）	34000
借：主营业务成本	150000
贷：库存商品——发出商品	150000

2）销售下脚料应照章计提销项税为 $3510 \div (1 + 17\%) \times 17\% = 510$ 元。

借：其他业务支出	510
贷：应交税费——应交增值税（销项税额）	510

3）委托加工零件，不作调整。

4）原材料发生非正常损失，应按照规定程序在批准核销的当月转出进项税税额为 $14000 \times 17\% = 2380$ 元。

借：营业外支出——非正常损失	2380
贷：应交税费——应交增值税（进项税额转出）	2380

（2）上年度存在问题的调账。

1）在建工程用电应从生产用电中转出，并同时转出相应的进项税税额为 $66000 \times 17\% = 11220$ 元。

借：在建工程	77220
贷：库存商品××	33000
以前年度损益调整	33000
应交税费——应交增值税（进项税额转出）	11220

2）代客户运送设备收取的运费属价外费用应一并计提销项税为 $14040 \div (1 + 17\%) \times 17\% = 2040$ 元。

借：以前年度损益调整　　　　　　　　　　　　　2040

　　贷：应交税费——应交增值税（销项税额）　　　　　2040

（3）补缴税款的账务处理。

应补增值税＝34000＋510＋2380＋11220＋2040＝50150（元）

本年应补城建税＝（34000＋510＋2380）×5%＝1844.509（元）

本年应补教育费附加＝（34000＋510＋2380）×3%＝1106.70（元）

上年应补城建税＝（11220＋2040）×5%＝663（元）

上年应补教育费附加＝（11220＋2040）×3%＝397.80（元）

借：主营业务税金及附加（1844.50＋1106.70）　　　2951.20

　　贷：应交税费——应交城建税　　　　　　　　　1844.50

　　　　　　　　　——应交教育费附加　　　　　　　1106.70

借：以前年度损益调整　　　　　　　　　　　　　1060.80

　　贷：应交税费——应交城建税　　　　　　　　　663.00

　　　　　　　　　——应交教育费附加　　　　　　　397.80

借：应交税费——应交增值税（查补税款）　　　　50150.00

　　　　　　　——应交城建税　　　　　　　　　2507.50

　　　　　　　——应交教育费附加　　　　　　　1504.50

　　贷：银行存款　　　　　　　　　　　　　　　54162.00

【例4】企业自营进出口货物增值税的账务处理。

北京某玩具公司是具有进出口经营权的玩具企业，委托加工玩具既对外出口，又在国内销售。该公司享受出口货物实行"免、抵、退"税的政策。2011年12月底"应交税费——未交增值税"账面借方余额270000元，为留抵税额；"应交税费——应交增值税"账户期末无余额。该公司2012年3月的经济业务及第1季度的经营情况如下：

（1）3月2日，以一批自制新式玩具换取一批钢材，取得增值税专用发票，不含税价100000元，税款17000元。新式玩具不含税售价75000元，增值税12750元，自制成本共计65000元，差价款以支票补给对方。钢材已入库。

（2）3月8日，外商预订的一批玩具完工发货，并报关出口，款项已于2011年底预收，共计人民币120000元。

（3）3月16日，预缴本月应缴纳的增值税10000元。

（4）3月25日，以银行存款支付本月生产用的水电费，均取得增值税专用发票，其中：水费不含税价2600元，税款156元；电费不含税价84000元，税款14280元。生产车间管理部门的水电耗用比例均为8∶2。

（5）3月31日，结转本月出口货物不予抵扣的税款。3月份报关出口货物的离岸价折合人民币 120000 元，玩具的增值税税率为 17%，出口退税率为 11%。

该企业 2012 年 1 月内销销售额为 800000 元，2 月内销销售额为 600000 元；1～2 月报关出口货物离岸价 20 万美元折合人民币 1674000 元，累计发生进项税额 441564 元。

要求：根据 3 月份的上述业务，作出相应的账务处理，计算第 1 季度应退补的增值税，作出月末结账的账务处理和次月收到退税款的账务处理。

【解】2012 年 3 月有关业务的账务处理：

（1）3 月 2 日以产品换材料：

借：原材料	100000
应交税费——应交增值税（进项税额）	17000
贷：主营业务收入——内销	75000
应交税费——应交增值税（进项税额）	12750
银行存款	29250

（2）3 月 8 日销售出口货物：

借：预收账款（或应收账款）	120000
贷：主营业务收入——出口	120000

注：生产企业自营出口的自产货物，免征本企业生产环节增值税。

（3）3 月 16 日预缴本月应缴纳的增值税：

借：应交税费——应交增值税（已交税金）	10000
贷：银行存款	10000

（4）3 月 25 日支付水电费：

借：制造费用	69280
管理费用	17320
应交税费——应交增值税（进项税额）	14436
贷：银行存款	101036

（5）3 月 31 日结转本月出口货物不予抵扣的税额。

出口货物不予抵扣的税额 = 当期出口货物的离岸价格 × 外汇人民币牌价 ×（增值税税率 - 出口货物退税率）

本月出口货物不予抵扣的税额 = 120000 ×（17% - 11%）= 7200（元）

借：主营业务成本	7200
贷：应交税费——应交增值税（进项税额转出）	7200

计算第 1 季度应补退的增值税：

应纳税额 = 当期内销货物的销项税额 -（进项税额 - 出口货物不予抵扣的税额 + 上期留抵税额）

第 1 季度内销货物销售额 = 1400000 + 75000 = 1475000（元）

第 1 季度出口货物销售额 = 1674000 + 120000 = 1794000（元）

第 1 季度全部货物销售额 = 1475000 + 1794000 = 3269000（元）

第 1 季度累计发生进项税额 = 441564 + 17000 + 14436 − 7200 = 465800（元）

第 1 季度不予抵扣的税额 = 1794000 × (17% − 11%) = 107640（元）

第 1 季度应纳税额 = 1475000 × 17% − (465800 − 107640 + 270000) = −377410（元）

第 1 季度应纳税额为负数，出口货物占当期全部货物销售额的比例为 54.88%（1794000 ÷ 3269000 × 100%），大于 50%，所以第 1 季度末抵扣完的进项税额可以退税。

由于按本季度出口货物离岸价和退税率计算的退税额为 1794000 × 11% = 197340（元），小于本季度应纳税额绝对值 377410 元，应退税额为 197340 元。

结转下期抵扣的进项税额 = 本期末抵扣完的进项税额 − 应退税额 = 384610 − 197340 = 187270（元）

月末结账：

（1）转出多缴的增值税：

借：应交税费——未交增值税　　　　　　　　　　　　　　　　　10000

　　贷：应交税费——应交增值税（转出多交增值税）　　　　　　10000

（2）转出应办理出口退税税款：

借：其他应收款——应收出口退款　　　　　　　　　　　　　　　197340

　　贷：应交税费——应交增值税（出口退税）　　　　　　　　　197340

次月收到退税款：

借：银行存款　　　　　　　　　　　　　　　　　　　　　　　　197340

　　贷：其他应收款——应收出口退税款　　　　　　　　　　　　197340

三、应交消费税核算

消费税是以特定消费品为课税对象课征的一种流转税。其特点是价内税，即应税产品的售价中含有消费税。

（一）消费税的征收范围

见图 9 – 20。

消费税的征收范围	①一些过度消费会对人类健康、社会秩序、生态环境等造成危害的特殊消费品，如烟、酒等
	②奢侈品、非生活必需的消费品，如化妆品、贵重首饰等
	③高耗能及高档消费品，如摩托车、小汽车
	④不可再生和替代的石油类消耗品，如汽油、柴油、润滑油
	⑤税基宽、消费普遍、征税不影响公民基本生活的，而具有一定财政意义的消费品，如酒类等

图 9 – 20　消费税的征收范围

（二）消费税的计税形式

见图 9 – 21。

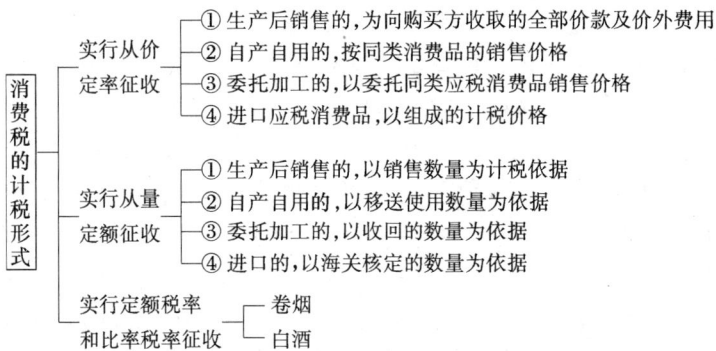

图 9 – 21　消费税的计税形式

（三）消费税税率

自 2009 年 1 月 1 日起，其税率从 1% 至 56% 共设有 20 个档次的税率（税额）。

（四）消费税纳税义务的发生时间

见表 9 – 8。

表 9 – 8　　　　　　　　消费税纳税义务的发生时间

销售方式和移交方式	纳税义务发生时间
采用赊销和分期收款	合同规定收款日当天
采用预收货款	发出应税消费品当天
采用托收承付和委托收款	发出产品并办妥手续当天
采用其他结算方式	收讫销货款或者取得索取销货款凭据的当天
自产自用应税消费品	应税消费品移送使用的当天
委托加工应税消费品	纳税人提货的当天
进口应税消费品	报关进口当天

（五）消费税额的计算规定

见图 9 – 22。

（六）应交消费税的主要账务处理

1. 销售需要缴纳消费税的物资应交的消费税，借记"营业税金及附加"等科目，贷记应交税费（应交消费税）。

2. 以生产的产品用于在建工程、非生产机构等，按照税法规定应缴纳的消费税，借记"在建工程"、"管理费用"等科目，贷记应交税费（应交消费税）。

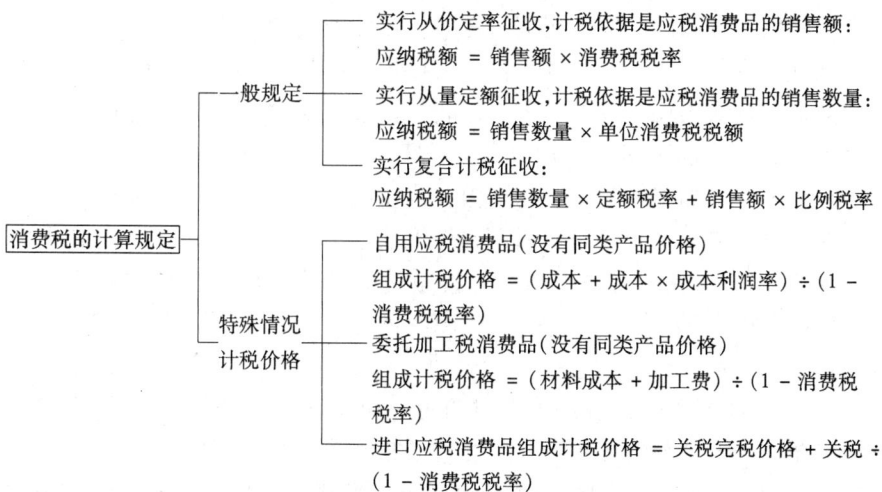

图 9 – 22 消费税的计算规定

随同商品出售但单独计价的包装物，按照税法规定应缴纳的消费税，借记"营业税金及附加"科目，贷记应交税费（应交消费税）。出租、出借包装物逾期未收回被没收的押金应交的消费税，借记"营业税金及附加"科目，贷记应交税费（应交消费税）。

3. 需要缴纳消费税的委托加工物资，由受托方代收代缴税款（除受托加工或翻新改制金银首饰按照税法规定由受托方缴纳消费税外）。小企业（受托方）按照应交税款金额，借记"应收账款"、"银行存款"等科目，贷记应交税费（应交消费税）。

委托加工物资回收后，直接用于销售的，小企业（委托方）应将代收代缴的消费税计入委托加工物资的成本，借记"库存商品"等科目，贷记"应付账款"、"银行存款"等科目；委托加工物资收回后用于连续生产，按照税法规定准予抵扣的，按照代收代缴的消费税，借记应交税费（应交消费税），贷记"应付账款"、"银行存款"等科目。

4. 有金银首饰零售业务的以及采用以旧换新方式销售金银首饰的小企业，在营业收入实现时，按照应交的消费税，借记"营业税金及附加"等科目，贷记应交税费（应交消费税）。有金银首饰零售业务的小企业因受托代销金银首饰按照税法规定应缴纳的消费税，借记"营业税金及附加"科目，贷记应交税费（应交消费税）；以其他方式代销金银首饰的，其缴纳的消费税，借记"营业税金及附加"等科目，贷记应交税费（应交消费税）。

有金银首饰批发、零售业务的小企业将金银首饰用于馈赠、赞助、广告、职工福利、奖励等方面的，应于物资移送时，按照应交的消费税，借记"营业外支出"、"销售费用"、"应付职工薪酬"等科目，贷记应交税费（应交消费税）。

随同金银首饰出售但单独计价的包装物，按照税法规定应缴纳的消费税，借记"营业税金及附加"科目，贷记应交税费（应交消费税）。

小企业因受托加工或翻新改制金银首饰按照税法规定应缴纳的消费税，在向委托方交货时，借记"营业税金及附加"科目，贷记应交税费（应交消费税）。

5. 需要缴纳消费税的进口物资，其缴纳的消费税应计入该项物资的成本，借记"材料采购"或"在途物资"、"库存商品"、"固定资产"等科目，贷记"银行存款"等科目。

6. 小企业（生产性）直接出口或通过外贸企业出口的物资，按照税法规定直接予以免征消费税的，可不计算应交消费税。

7. 缴纳的消费税，借记应交税费（应交消费税），贷记"银行存款"科目。

（七）消费税核算实例

1. 实行从价定率征收计算。

【例5】某啤酒厂2011年12月销售啤酒10吨，售价2800元/吨，向客户收取"品牌费"4800元，同时包装物收押金3800元，则该厂当月消费税分析计算如下：

税法规定，品牌费属于价外费用，构成销售额的一部分；押金要并入销售价格中计算确定出厂价，确认税率的出厂价 = 2800 + 4800 ÷（1 + 17%）÷ 10 + 3800 ÷（1 + 17%）÷ 10 = 3534.78（元/吨）> 3000元/吨，故啤酒税率适用250元/吨，则啤酒厂本月应纳消费税 = 10 × 250 = 2500（元）。

2. 实行复合计税征收计算。

卷烟、白酒实行从量定额和从价定率相结合计算应纳税额的复合计税办法。应纳税额计算公式如下：

应纳税额 = 销售额 × 比例税率 + 销售数量 × 定额税率

【例6】某白酒生产企业，2011年11月销售白酒50000克，价格58元/500克。查消费税税目税率表可知，白酒的消费税比例税率为20%，定额税率为0.5元/500克，应纳税额计算公式如下：

应纳税额 = 销售额 × 比例税率 + 销售数量 × 定额税率
= 58 ÷ 500 × 50000 × 20% + 50000 ÷ 500 × 0.5 = 5800 + 50 = 5850（元）

四、应交营业税核算

营业税是对营业收入或转让收入征收的一种税。征收范围是境内从事交通运输、建筑、金融、保险、邮政、电信、文化、体育、娱乐、服务、转让无形资产、销售不动产等业务。其特点是价内税。

（一）营业税应纳税额计算

见图 9 - 23。

$$营业税应纳税额计算 \begin{cases} 有计税价格：应纳税额 = 计税营业额 \times 税率 \\ 无计税价格：计税营业额 = 营业成本 \times \dfrac{1 + 成本利润率}{1 - 营业税税率} \\ 应纳税额 = 计税营业额 \times 税率 \end{cases}$$

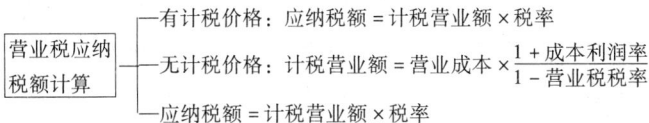

图 9 - 23　营业税应纳税额计算

（二）营业税税率

见表 9 - 9。

表 9 - 9　　　　　　　　　　　　营业税税率

行业	税率（%）
交通运输	3
建筑业	3
邮电通信	3
文化体育	3
服务业、金融保险业	5
娱乐业	5 ~ 20
转让无形资产	5
销售不动产	5

（三）营业税账务处理

营业税的账务处理，一般分为三个步骤：

1. 企业按营业额和规定税率计算应缴纳的营业税税额。

2. 根据计算出的营业税税额，解交应缴纳的税款。

3. 会计期末，将计提的税金转入"当期损益"，核算本年利润。

下面以图表的形式对不同行业的营业税计算、缴纳以及代扣代缴等业务进行具体分析，见表 9 - 10、图 9 - 24。

对于税务机关查出以前年度漏缴营业税问题，如漏交 300 元，应进行调账处理：

（1）借：以前年度损益调整　　　　　　　　　　　　　　　　　　300

　　　　贷：应交税费——应交营业税　　　　　　　　　　　　　　300

（2）借：应交税费——应交营业税　　　　　　　　　　　　　　　300

　　　　贷：银行存款　　　　　　　　　　　　　　　　　　　　　300

表 9 - 10　　　　　　　　　　　　营业税账务处理

不同行业及应税行为	一般营业税的计算与解交处理				特殊情况下的代扣代缴处理			
	核算		解交		核算		解交	
	借方	贷方	借方	贷方	借方	贷方	借方	贷方
金融保险业、旅游、饮食、服务业、邮电通信业	营业税金及附加	应交税费——应交营业税	应交税费——应交营业税	银行存款	应交税费——应交营业税	银行存款		
房地产开发企业	营业税金及附加							
交通运输企业	营业税金及附加							
企业销售列为固定资产的不动产	固定资产清理	应交税费——应交营业税	应交税费——应交营业税	银行存款				
企业转让无形资产	其他业务成本	应交税费——应交营业税	应交税费——应交营业税	银行存款				
建筑业总承包人将部分工程转包给分包人	营业税金及附加(总承包款-分包款)×适用税率	应交税费——应交营业税	应交税费——应交营业税	银行存款	应付账款（代扣税金）	应交税费——应交营业税	应交税费——应交营业税	银行存款
金融机构受其他企业委托发放贷款					应付账款——应付委托贷款利息	应交税费——应交营业税	应交税费——应交营业税	银行存款

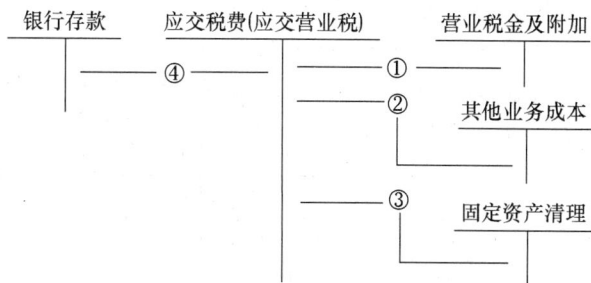

图9-24 营业税账务处理

图示说明:
①计算结转应交营业税。
②转让无形资产应交营业税。
③出售不动产房屋应交营业税。
④实际缴纳营业税。

(四)应交营业税核算实例

1. 转让无形资产和销售不动产应纳营业税。

转让无形资产的征收范围具体包括转让土地使用权、商标权、专利权、非专利技术、著作权、商誉权等。销售不动产的具体征收范围包括销售建筑物或构筑物和其他土地附属物等,适用税率均为5%。必须注意的是,对于无形资产、不动产投资入股,参与被投资方利润分配,共同承担风险的行为,不征营业税。

对于无形资产和不动产的转让与销售一直是营业税征纳中的疑难问题,随着经济的不断发展,出现了许多新的转让与销售形式。本书力图在税法的基础上,结合近年来国家对无形资产转让及不动产销售的新规定,以实例的形式,对特殊问题进行具体解释。

有关合作建房行为的营业税缴纳问题。

根据国税函〔1995〕156号文件,合作建房可分为如下两种方式进行:

第一种方式被称为"以物易物"方式,即双方均以各自拥有的土地使用权和房屋所有权相互交换,达到合作建房的目的。如:

甲:提供土地使用权(以下简称使用权),乙:提供房屋所有权(以下简称所有权),合作建房:

甲方提供土地使用权,乙方提供资产。按税法规定应缴纳税金见表9-11。

表9-11

行为	土地使用权与房屋所有权相交换，甲方获一部分所有权，乙方获一部分使用权		以出租土地使用权换取房屋所有权，甲方将土地出租给乙方建房并使用，若干年后，甲方收回使用权与所有权	
适用营业税税目	甲	乙	甲	乙
转让无形资产——转让土地使用权	√			
销售不动产		√		√
服务业——租赁业			√	

注：若双方未进行货币结算，应当按照《中华人民共和国营业税暂行条例实施细则》第十五条的规定分别核算双方营业额。

【例7】2010年2月，B市光华桥街道厂以提供临街土地使用权为条件，与该市宏达房地产公司合作建写字楼。

该合同规定，街道厂将土地使用权交予宏达房地产公司使用30年，30年后宏达公司将写字楼与土地使用权归还给街道厂，现确定两单位应如何缴纳营业税。

【解】根据表9-11所示，两单位属于以"出租土地使用权换取房屋所有权"的合作建房行为。所以，街道厂应以"服务业——租赁业"缴纳营业税，而宏达公司以"销售不动产"缴纳营业税。

第二种方式是甲方以土地使用权、乙方以货币资产入股，成立丙合营企业，进行合作建房行为。

甲：以土地使用权入股

乙：以货币资金入股

丙：是甲、乙入股成立的合营企业

缴纳各行为见表9-12。

2. 建筑物拆除销售、还本销售和包销不动产业务应纳营业税。

【例8】2010年5月，B市高达房地产开发公司进行了如下业务：

（1）为开发老城区，从土地管理局获得一块土地的使用权，对该土地上的建筑物进行拆除并销售拆除后的砖、瓦、钢筋等物，获得销售收入176万元。

（2）采用"还本"销售方式价值485万元的公寓10套，获得销售收入565万元。

（3）与汉诺房地产销售公司签订为期3个月的包销合同，这个月合同到期，汉诺公司销售价值1200万元的房屋，获得销售收入1456万元，其余房屋汉诺公司以2457万元的价格收购。

表 9 – 12

行为 适用营业税税目	房屋建成后属于甲，以无形资产投资入股			房屋建成后，不属于甲，以无形资产投资入股					
	双方风险共担、利润共享			甲按销售收入的一定比例提成或获得固定利润			甲、乙双方按一定比例分配房屋		
	甲	乙	丙	甲	乙	丙	甲	乙	丙
转让无形资产				（以固定利润或一定比例提成的销售收入为营业额）			（甲向丙转让土地营业额依税法第十五条核定）		
销售不动产			（丙销售房屋取得收入时）			（丙销售时以全部销售收入为营业额）	（销售分配的房屋获得的收入为营业额）	（销售分配的房屋获得的收入为营业额）	

现确定本月高达房地产公司应纳营业税税额，并指出汉诺公司包销业务适用的营业税税率。

【解】（1）根据《中华人民共和国营业税暂行条例》规定，不动产是指不能移动，移动后会引起性质、形状改变的财产。因此单位、个人将自己所有的建筑物拆除的行为发生后，使建筑物由不动产变为了动产。单位和个人将自己所有的建筑物拆除后销售的行为是销售货物行为，属于增值税征税范围，不属于营业税的征收范围。所以第一项业务不征营业税。

（2）根据税法规定，"还本"销售建筑物，是经营者为加快资金周转而采取的促销手段。对以"还本"销售建筑物，应按向购买者收取的全部价款和价外费用征收营业税，不得减除所谓的"还本"支出。

（3）包销不动产是指房地产开发企业与包销商签订合同，将房地产交给包销商根据市场情况自定价格进行销售，由房地产开发企业向客户开具房产销售发票。包销商收取价差或手续费。因此在合同期内，房地产企业按包销商销售给客户的价格确定营业税，比照"销售不动产"征收营业税。合同期满，未出售房屋，由包销商收取，其实质为房地产开发企业将房屋销售给包销商，对房地产开发企业应按"销售不动产"征收营业税。

（4）2010 年 5 月高达公司应纳营业税为：

$(565 + 1456 + 2457) \times 5\% = 223.9$（万元）

汉诺公司获得的包销收入256（1456 – 1200）万元，应按"服务业——代理业"征收营业税，适用税率5%。

五、应交资源税核算

资源税是国家对我国境内开采矿产品或者生产盐的单位和个人征收的税种。资源税应计入该资源的成本。

（一）资源税采用从量定额征收计算公式

计算公式为：

应纳税额 = 课税数量×适用单位税额

【例9】某采矿公司2012年6月开采锡矿石5000吨，销售锡矿源4000吨，锡矿精矿100吨，锡矿选矿比为1:15，锡矿资源税适用税率为每吨6元。该公司6月份应纳资源税计算如下：

应纳资源税 = （4000 + 100 × 15） ×6 = 33000 （元）

（二）资源税的账务处理

1. 小企业销售商品按照税法规定应缴纳的资源税，借记"营业税金及附加"科目，贷记应交税费（应交资源税）。

2. 自产自用的物资应缴纳的资源税，借记"生产成本"科目，贷记应交税费（应交资源税）。

3. 收购未税矿产品，按照实际支付的价款，借记"材料采购"或"在途物资"等科目，贷记"银行存款"等科目，按照代扣代缴的资源税，借记"材料采购"或"在途物资"等科目，贷记应交税费（应交资源税）。

4. 外购液体盐加工成固体盐：在购入液体盐时，按照税法规定所允许抵扣的资源税，借记应交税费（应交资源税），按照购买价款减去允许抵扣的资源税后的金额，借记"材料采购"、"在途物资"或"原材料"等科目，按照应支付的购买价款，贷记"银行存款"、"应付账款"等科目；加工成固体盐后，在销售时，按照销售固体盐应缴纳的资源税，借记"营业税金及附加"科目，贷记应交税费（应交资源税）；将销售固体盐应交资源税抵扣液体盐已交资源税后的差额上交时，借记应交税费（应交资源税），贷记"银行存款"科目。

5. 缴纳的资源税，借记应交税费（应交资源税），贷记"银行存款"科目。

六、应交土地增值税核算

土地增值税是国家为了规范土地、房地产市场交易秩序，合理调节土地增值收益，维护国家权益，对转让国有土地使用权、地上建筑物及其附着物（简称转让房地产）并取得收入的单位及个人征收的一种税。它是按照转让房地产所取得的增值额和规定税率计算征收。

（一）土地增值税计算

土地增值税的计算，见图9 – 25。

```
土地增值税计算
├─转让房地产取得增值额
│  ├─①转让房地产收入：含货币收入、实物收入和其他收入等
│  ├─②规定的扣除项目
│  │   ├─取得土地使用权时支付的金额
│  │   ├─土地开发成本费用和新建房屋及配套设施的成本费用
│  │   ├─旧房及建筑物的评估值
│  │   ├─与转让房地产有关的税费
│  │   └─财政部规定的其他扣除项目
│  └─③增值额＝转让房地产收入－规定扣除项目成本
├─税率
│  ├─①增值额未超过扣除项目金额50%部分：税率为30%
│  ├─②增值额超过扣除项目金额50%，未超过100%部分：税率为40%
│  ├─③增值额超过扣除项目金额100%，未超过200%部分：税率为50%
│  └─④增值额超过扣除项目金额200%以上部分：税率为60%
└─计算方法
   ├─①土地增值额＝转让房地产收入－扣除项目金额
   ├─②土地增值率＝土地增值额÷扣除项目金额×100%
   ├─③某级距应纳税额＝该级距土地增值额×适用税率
   └─④应纳税总额＝∑各级距土地增值额×适用税率
```

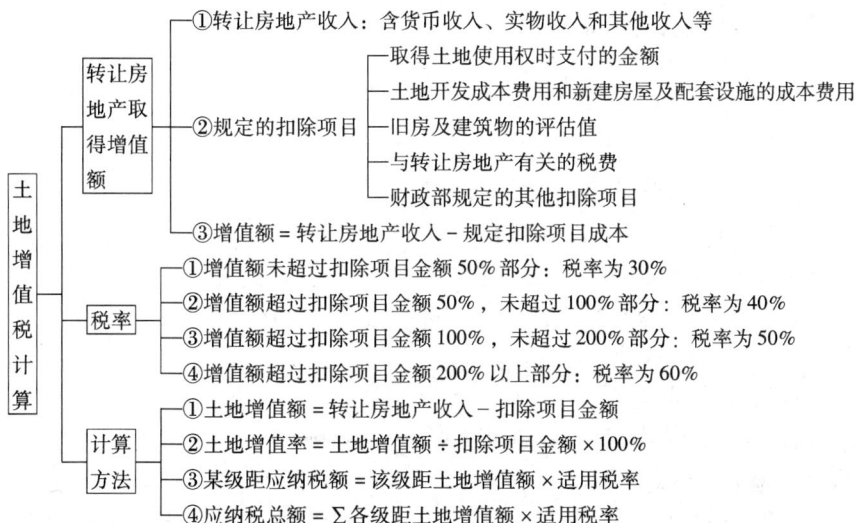

图 9-25　土地增值税计算

（二）土地增值税账务处理

1. 小企业转让土地使用权应缴纳的土地增值税，土地使用权与地上建筑物及其附着物一并在"固定资产"科目核算的，借记"固定资产清理"科目，贷记应交税费（应交土地增值税）。

土地使用权在"无形资产"科目核算的，按照实际收到的金额，借记"银行存款"科目，按照应缴纳的土地增值税，贷记应交税费（应交土地增值税），按照已计提的累计摊销，借记"累计摊销"科目，按照其成本，贷记"无形资产"科目，按照其差额，贷记"营业外收入——非流动资产处置净收益"科目或借记"营业外支出——非流动资产处置净损失"科目。

2. 小企业（房地产开发经营）销售房地产应缴纳的土地增值税，借记"营业税金及附加"科目，贷记应交税费（应交土地增值税）。

3. 缴纳的土地增值税，借记应交税费（应交土地增值税），贷记"银行存款"科目。

（三）土地增值税核算实例

【例10】与转让房地产有关的税金计算。中国境内 A 公司转让自有厂房一处，转让价为 400 万元，除税金以外的扣除项目金额为 200 万元。房地产所在地城建税税率为 7%，教育费附加率为 3%。试计算 A 公司应缴纳的土地增值税。

【解】根据税法规定，与转让房地产有关的税金中可以计入扣除项目金额的有营业税、城市维护建设税、印花税及教育费附加（房地产开发商缴纳的印花税因列入管理费用，因此不允许作为税金再次扣除）。

1. A 公司应缴纳各种税金：

营业税：$400 \times 5\% = 20$ （万元）

印花税：$400 \times 0.005\% = 0.2$ （万元）

城建税：$20 \times 7\% = 1.4$ （万元）

教育费附加：$20 \times 3\% = 0.6$ （万元）

2. 该房地产转让扣除项目总金额：

$200 + 20 + 0.2 + 1.4 + 0.6 = 222.2$ （万元）

3. 增值额：$400 - 222.2 = 177.8$ （万元）

土地增值率：$\dfrac{177.8}{222.2} \times 100\% = 80.02\%$

4. 增值额未超出扣除项目金额 50% 部分的税额：

$222.2 \times 50\% \times 30\% = 33.33$ （万元）

5. 增值额超过扣除项目金额 50%，但未超过扣除项目金额 100% 的部分的税额：

$(177.8 - 222.2 \times 50\%) \times 40\% = 26.68$ （万元）

6. A 公司应缴纳土地增值税：$33.33 + 26.68 = 60.01$ （万元）

七、应交城镇土地使用税、房产税、车船税、矿产资源补偿费、排污费的核算

小企业按照规定应缴纳的城镇土地使用税、房产税、车船税、矿产资源补偿费、排污费，借记"营业税金及附加"科目，贷记应交税费（应交城镇土地使用税、应交房产税、应交车船税、应交矿产资源补偿税、应交排污费）。

缴纳的城镇土地使用税、房产税、车船税、矿产资源补偿费、排污费，借记应交税费（应交城镇土地使用税、应交房产税、应交车船税、应交矿产资源补偿税、应交排污费），贷记"银行存款"科目。

（一）应交房产税核算

房产税是国家在城市、县城、建制镇和工矿区征收的由产权所有人缴纳的一种税。

1. 房产税计征依据、计征税率、计算方法、减免条件及纳税期限，见图 9-26。

2. 房产税账务处理，见图 9-27。

（二）应交土地使用税核算

土地使用税是指使用土地的单位和个人，按其实际占用的土地面积征收的一种税。属资产占用性质税。计征内容及账务处理，见图 9-28 和图 9-29。

```
                                   ┌─ 按房产原值一次减除 10% ~30% 后的余值计算缴纳
              ┌─ 计税 ─┬─ 从价计征 ┤
              │  依据   │          └─ 具体减除幅度由省、自治区、直辖市人民政府确定
              │        └─ 从租计征: 以房屋出租取得租金收入计算缴纳
              │        ┌─ 从价计征: 1.2%
              ├─ 税率 ─┤
              │        └─ 从租计征: 12%
         房   │  计算  ┌─ 从价计征: 年应交房产税 = 房产余值×1.2%
         产   ├─ 方法 ─┤
         税   │        └─ 从租计征: 应交房产税 = 房租收入×12%
         内   │        ┌─ 国家机关、人民团体、军队的房产
         容   │  减免  ├─ 国家财政部门拨事业费单位的房产
              ├─ 条件 ─┤
              │        ├─ 宗教寺庙、公园、名胜古迹的房产
              │        └─ 个人所有的居住用房产
              │  纳税  ┌─ 分月缴纳
              └─ 期限 ─┤
                       └─ 按季缴纳
```

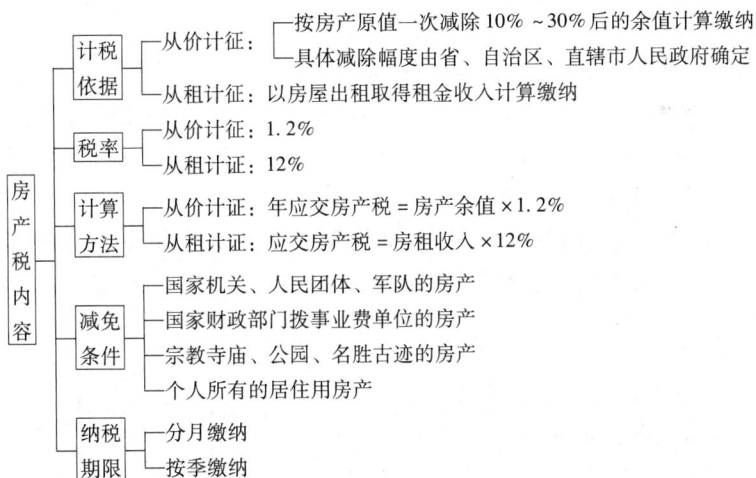

图 9 - 26　房产税内容

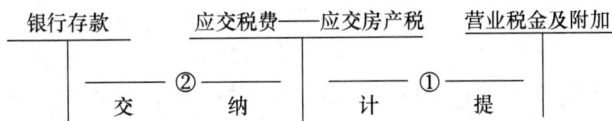

```
银行存款          应交税费——应交房产税        营业税金及附加
  ┌──────┐          ┌──────────────┐          ┌──────
         │  ②              │     ①
  ┌──交──┴──纳──┐  ┌──计──┴──提──┐
```

图 9 - 27　房产税账务处理

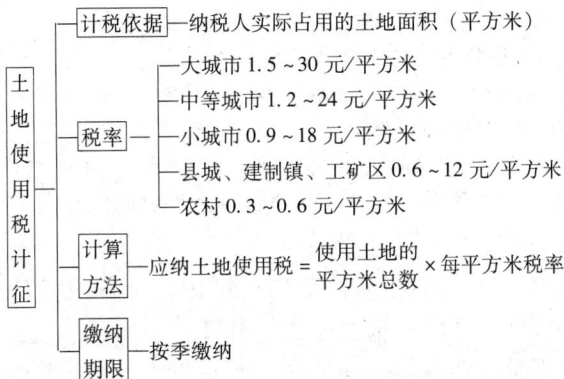

```
          ┌─ 计税依据 ─ 纳税人实际占用的土地面积（平方米）
          │
          │            ┌─ 大城市 1.5 ~30 元/平方米
     土    │            │
     地    │            ├─ 中等城市 1.2 ~24 元/平方米
     使    ├─ 税率 ─────┤
     用    │            ├─ 小城市 0.9 ~18 元/平方米
     税    │            │
     计    │            ├─ 县城、建制镇、工矿区 0.6 ~12 元/平方米
     征    │            │
          │            └─ 农村 0.3 ~0.6 元/平方米
          │
          │  计算        应纳土地使用税 = 使用土地的 ×每平方米税率
          ├─ 方法 ──────                  平方米总数
          │
          │  缴纳
          └─ 期限 ────── 按季缴纳
```

图 9 - 28　土地使用税计征

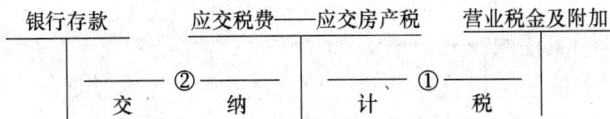

```
银行存款          应交税费——应交房产税        营业税金及附加
  ┌──────┐          ┌──────────────┐          ┌──────
         │  ②              │     ①
  ┌──交──┴──纳──┐  ┌──计──┴──税──┐
```

图 9 - 29　土地使用税账务处理

（三）应交车船税核算

车船税由拥有并且使用车船的单位和个人缴纳，它按车船的种类，分别按辆、净吨位或载重吨位为计税标准，实行从量计征。账务处理同土地使用税，通过"应交税费——应交车船税"科目核算。

（四）应交矿产资源补偿费

根据规定计算出应缴纳矿产资源补偿费时借记"营业税金及附加"，贷记"应交税费——应交资源补偿费"，缴纳时借记"应交税费——应交补偿费"，贷记"银行存款"等。

（五）应交排污费

企业发生排污费应计入企业管理费用，发生时借记"管理费用"科目，贷记"银行存款"等科目。

八、应交城市维护建设税和教育费附加核算

（一）应交城市维护建设税核算

见图 9 - 30。

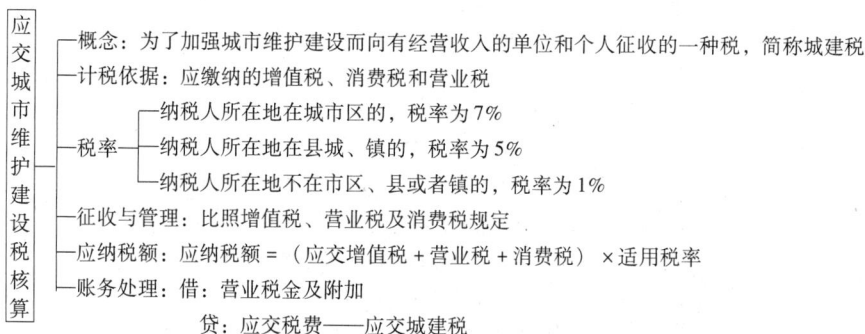

```
        ┌─概念：为了加强城市维护建设而向有经营收入的单位和个人征收的一种税，简称城建税
应      ├─计税依据：应缴纳的增值税、消费税和营业税
交      │        ┌─纳税人所在地在城市区的，税率为7%
城      │        │
市      ├─税率──┼─纳税人所在地在县城、镇的，税率为5%
维      │        │
护      │        └─纳税人所在地不在市区、县或者镇的，税率为1%
建      ├─征收与管理：比照增值税、营业税及消费税规定
设      ├─应纳税额：应纳税额 = （应交增值税 + 营业税 + 消费税）×适用税率
税      └─账务处理：借：营业税金及附加
核              贷：应交税费——应交城建税
算
```

图 9 - 30　应交城市维护建设税核算

缴纳城市维护建设税和教育费附加时，借记应交税费（应交城市维护建设税、应交教育费附加），贷记"银行存款"科目。

（二）应交教育费附加核算

应交教育费附加是为了发展教育事业而征收的一种附加费。教育费附加分为中央（3%）和地方（2%）两种。

计税依据：同城建税。

费率：应交增值税、应交营业税、应交消费税的3%及2%。

应交教育费附加 = （应交增值税 + 消费税 + 营业税）×5%

账务处理：借：营业税金及附加

贷：应交税费——教育费附加

九、应交企业所得税核算

1. 小企业按照税法规定应交的企业所得税，借记"所得税费用"科目，贷记应交税费（应交企业所得税）。

2. 缴纳的企业所得税，借记应交税费（应交企业所得税），贷记"银行存款"科目。具体核算方法见所得税核算部分。

十、应交个人所得税的账务处理

1. 小企业按照税法规定应代扣代缴的职工个人所得税，代扣时借记"应付职工薪酬"科目，贷记应交税费（应交个人所得税）。

2. 缴纳的个人所得税，借记应交税费（应交个人所得税），贷记"银行存款"科目。

小企业按照规定实行企业所得税、增值税、消费税、营业税等先征后返的，应当在实际收到返还的企业所得税、增值税（不含出口退税）、消费税、营业税等时，借记"银行存款"科目，贷记"营业外收入"科目。

应交税费科目期末贷方余额，反映小企业尚未缴纳的税费；期末如为借方余额，反映小企业多交或尚未抵扣的税费。

第五节 长期负债核算

一、长期负债的特点

长期负债是企业向债权人筹集的可供长期使用，偿还期在一年以上的债务。长期负债除具有负债的共同点外，还有金额大、偿还期长、不采用分期偿还特点。

（一）长期负债的内容

见图 9-31。

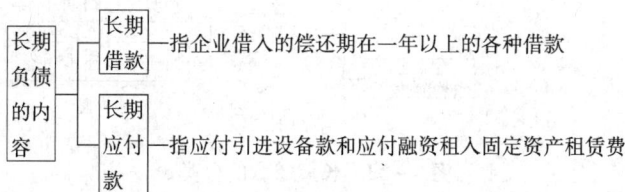

图 9-31 长期负债的内容

（二）举债经营的利弊

举债经营既有利的一面，也有弊的一面。具体内容见图 9-32。

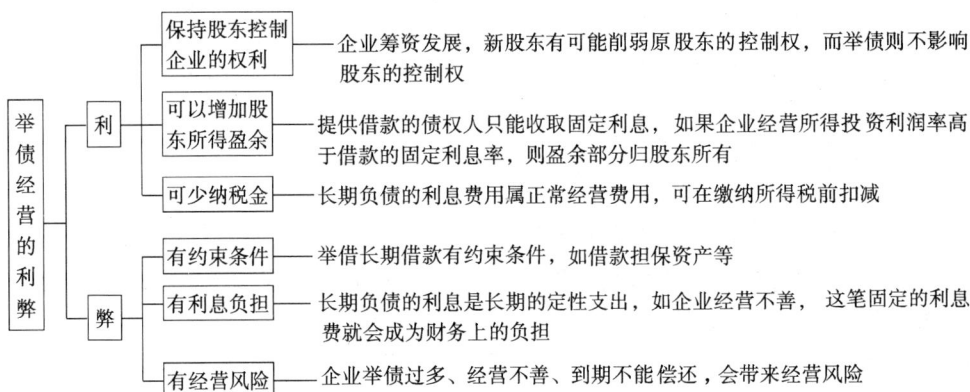

图9-32 举债经营的利弊

二、长期借款的核算

长期借款是指小企业向银行或其他金融机构借入期限在一年以上的各种借款的本金。

（一）长期借款的种类

长期借款的种类很多，按不同标准可分为如下几类，见图9-33。

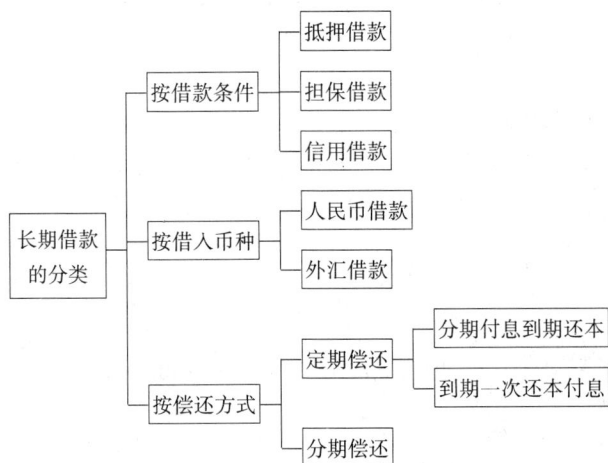

图9-33 长期借款的分类

（二）长期借款的利息

长期借款的利息一般按复利计算。如果是外币借款，其利息也按外币计算及支付。长期借款利息的处理见图9-34。

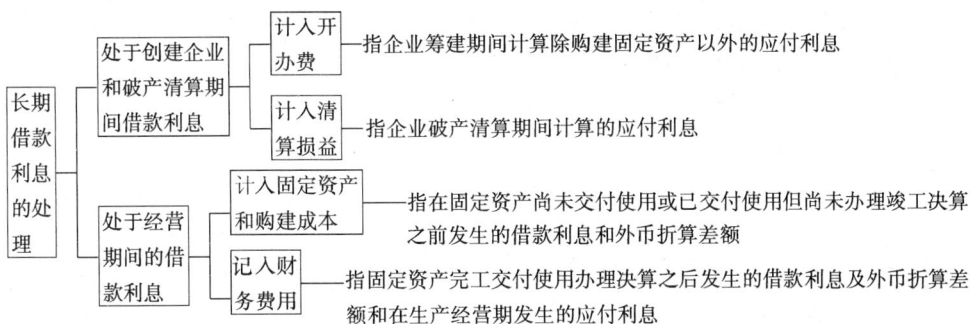

图 9 – 34　长期借款利息的处理

（三）长期借款的账务处理

为了正确反映长期借款情况，企业应设置"长期借款"账户用于核算企业借入的各种长期借款。该账户结构为：贷方登记借入本金金额；借方登记归还借款本金。该账户按贷款单位设置明细账，按借款种类进行明细核算。借款期间发生利息，在"应付利息"科目核算。人民币借款及分期付息到期还本的账务处理见图 9 – 35。

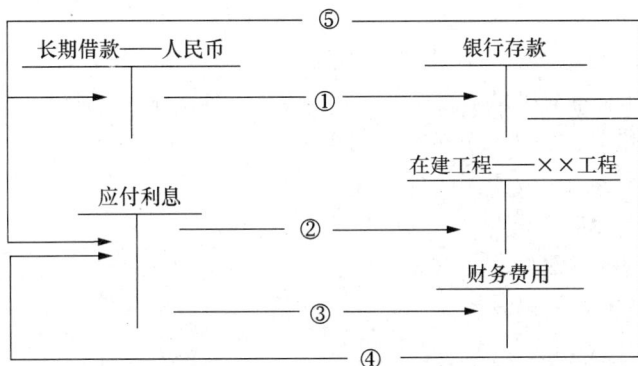

图 9 – 35　长期借款的账务处理

图示说明：

①借入人民币长期借款存入银行。

②计算确定应付利息（建造固定资产尚未完工）。

③计算确定应付利息（建造固定资产已竣工交付使用后利息）。

④用银行存款支付利息费用和本金。

⑤到期还本付息。

【例11】某企业扩建厂房，年初向银行借入长期借款50万元，借款期限为3年，按年利率10%计算复利，该项工程预计2年完工。还本付息有以下三种方案：

（1）借入款项分期付息到期还本。

（2）借入款项到期一次还本付息。

（3）借入款项第二年末归还借款的70%，其余部分第三年末还清。

【解】按第（1）种方案：

1）收到借款存入银行：

借：银行存款   500000

  贷：长期借款——人民币户   500000

2）每月预提利息费用：

借：在建工程——××工程 4166.6（500000×10%÷12）

  贷：应付利息——人民币借款利息   4166.6

3）每半年支付一次利息：

借：应付利息——人民币借款利息 25000（4166.6×6）

  贷：银行存款   25000

4）第三年开始已竣工程交付使用后，每月预提利息费用：

借：财务费用   4166.6

  贷：应付利息——人民币借款利息   4166.6

5）第三年末还本付息：

借：长期借款——人民币户   500000

  应付利息——人民币借款利息   25000

  贷：银行存款   525000

按第（2）种方案：

1）收到借款存入银行：

借：银行存款   500000

  贷：长期借款——人民币户   500000

2）第一年每月预提利息费用：

借：在建工程——××工程   4166.6

  贷：应付利息——人民币借款利息   4166.6

3）第二年每月预提利息费用：

借：在建工程——××工程   4583

$$\left[\frac{(500000+50000)\times10\%}{12}\right]$$

  贷：应付利息——人民币借款利息   4583

4）第三年每月预提利息费用：

$$\left[\frac{(500000+50000+55000)\times10\%}{12}\right]$$

借：财务费用　　　　　　　　　　　　　　　　　　　　5042

　　贷：应付利息——人民币借款利息　　　　　　　　　　　5042

5）第三年末还本付息：

借：长期借款——人民币户　　　　　　　　　　　　　500000

　　应付利息——人民币借款利息　　　　　　　　　　165500

　　贷：银行存款　　　　　　　　　　　　　　　　　665500

按第（3）种方案：

1）收到借款存入银行：

借：银行存款　　　　　　　　　　　　　　　　　　　500000

　　贷：长期借款——人民币户　　　　　　　　　　　　500000

2）第一年每月预提利息费用：

借：在建工程——××工程　　　　　　　　　　　　　4166.6

　　贷：应付利息——人民币借款利息　　　　　　　　　4166.6

3）第二年每月预提利息费用：

借：在建工程——××工程　　　　　　　　　　　　　　4583

　　贷：应付利息——人民币借款利息　　　　　　　　　　4583

4）第二年末归还70%的利息：

借：长期借款——人民币户　　　　　　　　　　　　　350000

　　应付利息——人民币借款利息　　　　　　　　　　　73500

350000 =（500000×70%）

73500 =（105000×70%）

　　贷：银行存款　　　　　　　　　　　　　　　　　423500

5）第三年每月预提利息费用：$\left[\frac{(150000+31500)\times10\%}{12}\right]$

借：财务费用　　　　　　　　　　　　　　　　　　　1512.50

　　贷：应付利息——人民币借款利息　　　　　　　　　1512.50

6）第三年末偿还其余部分本息：

借：长期借款——人民币户　　　　　　　　　　　　　150000

　　应付利息——人民币借款利息　　　　　　　　　　　49650

　　贷：银行存款　　　　　　　　　　　　　　　　　199650

（四）外币借款核算

外币借款账务处理，见图9－36。

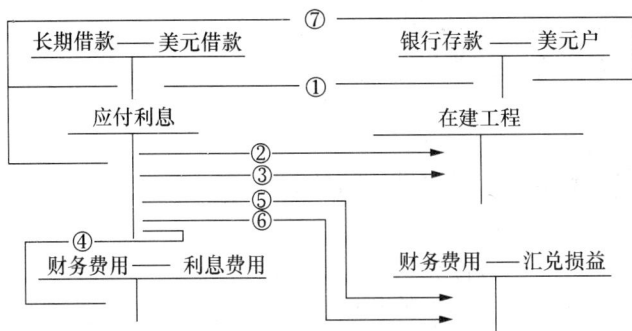

图 9-36 外币借款账务处理

图示说明：

①借入美元存入银行。

②计算确定应付利息（筹建固定资产尚未完工）。

③月末按汇率调整"长期借款"账户余额（筹建固定资产尚未完工）。

④计算确定应付利息（筹建固定资产已竣工交付使用）。

⑤月末按汇率调整"长期借款"账户余额（筹建固定资产已完工交付使用）。

⑥归还借款前按汇率调整"长期借款"账户余额。

⑦到期归还借款本金和利息。

【例 12】某企业为购入进口设备向中国银行借入 200000 美元，期限 2 年，借款年利率 8%。每年计息一次，按复利计算，到期一次还本付息。进口设备第一年末安装完毕，交付使用。

【解】

（1）借入 200000 美元，存入银行，当日美元与人民币汇率为 1:8。

借：在建工程　　　　　　　　　　　　　　　　　　　　　1600000

　　贷：长期借款——××银行美元户　　　（$ 200000 × 8）1600000

（2）第一年末应计利息为 16000 美元，当日美元与人民币汇率为 1:8.2。

借：在建工程——××工程　　　　　　　　　　　　　　　　131200

　　贷：应付利息——××银行美元户　　　（$ 16000 × 8.2）131200

（3）第二年末应计利息为 17280 美元[（200000 + 16000）× 8%]计入财务费用，年末美元与人民币汇率为 1:8.1。

借：财务费用　　　　　　　　　　　　　　　　　　　　　　139968

　　贷：应付利息——××银行美元户（17280 × 8.1）　　　　139968

（4）归还借款前调整"长期借款"美元户余额。

第二年末本息共计 233280（200000 + 16000 + 17280）美元，年终美元与人民币汇率为 1:8.1，折合人民币 1889568 元，假如"长期借款美元户"账面人民

币余额为 1877904 元，结转外币折合差额调整，调增人民币 11664（1889568 –
1877904）元。

借：财务费用——汇兑损益　　　　　　　　　　　　　　　11664

　　贷：长期借款——美元借款　　　　　　　　　　　　　11664

（5）归还借款利息，当日美元与人民币汇率为 1∶8.1，合计人民币
1889568 元。

借：长期借款——××银行美元户　　（＄200000×8.1）1620000

　　应付利息　　　　　　　　　　　　（＄33280×8.1）269568

　　贷：银行存款——美元户　　　　　　　　　　　　　　1889568

三、长期应付款

1. 长期应付款即指除长期借款和应付债券以外的其他各种偿还期在一年以
上的应付款，如采用补偿贸易方式引进国外设备款、分期付款购入设备、应付融
资租入固定资产的租赁费等。

为了对长期应付款进行正确的反映和监督，需要设置"长期应付款"账户，
该账户贷方登记企业按照补偿贸易方式引进设备价款（包括国外运杂费），以及
应支付的融资租入固定资产租赁费；借方登记归还引进设备款和实际支付的融资
租赁费；贷方余额表示尚未偿还的各种长期应付款余额。该账户应按长期应付款
的种类设置明细账。

长期应付款的利息费用处理应遵循费用资本化原则，具体做法见图 9 – 37。

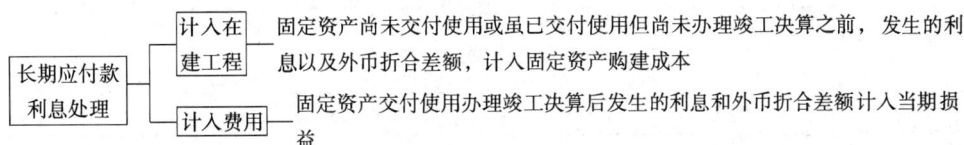

图 9 – 37　长期应付款利息处理

2. 应付融资租赁款核算。融资租赁实际上是转移与一项资产所有权有关的
全部风险和报酬的一种租赁。它是承租人利用出租人的资金取得固定资产的长期
使用权，以后以分期支付租赁费（包括固定资产价款和利息等）的形式，偿还
出租人投入的资金。融资租入固定资产的计价见图 9 – 38。

【例13】甲企业以融资租赁方式租入一套生产线设备，设备买价 140000 元，
途中保险费 2000 元，运输费 3000 元，安装调试费 5000 元。内含增值税 20000
元。租赁合同规定，该设备租金 150000 元，交付使用后每年付款一次，5 年付
清，付款同时按年息 8% 支付利息，按每次租金额的 1% 支付手续费，付清租金

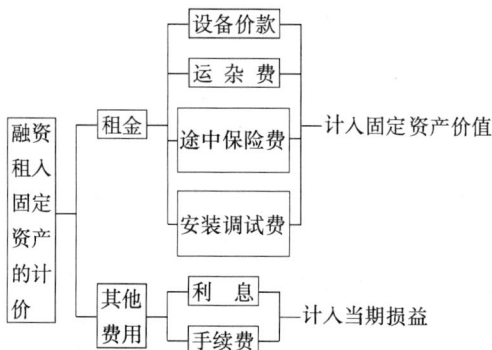

图 9 – 38 融资租入固定资产的计价

后，租赁公司将以 15000 元低价将该设备所有权转让给甲企业。该设备折旧年限 10 年，预计净残值占原值的 5%。

【解】该企业"融资租入固定资产还款计划"，见表 9 – 13。

表 9 – 13

期数	每期租金	每期利息	每期手续费	每期付款总额	应付租金余额
0	—	—	—	—	150000
1	30000	12000	300	42300	120000
2	30000	9600	300	39900	90000
3	30000	7200	300	37500	60000
4	30000	4800	300	35100	30000
5	30000	2400	300	32700	0
合计	150000	36000	1500	187500	

注：每期租金 = 应付租金总额 ÷ 期数 = 150000 ÷ 5 = 30000（元）

每期利息 = 应付租金余额 × 年利息率 = 150000 × 8% = 12000（元）；120000 × 8% = 9600（元）

每期手续费 = 每期租金 × 手续费率 = 30000 × 1% = 300（元）

每期付款总额 = 每期租金 + 每期利息 + 每期手续费

（1）融资租入的固定资产安装调试完毕交付使用时，按设备价款、运输费、途中保险费、安装调试等费用，扣除增值税后作为固定资产原始价值入账，作如下分录：

借：固定资产——融资租入固定资产　　　　　　　　　　　　130000

　　应交税费——进项税　　　　　　　　　　　　　　　　　　20000

　　贷：长期应付款——应付融资租赁款　　　　　　　　　　　　150000

（2）每月提取折旧 2058（130000 × 0.95 ÷ 60）元：

借：制造费用　　　　　　　　　　　　　　　　　　　　2058

　　贷：累计折旧　　　　　　　　　　　　　　　　　　　　2058

（3）支付第一期租金、利息和手续费时：

借：长期付款　　　　　　　　　　　　　　　　　　　　42300

　　贷：银行存款　　　　　　　　　　　　　　　　　　　　42300

（4）摊销应由第一期负担的利息费用及手续费：

借：财务费用　　　　　　　　　　　　　　　　　　　　12300

　　贷：长期应付款　　　　　　　　　　　　　　　　　　　12300

以后每期都如此摊销。

（5）租赁期满，承租企业用15000元低价购入所租入的固定资产时：

借：固定资产——生产用固定资产　　　　　　　　　　130000

　　贷：固定资产——融资租入固定资产　　　　　　　　　130000

（6）同时，由于不增加固定资产原价，可将支付的价款直接记入"管理费用"或"其他业务成本"处理：

借：管理费用　　　　　　　　　　　　　　　　　　　15000

　　贷：银行存款　　　　　　　　　　　　　　　　　　　15000

上述账务处理见图9-39。

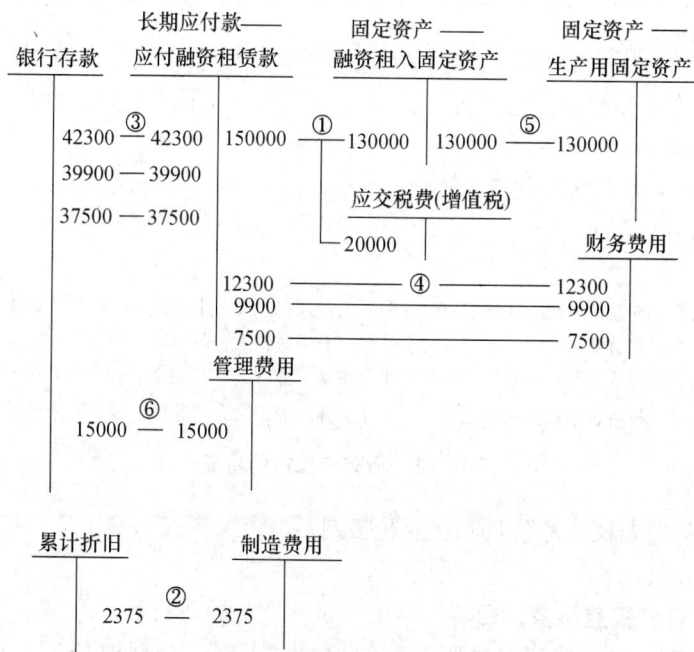

图 9 - 39　融资租赁账务处理

第十章 所有者权益核算与税务处理

第一节 所有者权益的含义、核算目标及风险提示

一、所有者权益的含义及内容

> 《小企业会计准则》指出：所有者权益，是指企业资产扣除负债后由所有者享有的剩余权益。

小企业的所有者权益包括实收资本（或股本，下同）、资本公积、盈余公积和未分配利润。

（一）所有者权益的特征

见图 10 - 1。

所有者权益的特征
- ① 所有者权益伴随投资者的投资行为而产生，其数额和大小取决于投资额及企业的盈亏情况
- ② 所有者权益除发生清算、减资情况外，一般不需要由企业归还投资者，可供企业长期使用
- ③ 投资者可依据其在企业的投资额占实收资本（或股本）的份额，参与企业的利润分配
- ④ 所有者权益置债权人权益之后，在企业清算时清偿所有债务后，才能返还给投资者

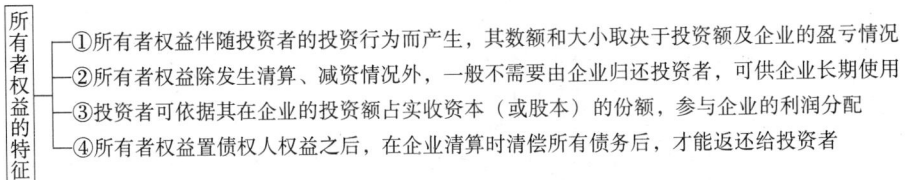

图 10 - 1 所有者权益的特征

（二）所有者权益与债权人权益的区别

见表 10 - 1。

二、所有者权益核算的目标

正确地确认、计量和记录所有者的权益，正确、合理地分配企业实现的利润，正确报告所有者权益变动情况，保护所有者权益不受损失。

表 10 - 1	所有者权益与债权人权益的区别	
比较项目	区　　别	
	所有者权益	负债（债权人权益）
1. 对象	是企业的投资者	是企业的债权人
2. 偿还期	无须偿还	按时支付利息、偿还本金
3. 是否参与企业经营管理	有权参与企业经营管理权	按时支付利息、偿还本金
4. 是否参与企业利润分配	有权参与企业的利润分配	不能参与企业利润分配，只能收取利息

三、风险提示

1. 所有者权益确认、计量及记录不正确，混淆两类不同性质权益，可能导致所有者权益受损。

2. 不能正确分配企业实现利润，变相分配企业实现利润，可能导致违规操作，使企业遭受经济损失。

3. 不能及时正确地核算与报告所有者权益变动的情况，可能导致投资者决策失误，不能正确发挥会计信息的作用。

第二节　实收资本的含义与核算

一、实收资本含义

《小企业会计准则》指出：实收资本，是指投资者按照合同协议约定或相关规定投入到小企业，构成小企业注册资本的部分。

企业要经营必须有一定的"本钱"，我国企业法人登记管理条例规定，企业申请开业，必须具备符合国家规定并与其生产经营和服务规模相适应的资金数额。由于企业组织形式不同，对所有者投入资金的会计核算方法也不相同。除股份有限公司对股东投入的资本应设立"股本"科目核算外，其他类型企业均设"实收资本"科目，核算企业资本金的增减变动。实收资本按投资者进行明细核算。实收资本核算流程见图 10 - 2。

二、实收资本核算规定

1. 小企业收到投资者以现金或非货币性资产投入的资本，应当按照其在本企业注册资本中所占的份额计入实收资本，超出的部分，应当计入资本公积。

2. 投资者根据有关规定对小企业进行增资或减资，小企业应当增加或减少实收资本。

实收资本核算的有关规定见图 10 - 3。

```
                    ┌──────────────────────┐
          ┌────────▶│  实收资本（或股本）  │◀────────────────┐
          │         └──────────────────────┘                  │
          │           ▲    ▲    ▲    ▲    ▲                    │
          │  ┌────────┴──┬─┴────┴───┴────┴─────┐               │
          │  ┌─────────┐ ┌────────┐ ┌────────┐ ┌────────┐ ┌──────────┐
          │  │ 货币资金 │ │有价证券│ │固定资产│ │材料物资│ │无形资产等│
          │  └─────────┘ └────────┘ └────────┘ └────────┘ └──────────┘
          │                         ┌────────┐
          │                         │ 资本公积│
          │                         └────────┘
          │                           ▲
          │  ┌──────────┬─────────────┼──────────────┬─────────────┐
          │  ┌──────────┐ ┌────────────┐ ┌────────────┐ ┌────────────┐
          │  │ 资本金溢价│ │ 接受捐赠资产│ │ 财产评估差价│ │ 汇率折算差额│
          │  └──────────┘ └────────────┘ └────────────┘ └────────────┘
          │                 │
          │         ┌───────────────────┐
          │         │  资本公积转增资本  │
          │         └───────────────────┘
          │         ┌───────────────────┐    ┌──────────┐
          │         │   提取盈余公积金   │◀───│ 企业净利润│
          │         └───────────────────┘    └──────────┘
          │         ┌───────────────────┐
          └─────────│  盈余公积金转增资本 │
                    └───────────────────┘
                    ┌───────────────────┐
                    │ 用盈余公积金弥补亏损│
                    └───────────────────┘
                    ┌───────────────────────┐
                    │企业若解散，清理投入资本 │
                    └───────────────────────┘
```

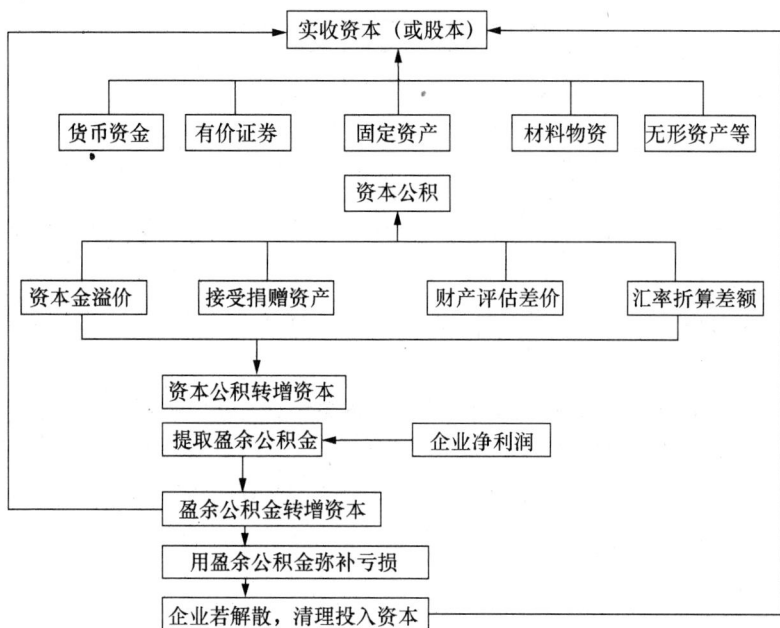

图 10 - 2　实收资本核算流程

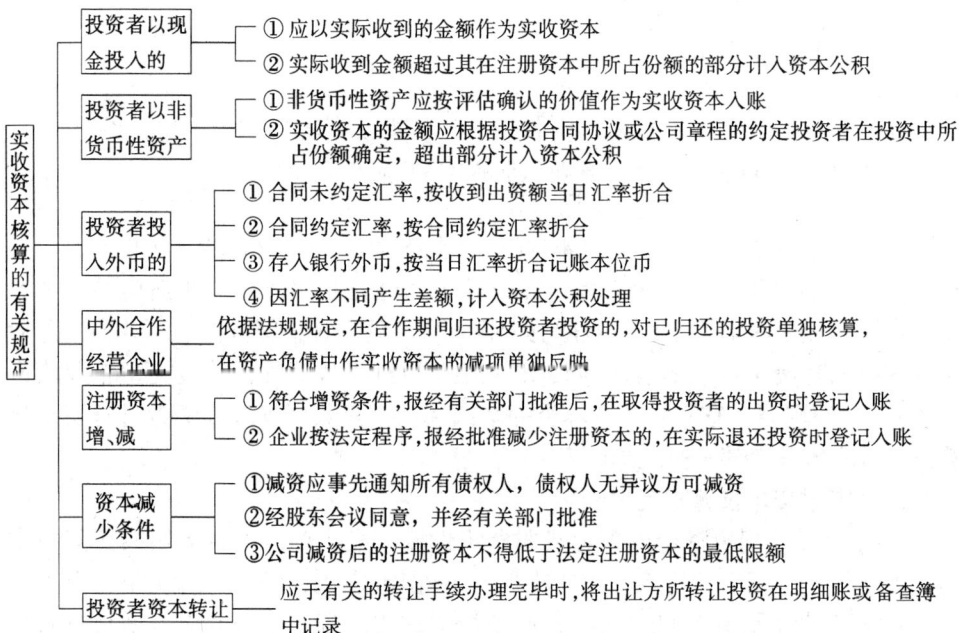

图 10 - 3　实收资本核算的有关规定

实收资本账务处理见图 10－4。

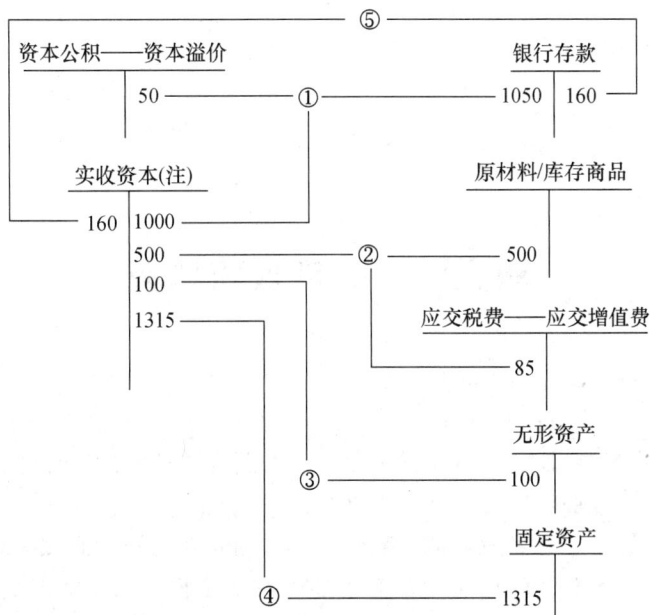

图 10－4 实收资本账务处理

注：实收资本按投资者设立明细账，进行明细核算。

图示说明：

①投资者投入外币折合人民币 1050 万元，其中汇率折算差额 50 万元。

②投资者投入原材料 500 万元，增值税 85 万元。

③投资者投入土地使用权按评估确认价值入账。

④投资者投入固定资产，按评估价值入账。

⑤按程序及手续批准减少实收资本 160 万元。

有限责任公司、国有独资公司、外商投资企业实收资本核算参照一般企业核算方法。

三、实收资本核算实例

见表 10－2。

表 10－2 实收资本核算实例

【例 1】甲公司收到 A 公司 130 万元、B 公司 150 万元的现款存入银行，作为投入资本金	存入银行后： 借：银行存款　　　　　　　　　2800000 　　贷：实收资本——A 公司　　　　1300000 　　　　　　　　——B 公司　　　　1500000
【例 2】甲公司收到 C 公司投入一项非专利技术，评估确认价值为 56 万元。而投资协议约定 C 公司投入 50 万元，占注册资本 50%	办妥转移手续后： 借：无形资产——非专利技术　　　560000 　　贷：实收资本——C 公司　　　　500000 　　　　资本公积　　　　　　　　　 60000

【例3】经全体股东同意A公司将持有资本50万元转让给C公司	办妥转让手续后： 借：实收资本——A公司　　500000 　　贷：实收资本——C公司　　500000

第三节　资本公积核算

《小企业会计准则》指出：资本公积，是指小企业收到的投资者出资额超过其在注册资本或股本中所占份额的部分。

资本公积属于所有者权益的范畴，其形成与企业的净利润无关。

小企业用资本公积转增资本，应当冲减资本公积，小企业的资本公积不得用于弥补亏损。

资本公积核算账务处理见表10-3。

表10-3　　　　　　　　　资本公积核算账务处理

【例4】甲、乙各出资40万元开办公司，经过两年经营，企业的未分配利润积累46万元。这时丙要求加入，经协商只要丙投入60万元，则三人享有同等权益。其多余部分计入资本公积。	借：银行存款　　　　　　　　　600000 　　贷：实收资本　　　　　　　400000 　　　　资本公积——资本溢价　200000
【例5】甲公司A股东以美元进行投资，协议的约定汇率为1美元折合8元人民币，即注册资本80万元人民币。公司收到汇来10万美元注册资本，到账日美元与人民币汇率为1:8.2。	借：银行存款　　　　　　　　　820000 　　贷：实收资本　　　　　　　800000 　　　　资本公积——资本溢价　20000
【例6】经股东会决定将资本溢价20万元转增资本金。	借：资本公积——资本溢价　　　200000 　　贷：实收资本　　　　　　　200000

第四节　盈余公积核算

《小企业会计准则》指出：盈余公积，是指小企业按照法律规定在税后利润中提取的法定公积金和任意公积金。

小企业用盈余公积弥补亏损或者转增资本，应当冲减盈余公积。小企业的盈余公积还可以用于扩大生产经营。

一、盈余公积构成

盈余公积构成见图 10 - 5。

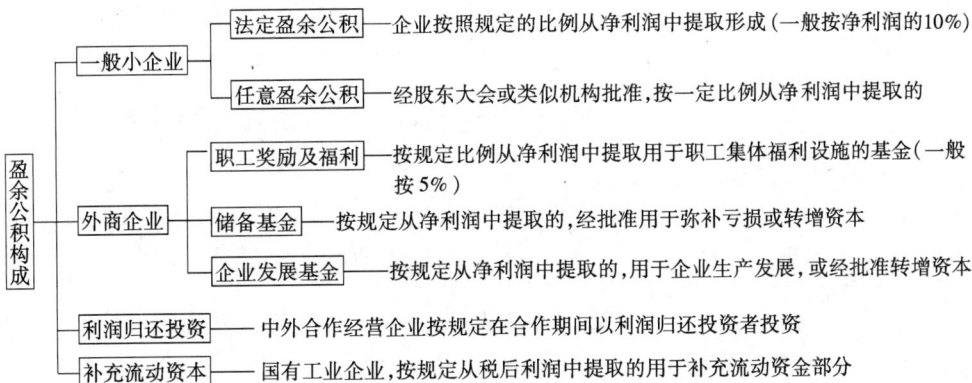

图 10 - 5　盈余公积构成

二、盈余公积用途

见图 10 - 6。

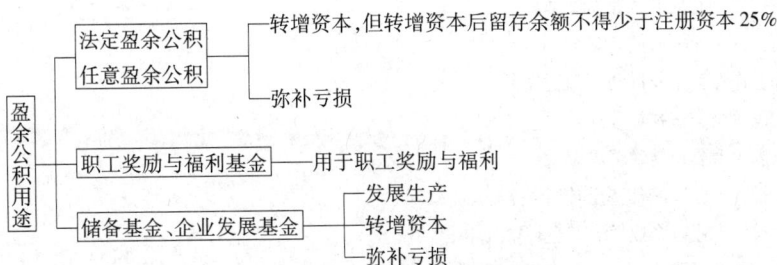

图 10 - 6　盈余公积用途

三、盈余公积账务处理

见图 10 - 7。

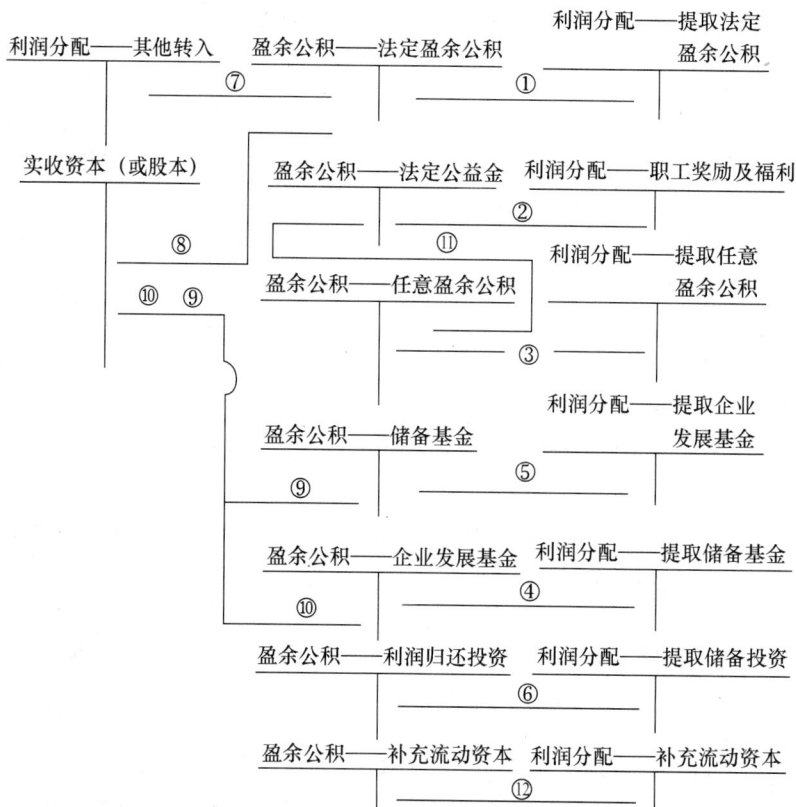

图 10 - 7 盈余公积账务处理

图示说明：

①企业提取法定盈余公积。

②外商企业提取职工奖励与福利。

③企业提取任意盈余公积。

④外商投资企业提取企业发展基金。

⑤外商投资企业提取储备基金。

⑥中外合作经营企业以利润归还投资。

⑦企业以盈余公积弥补亏损。

⑧企业以盈余公积转增资本。

⑨外商投资企业以储备基金转增资本。

⑩外商投资企业以企业发展基金转增资本。

⑪外商企业用提取奖励及福利金购置固定资产后科目结转。

⑫企业按规定从税后利润提取用于弥补流动资本。

第五节　未分配利润核算

《小企业会计准则》指出：未分配利润，是指小企业实现的净利润，经过弥补亏损、提取法定公积金和任意公积金、向投资者分配利润后，留存在本企业的、历年结存的利润。

一、未分配利润的性质及用途

见图 10 – 8。

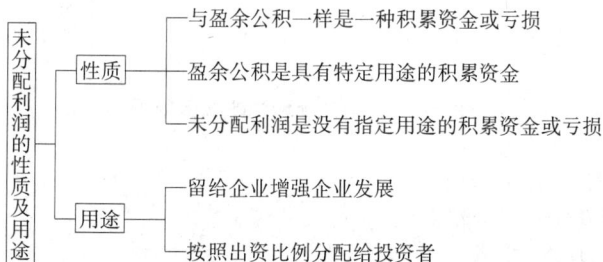

图 10 – 8　未分配利润的性质及用途

二、未分配利润的账务处理

见图 10 – 9。

第六节　税务处理的有关规定

公司盈余公积或未分配利润转增资本金，应落实到个人名下，视同利润分配应缴纳个人所得税，税率为 20% 。

公司股东向公司借款，长期不还（一年以上），应视同股东分红，缴纳个人所得税。

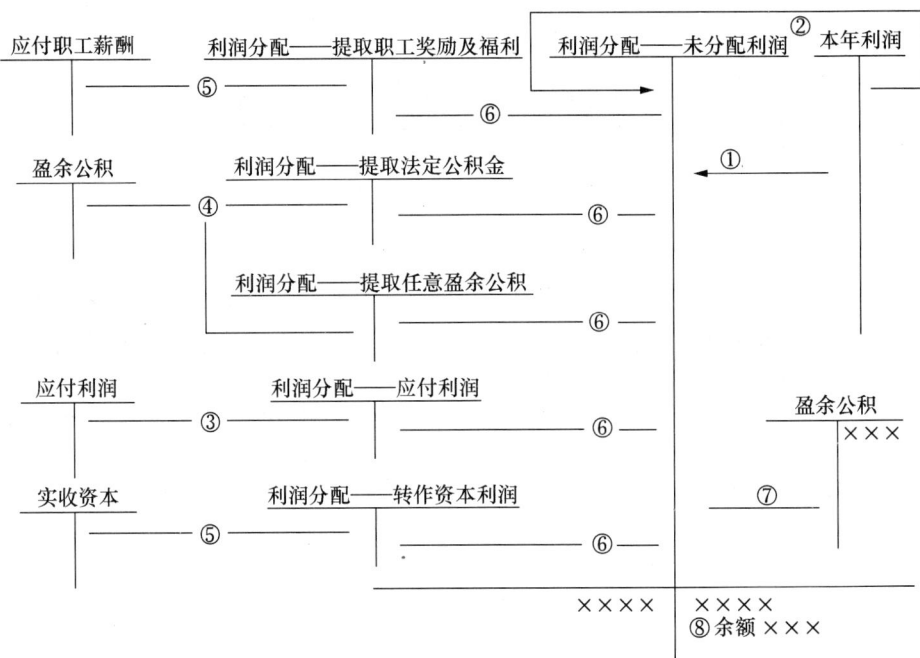

图 10 – 9　未分配利润的账务处理

图示说明：

①将全年实现净利润转入利润分配——未分配利润。

②企业发生的净亏损转入未分配利润。

③将本年净利润分配给投资者。

④计提法定盈余公积（按公司法规定应计提净利润的 10%，但计提法定公积金为公司注册资本的 50% 以上的，可以不再提取。公司从净利润中提取法定盈余公积金后，经股东会决议还可提取任意公积金。公司不得在弥补亏损和提取法定公积金之前向股东分配利润）。

⑤外商小企业税后的净利润可按一定比例计提职工奖励及福利基金，或按规定转增资本。

⑥将提取法定盈余公积、利润分配等发生额转入利润分配——未分配利润。

⑦将用盈余公积弥补的亏损转入未分配利润。

⑧未分配利润，期末贷方余额为累计未分配利润，借方余额为累计未弥补亏损。企业发生亏损按税法规定可在 5 年内用税前利润弥补。5 年内弥补不完的，由税后利润弥补。

第十一章 收入、费用、利润核算与税务处理

第一节 收入、费用、利润核算的目标与风险提示

一、收入、费用与利润核算意义

小企业总收入减去总费用支出，余下的就是企业的利润。利润是小企业生存发展的基础，没有利润企业就难以生存。加强利润核算与管理，就必须从收入与费用做起，正确反映收入、费用与利润动态情况，为经营决策提供信息。

二、核算目标

正确地确认、计量和记录收入、费用与利润的动态情况，严格控制各项费用支出，及时正确地反映利润的完成情况。

三、风险提示

1. 收入、费用确认不合规，计量不准确，核算不及时，可能导致会计信息失真，不利于企业的经营决策。

2. 收入、费用控制不严，核算不合规，可能导致企业资源的浪费、利益的降低，使企业的经济利益受损。

3. 收入、费用、利润等核算不真实，计量不准确，影响税金的正确缴纳，可能导致违规风险。

四、收入、费用、利润核算的内容

（一）收入的含义及构成

《小企业会计准则》指出：收入，是指小企业在日常生产经营活动中形成的、会导致所有者权益增加的、与所有者投入资本无关的经济利益的总流入。包括：销售商品收入和提供劳务收入。

企业收入构成见图 11 - 1。

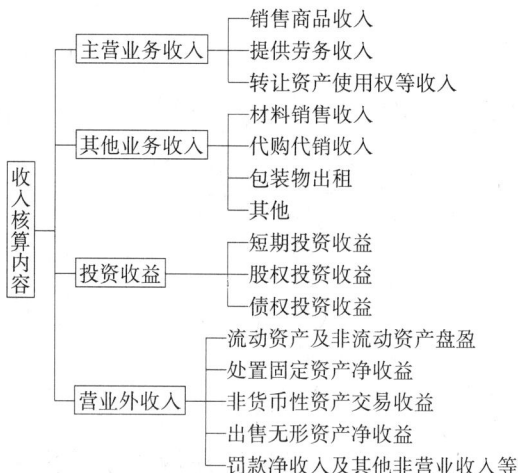

收入核算内容
- 主营业务收入
  - 销售商品收入
  - 提供劳务收入
  - 转让资产使用权等收入
- 其他业务收入
  - 材料销售收入
  - 代购代销收入
  - 包装物出租
  - 其他
- 投资收益
  - 短期投资收益
  - 股权投资收益
  - 债权投资收益
- 营业外收入
  - 流动资产及非流动资产盘盈
  - 处置固定资产净收益
  - 非货币性资产交易收益
  - 出售无形资产净收益
  - 罚款净收入及其他非营业收入等

图 11 - 1　收入核算内容

（二）费用的含义及构成

《小企业会计准则》指出：费用，是指小企业在日常生产经营活动中发生的、会导致所有者权益减少、与所有者分配利润无关的经济利益的总流出。包括：营业成本、营业税金及附加、销售费用、管理费用、财务费用等。

企业费用构成见图 11 - 2。

（三）利润的含义及构成

《小企业会计准则》指出：利润，是指企业在一定会计期间的经营成果，包括：营业利润、利润总额和净利润。

营业利润，是指营业收入减去营业成本、营业税金及附加、销售费用、管理费用、财务费用，加上投资收益（或减去投资损失）后的金额。

前款所称营业收入，是指小企业销售商品和提供劳务实现的收入总额。

利润总额，是指营业利润加上营业外收入，减去营业外支出后的金额。

净利润，是指利润总额减去所得税费用后的净额。

利润实质上是企业在一定会计期间的总收入与总费用（含销售产品成本）的差额，即投入与产出之差额。若企业的总收入大于期间的总费用，其差额为利润；若企业的总收入小于期间的总费用，其差额为亏损。

```
                        ┌ 销售商品成本
              主营业务成本 ┤ 提供劳务成本
                        └ 转让资产使用权成本
                        ┌ 营业税
                        │ 消费税
                        │ 城建税
              营业税金及附加┤ 资源税
                        │ 土地增值税
                        │ 教育费附加
                        └ 印花税等
                        ┌ 销售材料成本
              其他业务成本 ┤ 出租包装物成本
                        └ 相关成本费用等
  费用        ┌ 销售费用——商品销售及售后服务过程中发生的费用
  核算   期间  │
  内容   费用  ┤ 管理费用——为组织和管理企业生产经营活动所发生的费用
              │
              └ 财务费用——利息支出、汇兑损失、相关手续费
                        ┌ 流动资产和非流动资产盘亏及毁损
                        │ 处置固定资产净损失
                        │ 债务重组损失
              营业外支出 ┤ 出售无形资产净损失
                        │ 罚款支出、非常损失
                        └ 对外捐赠、赞助等
              所得税费用——按规定计算缴纳企业所得税
```

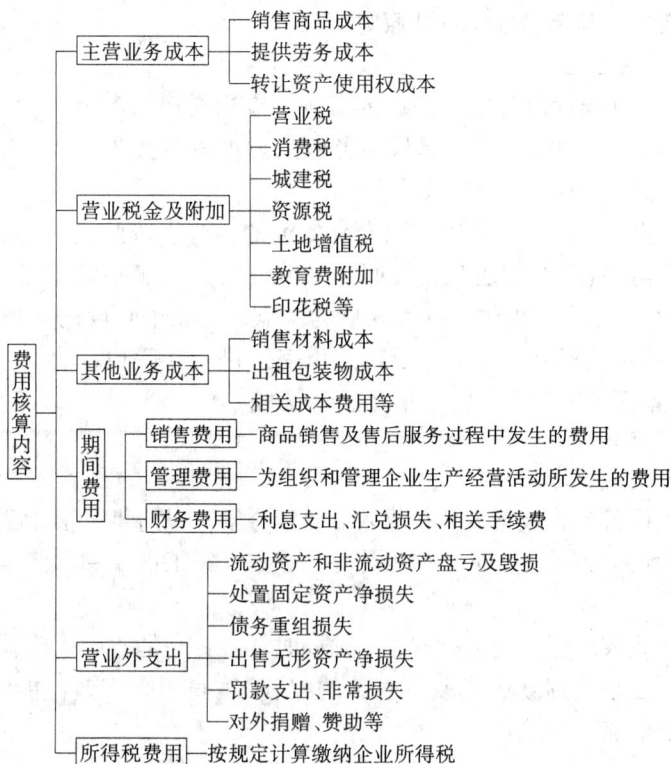

图 11-2 费用核算内容

企业主营业务一般由商品购销业务与劳务服务业务构成。商品购销业务在第三章、第五章已论述，本节主要论述劳务核算与税务处理。

第二节 劳务收入与成本的核算

《小企业会计准则》第 62 条指出：小企业提供劳务收入，是指小企业从事建筑安装、修理修配、交通运输、仓储租赁、邮电通信、咨询经纪、文化体育、科学研究、技术服务、教育培训、餐馆住宿、中介代理、社会服务、旅游、娱乐、加工以及其他劳务服务活动取得的收入。

一、劳务收入与劳务成本确认原则

> 1. 同一会计年度内开始并完成的劳务，应当在提供劳务交易完成且收到款项或取得收款权利时，确认提供劳务收入。提供劳务收入的金额为从接受劳务方已收或应收的合同或协议价款。
>
> 2. 劳务的开始和完成分属不同会计年度的，应当按照完工进度确认提供劳务收入。年度资产负债表日，按照提供劳务收入总额乘以完工进度扣除以前会计年度累计已确认提供劳务收入后的金额，确认本年度的提供劳务收入；同时，按照估计的提供劳务成本总额乘以完工进度扣除以前会计年度累计已确认营业成本后的金额，结转本年度营业成本。

其计量公式为：

本年度确认劳务收入 = 劳务总收入 × 完工进度 – 以前年度累计已确认收入

本年度确认劳务成本 = 估计提供劳务总成本 × 完工进度 – 以前年度累计已确认营业成本

确认劳务收入原则有两个条件，必须同时具备：一是"收入确认的前提是劳务已经完成；二是收到款项或取得收款的权利"，表明收入金额能够可靠确定，其经济利益能够流入企业。

> 3. 小企业与其他企业签订合同或协议包含销售商品和提供劳务时，销售商品部分和提供劳务部分能够区分且能够单独计量的，应当将销售商品的部分作为销售商品处理，将提供劳务的部分作为提供劳务处理。
>
> 销售商品部分和提供劳务部分不能够区分，或虽能区分但不能够单独计量的，应当作为销售商品处理。

二、劳务收入与劳务成本核算

（一）不跨年度劳务的账务处理

收入确认关键：与提供劳务相关的经济利益能否流入企业。即是否收到款项或取得收款权利。

【例1】甲企业与乙企业签订培训学员一批的协议，培训费 100000 元，培训结业后一次付清。培训过程中甲企业支付工资 30000 元，支付其他费用等 40000 元，支付税金及附加费 5500 元。培训完成后款已收到并存入银行。账务处理见图 11 – 3。

（二）跨年度劳务的账务处理

1. 劳务交易结果能够可靠估计的确认与计量。

图 11 - 3 的T型账户图示（主营业务收入、银行存款、劳务成本、主营业务成本、应付职工薪酬、营业税金及附加、应交税费）

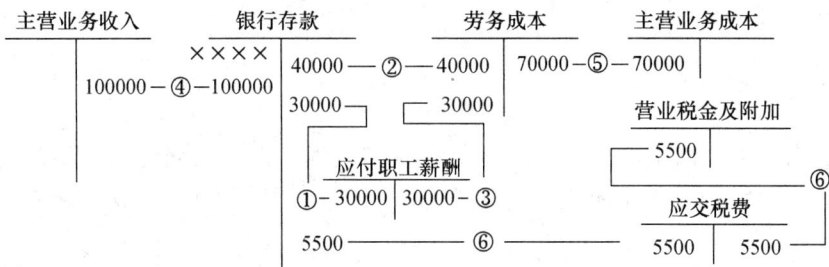

图 11 - 3　不跨年度劳务收支的账务处理

图示说明：

①支付培训人员工资 30000 元。

②支付培训费用 40000 元。

③结转支付劳务工资 30000 元。

④收到培训费收入 100000 元，存入银行。

⑤结转劳务成本 70000 元。

⑥计提与交纳营业税及附加 5500 元。

收入确认关键：提供劳务交易已经完成且收到款项或取得收款的权利。

【例 2】 A 企业于 2011 年 10 月 4 日为客户开发一项软件，工期预计半年，合同约定总收入 600000 元，至 12 月 31 日已发生总成本 200000 元，其中工资费用 80000 元，其他费用 120000 元，预收款项 400000 元，预计至软件开发完成还需要发生成本 100000 元。2011 年 12 月 31 日经测量软件的开发进度为 60%，则相应的账务处理为：

2011 年应确认的收入 = 600000 × 60% - 0 = 360000（元）

2011 年应确认的费用 = （200000 + 100000）× 60% = 180000（元）

账务处理见图 11 - 4。

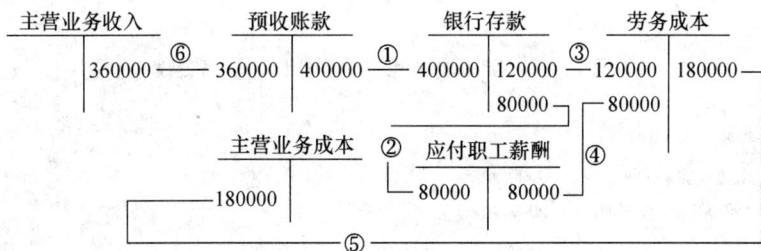

图 11 - 4 的T型账户图示（主营业务收入、预收账款、银行存款、劳务成本、主营业务成本、应付职工薪酬）

图 11 - 4　劳务收支账务处理

图示说明：

①收到预收账款。

②支付工资费用。

③支付劳务成本费用。

④结转支付工资。

⑤结转应确认劳务成本。

⑥结转应确认劳务收入。

2. 劳务交易结果不能可靠估计的确认与处理。当下列任何一种情况（见图 11 - 5）发生时，劳务合同交易的结果就属于不能可靠的估计。交易结果不能可靠估计的处理方法见图 11 - 6。

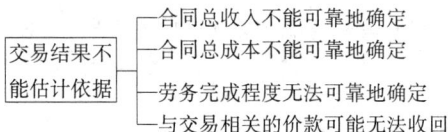

交易结果不能估计依据——合同总收入不能可靠地确定
——合同总成本不能可靠地确定
——劳务完成程度无法可靠地确定
——与交易相关的价款可能无法收回

图 11 - 5　交易结果不能可靠估计的依据

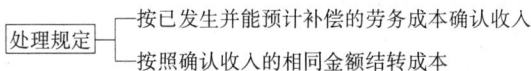

处理规定——按已发生并能预计补偿的劳务成本确认收入
——按照确认收入的相同金额结转成本

图 11 - 6　预计劳务成本能够得到补偿的核算

【例3】甲公司于 2011 年 10 月为乙公司提供工艺设计劳务，合同总收入 300000 元，完成后一次付清，第一年发生劳务成本 100000 元，第二年劳务成本不能可靠地确定，由于乙方信用较好，发生的劳务成本预计能全部收回，甲公司账务处理见图 11 - 7。

银行存款　　　　　　劳务成本　　　　　　主营业务成本
100000 ── ① ── 100000　　100000 ── ③ ── 100000

　　　　　　　主营业务收入　　　　　　应收账款
　　　　　　　100000 ── ② ── 100000

图 11 - 7　劳务成本能够得到补偿的账务处理

图示说明：

①支付劳务成本 100000 元。

②按劳务成本确认业务收入 100000 元。

③按收入金额确认业务成本 100000 元。

3. 劳务成本不能得到补偿的账务处理，见图 11 - 8。

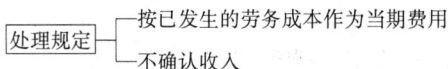

处理规定——按已发生的劳务成本作为当期费用
——不确认收入

图 11 - 8　预计劳务成本不能得到补偿的账务处理

【**例4**】华诚软件开发公司接受 A 公司一批软件开发业务，合同确定总收入400000 元，完成后一次付清。到 2011 年底共发生各种费用 130000 元，华诚公司对以后劳务成本无法计量。2011 年 12 月 30 日得知 A 公司财务发生危机，并提出破产申请，已发生的劳务成本将得不到补偿。华诚公司账务处理见图 11 - 9。

图 11 - 9　预计劳务成本不能得到补偿的账务处理

图示说明：
①发生各项劳务成本。
②将发生劳务成本转入当期损失。

三、特殊劳务业务的处理

见图 11 - 10。

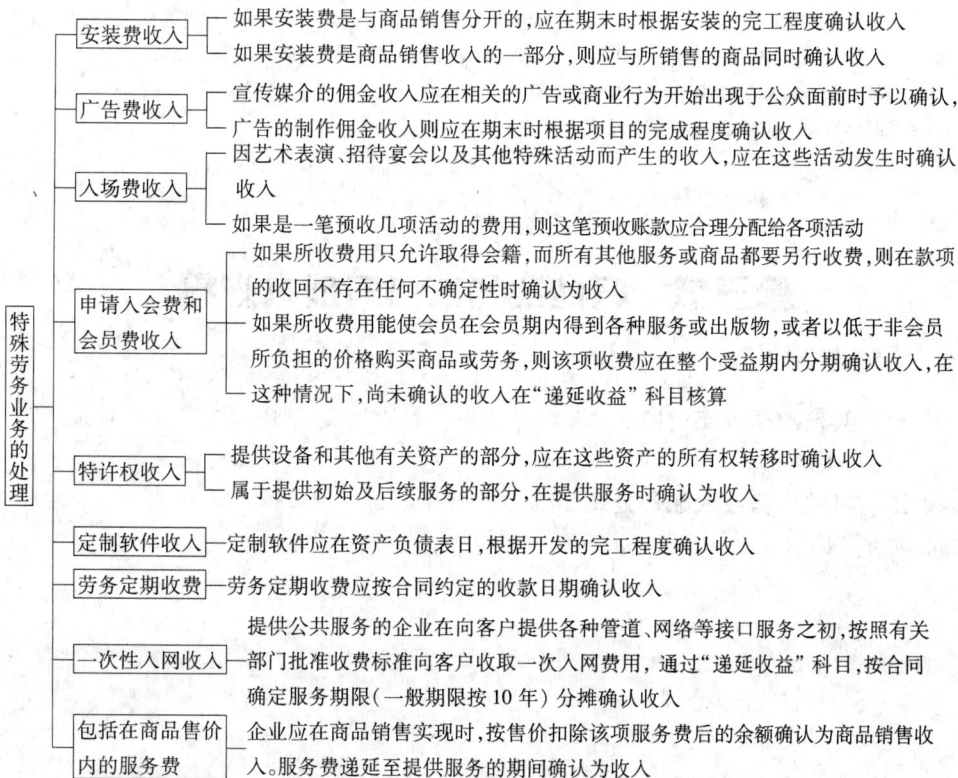

图 11 - 10　特殊劳务业务的处理

四、递延收益核算

递延收益是小企业已经收到，应在以后期间计入损益的政府补助等收入。如企业发生一次性收入而由以后几个会计年度提供劳务或服务的收入，应通过"递延收益"科目核算。该科目应按"项目"进行明细核算。

【例5】华泰康体保健中心经营室内保健、游泳、保龄球等项目，采用会员制，会员一次交费2~5年，交费时间越长收费越低。核算方法见图11-11。

图示说明：

①收到会员交来两年健身费用240000元，已开出发票，款项存入银行。

②月末根据收入计算应交税费及附加，假如该企业营业税率为5%，城建税及教育费附加分别按营业税的7%及5%提取，本月应交税费为13440元[240000×5%+240000×5%×（7%+5%）]。

③按提供服务，每月结付收入，假定为30000元。

④同时结转本月应缴纳税费1680元。

第三节   其他业务收入与成本核算

一、其他业务收支的内容

见图11-12。

二、其他业务收入账务处理

见图11-13。

```
其他业务收支内容
├─ 其他业务收入
│   ├─ 包装物销售收入
│   ├─ 代购代销手续费收入
│   ├─ 固定资产出租收入
│   ├─ 包装物出租收入
│   ├─ 材料物资销售收入
│   ├─ 技术转让收入
│   ├─ 附属运输收入
│   ├─ 废旧物资出售收入
│   └─ 非工业性劳务收入
└─ 其他业务支出
    ├─ 销售包装物成本
    ├─ 出租固定资产折旧费
    ├─ 销售材料成本
    ├─ 附属运输收入的支出
    ├─ 其他业务收入应交税费及附加（列入"营业税金及附加"）
    └─ 技术转让成本费用
```

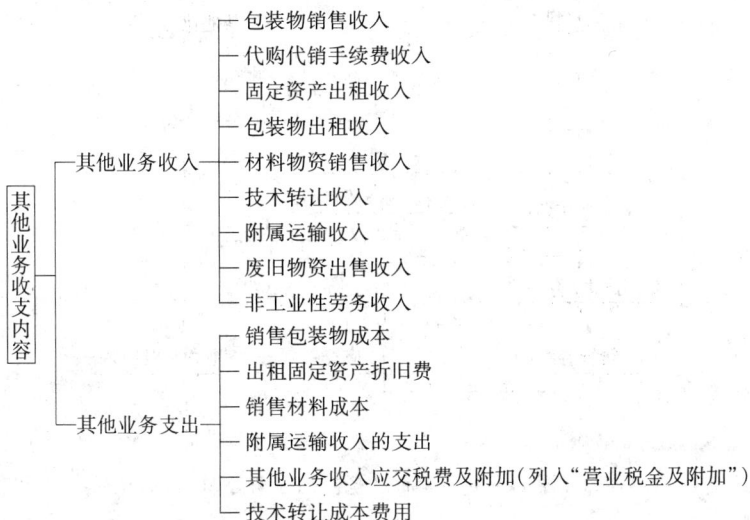

图 11－12　其他业务收支内容

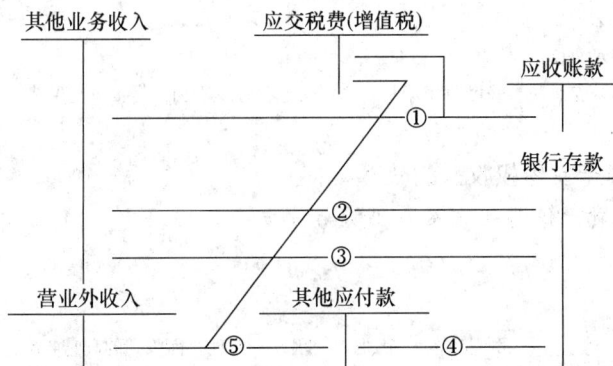

图 11－13　其他业务收入账务处理

图示说明：

①出售材料、包装物的收入及应交增值税款未收到。

②转让专有技术使用权收入。

③出租固定资产收入及其他废旧物资销售收入。

④收到出租包装物押金。

⑤将过期未退押金转入收入。

三、其他业务支出账务处理

见图 11－14。

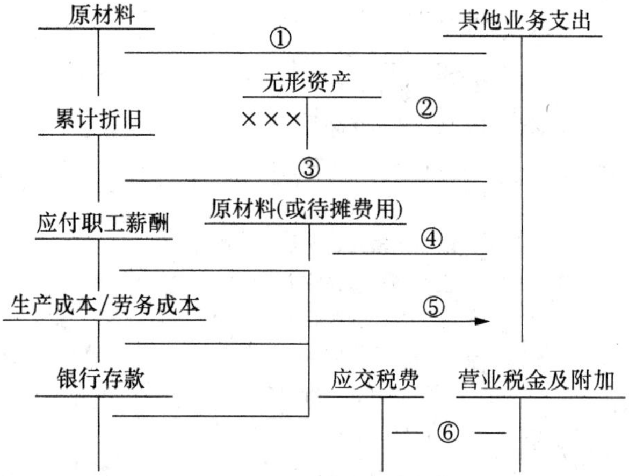

图 11 - 14　其他业务支出账务处理

图示说明：

①出售材料、物资的成本。

②已入账无形资产转让使用权的成本。

③出租固定资产应负担折旧费。

④出租包装物成本。

⑤发生相应业务的支出。

⑥其他业务收入应交纳税金及教育费附加，借：营业税金及附加，贷：应交税费。

四、让渡资产使用权收入的核算

（一）让渡资产使用权收入的确认与计量

见图 11 - 15。

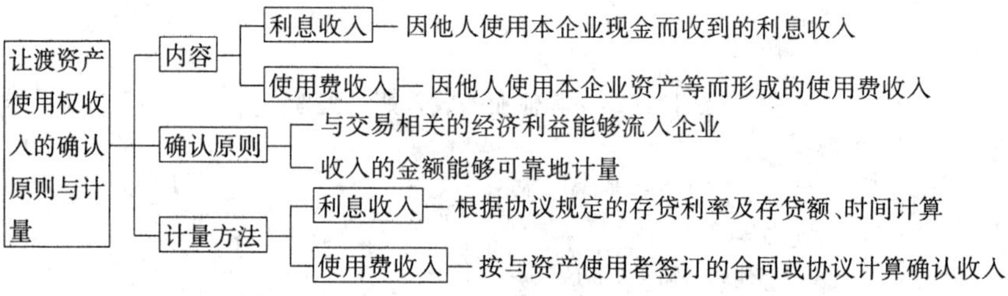

图 11 - 15　让渡资产使用权收入的确认原则与计量

（二）让渡资产使用权收入的账务处理

【例6】 A 企业使用 B 企业的商标，合同规定按销售收入 8% 支付商标使用费，假定 2011 年第一季度 A 企业销售收入 200 万元。A 企业应支付商标使用费 16 万元，B 企业账务处理见图 11 - 16。

```
其他业务收入                          银行存款
    160000 ——— ① ——— 160000
```

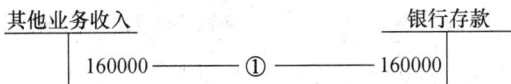

图 11 - 16 让渡资产使用权收入的账务处理

图示说明：

①收到商标使用费收入。

第四节 营业税金及附加的核算

《小企业会计准则》指出：营业税金及附加，是指企业开展日常生产经营活动应负担的消费税、营业税、城市维护建设税、资源税、土地增值税、城镇土地使用税、房产税、车船税、印花税和教育费附加、矿产资源补偿费、排污费等。

一、营业税金及附加核算内容

见图 11 - 17。

```
营业  ┌ 消费税:按本期实现应税消费品销售收入及规定税率计算
税金  ├ 营业税:按本期实现营业收入及适用税率计算
及附  ├ 城市维护建设税:依据本期应交纳增值税、消费税、营业税的一定比率计算
加核  ├ 纳税人所在地为市区的7%;县、镇的为5%;不在市、县、镇的为1%
算内  ├ 资源税:按使用资源一定比例计算征收
容    └ 教育费附加:依据本期应交纳增值税、消费税、营业税的一定比率(为3%、2%)计算
```

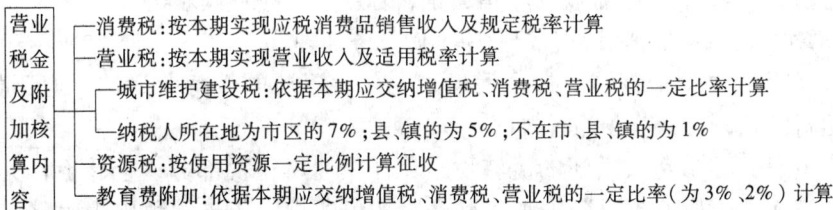

图 11 - 17 营业税金及附加核算内容

二、营业税金及附加账务处理

见图 11 - 18。

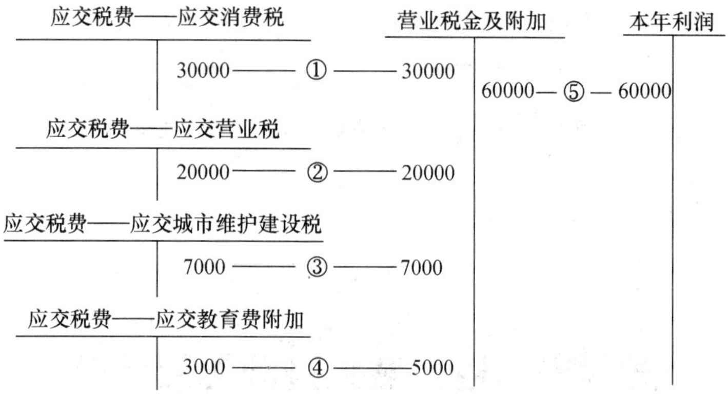

图 11 - 18　营业税金及附加账务处理

图示说明：

①本月应交消费税 30000 元。

②本月应交营业税 20000 元。

③本月应交城市维护建设税（本月应交增值税 50000 元）（例如企业所在地为大城市）＝（30000 ＋ 20000 ＋50000）×7% ＝7000（元）

④本月应交教育费附加 ＝（30000 ＋20000 ＋50000）×5% ＝5000（元）

⑤期末转入"本年利润"账户。

三、退税账务处理

1. 实际收到即征即退、先征后退、先征后返的企业所得税、增值税（不含出口退税）、消费税、营业税时，借：银行存款，贷：营业外收入。

2. 对直接减免的消费税、营业税不做账务处理。

3. 实际收到即征即退、先征后退、先征后返还的教育费附加，返还款时，借：银行存款，贷：营业外收入。

4. 税法规定减免及返还的流转税、免征企业所得税部分，会计上作为补贴收入，记入"营业外收入"增加了利润，按税法规定年末纳税申报时将其调减应纳税所得额。

第五节　期间费用的核算

企业的期间费用包括销售费用、管理费用和财务费用。期间费用发生后应直接计入当期损益。

费用确认原则应当在费用发生时，"发生"既包括已经实际支付，也包括应当承担相应业务。其计量就是据实列支原则。

一、销售费用的核算

《小企业会计准则》规定：销售费用是指小企业在销售商品或提供劳务过程中发生的各种费用。包括：销售人员的薪酬、商品维修费、运输费、装卸费、包装费、保险费、广告费、业务宣传费、展览费等费用。

小企业（批发业、零售业）在购买商品过程中发生的费用（包括：运输费、装卸费、包装费、保险费、运输途中的合理损耗和入库前的挑选整理费等）也构成销售费用。

销售费用的账务处理，见图 11 – 19。

"销售费用"账户应按费用项目设置明细账，进行明细核算。期末，应将本账户的余额转入"本年利润"账户，结转后本账户应无余额。

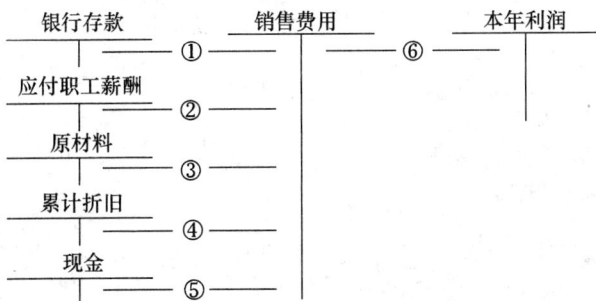

图 11 – 19 销售费用的账务处理

图示说明：

①支付运输费、广告费等。

②月终分配销售机构人员工资、资金及福利费。

③销售过程中领用包装材料等。

④应分摊固定资产折旧费。

⑤支付办公费、电话费等。

⑥月终将发生的销售费用全部转入本年利润。

二、管理费用的核算

《小企业会计准则》指出：管理费用，是指小企业为组织和管理生产经营发生的其他费用。包括：小企业在筹建期间发生的开办费、行政管理部门发生的费用（包括：固定资产折旧费、修理费、办公费、水电费、差旅费、管理人员的职工薪酬等）、业务执行费、研究费用、技术转让费、相关长期待摊费用摊销、财产保险费、聘请中介机构费、咨询费（含顾问费）、诉讼费等费用。

管理费用的账务处理，见图 11 - 20。

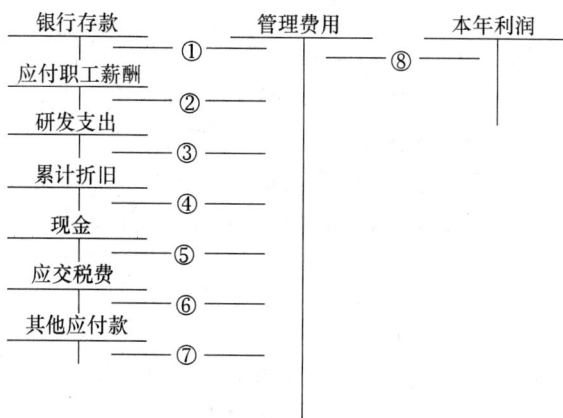

图 11 - 20 管理费用的账务处理

图示说明：

①支付办公费、邮电费等。

②应分摊的管理人员工资。

③研发支出中未形成无形资产费用。

④计提管理用固定资产折旧。

⑤支付的差旅费、诉讼费、咨询费等。

⑥摊销房屋装修费。

⑦本月应负担的房租。

⑧月终将费用转入本年利润。

"管理费用"账户应按费用项目设置明细账户，进行明细核算。期末，应将本账户的余额转入"本年利润"账户，结转后本账户应无余额。

三、财务费用的核算

《小企业会计准则》指出：财务费用，是指小企业为筹集生产经营所需资金发生的筹资费用。包括：利息费用（减利息收入）、汇兑损失（汇兑收益计入营业外收入）、银行相关手续费、小企业给予的现金折扣（减享受的现金折扣）等费用。

财务费用的账务处理，见图 11 - 21。

"财务费用"账户应按费用项目设置明细账户，进行明细核算。期末，应将本账户的余额转入"本年利润"账户，结转后本账户应无余额。

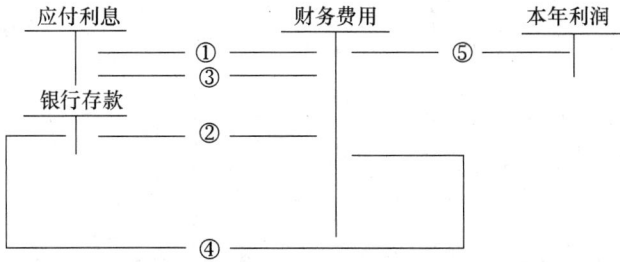

图 11－21 财务费用的账务处理

图示说明：

①计提应付短期借款利息。

②支付借款手续费等财务费用。

③应支付未付长期借款利息。

④存款利息收入。

⑤期末将发生额转入本年利润。

四、待摊、预提费用的核算

待摊费用是指款项已经支付，但应由本期和以后各期产品成本或费用共同负担的费用，如预付半年房租物业费。这种费用发生以后，由于受益期限较长，一般不超过一年（摊销期一年以上的在"长期待摊费用"核算），如预付一年的物业费，不应一次全部计入当月产品成本或费用，而应在费用的受益期间分月摊入各期，计入相关的费用账户。待摊费用通过"预付账款"核算。

预提费用是指企业按照规定从成本费用中预先提取但尚未支付的费用。这种费用虽然尚未支付，但支付前的各月已经受益，如应付未付房租物业费，因此，应该预先计入各月成本费用。预提费用通过"其他应付款"核算。

在实际工作中，对于某些虽属于待摊、预提性质，但数额较小，对损益影响不大的费用，为了简化核算工作，也可以不作为待摊、预提费用处理，而按照实际发生额计入当月成本费用。

"待摊费用"、"预提费用"的会计核算见图 11－22。

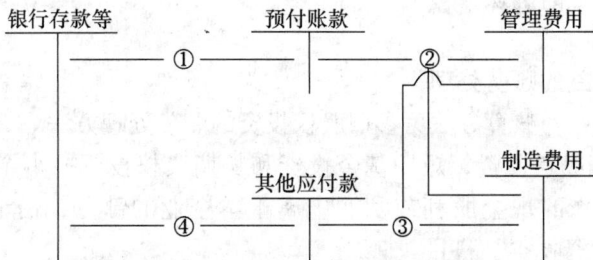

图 11－22 待摊、预提费用的核算

图示说明：

①发生待摊费用，如预付财产保险费。

②按月份摊销保险费用。

③预提应负担房租费用。

④支付预提费用。

第六节　投资收益的核算

一、投资收益的含义

《小企业会计准则》指出：投资收益，由小企业股权投资取得的现金股利（或利润）、债券投资取得的利息收入和处置股权投资和债券投资取得的处置价款扣除成本或账面余额、相关税费后的净额三部分构成。

二、投资收益核算的内容

见图 11 - 23。

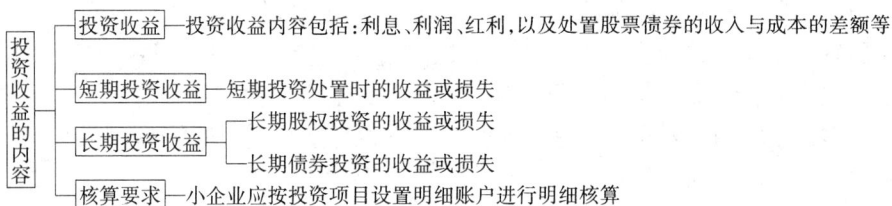

图 11 - 23　投资收益的内容

三、投资收益的确认

见图 11 - 24。

四、投资收益的账务处理

债权投资收益的核算方法可参照股权投资的账务处理方法。

1. 对于短期股票投资、短期基金投资和长期股权投资，小企业应当按照被投资单位宣告分派的现金股利或利润中属于本企业的部分，借记"应收股利"科目，贷记"投资收益"科目。

2. 在长期债券投资或短期债券投资持有期间，在债务人应付利息日，按照分

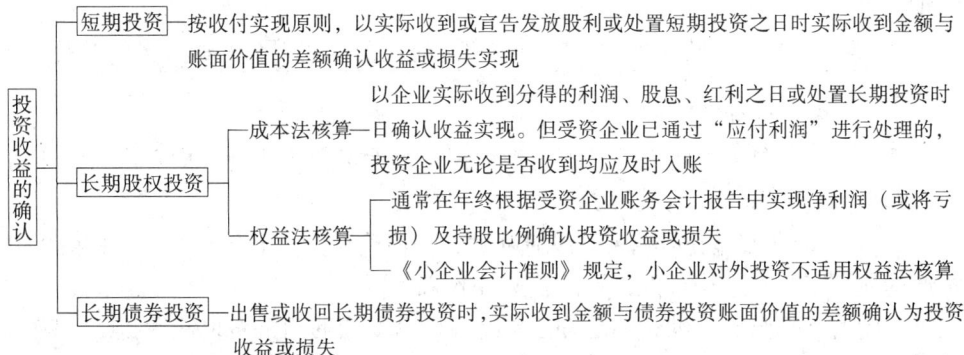

图 11-24　投资收益的确认

期付息，一次还本的长期债券投资或短期债券投资的票面利率计算的利息收入，借记"应收利息"科目，贷记"投资收益"科目。按照一次还本付息的长期债券投资票面利率计算的利息收入，借记"长期债券投资——溢折价"科目，贷记"投资收益"科目。

3. 出售短期投资，处置长期股权投资和长期债券投资，应当按照实际收到的价款或收回的金额，借记"银行存款"或"库存现金"科目，按照其账面余额，贷记"短期投资"、"长期股权投资"科目，按照尚未领取的现金股利或利润、债券利息收入，贷记"应收股利"、"应收利息"科目，按照其差额，贷记或借记"投资收益"科目。

月末，可将本科目余额转入"本年利润"科目，本科目结转后应无余额。

第七节　营业外收支的核算

小企业发生的与企业经营无关的收支称为营业外收支。

一、营业外收入的核算

《小企业会计准则》指出：营业外收入，是指小企业非日常生产经营活动形成的、应当计入当期损益、会导致所有者权益增加、与所有者投入资本无关的经济利益的净流入。

小企业的营业外收入包括：非流动资产处置净收益、政府补助、捐赠收益、盘盈收益、汇兑收益、出租包装物和商品的租金收入、逾期未退包装物押金收益、确实无法偿付的应付款项、已作坏账损失处理后又收回的应收款项、违约金收益等。

通常，小企业的营业外收入应当在实现时按照其实现金额计入当期损益。

（一）政府补助的核算

政府补助，是指小企业从政府无偿取得货币性资产或非货币性资产，但不含政府作为小企业所有者投入的资本。

1. 小企业收到与资产相关的政府补助，应当确认为"递延收益"，并在相关资产的使用寿命内平均分配，计入营业外收入。

收到的其他政府补助，用于补偿本企业以后期间的相关费用或亏损的，确认为递延收益，并在确认相关费用或发生亏损的期间，计入营业外收入；用于补偿本企业已发生的相关费用或亏损的，直接计入营业外收入。

2. 政府补助为货币性资产的，应当按照收到的金额计量。

政府补助为非货币性资产的，政府提供了有关凭据的，应当按照凭据上标明的金额计量；政府没有提供有关凭据的，应当按照同类或类似资产的市场价格或评估价值计量。

（二）退税的核算

小企业按照规定实行企业所得税、增值税、消费税、营业税等先征后返的，应当在实际收到返还的企业所得税、增值税（不含出口退税）、消费税、营业税时，计入营业外投入。

（三）营业外收入的账务处理

见图 11 - 25。

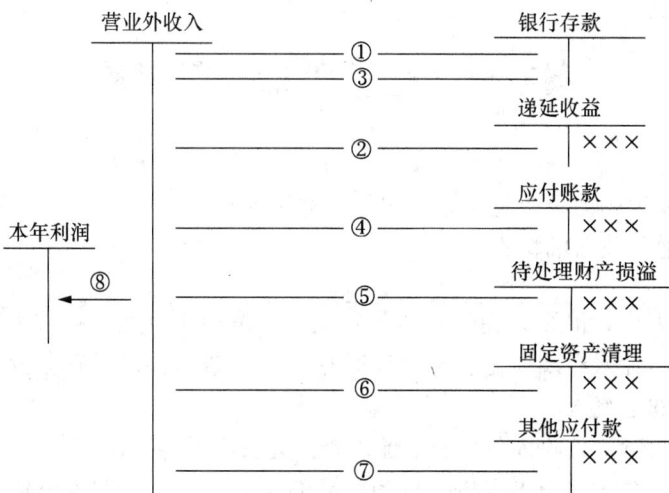

图 11 - 25　营业外收入的账务处理

图示说明：

①企业收到政府货币性资产补助。

②企业收到与资产相关的政府长期（如3年）开发补助等分期转入营业外收入。

③企业收到退回的增值税、营业税、消费税等。

④长期无法支付应付账款转入营业外收入。

⑤企业盘盈存货、固定资产查明原因后转入营业外收入。

⑥固定资产清理净收入转入营业外收入。

⑦逾期未退回包装物的押金转入营业外收入。

⑧期末营业外收入转入本年利润。

二、营业外支出的核算

《小企业会计准则》指出：营业外支出，是指小企业非日常生产经营活动发生的、应当计入当期损益、会导致所有者权益减少、与所有者分配利润无关的经济利益的净流出。

小企业的营业外支出包括：存货的盘亏、毁损、报废损失，非流动资产处置净损失，坏账损失，无法收回的长期债券投资损失，无法收回的长期股权投资损失，自然灾害等不可抗力因素造成的损失，税收滞纳金、罚金、罚款、被没收财物的损失，捐赠支出，赞助支出等。按支出项目进行明细核算。

通常，小企业的营业外支出应当在发生时按照其发生额计入当期损益。

营业外支出账务处理见图11-26。

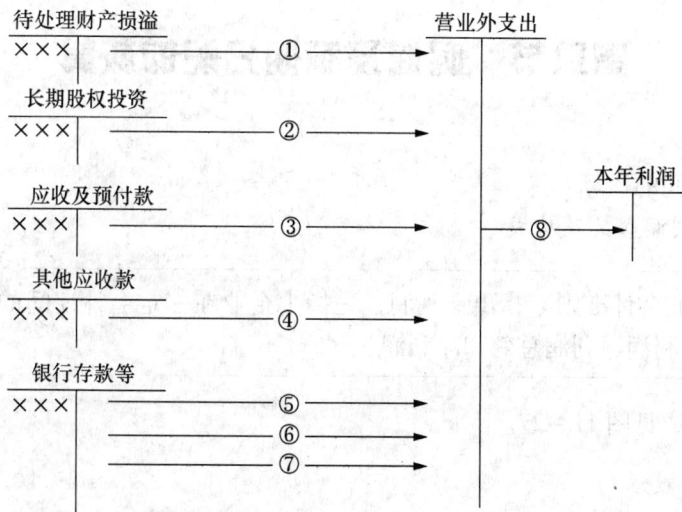

图11-26　营业外支出账务处理

图示说明：

①固定资产、存货等毁损盘亏、自然灾害等非常损失、扣除责任者负责赔偿后的损失。

②长期债权投资、长期股权投资损失。

③根据损失条件确认应收及预付款项发生坏账损失，债务重组损失。

④根据损失条件确认其他应收款发生损失。

⑤对外捐赠、赞助支出。

⑥支付税收滞纳金、罚金、罚款、被没收财物损失。

⑦合同违约金罚款赔款。

⑧期末将发生损失转入"本年利润"。

营业外收支核算应关注事项：①营业外收支是净额概念，不得以营业外收入抵减营业外支出；②营业外收支确认应在实际发生时，采用据实列支原则。

三、营业外收支税务处理

1. 营业外收入会计处理与税务规定基本相同。

2. 营业外支出，下列各项不准在税前扣除：

（1）各种赞助支出。

（2）因违反法律、行政法规而交纳的罚款、滞纳金。

（3）捐赠支出分为：纳税人直接向受赠人的捐赠不得税前扣除；而用于公益、救济性的捐赠，在年度内利润总额12%以内的部分准予税前扣除。通过非营利组织向红十字会等捐赠准予税前扣除。

（4）财产损失和非常损失符合规定可税前扣除。

第八节　利润及利润分配的核算

一、利润的核算

（一）利润含义及构成

《小企业会计准则》指出：利润，是指小企业在一定会计期间的经营成果。包括：营业利润、利润总额和净利润。

利润构成见图 11 – 27。

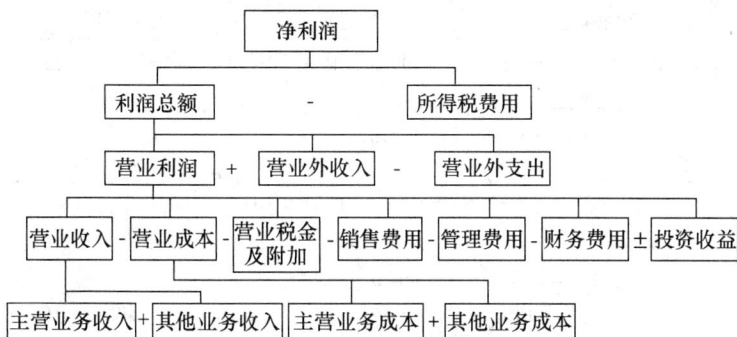

图 11-27 利润构成

（二）利润计算方法

企业一般应按月计算利润，按月计算利润有困难的企业，可以按季或者按年计算实现的利润或发生的亏损。利润计算方法见图 11-28。

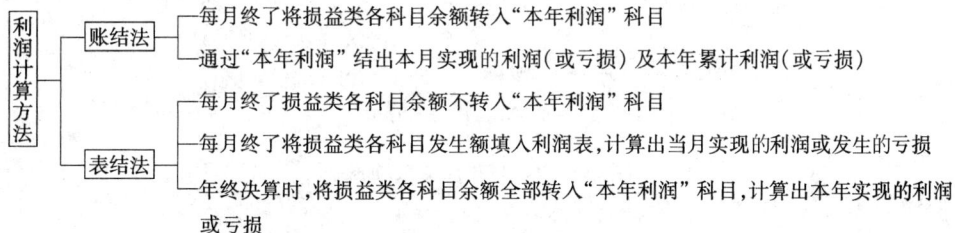

图 11-28 利润计算方法

（三）利润核算实例

某企业采用表结法计算企业盈亏。年终决算时，将损益类各科目累计结余额转入本年利润，计算出实现的利润或发生的亏损（见图 11-29）。本年利润余额年终转入"利润分配"。

账结法损益的计算方法与图 11-29 相同，只是每月结算一次。年终"本年利润"余额转入"利润分配"科目。

企业所得税的计算与缴纳应根据《企业所得税法》而不是《小企业会计准则》。

主营业务成本			本年利润		主营业务收入	
100000	1100000	⑤ ─→ 1100000	1800000 ◄─ ①	1800000	1800000	
	营业税金及附加					
	58670	58670 ⑥ ─→ 58670				
其他业务成本					其他业务收入	
63270	63270	⑦ ─→ 63270	100000 ◄─ ②	100000	100000	
销售费用						
134840	134840	⑧ ─→ 134840				
	管理费用				投资收益	
	183200	183200 ⑨ ─→ 183200	72000 ◄─ ③	72000	72000	
财务费用						
36000	36000	⑩ ─→ 36000				
	营业外支出				营业外收入	
	78000	78000 ⑪ ─→ 78000	8200 ◄─ ④	8200	8200	
所得税费用						
116820	116820	⑫ ─→ 116820				
			1770800	1980200		
利润分配						
	××××					
	209400	⑬ ◄─ 209400				
			1980200	1980200		

图 11 - 29　利润账务处理程序

图示说明：

①结转主营业务收入。

②结转其他业务收入。

③结转投资收益，亏损作相反分录。

④结转营业外收入。

⑤结转主营业务成本。

⑥结转营业税金及附加。

⑦结转其他业务成本。

⑧结转销售费用。

⑨结转管理费用。

⑩结转财务费用。

⑪结转营业外支出。

⑫结转所得税费用。

⑬净利润转入利润分配。

二、所得税费用核算及纳税调整

《小企业会计准则》指出：小企业应当按照企业所得税法规定计算当期应纳税额，确认所得税费用。

小企业应当在利润总额的基础上，按照企业所得税法规定进行纳税调整，计算出当期纳税所得额，按照应纳税所得额与适用所得税税率计算确定当期应纳税额。

（一）所得税核算规定

由于财务会计核算对资产、负债、收入、费用等的确认、计量与税法规定的确认、计量不尽一致，因此，按照财务会计核算方法计算确定的利润，与按照税收法规计算确定的应纳税所得额不一定相同，因而有时会产生差异。

1. 差异性质及内容。

由于会计核算规定与税收法规规定不同所形成的差异，根据性质不同分为时间性差异和永久性差异。具体内容见图 11-30。

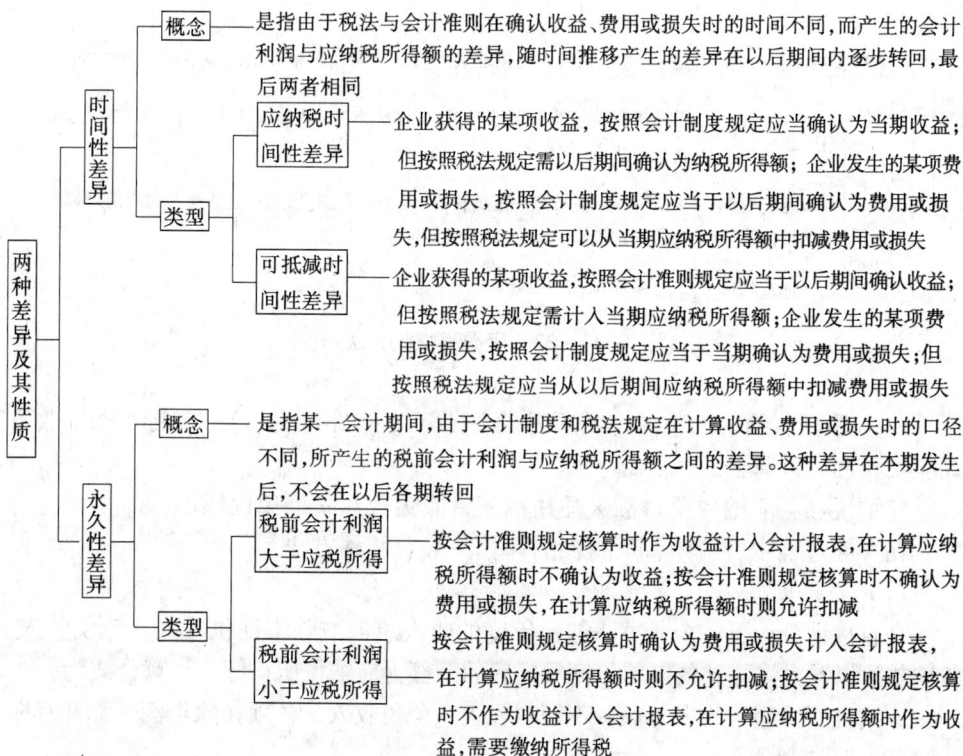

图 11-30 两种差异及其性质

2. 核算方法及科目设置。

对纳税差异的核算有应付税款法和纳税影响会计法。《小企业会计准则》规定，小企业在进行所得税费用核算时，应当采用应付税款法。其内容见图11-31。

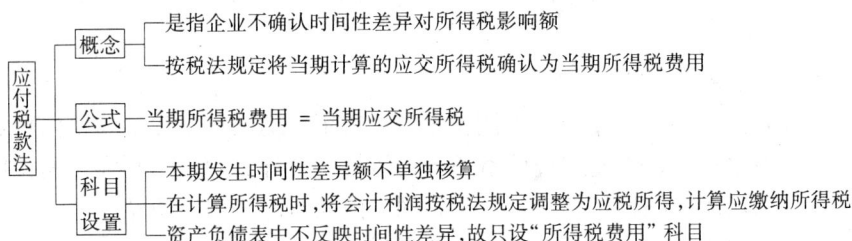

图 11-31 应付税款法概念及科目设置

（二）所得税计征方法（见图11-32）

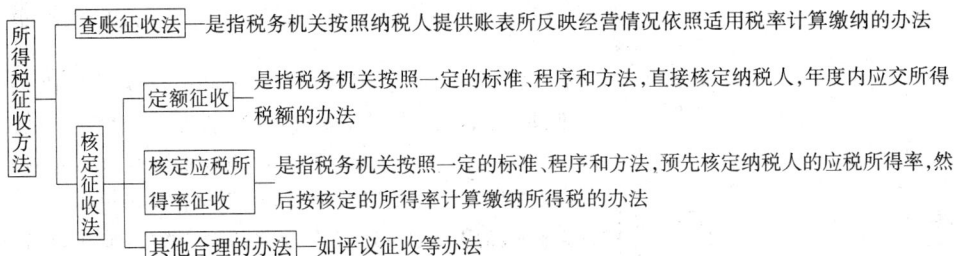

图 11-32 所得税征收方法

1. 查账征收纳税调整内容及所得税金计算（见图11-33）。实行查账征收方式应纳税额的计算公式为：

应纳税额＝应纳税所得额×适用税率－减免税额－抵免税额

在实际过程中，应纳税所得额的计算一般有两种方法。

（1）直接计算法。

在直接计算法下，企业每一纳税年度的收入总额减除不征税收入、免税收入、各项扣除以及允许弥补的以前年度亏损后的余额为应纳税所得额。计算公式为：

应纳税所得额＝收入总额－不征税收入－免税收入－各项扣除金额－弥补亏损

（2）间接计算法。

在间接计算法下，企业是在会计利润总额的基础上加上或减去按照税法规定调整的项目金额后，即为应纳税所得额。计算公式为：

利润总额

收入
├─ 销售产品、商品、材料、废料、提供劳务等收入
└─ 转让固定资产、无形资产等收入

成本费用
├─ 与收入相匹配的成本、税金、费用等
└─ 规定期间的销售费用、管理费用、财务费用及损失等

查账征收纳税调整内容

有规定标准的调增项目
① 工资支出:企业员工的合理的工资、薪酬支出
② 职工福利费:按实际支出扣除,但不得超过工资薪酬支出14%
③ 职工教育经费:按工资总额的2.5%
④ 工会经费:工资总额的2%,凭工会开出的发票或据
⑤ 利息支出:调增数为超过国家银行贷款利率的利息
⑥ 与生产经营相关的业务招待费支出,按发生额60%扣除,但最高不得超过年营业收入的5%
⑦ 公益救济性捐赠:调增额为超过应税所得额12%的部分
⑧ 广告和业务付费支出不超过年营业收入15%部分,准予扣除;超过部分允许无限期地在以后纳税年度结转
⑨ 提取折旧费:调增额为超过按税法规定的计提部分
⑩ 无形资产摊销:调增额为超过税法规定的多摊销部分
⑪ 调增计提各项减值准备
⑫ 其他需调增的项目金额

不允许扣除的项目
① 资本性支出:购建固定资产支出(含建造期的利息)
② 无形资产购买与无形资产开发支出
③ 被罚没财产的损失及税收滞纳金、罚金、罚款,但随补征流转税附征的城建税和教育费附加,可税前扣除
④ 灾害、事故损失赔偿部分
⑤ 非公益救济性捐赠
⑥ 各种赞助支出、贿赂等非法支出
⑦ 担保人承担归还的贷款利息
⑧ 职工宿舍维修费
⑨ 与取得收入无关的各项支出

应税收益项目
├─ 少计应税收益
└─ 未计应税收益

纳税调减项目
① 弥补亏损(5年以内)
② 联营企业分回利润、投资分回利润
③ 境外收益
④ 技术转让收益(在30万元以下)
⑤ 治理"三废"净收益
⑥ 股息收入
⑦ 国库券利息收入
⑧ 其他有关规定项目

应纳税所得额 ── 应纳税所得额 = 利润总额 + 纳税调增额 − 纳税调减额

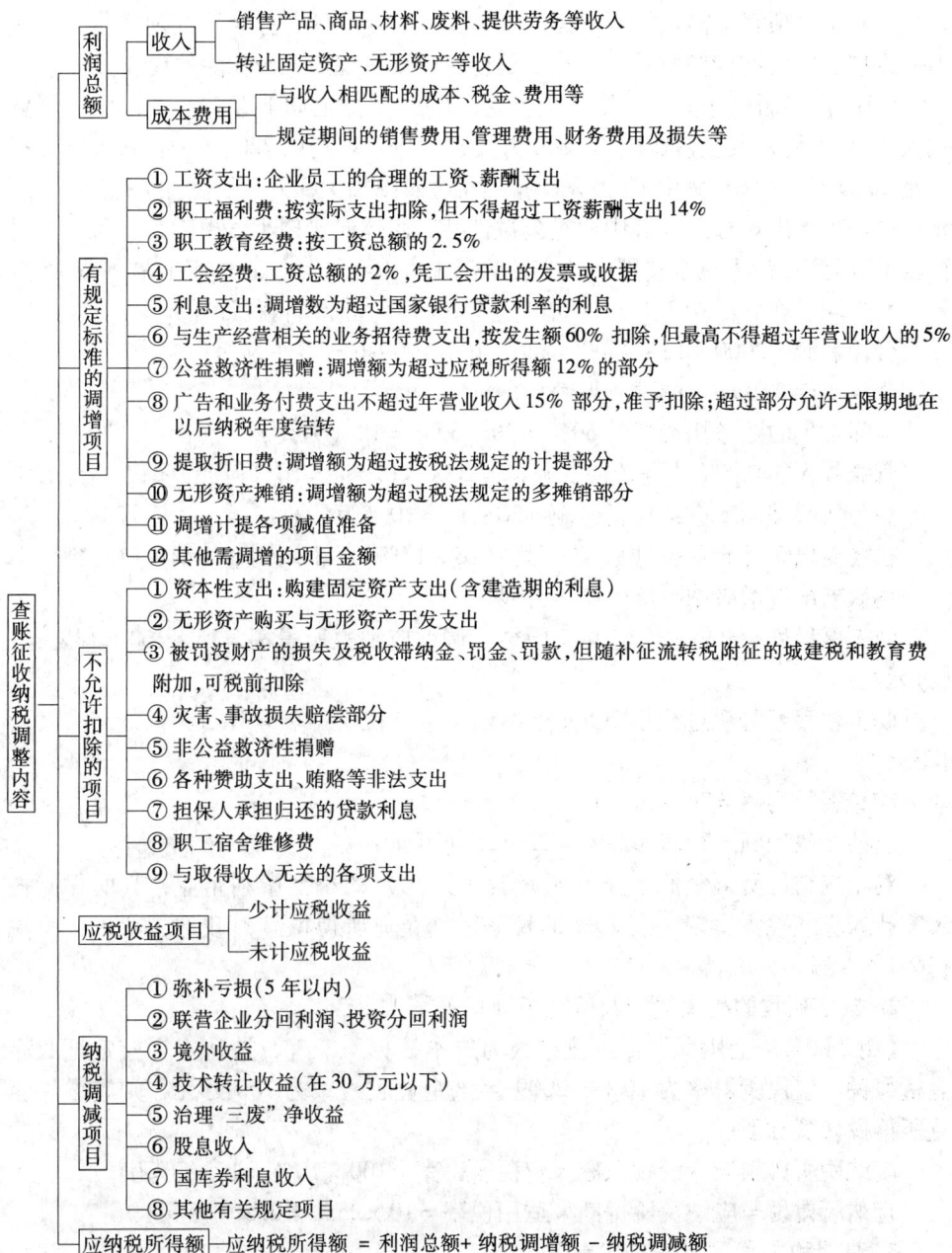

图 11－33　查账征收纳税调整内容

应纳税所得额 = 会计利润总额 ± 纳税调整项目金额

纳税调整项目金额包括两方面的内容：一是企业的财务会计处理和税收规定不一致应予以调增或调减的金额；二是企业按税法规定准予扣除的税收金额。

【例7】某居民企业为查账征收企业，2009 年发生如下经济业务：取得营业收入 2000 万元；发生营业成本 1600 万元；发生管理费用 220 万元（其中业务招待费 20 万元）；财务费用 10 万元；营业税金及附加 100 万元；营业外收入 12 万元；营业外支出 6 万元（其中通过公益性社会团体向希望小学捐款 5 万元，支付罚款 1 万元）；计入成本费用中的实发职工工资 100 万元，发生职工福利费 15 万元，发生职工教育经费 3 万元。则该企业 2009 年企业所得税计算如下：

会计利润 = 2000 + 12 − 1600 − 220 − 10 − 100 − 6 = 76 （万元）

业务招待费调增应纳税所得额：

实际发生的业务招待费的 60% = 20 × 60% = 12 （万元）

营业收入的 0.5% 业务招待费限额 = 2000 × 0.5% = 10 （万元）< 12 （万元）

业务招待费调增应纳税所得额 = 20 − 10 = 10 （万元）

捐赠支出 5 万元不超过 9.12 万元（76 × 12%），不用调整应纳税所得额。

罚款支出调增应纳税所得额 1 万元。

职工福利费支出超过规定 14% 限额，调增应纳税所得额 = 15 − 100 × 14% = 1 （万元）。

职工教育经费超过规定 2.5% 标准调增应纳税所得额 = 3 − 100 × 2.5% = 0.5 （万元）。

应纳税所得额 = 76 + 10 + 1 + 1 + 0.5 = 88.5 （万元）

应纳所得税额 = 88.5 × 25% = 22.125 （万元）

对年应纳税所得额低于 3 万元（含 3 万元）的小型微利企业，其所得减按50% 计入应纳税所得额，按 20% 的税率缴纳企业所得税 ［财政部国税局，财税〔2011〕4 号］。

2. 核定征收的相关规定及所得税计算见图 11 − 34。

【例8】某床上用品加工企业，因为成本核算不准确，被认定为核定征收企业所得税，应税所得率为 10%，2009 年该企业收入额为 100 万元，则应缴纳企业所得税计算如下：

应纳税所得额 = 应税收入额 × 应税所得率 = 100 × 10% = 10 （万元）

应纳所得税 = 应纳税所得额 × 适用税率 = 10 × 25% = 2.5 （万元）

3. 享受税收优惠事先备案事项。

（1）资源综合利用企业（项目）申请减免企业所得税。

（2）从事农、林、牧、渔业项目的所得减免税。

```
                    ┌─ 当纳税人具有下列情形之一的,核定征收企业所得税:
                    │  ① 依照法律、行政法规的规定可以不设置账簿的
               核定  │  ② 依照法律、行政法规的规定应当设置但未设置账簿的
               征收 ─┤  ③ 擅自销毁账簿或者拒不提供纳税资料的
               条件  │  ④ 虽设置账簿,但账目混乱或者成本资料、收入凭证、费用凭证残缺不全,难以查账的
                    │  ⑤ 发生纳税义务,未按照规定的期限办理纳税申报,经税务机关责令限期申报,逾期仍不申
                    │     报的
                    └  ⑥ 申报的计税依据明显偏低,又无正当理由的

               核定  ┌─ 定额征收:税务机关按照一定的标准、程序和方法,直接核定纳税人年度应纳所得税额
               征收 ─┤
               方式  └  核定应税所得率:税务机关按一定的标准、程序和方法预先核定纳税人的应税所得率,由纳税
                       人根据年度内收入总额或成本费用发生额,按预先核定所得率,计算缴纳所得税

                    ┌─ ① 由纳税人提出申请税务机关审核,确定其征收方式
               征收方 ─┤  ② 审定后将纳税鉴定表送达纳税人
               式确定 │  ③ 纳税鉴定每年一次,时间为当年1~3月
                    └  ④ 征收方式一经确定,如无特殊情况在年度内不得变更
```

```
               ① 实行定额征收的,应在调查研究分类排除的基础上核定纳税人的应纳所得税额
               ② 实行核定所得税率征收的,应纳所得税计算公式为:
                  应纳所得税额 = 应纳税所得额 × 适用税率
                  应纳税所得额 = 应税收入总额 × 应税所得率
                  或
                  应纳税所得额 = 成本费用支出额 / (1 - 应税所得率) × 应税所得率
               ③ 应税所得率按下表规定标准执行:
```

行　业	应税所得率(%)(北京)
工业、商业、交通运输业	7 ~ 20
建筑业、房地产开发业	10 ~ 20
饮食服务业	10 ~ 25
娱乐业	20 ~ 40
其他行业	10 ~ 30

```
               ④ 企业经营多业的应根据主营项目核定,适用某一行业的应税所得率

               税款  ┌─ ① 实行定额征收办法的,应将核定的应纳税额分解到月或季,由纳税人按月(季)申报
               缴纳 ─┤     缴纳
                    └  ② 实行核定征收率征收办法的纳税人应按月(季)申报缴纳,年终汇算清缴

               其他  ┌─ ① 纳税人对所得税征收方式的鉴定、核定应纳税额或应税所得率等事项有争议的,可在规
               规定 ─┤     定期限内依法向上一级申请复议,对复议结果不服的,可向法院起诉
                    └  ② 纳税人实行核定征收方式的,不得享受企业所得税各项优惠政策
```

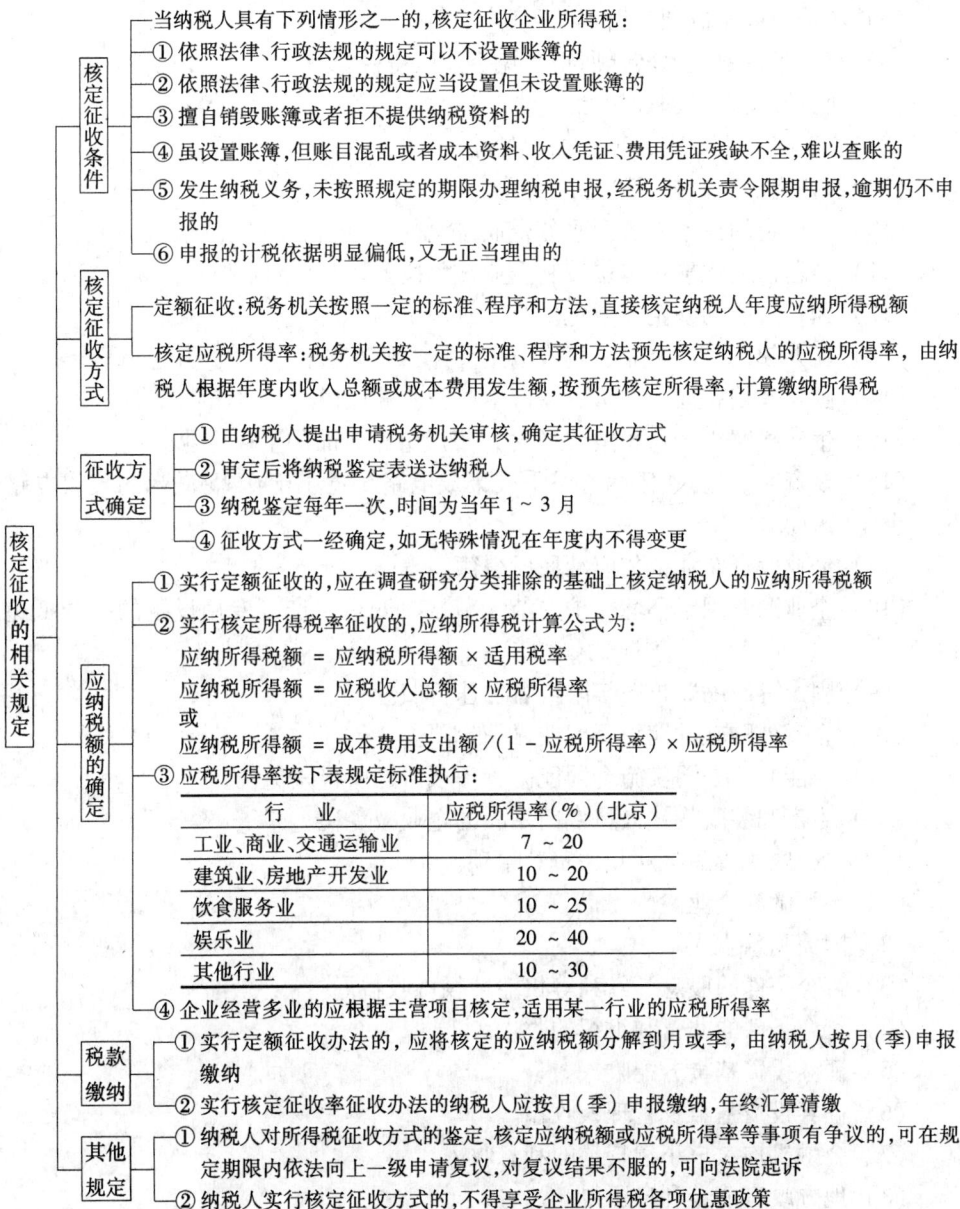

图 11-34　核定征收的相关规定

（3）从事国家重点扶持的公共基础设施项目投资经营的所得减免税。

（4）从事符合条件的环境保护、节能节水项目的所得减免税。

（5）清洁发展机制项目所得减免税。

（6）符合条件的技术转让所得减免企业所得税。

（7）研究开发费用加计扣除。

（8）安置残疾人员支付工资加计扣除。

（9）经认定的高新技术企业减免税。

（10）经认定的技术先进型服务企业减免税。

（11）经营性文化事业单位转制企业减免税。

（12）经认定的动漫企业减免税。

（13）新办软件生产企业、集成电路设计企业减免税。

（14）国家规划布局内的重点软件生产企业减免税。

（15）生产线宽小于 0.8 微米 （含） 集成电路产品的生产企业减免税。

（16）投资额超过 80 亿元人民币或集成电路线宽小于 0.25 微米的集成电路生产企业减免税。

（17）创业投资企业抵扣应纳税所得额。

（18）企业购置用于环境保护、节能节水、安全生产等专用设备的投资抵免税额。

（19）固定资产缩短折旧年限或者加速折旧。

（20）企业外购软件缩短折旧或摊销年限。

（21）节能服务公司实施合同能源管理项目的所得减免税。

（22）生产和装配伤残人员专门用品的企业减免税。

4. 享受税收优惠后报送相关资料事项。

（1）小型微利企业。

（2）国债利息收入。

（3）符合条件的股息、红利等权益性投资收益。

（4）符合条件的非营利组织的收入。

（5）证券投资基金分配收入。

（6）证券投资基金及管理人收益。

（7）金融机构农户小额贷款的利息收入。

（8）地方政府债券利息所得。

（9）铁路建设债券利息收入。

（10）保险公司为种植业、养殖业提供保险业务取得的保费收入。

有关企业所得税的申报具体方法见财务报表与纳税申报。

三、利润分配的核算

《小企业会计准则》指出：小企业以当年净利润弥补以前年度亏损等剩余的税后利润，可用于向投资者进行分配。

小企业（公司制）在分配当年税后利润时，应当按照公司法的规定提取法定公积金和任意公积金。

小企业的利润分配方案由企业董事会或类似机构决议，提请股东大会或类似机构批准即可进行利润分配。

（一）利润分配的有关规定

见表 11 – 1。

表 11 – 1　　　　　　　　　　　利润分配规定

顺序	性　质	内　　　　容
1	所得税前利润处理	企业实现的利润首先要弥补亏损，有多余再进行分配
2	所得税费用	企业利润总额按照国家规定作相应调整后，依法缴纳所得税
3	所得税后利润分配	弥补企业 5 年以内亏损，由股东会决定可提取任意公积金
4		提取法定盈余公积金。按税后利润扣除弥补亏损后的 10% 提取，盈余公积金提取已达注册资本 50% 时，可不再提取，也可以继续提取。由股东会决定可提取任意公积金，向投资者分配利润。企业以前年度未分配利润，可以并入本年度向投资者分配

（二）利润分配核算科目

企业的利润分配通过"利润分配"科目核算，该科目核算企业的利润分配（或亏损的弥补）情况及历年分配（或弥补）后的积存余额。本科目应设置的明细科目见表 11 – 2。

表 11 – 2　　　　　　　　利润分配的明细科目及核算内容

明　细　科　目	核　算　内　容
1. 其他转入	核算其他项目转入利润分配的金额
2. 提取法定盈余公积	核算按规定提取的法定盈余公积
3. 利润归还投资	外商企业按章程计提归还投资
4. 提取任意公积金	核算提取的任意公积金
5. 应付利润	核算应付投资者利润
6. 转作资本的利润	核算转作资本的利润
7. 未分配利润	核算分配后结余的未分配利润

（三）利润分配的账务处理

见图 11 - 35。

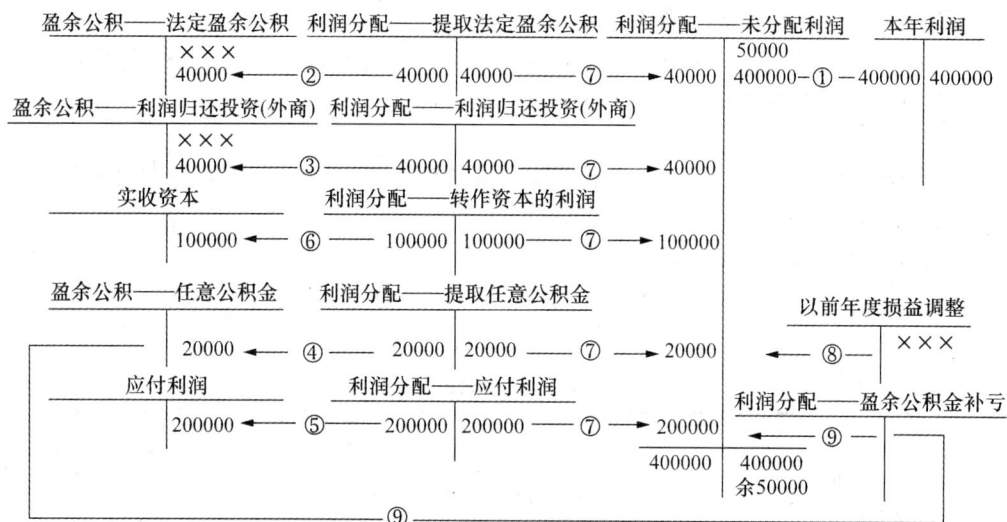

图 11 - 35　利润分配账务处理

图示说明：

①将本年实现净利润 400000 元转入利润分配。

②按可供分配利润 10% 提取盈余公积金 40000 元。

③按可供分配利润 10% 归还投资（外商企业）。

④提取任意公积金 20000 元。

⑤向股东分配利润 200000 元。

⑥董事会决定用利润转增资本 100000 元。

⑦将利润分配各明细账户余额转入未分配利润。

⑧以前年度利润调整增加利润额，如利润减少做相反会计分录。

⑨用盈余公积金弥补亏损。

四、以前年度损益调整

企业发生的以前年度重大会计差错的调整，以及企业在年度资产负债表日至财务会计报告批准报出日之间发生的需要调整报告年度损益的事项，均在以前年度损益调整科目核算。不涉及损益项目的调整在相关科目之间进行。《小企业会计准则》未明确规定。

（一）以前年度损益调整内容

见图 11 - 36。

以前年度损益调整内容

涉及以前年度损益
- 以前年度虚增利润
  - 少计成本、费用
  - 多计收益
- 以前年度虚减利润
  - 多计成本、费用
  - 少计收益

涉及其他非损益类
- 资产性支出
  - 资产性支出列入往来款
  - 往来款列入资产性支出
- 长期股权投资
  - 长期投资列往来款
  - 长期投资与其他资产混淆

报表日后事项
- 日后事项是指自年度资产负债表日至财务报告批准报出日之间发生的需要调整或说明事项
- 调整内容
  - 调整报告年度会计报表相关项目的数字
  - 调整报出月份(上月底)报表相关项目的年初数字

调整用科目
- "以前年度损益调整",凡涉及调整以前年度损益事项计入本科目
- 凡涉及资产、负债、所有者权益类调整事项计入相关科目

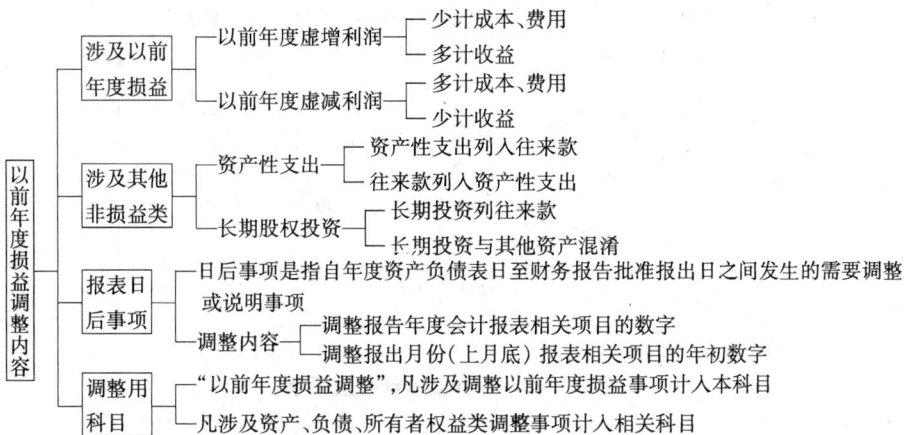

图 11-36 以前年度损益调整内容

（二）以前年度损益调整方法

1. 少计或多计费用调整（见图 11-37）。

盈余公积 20000 — ① 以前年度损益调整 20000 | 4000 ④ → 长期待摊费用——装修费 4000

原材料 ××× 18000 — ② — 18000

累计折旧 ××× 5600 预付账款 ××× 4000 ③ — 9600 | 12000 — ⑤ → 应付利息 12000

8600 — ⑥ → 应付职工薪酬 8600 ×××

47600 | 24600

图 11-37 少计或多计费用调整

图示说明：
①将汇兑损失误记入盈余公积20000元。
②第四季度少转销售材料成本18000元。
③少计提折旧费5600元，少摊销应分摊房租费用4000元。
④将房屋装修费5000元一次列入费用，应分五年摊完，转回多摊销4000元。
⑤多预提贷款利息12000元。
⑥多计提职工工资费用8600元。

2. 少计或多计收益调整（见图 11-38）。
3. 以前年度损益调整余额的处理（见图 11-39）。

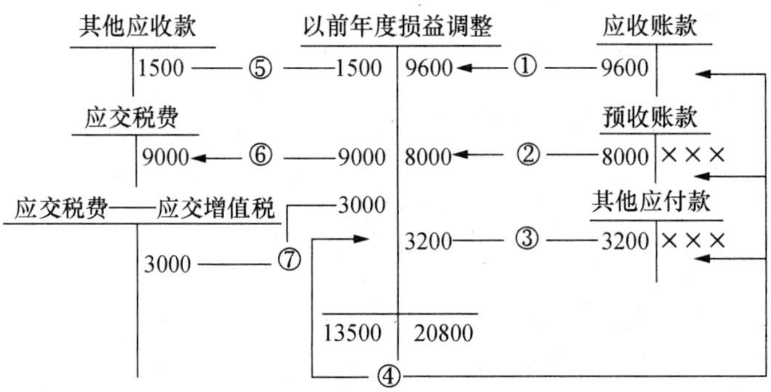

图 11 - 38　少计或多计收益调整

图示说明：

①将销售收入误列为应收账款 9600 元。

②将销售收入列入预收账款 8000 元。

③收到受资方汇来红利，计入其他应付款 3200 元。

④发现有相反事项作相关会计分录。

⑤将归还货款计入其他应收款。

⑥将代扣代缴个人所得税款误计入营业外收入 9000 元。

⑦将销项税误作销售收入处理 3000 元。

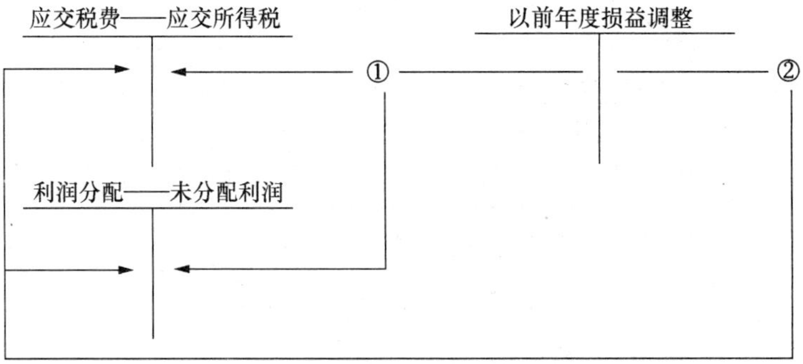

图 11 - 39　以前年度损益调整余额的处理

图示说明：

①调整后如为贷方余额，应将补交所得税计入应交税费，其余金额转入利润分配——未分配利润。

②调整后如为借方余额，应将多交的所得税计入应交税费，其余金额转入利润分配——未分配利润。

4. 非损益类账项调整（见图 11 - 40）。

五、会计报表的调整

1. 企业本年度发生的调整以前年度损益的事项，应当调整本年度"会计报表"中相关项目的年初数或上年实际数。

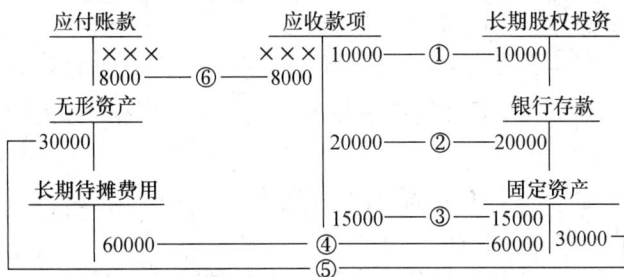

图 11-40　非损益类账项调整

图示说明：

①将长期股权投资列入应收账款核算 10000 元。

②将存入银行的定期存款列入应收账款核算 20000 元。

③将购房款列入应收账款 15000 元。

④将购入房屋列入长期待摊费用 6000 元。

⑤将购土地使用权款列入固定资产 30000 元。

⑥将收到应付账款列入应收账款 8000 元。

2. 企业在年度资产负债表日至财务报告批准报出日之间发生的调整报告年度损益的事项，应当调整报告年度会计报表相关项目的数字。

［案例］会计核算应关注的税务风险

进行年度会计报表审计时，发现很多公司存在一些共性的会计核算不规范、潜在税务风险较大的问题，在此进行分析列示，希望引起关注，并尽力规范会计核算，规避税务风险。对此，笔者归纳了以下 23 项会计核算中存在的税务风险：

(1) 公司出资购买房屋、汽车，权利人却写成股东，而不是付出资金的单位。

(2) 账面上列示股东名下的应收账款或其他应收款等。

(3) 成本费用中公司费用与股东个人消费混杂在一起不能划分清楚。

按照《个人所得税法》及国家税务总局的有关规定，上述事项视同为股东从公司分得了股利，必须代扣代缴个人所得税，相关费用不得计入公司的成本费用，从而给公司带来额外的税负。

(4) 外资企业仍按工资总额的一定比例计提应付福利费，且年末账面保留余额。

(5) 未成立工会组织的，仍按工资总额一定比例计提工会经费，支出时也未取得工会组织开具的专用单据。

（6）不按计税标准规定的标准计提固定资产折旧，在申报企业所得税时又未做纳税调整，有的公司存在跨纳税年度补提折旧（根据相关税法的规定成本费用不得跨期列支）。

（7）生产性企业在计算产品成本、生产成本时，记账凭证后未附料、工、费耗用清单，无计算分配的依据。

（8）计算产品（商品）销售成本时，未附销售成本计算表，不知成本如何形成的。

（9）在以现金方式支付员工工资时，无员工签领确认的工资单，工资单与用工合同、社保清单三者均不能有效衔接。

（10）开办费用在取得收入的当年全额计入当期成本费用，年终未做纳税调整。

（11）未按权责发生制的原则核算，没有依据地随意计提期间费用，或在年末预提无合理依据的费用。

（12）商业保险计入当期费用，未做纳税调整。

（13）生产性企业原材料暂估入库，把相关的进项税额也暂估在内，若该批材料当年耗用，对当年的销售成本造成影响。

（14）员工以发票定额报销，或使用过期票、连号票或税法限额（如餐票等）报销的发票报销费用。造成这些费用不能税前列支。

（15）应付款项挂账多年，如超过 3 年未偿还的应付款，应纳入当期应纳税所得额，但企业未做纳税调整。

上述（4）~（15）项均涉及企业所得税，未按《企业所得税法》及国家税务总局的相关规定计征，在税务稽查时会带来补税、罚款加收滞纳金的风险。

（16）增值税的核算不规范，未按规定的产品分项分栏目记账，造成增值税核算混乱，给税务核实应纳税款带来麻烦。

（17）运用"发出商品"科目核算发出的存货，引起缴纳增值税时间上的混乱，未按照增值税条例规定的确认条件确认收入、缴纳各种税金。

（18）将原材料用于职工福利，非正常损耗原材料，原材料所负担的进项税额并没有做转出处理。

（19）销售废料，没有计提并缴纳增值税。

（20）对外捐赠原材料及产成品，没有分解为按公允价值对外销售及对外捐赠两项业务处理。

上述（16）~（20）项均涉及企业增值税，未按《增值税暂行条例》及国家税务总局的相关规定计提销项税、进行进项税转出及有关增值税的其他核算，在税务稽查时会带来补税、罚款及加收滞纳金的风险。

（21）公司组织员工旅游，直接作为公司费用支出，未计入工资总额计提并缴纳个人所得税。

（22）很多公司财务人员忽视了印花税的申报（如资本印花税，运输、租赁、购销合同的印花税等），印花税的征管特点是轻税重罚。

（23）很多公司财务人员忽视了房产税的申报，关联方提供办公场地、生产场地给企业使用，未按规定申报房产税，在税务稽查时会带来补税、罚款及加收滞纳金的风险。

第十二章 债务重组、非货币交易、会计调整及税务处理

第一节 本章内容、目标及风险提示

一、内容

债务重组、非货币交易及会计调整等是会计的一项特殊业务,涉及范围广,政策性强,处理结果直接影响企业的财务状况和经营成果。

二、目标

根据有关规定,及时正确处理各项特殊业务,正确反映企业的财务状况和经营成果。

三、风险提示

1. 特殊业务处理不合规,可能导致财务状况不真实,影响企业的经营决策。
2. 特殊业务处理不及时,可能导致税务风险,造成不应有的损失。
3. 特殊业务计量不准确,可能影响企业的经营成果。

第二节 债务重组与税法规定

因《小企业会计准则》对这部分未做规定,其内容可参照《企业会计准则》的相关规定进行会计处理。

债务重组在进行账务处理时应注意两个概念:①账面余额,是指某科目的账面实际余额,不扣除与该科目相关的备抵科目金额,如减值准备、累计折旧等;②账面价值,它是指某科目的账面余额减去相关备抵项目后的净额,如固定资产

原值减去计提"累计折旧"后净额，即为账面价值。

一、债务重组方式

债务重组，是指在债务人发生财务困难的情况下，债权人按照其与债务人达成的协议或法院的裁定作出让步的事项。债务重组对债权人而言是"债权重组"，对债务人而言是"债务重组"，为便于表述统称为"债务重组"。

债务重组方式见图 12 - 1。

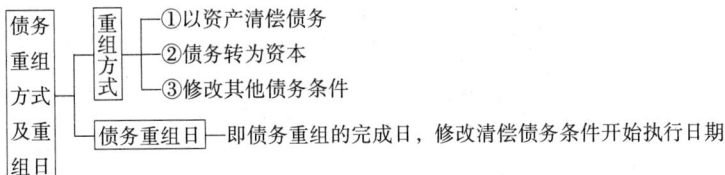

图 12 - 1　债务重组方式与重组日

二、债务重组债务人的账务处理

1. 以现金清偿债务的账务处理，见图 12 - 2。

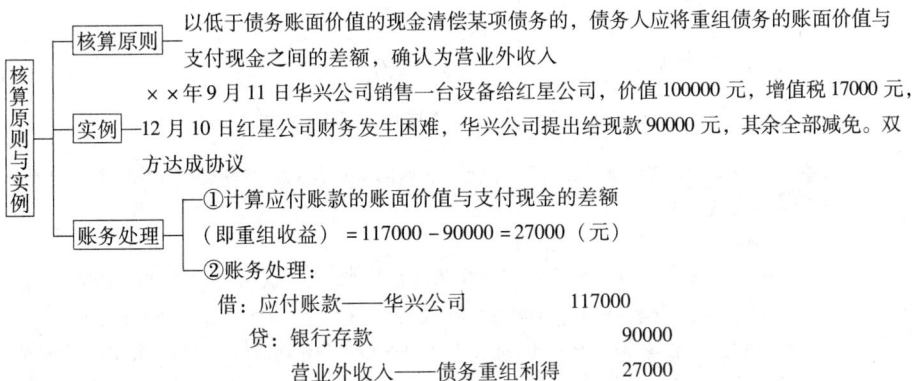

图 12 - 2　以低于债务价值的现金清偿债务

2. 以非现金资产清偿债务的账务处理，见图 12 - 3。

3. 以债务转为资本的账务处理，见图 12 - 4。

4. 以混合方式进行债务重组。

以混合方式进行债务重组的，应按下列清偿顺序进行清偿：现金、非现金资产、债务转为资本、修改其他债务条件。其混合方式及处理方法如下：

（1）以现金、非现金资产组合清偿某项债务的，应先以支付的现金冲减重组债务的账面价值，非现金资产的账面价值与债务余额的差额，确认为债务重组利得，记入"营业外收入—— 债务重组利得"。

核算原则与实例

核算原则
债务人应将重组债务的账面价值与转让的非现金资产的账面价值和相关税费之和的差额，确认为营业外收入，或作为损失记入当期营业外支出 —— 资产重组损失

实例
××年5月10日华兴公司销售给红星公司机械一台，价值200000元，签发为期半年的商业汇票1张，利率6%，11月10日红星公司财务发生困难，提出以汽车一辆偿还债务，该汽车原账面价值280000元，已提折旧90000元。（不考虑增值税）华兴公司同意上述意见，达成重组协议

账务处理
①计算应付票据账面价值与转让汽车价值的差额：

$$应付票据账面价值 = 200000 \times \left(1 + 6\% \times \frac{1}{2} \right)$$

$$= 206000 （元）$$

$$差额（重组收益） = 206000 - （280000 - 90000）$$

$$= 16000 （元）$$

②账务处理：

借：固定资产清理　　190000

　　累计折旧　　　　90000

　　贷：固定资产　　　　　280000

借：应付票据　　　206000

　　贷：固定资产清理　　　206000

借：固定资产清理　　　　　16000

　　贷：营业外收入——债务重组利得　16000

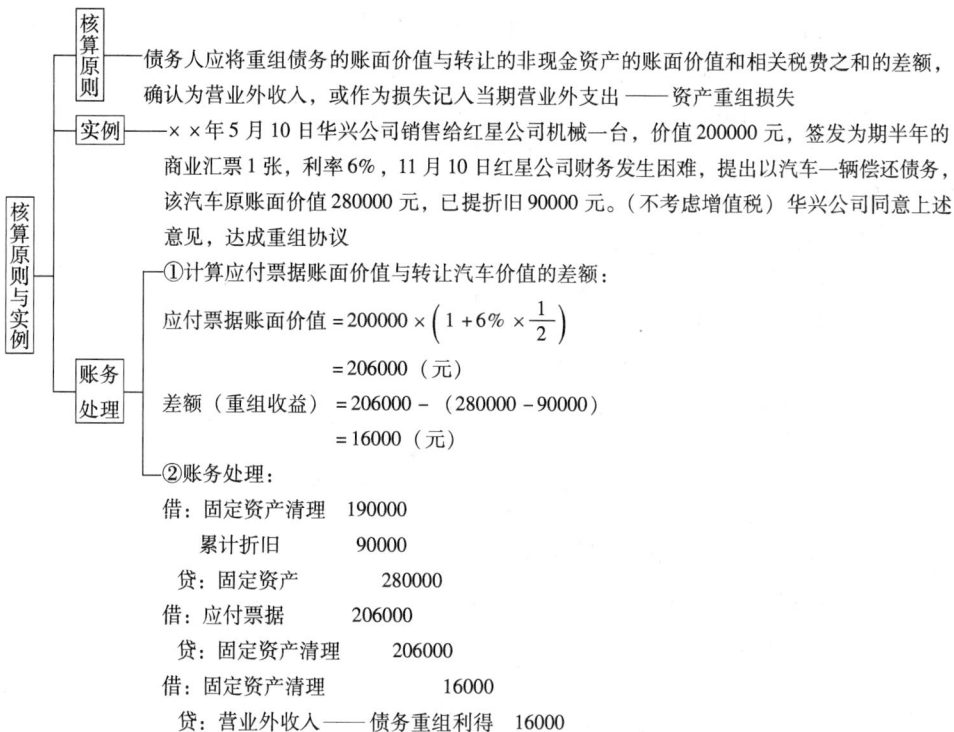

图 12 - 3　非现金资产清偿债务的账务处理

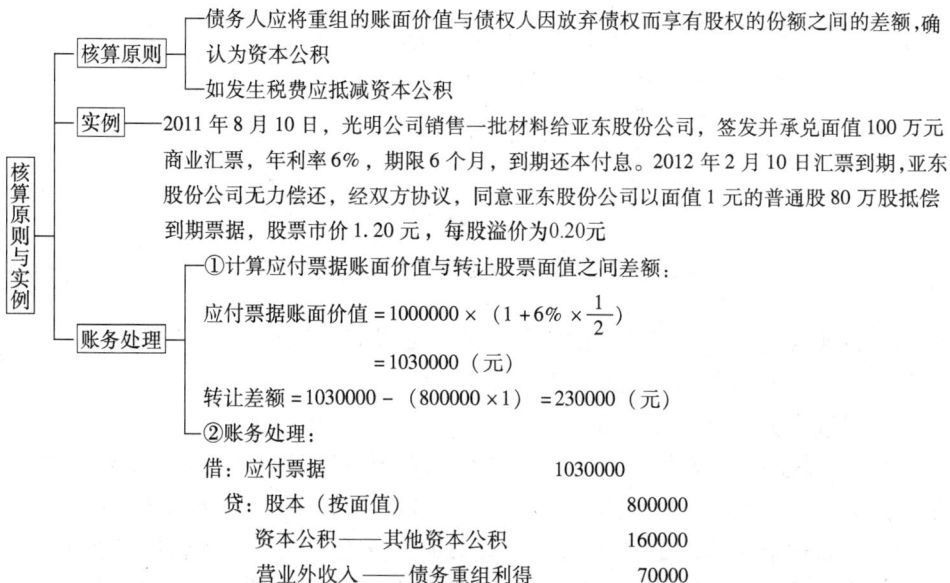

核算原则与实例

核算原则
债务人应将重组的账面价值与债权人因放弃债权而享有股权的份额之间的差额，确认为资本公积
如发生税费应抵减资本公积

实例
2011年8月10日，光明公司销售一批材料给亚东股份公司，签发并承兑面值100万元商业汇票，年利率6%，期限6个月，到期还本付息。2012年2月10日汇票到期，亚东股份公司无力偿还，经双方协议，同意亚东股份公司以面值1元的普通股80万股抵偿到期票据，股票市价1.20元，每股溢价为0.20元

账务处理
①计算应付票据账面价值与转让股票面值之间差额：

$$应付票据账面价值 = 1000000 \times （1 + 6\% \times \frac{1}{2}）$$

$$= 1030000 （元）$$

$$转让差额 = 1030000 - （800000 \times 1） = 230000 （元）$$

②账务处理：

借：应付票据　　　　　　　　1030000

　　贷：股本（按面值）　　　　　800000

　　　　资本公积——其他资本公积　160000

　　　　营业外收入——债务重组利得　70000

图 12 - 4　以债务转为资本的账务处理

（2）以现金、债务转为资本组合清偿某项债务的，应先以支付的现金冲减重组债务的账面价值，债权人享有的股权的份额与债务的余额的差额，确认为债务重组利得，记入"营业外收入"。

（3）以非现金资产、债务转为资本组合清偿某项债务的，应先以非现金资产的账面价值冲减重组债务的账面价值，余额与债权人享有的股权份额的差额，确认为债务重组利得，记入"营业外收入"。

（4）以现金、非现金资产、债务转为资本组合清偿某项债务的，应先以现金、非现金资产的账面价值冲减重组债务账面价值，余额与债权人享有的股权份额的差额，确认为债务重组利得，记入"营业外收入"。

（5）以现金、非现金资产、债务转为资本组合清偿某项债务的一部分，并对该债务的另一部分以修改其他债务条件进行债务重组的，应先以支付的现金、非现金资产的账面价值、债权人享有的股权份额冲减重组债务的账面价值，余额与将来应付金额进行比较，其差额确定为营业外收入或营业外支出。

账务处理参照以上各种方式加以组合。小企业的重组收益一律记入"营业外收入"。

三、债务重组债权人的会计处理

1. 以现金清偿债务的，债务人在债务重组时以低于债权人应收债权账面价值的现金清偿的，债权企业应将实际收到的金额小于应收债权账面价值的差额，记入当期"营业外支出——债务重组损失"。

2. 以非现金资产清偿债务的，债权企业应按应收债权的账面价值，作为受让的非现金资产的入账价值。如果接受多项非现金资产，应按接受各项非现金资产的公允价值占非现金资产的公允价值总额的比例，对应收债权的账面价值进行分配，并按照分配后的价值作为所接受各项非现金资产的入账价值。

3. 以债权转为股权的，债权企业应按应收债权的账面价值作为受让股权的入账价值。如果涉及多项股权，应按重组各项股权公允价值占股权公允价值总额的比例，对应收债权的账面价值和应支付的相关税费之和进行分配，并按照分配后的价值，作为所接受各项股权的入账价值。

4. 修改其他债务条件清偿债务的，如果重组债权的账面价值大于将来应收金额，应将重组债权的账面价值减记至未来应收金额，减记的金额确认为当期损失。如果修改后的债务条款涉及或有收益，则或有收益不应当包括在未来应收金额中，待实际收到或有收益时，记入收到当期的营业外收入；如果修改其他债务条件后，未来应收金额等于或大于重组前应收债权账面余额，则在债务重组时不作账务处理，但应当在备查簿中进行登记。修改债务条件后的应收债权，按一般应收债权进行账务处理。

四、债务重组税法规定及纳税调整

债务重组中债权人发生的债务重组损失，符合坏账确认条件的，可以税前扣除。

根据《财政部、国家税务总局关于企业重组业务企业所得税若干问题的通知》（财税〔2009〕59号）的精神，企业债务重组，相关交易应按以下规定处理：

（1）以非货币性资产清偿债务，应当分解为转让相关的非货币性资产、按非货币性资产公允价值清偿债务两项业务，确认相关资产的所得或损失。

（2）发生债权转股权的，应当分解为债务清偿和股权投资两项业务，确认有关债务清偿所得或损失。

（3）债务人应当按照支付的债务清偿额低于债务计税基础的差额，确认债务重组所得；债权人应当按照收到的债务清偿额低于债权计税基础的差额，确认债务重组损失。

（4）债务人的相关所得税纳税事项原则上保持不变。

交易各方对交易中的股权支付部分，可按以下规定进行税务处理：①企业重组确认的应纳税所得额占该企业当年应纳税所得额50%以上，可以在5个纳税年度的期间内，均匀计算各年度的应纳税所得额；②企业发生债权转股权业务，对债务清偿和股权投资两项业务暂不确认有关清偿所得或损失。股权投资的计税基础以原债权的计税基础确定。企业的其他相关所得税事项保持不变。

第三节　非货币性资产交易与税务处理

本部分是参照《企业会计准则》的相关规定进行会计处理。但要注意小企业不计提减值准备，按成本计量。

一、非货币性资产交易含义

（一）非货币性资产的含义

见图12-5。

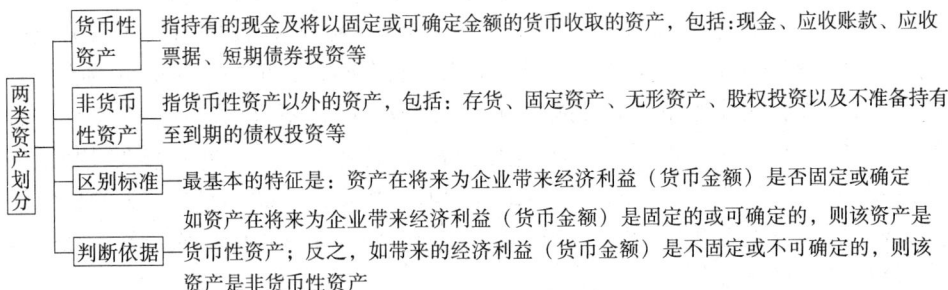

图12-5　货币性资产与非货币性资产划分

（二）非货币性资产交易的含义

见图 12 - 6。

非货币性资产交易
- 概念——是指交易双方以非货币性资产进行的交换
- 特征——这类交换不涉及或只涉及少量的货币性资产
- 判断标准
  - 收到补价企业：收到补价/换出资产公允价值≤25%则视为非货币性交易
  - 支付补价企业：支付补价/（支付补价＋换出资产公允价值）≤25%则视为非货币性交易
- 比例说明——准则未规定具体比例，通常划分的标准为25%，本书采用此标准

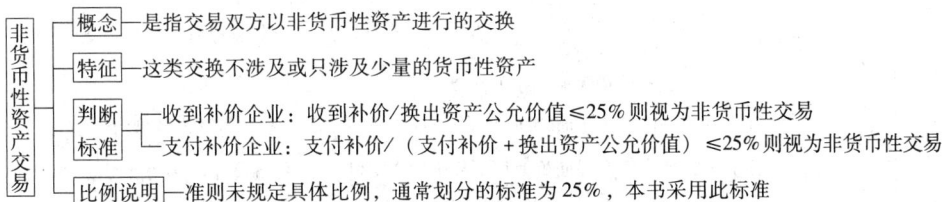

图 12 - 6 非货币性资产交易

（三）非货币性资产交换分类与计价原则

见图 12 - 7。

非货币性资产交换分类与计价
- 分类
  - 不具有商业实质
  - 具有商业实质
- 确认原则——换入资产与换入企业其他现有资产相结合，导致换入企业的现金流量与换出资产前有明显不同
- 确认条件——满足下列条件之一的为"具有商业实质"：①换入资产的未来现金流量在风险、时间和金额方面与换出资产显著不同；②换入资产与换出资产的预计未来现金流量现值不同，其差额是重大的
- 计价基础
  - ①不具有商业实质：以换出资产账面价值和应支付相关税费作为换入资产成本，不确认损益
  - ②具有商业实质：应以换出资产公允价值和应支付税费作为换入资产成本，公允价值与账面价值差额计入当期损益
  - ③同时换入多项资产：其成本按照换入资产的公允价值的比例进行分摊

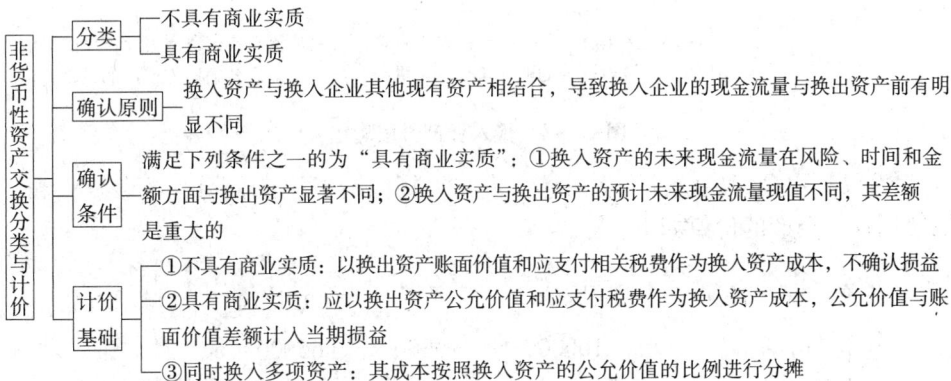

图 12 - 7 非货币性资产交换分类与计价

二、换入资产价值确定原则

（一）换入资产价值确定

见图 12 - 8。

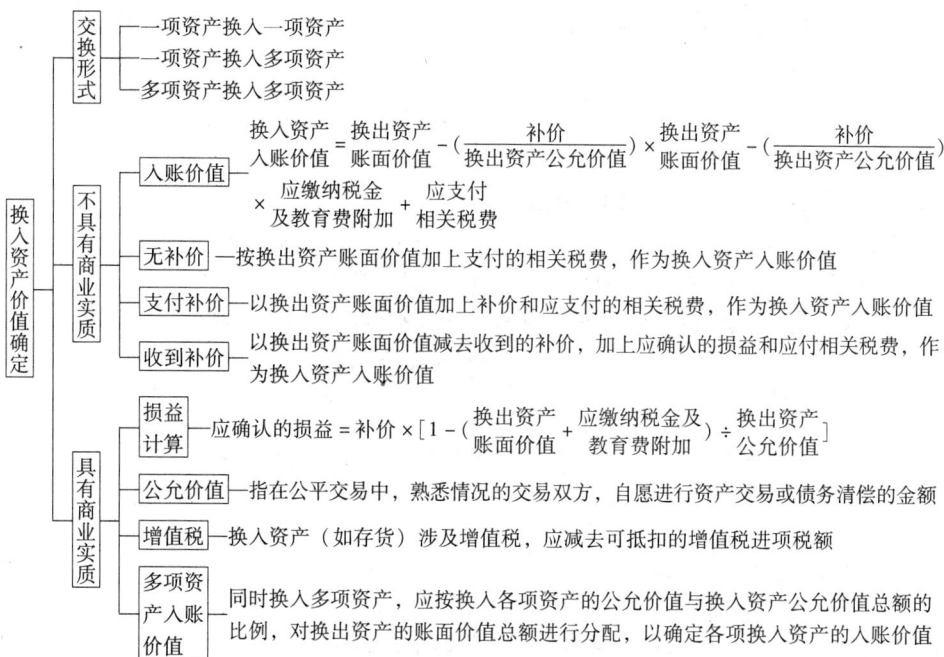

图 12-8　换入资产价值确定

【例1】甲公司决定以厂房一幢、汽车一辆同时对换乙公司一批原材料和土地使用权。资产的价值如下：

单位：资产名称		原值	已提折旧	公允价值	减值准备
甲公司	厂房	100000	20000	65000	0
	汽车	90000	18000	70000	0
乙公司	原材料	20000（不含税）		35100（含增值税17%）	
	土地使用权	80000	0	99900	0

【解】

（1）甲公司换入资产价值确定：

1）原材料增值税进项税：

＝35100/（1＋17%）×17% ＝5100（元）

2）换出资产的账面价值：

换出资产的账面价值总额

＝（100000－20000）＋（90000－18000）＝152000（元）

3）原材料公允价值占换入全部资产公允价值比例：

＝35100/（99900＋35100）＝26%

4）土地使用权公允价值占换入全部资产公允价值比例：

＝99900／（99900＋35100）＝74%

5）换入资产的入账价值：

原材料(含税)＝152000×26%＝39520（元）

原材料不含增值税价值＝39520－5100＝34420（元）

土地使用权＝152000×74%＝112480（元）

（2）甲公司账务处理：

借：固定资产清理　　　　　　　　　152000

　　累计折旧　　　　　　　　　　　　38000

　　贷：固定资产——厂房　　　　　　　　　　100000

　　　　　　——汽车　　　　　　　　　　　90000

借：原材料　　　　　　　　　　　　34420

　　应交税金——应交增值税　　　　　5100

　　无形资产——土地使用权　　　　112480

　　贷：固定资产清理　　　　　　　　　　　152000

乙公司账务处理参照甲公司处理方法（从略）。

（二）非货币性资产公允价值的确定

见图12-9。

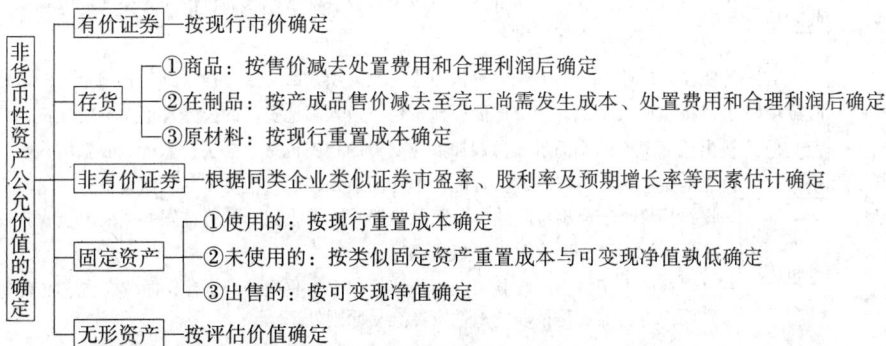

图12-9　非货币性资产公允价值的确定

【例2】A公司以持有短期股票170000元投资，已提跌价准备10000元，该股票公允价值220000元，交换B公司持有短期公司债券。B公司短期公司债券投资180000元，已提跌价准备5000元，B公司又支付给A公司补价30000元，支付手续费等1000元。

（1）A公司账务处理：

1）确定交易性质：补价率 13.64%（30000/220000），属非货币性资产交易。

2）确认损益 =（1 - 160000/220000）×30000 = 8182（元）

3）换入短期投资入账价值 =（170000 - 10000）- 30000 + 8182 = 138182（元）

借：短期投资——债券   138182

  短期投资跌价准备   10000

  银行存款   30000

 贷：短期投资——股票投资   170000

   营业外收入——非货币交易收益   8182

（2）B公司账务处理：

换入短期投资入账价值 = 180000 - 5000 + 30000 + 1000 = 206000

借：短期投资——股票   206000

  短期投资跌价准备   5000

 贷：短期投资——债券   180000

   银行存款   31000

三、非货币性资产交易涉及应收款项的计价

见图 12 - 10。

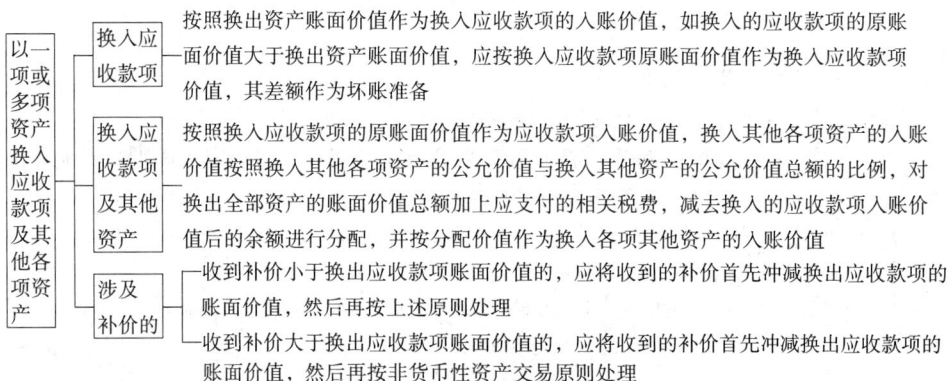

图 12 - 10 换入资产价值确认

四、非货币性资产交易税法规定及差异的处理

（一）会计准则规定

企业非货币性资产交易是以换出资产的账面价值作为换入资产的入账价值，一般不确认损益，只有收到补价的企业才确认损益。

（二）税法规定

企业间非货币性资产交易的双方均要作视同销售处理，必须在有关交易发生

时确认非现金交易的转让所得或损失。交易中放弃的非现金资产的公允价值超过其原账面计税成本（或调整计税成本）的差异，应记入交易发生当期的应纳税所得额；反之，则确认为当期的损失。非货币性资产交易涉及补价的，对收到补价的一方，在确定资产转让收益时应该注意：补价是由于换出资产的公允价值大于换入资产的公允价值取得的。因此，对换出资产已确认了计税收入和相应地增加了应纳税所得额，对补价收益就不应再记入应纳税所得。故已记入"营业外收入"的补价收益应调减应纳税所得额。

第四节　会计调整

会计调整是指企业按照国家法律、行政法规和会计准则制度的要求，或者因特定情况下按照会计准则制度规定，对企业原采用的会计政策、会计估计以及发现的会计差错、发生的资产负债表日后事项等所作的调整。包括下列三项内容：

一、会计政策变更

会计政策变更，是指小企业对相同的交易或者事项，由原来采用的会计政策改用另一会计政策的行动。

（一）会计政策变更的含义及变更条件

见图 12 – 11。

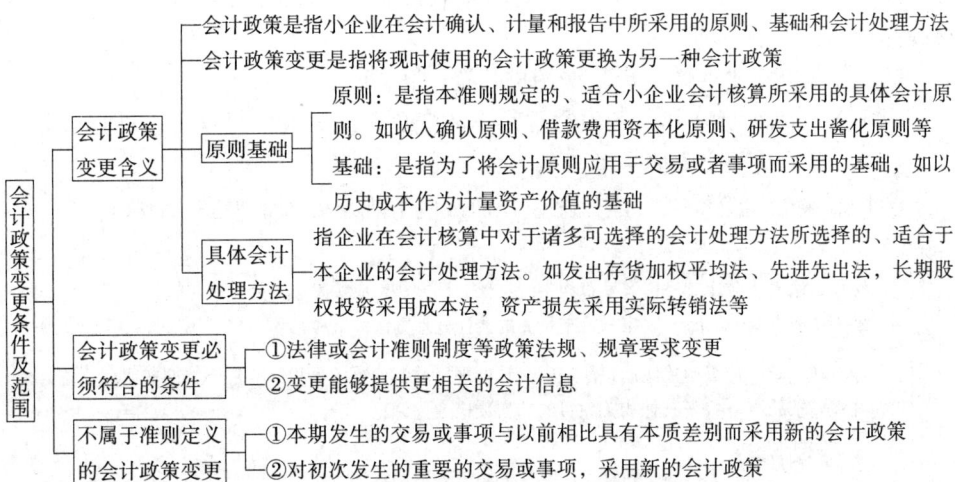

会计政策变更条件及范围

- 会计政策变更含义
  - 会计政策是指小企业在会计确认、计量和报告中所采用的原则、基础和会计处理方法
  - 会计政策变更是指将现时使用的会计政策更换为另一种会计政策
  - 原则基础
    - 原则：是指本准则规定的、适合小企业会计核算所采用的具体会计原则。如收入确认原则、借款费用资本化原则、研发支出酱化原则等
    - 基础：是指为了将会计原则应用于交易或者事项而采用的基础，如以历史成本作为计量资产价值的基础
  - 具体会计处理方法
    - 指企业在会计核算中对于诸多可选择的会计处理方法所选择的、适合于本企业的会计处理方法。如发出存货加权平均法、先进先出法，长期股权投资采用成本法，资产损失采用实际转销法等
- 会计政策变更必须符合的条件
  - ①法律或会计准则制度等政策法规、规章要求变更
  - ②变更能够提供更相关的会计信息
- 不属于准则定义的会计政策变更
  - ①本期发生的交易或事项与以前相比具有本质差别而采用新的会计政策
  - ②对初次发生的重要的交易或事项，采用新的会计政策

图 12 – 11　会计政策变更条件及范围

（二）企业制定和变更会计政策时应遵循的原则

见图 12 - 12。

应遵循的原则
- ①根据《小企业会计准则》和统一会计制度要求进行会计核算，在不违背准则规定原则下，结合企业具体情况制定本企业的会计政策
- ②企业采用的会计政策前后期应保持一致，不得随意变更
- ③《小企业会计准则》规定会计政策变更，应当采用未来适用法进行会计处理

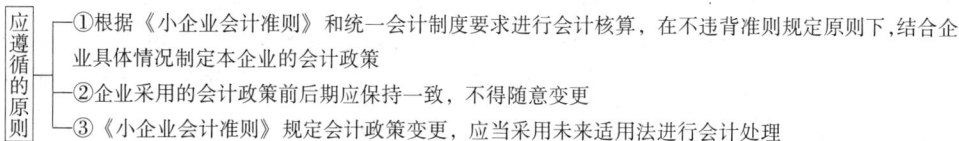

图 12 - 12　制定和变更会计政策应遵循的原则

（三）小企业采纳的会计政策

企业采纳的会计政策，通常在会计报表附表中进行披露，主要有以下几项：

1. 短期投资、存货、长期债券投资、长期股权投资、固定资产、无形资产、生产性生物资产等资产，取得时按成本计量。

2. 发出存货的计价方法，如发出存货成本的计量是采用先进先出法、加权平均法，还是个别计价法。

3. 将土地使用权与房屋分开核算。

4. 企业内部研究开发项目开发阶段的支出，符合资本化条件的确认为无形资产。

5. 债券折价或者溢价在债券存续期间内，于确认相关债券利息收入时进行摊销。

6. 长期股权投资在持有期间采用成本法核算。

7. 投资者投入的非货币性资产按照评估价值计量。

8. 资产损失实际发生时予以确认。

9. 收入确认的原则是，在发出商品且收到货款或取得收款权利时，确认销售商品收入。

10. 符合资本化条件的借款费用进行资本化。

以上各项除存货外其他各项通常都不能变更，因为准则只规定一种方法。

（四）会计政策变更账务处理

会计政策变更应根据具体情况，分别按以下规定处理，见图 12 - 13。

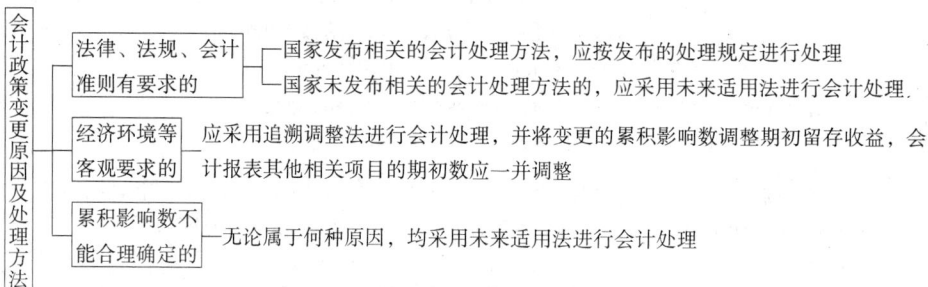

会计政策变更原因及处理方法
- 法律、法规、会计准则有要求的
  - 国家发布相关的会计处理方法，应按发布的处理规定进行处理
  - 国家未发布相关的会计处理方法的，应采用未来适用法进行会计处理
- 经济环境等客观要求的
  - 应采用追溯调整法进行会计处理，并将变更的累积影响数调整期初留存收益，会计报表其他相关项目的期初数应一并调整
- 累积影响数不能合理确定的
  - 无论属于何种原因，均采用未来适用法进行会计处理

图 12 - 13　会计政策变更原因及会计处理方法

1. 未来适用法，见图12－14。

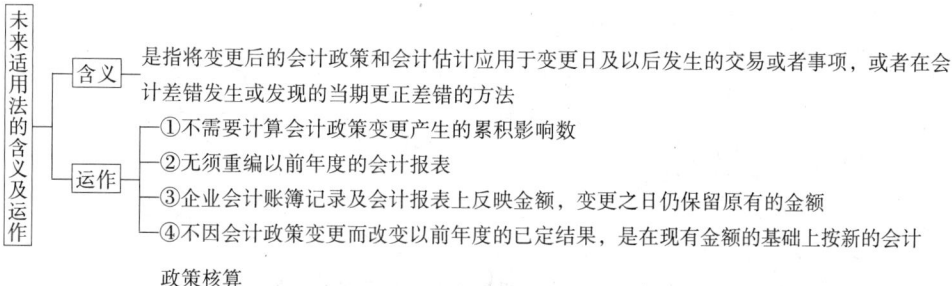

未来适用法的含义及运作

含义　是指将变更后的会计政策和会计估计应用于变更日及以后发生的交易或者事项，或者在会计差错发生或发现的当期更正差错的方法

运作
①不需要计算会计政策变更产生的累积影响数
②无须重编以前年度的会计报表
③企业会计账簿记录及会计报表上反映金额，变更之日仍保留原有的金额
④不因会计政策变更而改变以前年度的已定结果，是在现有金额的基础上按新的会计政策核算

图12－14　未来适用法的含义及运作

【例3】会计政策变更处理实例（未来适用法）。

A公司原执行《小企业会计制度》，自2012年开始执行《小企业会计准则》，按原规定应收账款、存货等应计提减值准备，而执行《小企业会计准则》后，不再计提减值准备，故原计提的"坏账准备"、"存货跌价准备"等金额，应调整记入以前年度未分配利润账户。

A公司原账面计提减值准备见表12－1。

表12－1

单位：元

会计科目	小企业会计制度		《小企业会计准则》
	原　值	已提减值准备	
应收账款	1250000	6125	1250000
原材料	320600	3200	320600
库存商品	153000	1530	153000
合计	1723600	10855	1723600

账务处理如下：
借：坏账准备　　　　　　　　　6125
　　存货跌价准备　　　　　　　4730
　　贷：利润分配——未分配利润　　　10855
注意：计提减值准备等，已做纳税调整的，在首次执行《小企业会计准则》时，应注意调整纳税所得额。

2. 追溯调整法，见图12－15。

追溯调整法的含义及运作步骤

- 含义——追溯调整法是指对某项交易或事项变更会计政策时，如同该交易或事项初次发生时就开始使用新的会计政策，并以此对相关项目进行调整的方法
- 内容
  - ①计算会计政策变更的累积影响数
  - ②调整期初留存收益
  - ③会计报表的其他相关项也相应调整
- 运作步骤
  - ①计算会计政策变更的累积影响数
  - ②相关账务处理
  - ③调整会计报表相关项目
  - ④附注作说明
- 实例——略

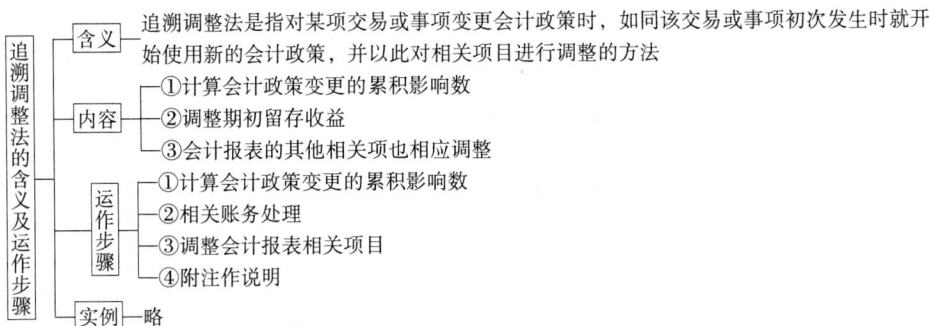

图 12 - 15　追溯调整法的含义及运作步骤

注：《小企业会计准则》规定小企业不采用此方法。

二、会计估计变更

会计估计变更，是指由于资产和负债的当前情况及预期经济利益和义务发生了变化，从而对资产和负债的账面价值或者资产的定期消耗金额进行调整。

（一）会计估计的含义及变更处理

见图 12 - 16。

会计估计的含义及变更处理

- 含义——由于企业经营活动内在的不确定因素的影响，某些会计报表项目不能精确地计量，而只能加以估计。如固定资产的使用年限就是估计数
- 变更原因
  - ①赖以进行估计的基础发生了变化
  - ②取得了新信息，积累了更多的经验
  - 须改变原来估计
- 规定
  - ①不需要计算变更产生累积影响数
  - ②也不需要重编以前年度会计报表
  - ③但应对变更当期和未来期间所发生的交易或事项，采用新的会计估计进行处理
- 处理原则
  - 会计估计变更如果仅影响变更当期，其影响数应记入变更当期与前期相同的相关项目中
  - 如既影响当期又影响未来期间，其影响额应记入当期和未来期间与前期相同的相关项目中
  - 会计政策变更和会计估计变更很难区分时，应按会计估计变更的处理方法进行处理
- 会计估计变更结果
  - ①改变了资产和负债的现时善不适应预期义务需要
  - ②使资产或负债的账面价值更符合实际
  - ③调整了资产的定期消耗金额，如折旧额
- 披露要求
  - ①应在附注中披露会计估计变更的内容和理由
  - ②说明会计估计变更的影响额
  - ③或会计估计变更的影响数不能确定的理由

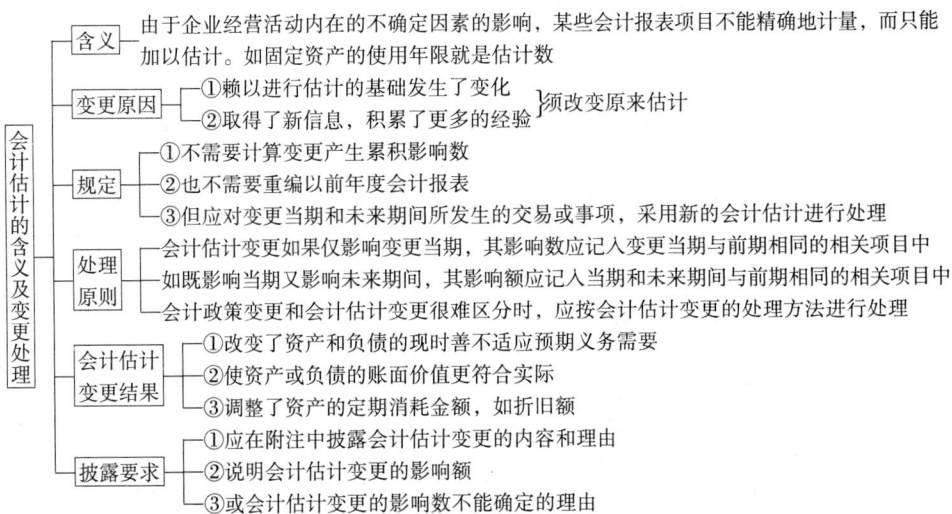

图 12 - 16　会计估计的含义及变更处理

（二）小企业会计估计内容

1. 固定资产的使用寿命、预计净残值的确定，固定资产折旧方法的选择。

2. 生产性生物资产的使用寿命、预计净残值的确定，生产性生物资产折旧方法的选择。

3. 无形资产摊销期的确定、无形资产摊销所采用的年限平均法。

4. 长期待摊费用摊销期的确定、摊销所采用的方法。

5. 建造合同和劳务合同完成进度的确定方法。

6. 债券折（溢）价，于确认相关债券利息收入的摊销时采用直线法。

7. 市场价格和评估值的确定。

（三）会计估计变更实例

【例4】A公司于2007年1月1日起计提折旧的管理用电脑设备4台，价值42000元，估计使用年限为8年，净残值为2000元，按直线法计提折旧。至2011年初，由于新技术的发展等原因，需要对原估计的使用年限和净残值作出修正，修改后该设备的耐用年限为6年，净残值为1000元。

【解】A公司对上述会计估计变更的处理方式如下：

（1）不调整以前各期折旧，也不计算累积影响数。

（2）变更日后发生的经济业务改按新估计使用年限提取折旧。

按原估计，每年折旧额为5000元，已提折旧4年，共计20000元，固定资产净值为22000元，则第五年相关科目的期初余额如下：

固定资产	42000
累计折旧	20000
固定资产净值	22000

改变估计使用年限后，自2011年起每年计提的折旧费用为10500〔（22000－1000）÷（6－4）〕元。2011年不必对以前年度已提折旧进行调整，只需按重新预计的使用年限和净残值计算确定的年折旧费用，编制会计分录如下：

　　借：管理费用　　　　　　　　　　　　　　　　　10500

　　　　贷：累计折旧　　　　　　　　　　　　　　　　10500

（3）附注说明。

本公司4台管理用电脑设备，原始价值42000元，原估计使用年限为8年，预计净残值2000元，按直线法计提折旧。由于新技术的发展，该设备已不能按原估计使用年限计提折旧，本公司于2011年初变更该设备的耐用年限为6年，预计净残值为1000元，以反映该设备的真实使用年限和净残值。此估计变更影响本年度净利润减少数为4125〔（10500－5000）×（1－25%）〕元。

三、会计差错更正

会计差错更正是指对企业核算与报告过程中出现的差错用正确方法进行更正，确保会计信息真实可靠。

（一）会计差错的含义及产生原因

见图12－17。

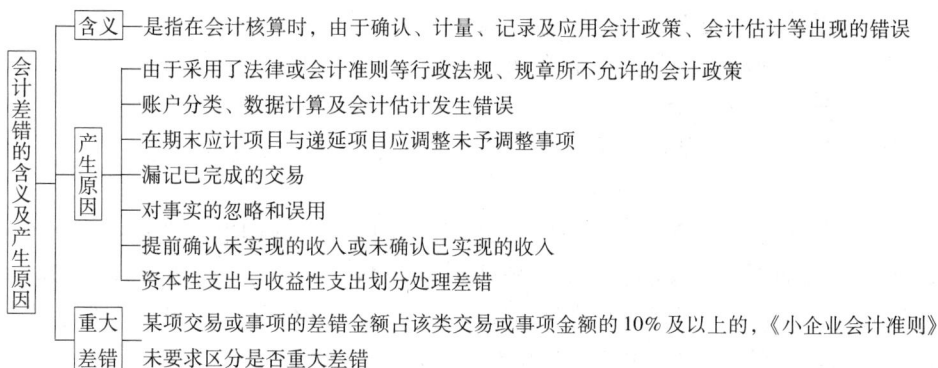

图 12 - 17　会计差错的含义及产生原因

（二）会计差错的更正

见图 12 - 18、图 12 - 19。

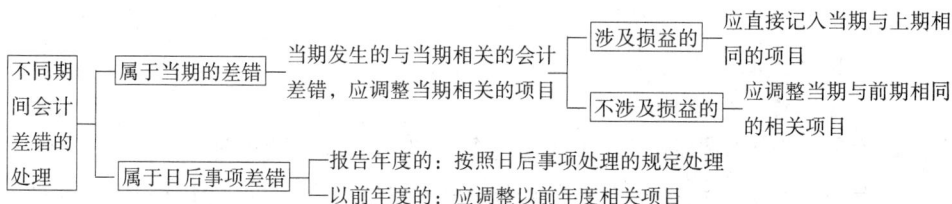

图 12 - 18　不同期间会计差错的处理

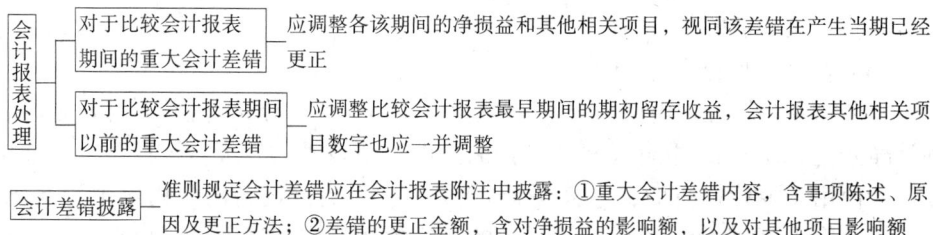

图 12 - 19　比较会计报表期间会计差错处理及披露

（三）会计差错更正举例

本期发现的与当期相关的会计差错更正。

【例5】 A 公司于 2004 年 3 月发现当年 1 月购入的一项管理用低值易耗品，价值 1800 元，误记为固定资产，并已提折旧 100 元。则 A 公司应于发现时进行更正，会计分录为：

借：周转材料——低值易耗品　　　　　　　　　　　1800

　　贷：固定资产　　　　　　　　　　　　　　　　1800

借：累计折旧　　　　　　　　　　　　　　　　　　100

　　贷：管理费用　　　　　　　　　　　　　　　　100

假如该低值易耗品已领用，并按规定一次摊销：

借：管理费用　　　　　　　　　　　　　　　　　　1800

　　贷：周转材料——低值易耗品　　　　　　　　　1800

四、滥用会计政策、会计估计及其变更的处理方法

如果有确凿证据证明企业滥用会计政策、会计估计及其变更的，则应将其产生的影响数按原渠道退回。如果影响损益，应将其对损益的影响数调整发现当期的期初留存收益，会计报表其他相关项目的期初数也应一并调整；如不影响损益，应调整会计报表相关项目的期初数。在报表附注中的揭示方法同重大会计差错更正的会计处理。

值得注意的是，应当将滥用会计政策、会计估计及其变更与会计政策变更和会计估计变更区分开来，尤其应当将滥用会计估计和会计估计变更区分开来。因为会计采用的是未来适用法，而滥用会计估计及其变更是当作重大会计差错更正处理的，按《企业会计准则》规定应采用的是追溯调整法，两种处理方法存在很大的差别。

如何判别企业是会计估计变更还是滥用会计估计及其变更，《企业会计准则》并没有具体的规定。这依靠会计人员的专业判断。一旦有确凿证据证明企业滥用会计估计及其变更，就应当作重大会计差错处理，调整以前年度收益，而不是调整当期利润。

五、会计差错的税务规定

会计上对重大差错和非重大差错采取了不同的处理方法。而税收上从不采用"重要性原则"，对以前年度的会计差错，凡涉及损益的，应当并入差错年度的所得额，计征所得税。在账务处理上，税务要求通过"以前年度损益调整"科目核算。此外对检查出以前年度会计利润与应纳税所得之间形成的时间性差异，虽不属会计差错，但在税收处理上也通过"以前年度损益调整"核算。

国税发〔1996〕156 号文规定：税务机关在对申报亏损的企业进行纳税检查时，如果发现企业虚列扣除项目或少计应税所得，从而多申报亏损，可视同查出同等金额的应纳税所得，并按规定税率计算出相应的应纳所得税额，并视情节，根据有关规定进行处理。

国税函〔1996〕190 号文作进一步明确：虚报亏损，造成当年不交或少交税款的，属于漏税行为；虚报亏损，造成当年少交税款的，责令限期改正，并罚款。

第十三章　外币业务核算与税务处理

第一节　外币业务与国际结算

一、外币业务核算目标及风险

（一）外币业务含义

> 外币业务由外币交易和外币财务报表折算构成。外币交易是指小企业以外币计价或者结算的交易。

（二）外币核算目标

合理选用折算汇率，正确、及时确认、计量、记录外币交易，及时正确报告外币资产状况，有效使用外币资金。

（三）风险提示

1. 企业记账本位币选择不当，可能导致会计信息失真，不能充分发挥其作用。

2. 汇率使用不当，折算的记账本位币不准确，可能导致数据误差，影响经营决策正确性。

3. 会计报表折算不正确、反映数据不真实，可能导致财务报表真实性受影响。

二、外币、外汇与汇率

（一）外币与记账本位币

外币是指记账本位币以外的货币。能用于国际结算的外币也称为外汇。记账本位币是指小企业主要收支现金的经济环境中的货币。我国小企业应当以人民币作为记账本位币，包括资产、负债、所有者收益、收入、费用和利润，以及财务报表的编报，都应当用人民币反映。

> 《小企业会计准则》指出：小企业应当选择人民币作为记账本位币。业务收支以人民币以外的货币为主的小企业，可以选定其中一种货币作为记账本位币，但编报的财务报表应当折算为人民币财务报表。
>
> 小企业记账本位币一经确定，不得随意变更，但小企业经营所处的主要经济环境发生重大变化除外。
>
> 小企业因经营所处的主要经济环境发生重大变化，确需变更记账本位币的，应当采用变更当日的即期汇率将所有的项目折算为变更后的记账本位币。
>
> 前款所称即期汇率，是指中国人民银行公布的当日人民币外汇牌价的中间价。

（二）外汇内容及分类

外汇是以外国货币表示的用于国际结算的一种支付手段。

1. 外汇的内容，见图 13－1。

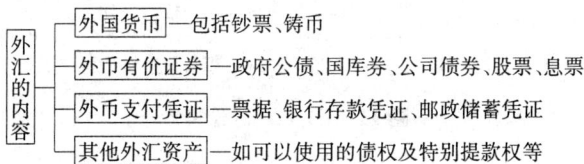

图 13－1　外汇的内容

2. 外汇的种类，见图 13－2。

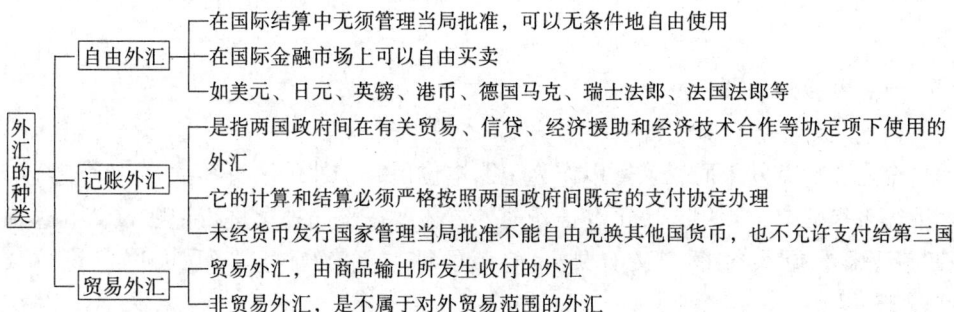

图 13－2　外汇的种类

（三）汇率及标价方法

1. 汇率。汇率是两种货币在特定时间相互交换的比价、比率或价格。在我国，汇率由国家外汇管理局决定，并在中国银行挂牌公布，因此又称外汇牌价。

2. 汇率标价方法，见图 13 - 3。

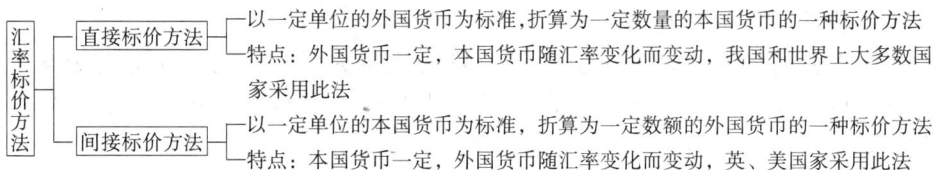

图 13 - 3　汇率标价方法

3. 外汇的价格，见图 13 - 4。

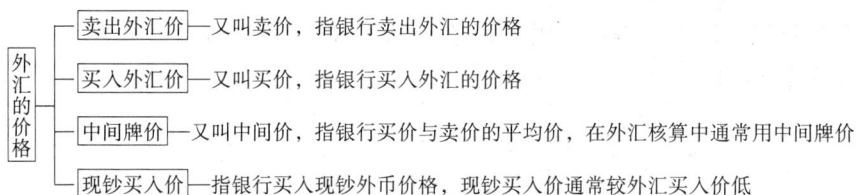

图 13 - 4　外汇的价格

第二节　兼容外币账户和汇兑损益

一、兼容外币账户

（一）兼容外币账户概念

企业在持有外币而以人民币作为记账本位币时，外币银行存款、外币现金和外币往来等账户，除用人民币登记账簿外，还要按不同外币进行记账核算。这种既有记账本位币金额，又有外币金额的账户称为兼容外币账户。其格式见表 13 - 1。

表 13 - 1　　　　　　　　　　　　银行存款（美元户）

××年		凭证	摘要	借方			贷方			借或贷	余额		
月	日			原币	汇率	人民币	原币	汇率	人民币		原币	汇率	人民币
1	1		上年结转							借	40000	2.40	96000
	5		收到A公司货款	10000	2.50	25000				借	50000		121000
	7		付B公司购货款				14000	2.40	33600	借	36000		87400
	15		收到A公司上年欠款	8000	2.50	20000				借	44000		107400
	25		付B公司购货款				26000	2.40	62400	借	18000		45000
			付B公司购货款				2000	2.50	5000	借	16000	2.50	40000

（二）兼容外币账户的特点

见图 13 - 5。

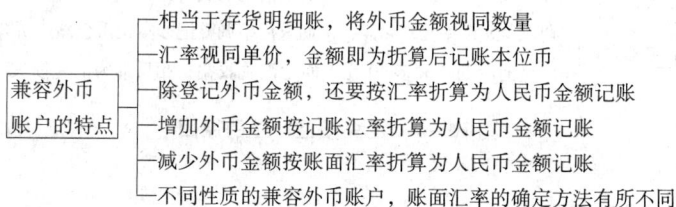

图 13 - 5　兼容外币账户的特点

（三）记账汇率和账面汇率的含义及其确定

见图 13 - 6。

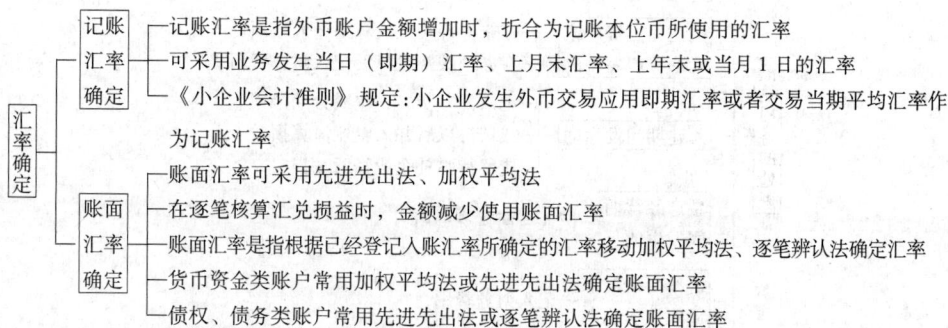

图 13 - 6　汇率确定

二、汇兑损益

（一）汇兑损益的含义

汇兑损益是指企业在经营过程中，由于不同外币兑换发生的价差，以及汇率变动发生的折合为记账本位币的差额所形成的收益或损失。

（二）汇兑损益产生的原因

见图 13 - 7。

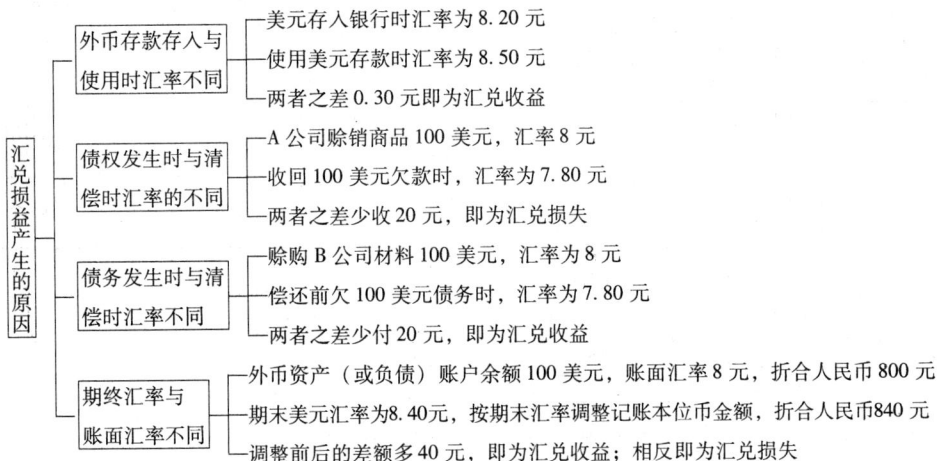

图 13 - 7　汇兑损益产生的原因

（三）汇兑损益的处理

见图 13 - 8。

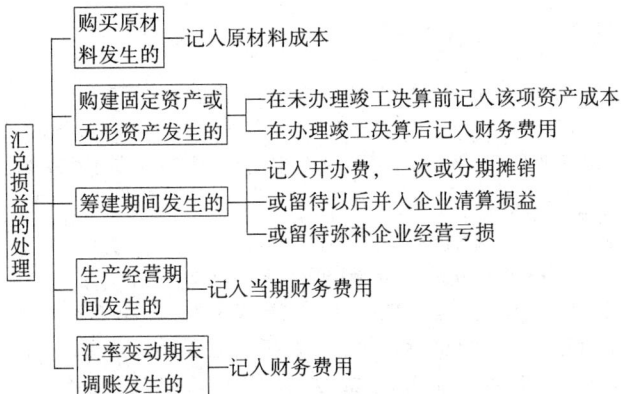

图 13 - 8　汇兑损益的处理

第三节 国际结算与信用证

一、国际结算种类及磋商内容

国际结算亦称国际清算，是指国与国之间因经济、政治、文化活动而发生的债权债务进行的了结和清算。

（一）国际结算的种类

见图13-9。

国际结算的种类
- 按结算内容
  - 非贸易结算——由劳务供应、旅游、侨民汇款等引起的货币收付
  - 贸易结算——由国际间贸易及从属费用引起的货币收付
- 按结算形式
  - 现金结算——直接运用货币资金结算
  - 转账结算
    - 汇票结算
    - 支票结算
    - 本票结算

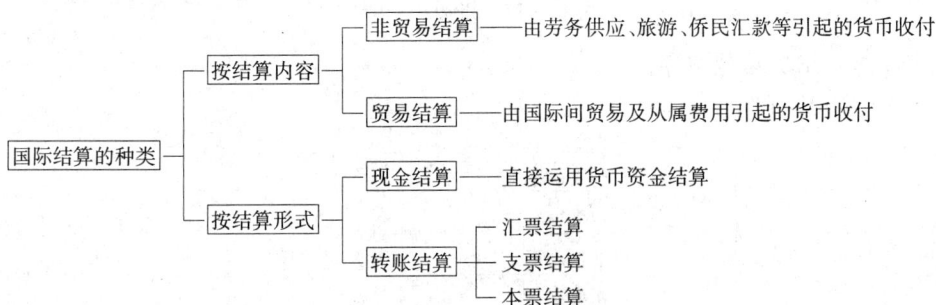

图13-9　国际结算的种类

（二）国际贸易结算磋商的内容

见图13-10。

国际贸易结算磋商的内容
- 什么时间支付
  - 交货之前支付
  - 交货之后支付
  - 交货与支付同时进行
- 什么地点支付
  - 在出口地支付
  - 在进口地支付
  - 在第三国支付
- 用什么支付
  - 以票据支付
  - 以现汇支付
  - 记账结算
- 用什么货币支付
  - 以进口国货币支付
  - 以出口国货币支付
  - 以第三国货币支付
- 磋商注意事项
  - 保证货款的安全结算
  - 降低费用、节省开支
  - 减轻汇率变动的风险

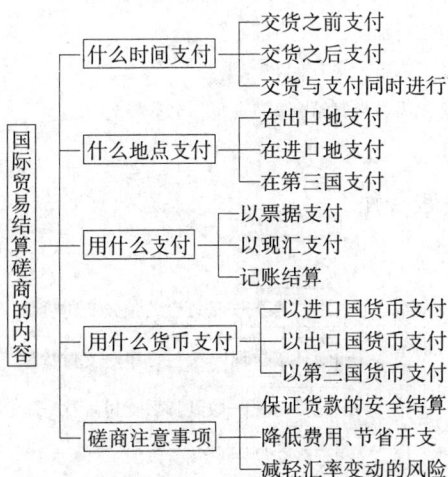

图13-10　国际贸易结算磋商的内容

二、汇款结算方式

汇款结算方式又称汇付结算方式，是指买卖双方通过银行以汇款方式结清货款的一种方式。

（一）汇款结算形式

见图 13－11。

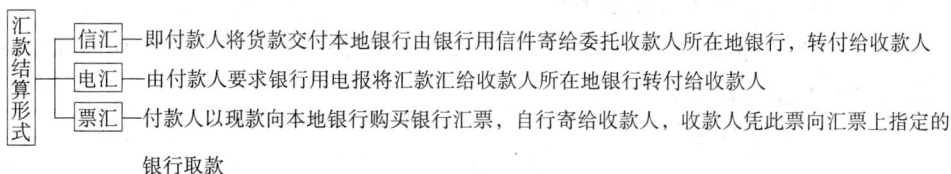

图 13－11　汇款结算形式

（二）汇款结算程序

见图 13－12。

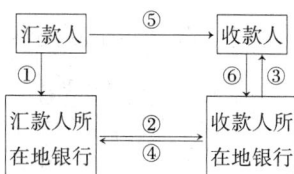

图 13－12　汇款结算程序

图示说明：

①汇款人将款交付银行。

②汇出行邮寄信汇委托书或电报通知收款人所在地银行解付汇款。

③汇入行通知收款人，并交付汇款。

④汇入行将付款通知寄给汇款行。

⑤如采用票汇，汇票由汇款人直接寄给收款人。

⑥收款人持票向银行取款。

（三）汇款结算适用条件

见图 13－13。

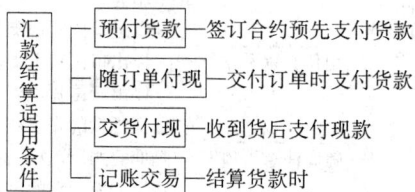

图 13－13　汇款结算适用条件

三、汇票结算方式

汇票是出票人签发，要求付款人立即或在将来指定日期，支付一定金额给特定人或持票人的支付命令。

（一）汇票的主要内容

见图 13－14。

汇票的主要内容
- 票据名称——在票据上必须标明"汇票"字样
- 支付命令——使付款人明确承担付款的责任
- 出票人
  - 签发人通常为出票方或银行
  - 签发人签字，应承担汇票有关责任和义务
- 付款人
  - 进口人或指定的银行
  - 列明付款人姓名或商号、地址
- 收款人
  - 通常指收款人或指定银行
  - 填列方式
    - 记名式——标明付给特定人，不准转让
    - 指示式——标明付给特定人或特定指定人
    - 无记名式——持票人即收款人
- 一定金额
  - 金额大小写必须一致
  - 若有差异以金额小的为准
- 出票日期
  - 可以先确定汇票到期日
  - 提示承兑期及起息日
- 出票地点
  - 明确汇票在哪国开立
  - 如发生纠纷，适用该国法律处理
- 付款期限
  - 见票即付
  - 出票后定期付款
  - 见票后定期付款
  - 按确定日期付款
- 付款地点——付款人履行付款义务的地址

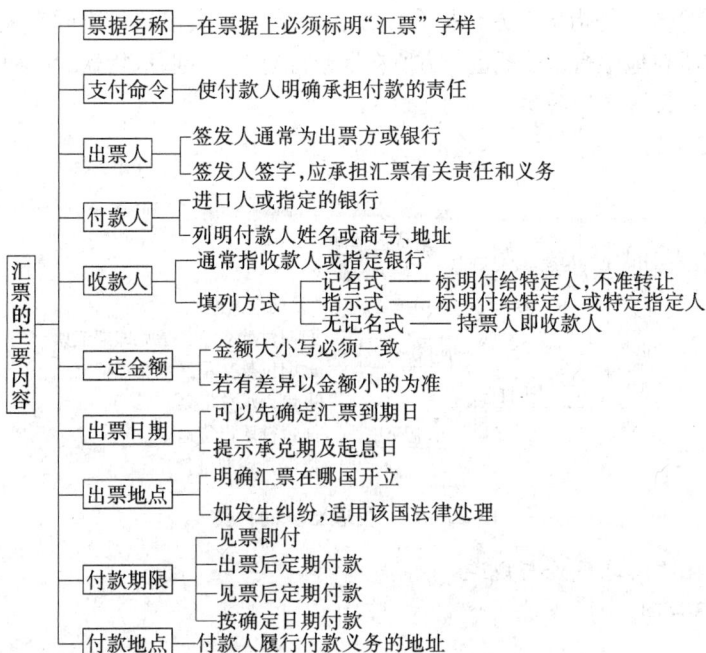

图 13－14 汇票的主要内容

（二）汇票的种类

见图 13－15。

汇票的种类
- 按付款日期不同
  - 即期汇票
  - 远期汇票
- 按承兑人不同
  - 商业承兑汇票
  - 银行承兑汇票
- 按出票人不同
  - 商业汇票
  - 银行汇票

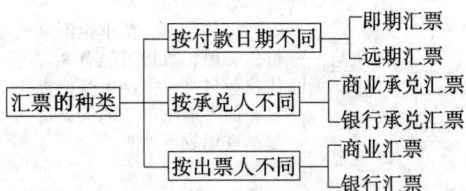

图 13－15 汇票的种类

（三）使用汇票应注意事项

见图 13－16。

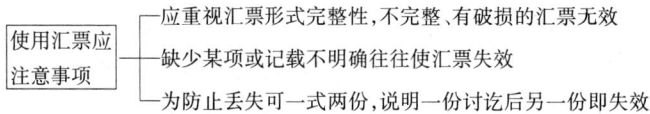

图 13 – 16　使用汇票应注意事项

四、托收结算方式

托收结算方式是指出口方根据合同发出货物后开具汇票，连同有关货运单据，通过出口方所在地银行，委托进口方所在地银行向进口人收取货款的一种结算方式。

（一）托收结算的种类

见图 13 – 17。

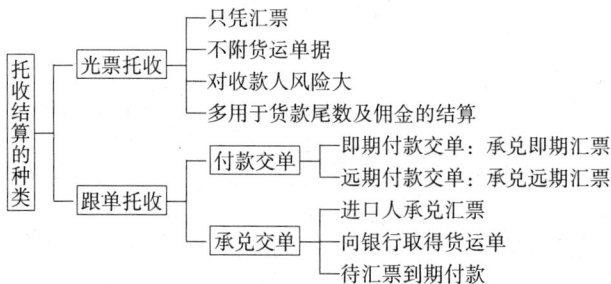

图 13 – 17　托收结算的种类

（二）托收结算风险与规避

见图 13 – 18。

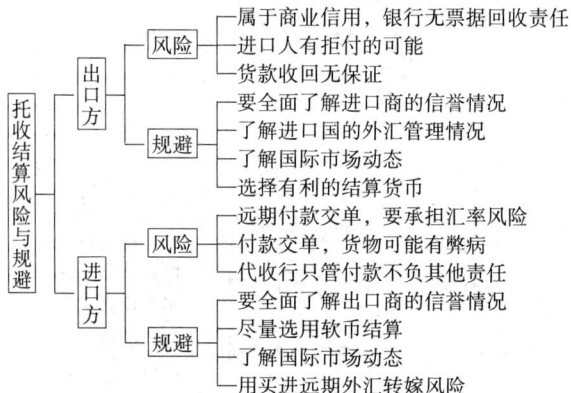

图 13 – 18　托收结算风险与规避

（三）托收结算程序

见图 13 – 19。

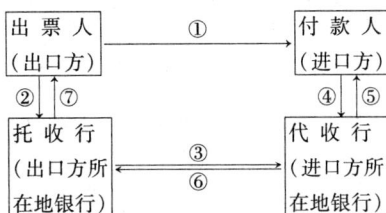

图 13 - 19 托收结算程序

图示说明：

①进出口双方签订贸易合同，采用即期交单支付结算，并按期发运货物。

②出口方发货后，开出汇票连同单据委托银行代收货款。

③托收行将汇票及单据寄交代收行，并说明托收书上各项指示。

④代收行收到单据及汇票，向进口方作出付款提示。

⑤进口方付清货款、赎取全套单据。

⑥代收行电告（邮寄）托收行，款已收妥并转账。

⑦托收行将货款交出口方。

五、信用证结算方式

信用证是进口银行根据进口商的申请，开给出口商的一种保证付款的文件。信用证告知出口商只要按信用证规定的条件，开具不超过规定金额的汇票，提供与信用证条款相符的单据，其指定的议付行则为汇票付款人保证付款。

（一）信用证的基本内容

见图 13 - 20。

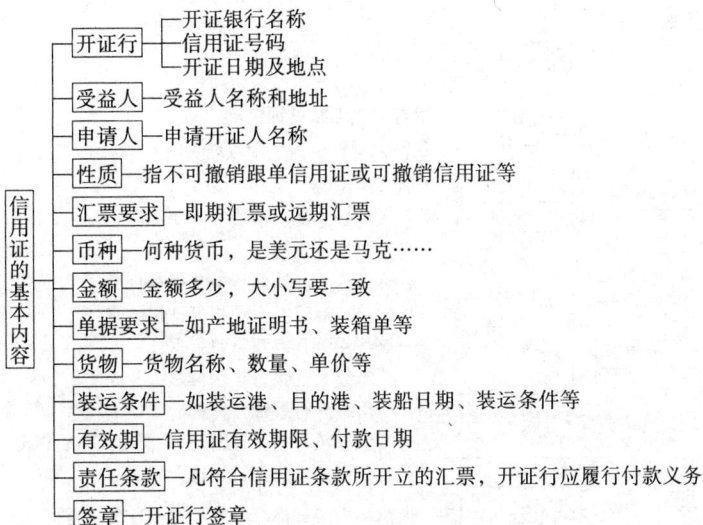

图 13 - 20 信用证的基本内容

（二）信用证结算程序

见图 13 – 21。

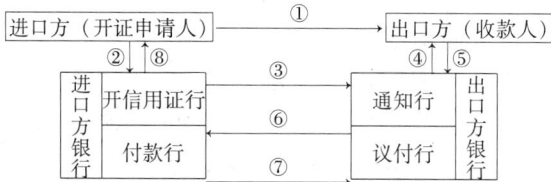

图 13 – 21　信用证结算程序

图示说明：

①进出口双方在贸易合同中规定使用信用证。

②进口方向当地银行提出申请开证。

③开证行同意后根据申请书要求向出口方收款人开出信用证，并寄交出口方所在地分行或代理行。

④代理行核对无误后，将信用证交给出口方。

⑤出口方核对无误，按信用证规定装运货物、备齐各项单据、开出汇票，送请当地议付行议付，议付行审核无误，把货款付给出口方。

⑥议付行将汇票和发运货单据寄开证行结算。

⑦开证行核对无误后，付款给议付行。

⑧开证行通知进口方付款赎单提货。

（三）信用证种类

见图 13 – 22。

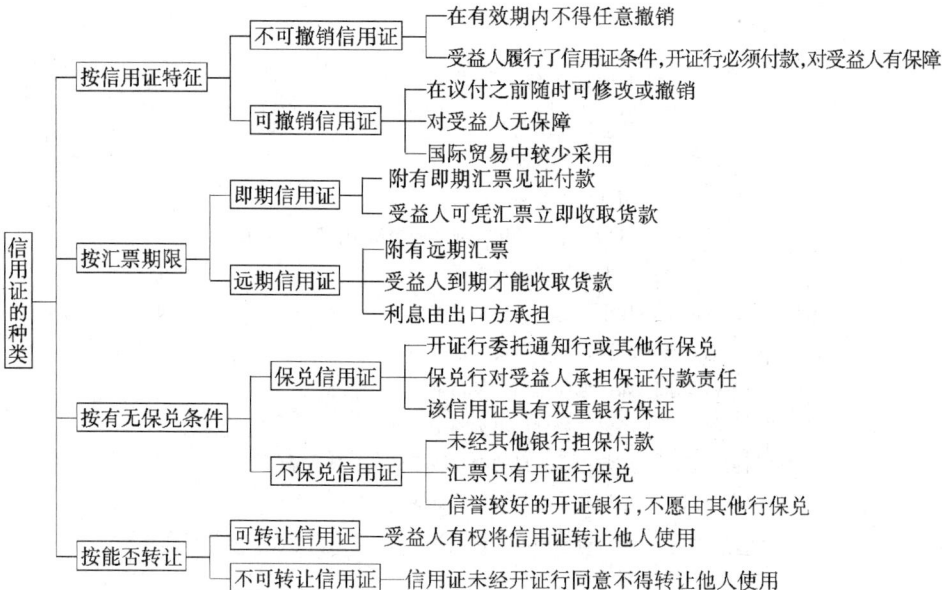

图 13 – 22　信用证的种类

（四）信用证作用

见图 13 - 23。

```
信用          对出口方——有了开证行的付款诺言,对安全收款有保障,可以解决对进口方资信不了解情况
证作
用            对进口方——可通过信用证条款,促使出口人履行合同规定,可以解决资金及不信用的问题
```

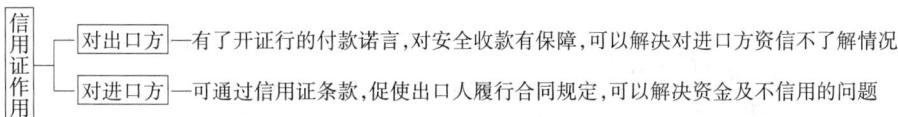

图 13 - 23　信用证作用

第四节　外币交易的核算

一、外币交易含义及类型

《小企业会计准则》指出:外币交易,是指小企业以外币计价或者结算的交易。

小企业的外币交易包括：买入或者卖出以外币计价的商品或者劳务、借入或者借出外币资金和其他以外币计价或者结算的交易。小企业发生外币交易应当采用交易发生日（即期）汇率将外币折算为记账本位币金额。

外币交易有下列三种类型:

1. 买入或者卖出以外币计价的商品或者劳务。如小企业向美国公司购买产品以美元计价结算，或将产品销往欧洲，以欧元结算。

2. 借入或者借出外币资金。如小企业向银行借入美元并以外币表示，而企业记账本位币是人民币。

3. 其他以外币计价或者结算的交易。如小企业接受外币捐赠，企业注入外币资本金等。

二、外币交易核算的要点

见图 13 - 24。

```
外币          记录方法    使用兼容外币账户
交易                     要登记原币发生金额
核算                     登记按确定汇率折合的人民币
的要          外币折算    外币交易在初始确认时,采用交易发生日的即期汇率将外币金额折算为记账本位币金额
点                       也可以采用交易当期平均汇率折算。原则上采用中间价折合
              期终调整    月份或季度、年度终了各外币账户都应进行调整
                         将外币账户余额按期末国家公布即期汇率折合为人民币
                         折合的人民币与原账面人民币余额的差额记入汇兑损益
```

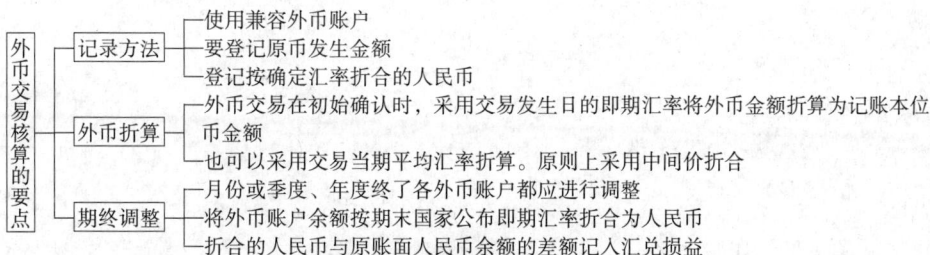

图 13 - 24　外币交易核算的要点

三、外币交易的会计处理方法

见图 13 – 25。

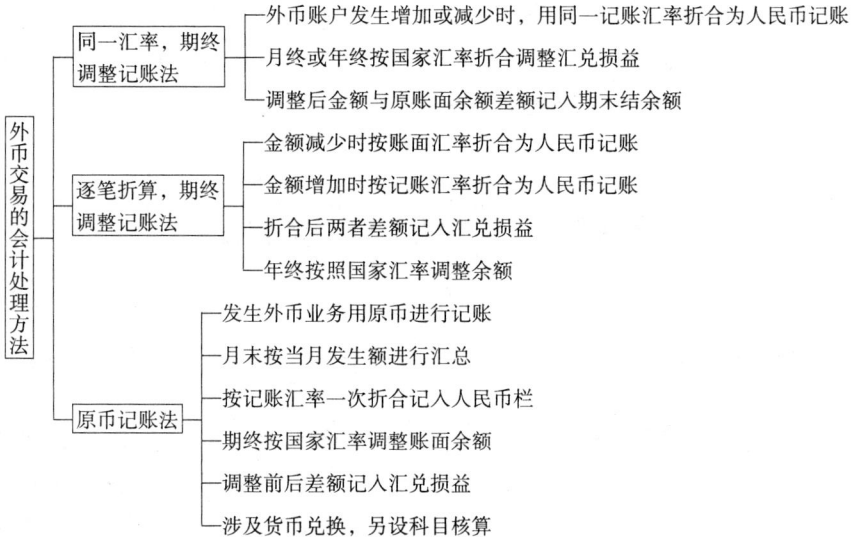

图 13 – 25　外币交易的会计处理方法

四、逐笔折算期终调整核算举例

见图 13 – 26、图 13 – 27。

五、外币入资业务的核算

《小企业会计准则》指出：小企业收到投资者以外币投入的资本，应当采用交易发生日即期汇率折算，不得采用合同约定汇率和交易当期平均汇率折算。

外汇核算实例

- 期初余额
  - 银行存款——美元户 $ 50 ¥430，英镑户£ 200 ¥2596
  - 应收账款——A 公司 $ 1000 ¥8600，应付账款——B 公司 $ 2000 ¥17200
  - 未考虑增值税因素
- 取得外汇
  - 销售产品 10000 美元，折合人民币 86000 元
  - 分录
    - 借：银行存款——美元户　 $ 10000 ¥86000
    - 贷：主营业务收入　　　　 ¥86000
- 购买材料
  - 用 3000 美元购买材料，已入库。即期汇率 8.60 元
  - 分录
    - 借：原材料　 ¥25800
    - 贷：银行存款——美元户 $ 3000 ¥25800
- 购置设备
  - 用 2000 美元购机器一台交付使用，即期汇率 8.60 元
  - 分录
    - 借：固定资产　 ¥17200
    - 贷：银行存款——美元户 $ 2000 ¥17200
- 偿还债务
  - 用 1000 美元归还欠 B 公司货款，即期汇率 8.6 元
  - 分录
    - 借：应付账款——B 公司 $ 1000 ¥8600
    - 贷：银行存款——美元户 $ 1000 ¥8600
- 收回债权
  - 收到 A 公司所欠货款 500 美元存入银行，即期汇率 8.60 元
  - 分录
    - 借：银行存款——美元户　 $ 500 ¥4300
    - 贷：应收账款——A 公司　 $ 500 ¥4300
- 货币兑换
  - 用 100 英镑兑换美元，当日英镑买价 12.93 元，美元卖价 8.62 元
  - 兑换公式
    - ①英镑兑换人民币 = 100 × 12.93 = 1293（元）
    - ②人民币兑换美元 = 1293 ÷ 8.62 = 150（美元）
  - 分录
    - 按当日汇率（8.6 元）折合人民币记账
    - 借：银行存款——美元户　 $ 150 ¥1290
    - 财务费用　　　　　　　 ¥8
    - 贷：银行存款——英镑户 Z　£ 100 ¥1298
- 期末调整

账户	银行存款 （美元户）	银行存款 （英镑户）	应收账款 （A 公司）	应付账款 （B 公司）
原币	4700	100	500	1000
人民币	40420	1298	4300	8600
期末汇率	8.70	13.00	8.70	8.70
合人民币	40890	1300	4350	8700
调整金额	+470	+2	+50	+100

- 期末调整
  - 期末公布国家外汇牌价：美元 8.70 元，英镑 13 元，根据余额调节表计算结果，调整如下：
  - 分录
    - 借：银行存款——美元户　　　　 ¥470
    - 银行存款——英镑户　　　　　 ¥2
    - 应收账款——A 公司　　　　　 ¥50
    - 贷：应付账款——B 公司　　　　 ¥100
    - 财务费用——汇兑损益　　　　 ¥422

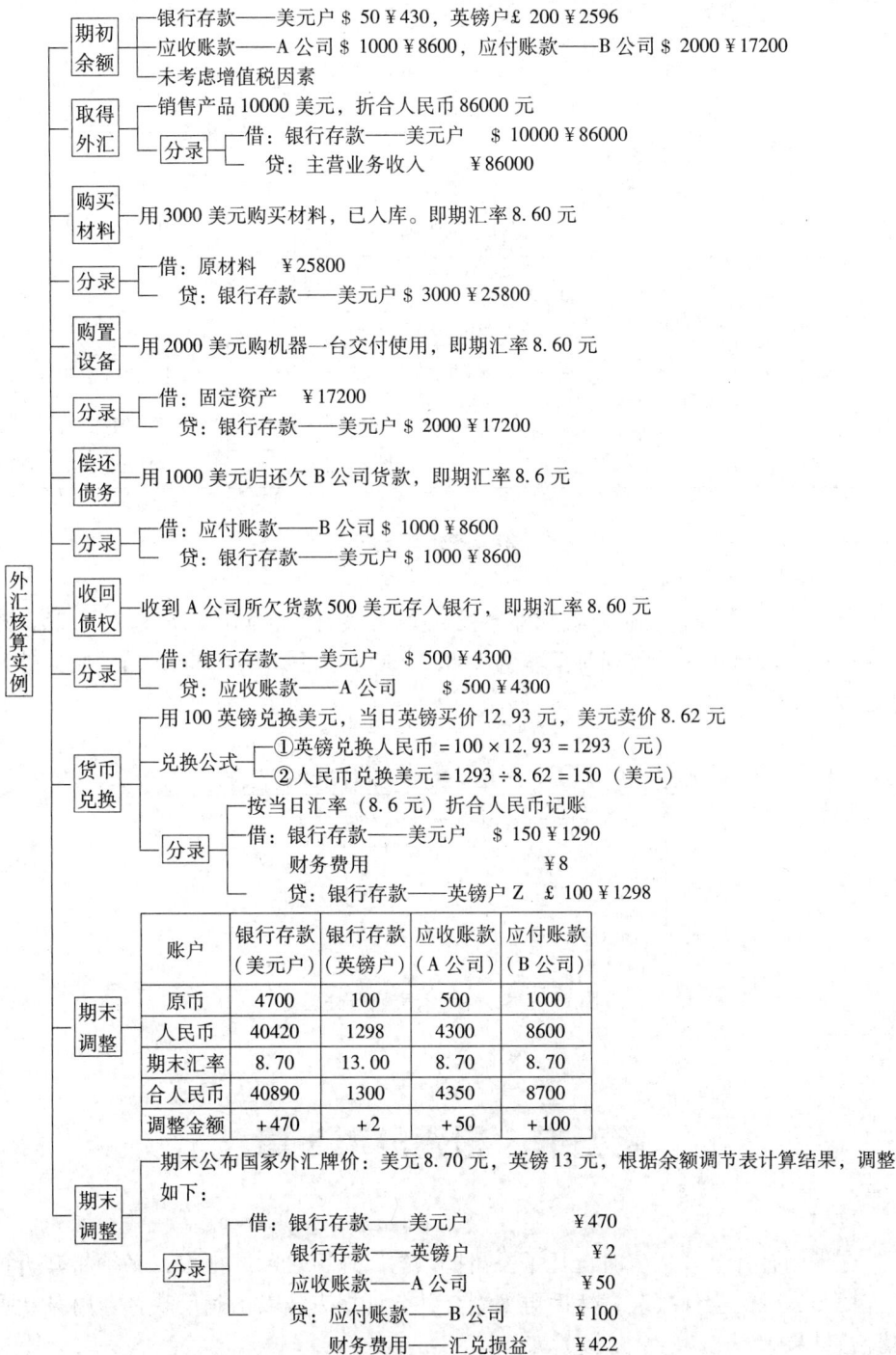

图 13－26　外汇核算实例

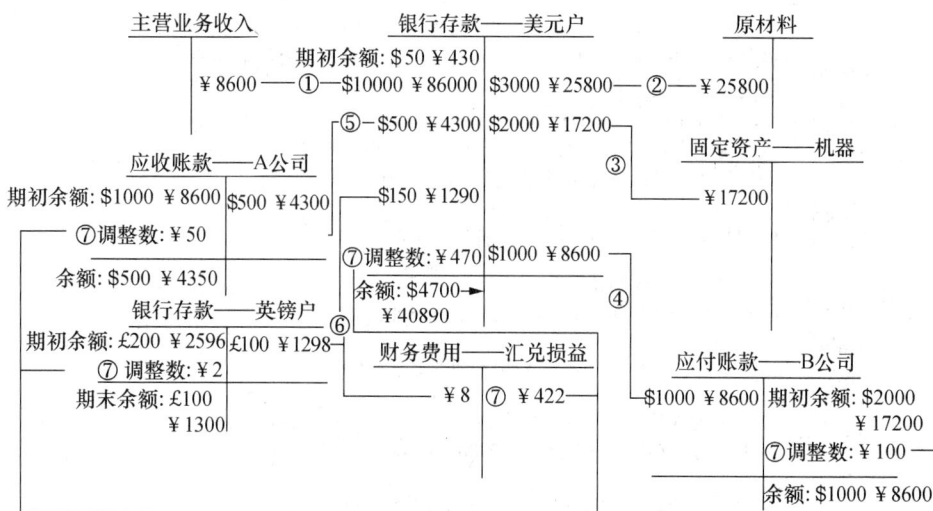

图 13 - 27　各外币账户记录

【例1】某中外合资企业收到外方投资 50 万美元，合同约定汇率 1:8.25，折合人民币 4125000 元。收到时汇率为 1:8.3。折合人民币 4150000 元。账务处理见图 13 - 28。

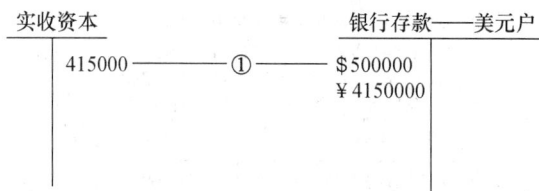

图 13 - 28　外币入资账务处理

第五节　报表外币折算

在编制合并会计报表时，凡子公司提供的以外币表示的报表，必须将其折算为人民币表示的会计报表，然后再编制合并会计报表。以正确反映企业财务状况和经营结果。

一、关于外币合并报表折算的有关规定

《小企业会计准则》规定：小企业在资产负债表日，应当按照下列规定对外币货币性项目和外币非货币性项目进行会计处理：

1. 外币货币性项目，采用资产负债表日的即期汇率折算。因资产负债表日即期汇率与初始确认时或者前一资产负债表日即期汇率不同而产生的汇兑差额，记入当期损益。

2. 以历史成本计量的外币非货币性项目，仍采用交易发生日的即期汇率折算，不改变其记账本位币金额。

前款所称货币性项目，是指小企业持有的货币资金和将以固定或可确定的金额收取的资产或者偿付的负债。货币性项目分为货币性资产和货币性负债。货币性资产包括：库存现金、银行存款、应收账款、其他应收款等；货币性负债包括：短期借款、应付账款、其他应付款、长期借款、长期应付款等。非货币性项目，是指货币性项目以外的项目，包括：存货、长期股权投资、固定资产、无形资产等。

3. 小企业对外币财务报表进行折算时，应当采用资产负债表日的即期汇率对外币资产负债表、利润表和现金流量表的所有项目进行折算。

二、汇兑差额处理

汇兑差额是指对同样数量的外币金额，由于采用不同汇率核算为记账本位币金额而产生的差额，差额属于汇兑收益计入营业外收入；差额属于汇兑损失计入财务费用。差额产生有两种情况。

1. 差额发生在外币交易发生的当年，由于外币交易发生日与资产负债表日即期汇率不同而产生的差额，应计入当期损益。

2. 差额发生在前一年度的资产负债表日与本年资产负债表日即期汇率不同而产生的汇兑差额，计入当期损益。

3. 非货币性项目，由于发生时采用即期汇率折算，形成了该项目的历史成本，资产负债表日不应改变已记入的本位币金额，故不会产生汇兑差额。

三、外币会计报表折算实例

【例2】华昌公司有一境外子公司，以美元编制会计报表。期初汇率为1美元＝8.2元人民币，期末（即资产负债表日）汇率为1美元＝8.4元人民币，本年平均汇率为1美元＝8.30元人民币。子公司收到投入资本时的历史汇率为1美元＝8元人民币，该子公司上年外币报表中实收资本的数额为500万美元，折算为4000万元人民币，盈余公积的数额为50万美元，折算为405万元人民币，未分配

利润的数额为 120 万美元，折算为 972 万元人民币。根据《小企业会计准则》规定和上述资料，该子公司的外币会计报表及折算后的会计报表见表 13-2 和表 13-13 所示。

表 13-2　　　　　　　利润表及折算后的利润表与利润分配表

项目	美元数	折算汇率	人民币数
一、主营业务收入	2000	8.4	16800
减：主营业务成本	1500	8.4	12600
营业税金及附加	40	8.4	336
二、主营业务利润	460	8.4	3864
减：销售费用	60	8.4	504
管理费用	40	8.4	336
财务费用	10	8.4	84
三、营业利润	350	—	2940
加：投资收益	30	8.4	252
营业外收入	40	8.4	336
减：营业外支出	20	8.4	168
四、利润总额	400	—	3360
减：所得税	120	8.4	1008
五、净利润	280	—	2352
加：年初未分配利润	120		972
六、可供分配的利润	400	—	3324
减：提取盈余公积	70	8.4	588
分配利润	200	8.4	1680
七、未分配利润	130	—	1056

表 13-3　　　　　　　资产负债表及折算后的资产负债表

资产	美元	折算汇率	人民币	负债及所有者权益	美元	折算汇率	人民币
流动资产				流动负债			
货币资金	90	8.4	756	短期借款	35	8.4	294
应收账款	190	8.4	1596	应付账款	285	8.4	2394
存货	240	8.4	2016	应付股利	200	8.4	1680
其他流动资产	150	8.4	1260				
				长期负债			
长期投资				长期借债	140	8.4	1176
长期投资	120	8.4	1008				

续表

资产	美元	折算汇率	人民币	负债及所有者权益	美元	折算汇率	人民币
				其他长期负债	90	8.4	756
固定资产							
固定资产原价	650	8.4	5460	所有者权益			
减：累计折旧	100	8.4	840	实收资本	500	8.0	4000
固定资产净值	550	8.4	4620	资本公积	0	—	0
在建工程	80	8.4	672	盈余公积	120	—	993
				未分配利润	130	—	1056
无形资产及其他							
无形资产	50	8.4	420	外币报表折算差额		—	251
其他资产	30	8.4	252				
合计	1500	—	12600	合计	1500		12600

四、汇兑损益的税务处理

外币货币性项目年终因汇率变动产生的损益应作纳税调整。

五、报表外币折算税法规定

《企业所得税法实施条例》第 130 条规定："企业所得以人民币以外的货币计算的，预缴企业所得税时，应当按照月度或者季度最后一日的人民币汇率中间价，折合成人民币计算应纳税所得额。年度终了汇算清缴时，对已经按照月度或者季度预缴税款的，不再重新折合计算，只就该纳税年度内未缴纳企业所得税的部分，按照纳税年度最后一日的人民币汇率中间价，折合成人民币计算应纳税所得额。

经税务机关检查确认，企业少计或者多计前款规定的所得的，应当按照检查确认补税或者退税时的上一个月最后一日的人民币汇率中间价，将少计或者多计的所得折合成人民币计算应纳税所得额，再计算应补缴或者应退的税款。"可见《小企业会计准则》与《企业所得税法》规定是一致的，但与《企业会计准则》规定差异较大。

第十四章　财务报表编制与所得税申报

第一节　财务报表的构成及编制要求

《小企业会计准则》规定：小企业应当根据实际发生的交易和事项，按照小企业会计准则的规定进行确认和计量，在此基础上按月或按季编制财务报表。

一、财务报表含义及构成

> 财务报表，是指对小企业财务状况、经营成果和现金流量的结构性表述。小企业的财务报表至少应当包括：资产负债表、利润表、现金流量表和附注。小企业财务报表应当按月编报，年终经调整后再做出决算报告。

二、财务报表的作用

从总体看，财务报表能集中、概括说明企业经济活动的总体面貌，为企业管理者、企业的投资者、债权人以及政府有关方面提供必要的财务信息。具体作用见图14－1。

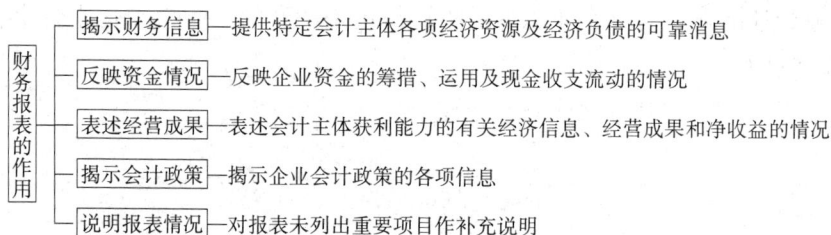

财
务
报
表
的
作
用

- 揭示财务信息——提供特定会计主体各项经济资源及经济负债的可靠消息
- 反映资金情况——反映企业资金的筹措、运用及现金收支流动的情况
- 表述经营成果——表述会计主体获利能力的有关经济信息、经营成果和净收益的情况
- 揭示会计政策——揭示企业会计政策的各项信息
- 说明报表情况——对报表未列出重要项目作补充说明

图 14 – 1　财务报表的作用

三、财务报表编制要求

《会计基础工作规范》第四节规定：各单位必须按照国家统一会计制度的规定，定期编制财务报表。财务报表应当根据登记完整、核对无误的会计账簿记录和其他有关资料编制，做到数字真实、计算准确、内容完整、说明清楚。

任何人不得篡改或者授意、指使、强令他人篡改财务报表的有关数字。

会计报表之间、会计报表各项目之间，凡有对应关系的数字，应当相互一致。本期会计报表与上期会计报表之间有关的数字应当相互衔接。如果不同会计年度会计报表中各项目的内容和核算方法有变更的，应当在年度会计报表中加以说明。

各单位应当按照国家规定的期限对外报送财务报告。对外报送的财务报告应当依次编定页码，加具封面，装订成册，加盖公章。

单位领导人对财务报告的合法性、真实性负法律责任。

如果发现对外报送的财务报表有错误，应当及时办理更正手续。除更正本单位留存的财务报告外，应同时通知接受财务报告的单位更正。错误较多的，应当重新编报。

四、执行中应注意的问题

1. 今后凡是要求小企业提供财务报表，即意味着必须同时提供资产负债表、利润表、现金流量表和附注，而不得只提供资产负债表、利润表和现金流量表。

2. 小企业外部有关方面要求或小企业自愿对外提供所有者权益变动表，《小企业会计准则》予以鼓励。请小企业参照《企业会计准则》规定的所有者权益变动表的格式并结合自身的实际情况进行适当简化后再进行编制和提供。

3. 财务报表中相关项目所反映的交易和事项，小企业没有发生的，不得在该项目中按"0"填列，而应空置。这是因为这两者表示的经济意义不同。以"0"填列，表明该项目所反映的交易或事项当期已经发生但余额为0，比如，某工业类小企业20××年资产负债表中"生产性生物资产"项目的金额为0，则表明该小企业在20××年曾经持有生产性生物资产，但是在年末时已经出售，而实际情况是这家小企业根本就不存在生产性生物资产，这样就给该小企业财务报表的外部使用者带来误导性信息。对于这种情况，正确的处理是20××年资产负债表中"生产性生物资产"项目不填列任何数字。对于"0"与"空置"的差别来讲，小企业会计人员、小企业财务报表外部使用者和小企业财务软件开发人员都应当引起足够重视。

五、风险提示

1. 编制财务报表违反会计法规和会计准则、制度的规定，可能导致企业承受法律责任和声誉受损。

2. 提供虚假财务报表，误导财务报表使用者，造成决策失误，干扰市场秩序，可能导致经济责任。

3. 不能有效地利用财务报表，对经营中存在的问题难以发现，可能导致经营风险和财务风险失控，影响企业的经营效率和效果。

第二节　资产负债表及其编制

一、资产负债表及其作用

资产负债表又称财务状况表，是反映企业某一特定日期财务状况的报表。它是根据有关账户期末余额按照"资产 = 负债 + 所有者权益"基本公式，根据一定的分类标准和一定的顺序，把企业一定日期的资产、负债和所有者权益项目予以适当排列编制而成，所以也称为时点表或静态表。其作用见图 14 - 2。

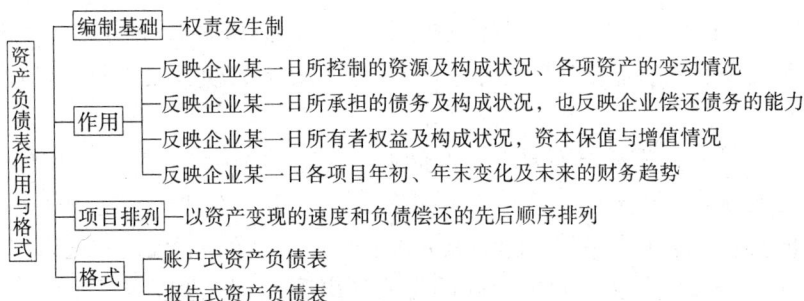

图 14 - 2　资产负债表作用与格式

《小企业会计准则》规定企业应编报账户式资产负债表。它是将所有的资产项目按一定的顺序排列在报表的左方；将所有的负债项目排列在报表的右方上半部分；投资人权益项目排列在报表的右方下半部分。从结构上看，与"T"字账户类似，故称作"账户式资产负债表"。表左方的资产总计一定等于表右方的负债和所有者权益总计，所以又称资金平衡表，见表 14 - 1。

表 14 – 1　　　　　　　　　　　账户式资产负债表

编制单位：　　　　　　　　　×年×月×日　　　　　　　　单位：元

资　　产			负债和所有者权益	
流动资产		×××	流动负债	×××
非流动资产	长期投资	×××	非流动负债	×××
	固定资产	×××	所有者权益	×××
	无形资产及其他资产	×××	其中：实收资本	×××
资产总计		×××	负债和所有者权益总计	×××

二、资产负债表编制方法

资产负债表是按项目进行列示，会计账簿是按科目进行分类记录。因此，如何将科目记录的数据转化为项目内容需要的数据，是编制资产负债表的关键。资产负债表各项目的填列方法是："年初数"根据上年资产负债表的期末数填列，如上年报表内容有调整，应填调整以后数；"期末数"是根据会计科目的期末结账后余额，通过分析"加、减"调整后数据填写。具体项目填列方法见表14 – 2。

表 14 – 2　　　　　　　　　资产负债表各项目填列方法

填列方法分类	科目类别	具体项目的填列方法
1. 根据总账科目余额直接填列的项目	资产类	应收票据、应收股利、应收利息、其他应收款、固定资产原价、累计折旧、短期投资、固定资产清理、工程物资、在建工程、长期股权投资、开发支出、长期待摊费用
	负债类	短期借款、应付票据、其他应付款、应付职工薪酬、应交税费、应付利润、应付利息、长期借款、长期应付款、递延收益
	所有者权益类	实收资本、资本公积、盈余公积
2. 根据总账科目余额相加减后填列的项目	资产类	货币资金：根据现金、银行存款、其他货币资金科目期末余额相加后填列 短期投资：根据短期投资期末余额和一年内到期的长期债权投资相加后填列 存货：根据材料采购、在途物资、原材料、周转材料、材料成本差异、库存商品、商品进销差价、委托加工物资、委托代销商品、生产成本、消耗性生产物资、工程施工、机械作业等科目的借方余额相加后填列 生产性生物资产：根据生产性生物资产科目余额减去生产性生物资产累计折旧科目余额后的金额填列 长期债券投资：根据长期债券投资科目余额减去一年内到期债券投资后余额填列 无形资产：根据无形资产的期末余额减去累计摊销科目期末余额后的余额填列

续表

填列方法分类	科目类别	具体项目的填列方法
2. 根据总账科目余额相加减后填列的项目	所有者权益类	未分配利润：根据"本年利润"科目和"利润分配"科目的余额相加后填列，贷方余额为未分配利润，借方余额为未弥补亏损，以"-"号在本项目反映
3. 根据有关明细账科目余额分析填列的项目	资产类	应收账款：根据各明细账户借方余额填入应收账款，如有贷方余额应当在预收账款项目反映 预付账款：根据预付账款明细账户借方余额填列，如为贷方余额，应当填入应付账款项目 其他流动资产：根据有关科目期末余额相加减后填列 其他非流动资产：根据有关科目期末余额相加后填列。可根据待处理财产损溢明细科目余额填列
	负债类	应付账款：根据各明细账户贷方余额填列。明细科目如有借方余额应当在预付账款项目反映 预收账款：根据预收账款各明细账户贷方余额填列。如有借方余额应当在应收账款列示。超过1年以上的预收账款的贷方余额应当在其他非流动负债列示 长期借款：长期借款、长期应付款账户中如有1年内到期的，应提出填入其他流动负债，其余部分填入有关项目 其他流动负债：根据相关科目余额相加后填列 其他非流动负债：根据有关科目余额相加后填列 递延收益：根据期末余额填列，1年内部分填入其他流动负债

三、资产负债表编制列示

【例1】北京某公司2011年12月31日科目汇总表见表14-3。

表14-3   科目汇总表

单位：元

总账科目	明细科目	借方余额	贷方余额	总账科目	明细科目	借方余额	贷方余额
库存现金		1500		短期借款			33000
银行存款		8500		应付账款			5000
短期投资		8000			A厂		3500
应收账款		11500			B厂	2500	
	甲公司	5000			C厂		4000

续表

总账科目	明细科目	借方余额	贷方余额	总账科目	明细科目	借方余额	贷方余额
	乙公司		1000	预收账款			500
	丙公司	7500			A公司		2000
预付账款			2350		B公司	1500	
	甲企业	2500		其他应付款			4500
	乙企业		150	应付职工薪酬			17350
其他应收款		1500		应交税费			30000
原材料		13000		应付利润			11500
生产成本		4000		长期借款			15000
库存商品		10000		其中：1年内到期			5000
长期股权投资		100000		实收资本			140000
固定资产		296000		盈余公积			11040
累计折旧			106000	利润分配	未分配利润		84960
研发支出		500					
长期待摊费用		1500					
待处理财产损溢		500					

以上余额表数据并根据《小企业会计准则》规定，编制北京某公司的资产负债表，见表14-4。

表14-4 　　　　　　　　资产负债表

会小企01表

编制单位：北京某公司　　　　　20×2年12月31日　　　　　单位：元

资　产	行次	期末余额	年初余额	负债和所有者权益	行次	期末余额	年初余额
流动资产：				流动负债：			
货币资金	1	10000		短期借款	31	33000	
短期投资	2	8000		应付票据	32	0	
应收票据	3	0		应付账款	33	7650	
应收账款	4	14000		预收账款	34	3000	
预付账款	5	5000		应付职工薪酬	35	17350	
应收股利	6	0		应交税费	36	30000	
应收利息	7	0		应付利息	37	0	

续表

资　产	行次	期末余额	年初余额	负债和所有者权益	行次	期末余额	年初余额
其他应收款	8	1500		应付利润	38	11500	
存货	9	27000		其他应付款	39	4500	
其中：原材料	10	13000		其他流动负债	40	5000	
在产品	11	4000		流动负债合计	41	112000	
库存商品	12	8000		非流动负债：			
周转材料	13	2000		长期借款	42	10000	
其他流动资产	14	500		长期应付款	43	0	
流动资产合计	15	66000		递延收益	44	0	
非流动资产：				其他非流动负债	45	0	
长期债券投资	16			非流动负债合计	46	10000	
长期股权投资	17	100000		负债合计	47	122000	
固定资产原价	18	296000					
减：累计折旧	19	106000					
固定资产账面价值	20	190000					
在建工程	21	0					
工程物资	22	0					
固定资产清理	23	0					
生产性生物资产	24	0		所有者权益（或股东权益）：			
无形资产	25	0		实收资本（或股本）	48	140000	
开发支出	26	500		资本公积	49	0	
长期待摊费用	27	1500		盈余公积	50	11040	
其他非流动资产	28	0		未分配利润	51	84960	
非流动资产合计	29	292000		所有者权益（或股东权益）合计	52	236000	
资产总计	30	358000		负债和所有者权益（或股东权益）总计	53	358000	

注：小企业（中外合作经营）根据合同规定在合作期间归还投资者的投资，应在"实收资本（或股本）"项目下增加"减：已归还投资"项目单独列示。

第三节　利润表及其编制

一、利润表及其作用

利润表是反映小企业在一定会计期间经营成果的报表。它是根据有关账户本期发生额按照"收入 – 费用 = 利润"公式，依据构成利润的各个项目分类分项，由主到次适当排列编制而成。费用应当按照功能分类，分为营业成本、营业税金及附加、销售费用、管理费用和财务费用等。由于它反映的是某一会计期间的情况，所以又称为期间报表或动态报表（见图 14 – 3）。

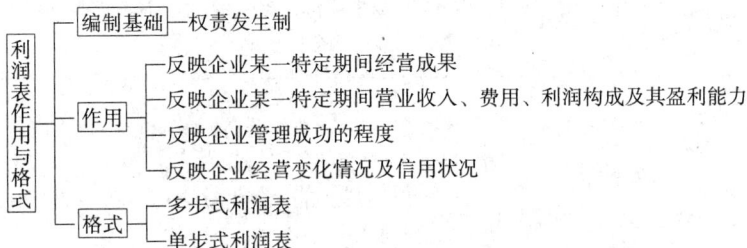

图 14 – 3　利润表作用与格式

《小企业会计准则》规定，企业应编报多步式利润表。它是通过多步计算以求得当期利润总额及净利润的报表，其计算过程（以工业企业为例）见图14 – 4。

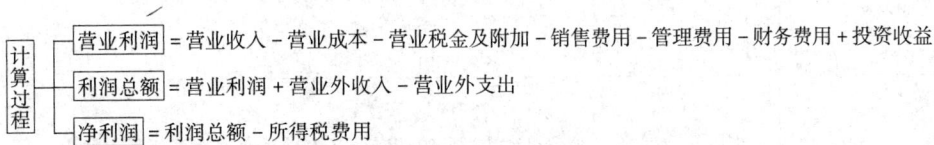

图 14 – 4　多步式利润表结构及计算过程

二、利润表编制方法

利润表中各项目的数据都是根据相关科目的本期实际发生数经分析计算后填列的。年报中的上年数是根据上年度的利润表"本年累计数"填写。"本月金额"反映的是本月实际发生额，年终"本月金额"改为"上年金额"，填列上年实际发生额，利润表各项目的填列方法见表 14 – 5。

表 14 – 5　　　　　　　　　　　　　利润表各项目填列方法

项目	依据科目	填制要求和说明
营业收入	"主营业务收入"和"其他业务收入"科目	按"主营业务收入"、"其他业务收入"科目贷方发生额填列，如借方记录有销售退回、销售折扣等，应抵减本期的销售收入，按其销售收入净额填列本项目
营业成本	"主营业务成本"和"其他业务成本"科目	按"主营业务成本"和"其他业务成本"科目借方发生额填列，如贷方记录有销售退回等事项，应抵减借方发生额，按已销产品的实际成本填列本项目
营业税金及附加	"营业税金及附加"科目	按借方实际发生额分析填列。其中：各项税费的发生额，应根据明细账户及发生额分析填列
销售费用、管理费用、财务费用	"销售费用"、"管理费用"、"财务费用"科目	"销售费用"按科目借方发生额分析填列。其中明细项目根据明细账发生额填列 "管理费用"按科目借方发生额分析填列。其中明细项目根据明细账发生额填列 "财务费用"按借贷方相抵后净额填列。如为贷方余额用"－"号表示
投资收益	"投资收益"科目	按发生额分析填列，如为投资损失，应以"－"号填列
营业外收入、营业外支出	"营业外收入"、"营业外支出"科目	按发生额分析填列。其中明细项目应根据明细账发生额填列
利润总额	"本年利润"科目	该项目经计算所得。应根据该科目通过计算所得，如为亏损以"－"号在该项目内填列
所得税费用	"所得税"科目	根据该科目发生额分析填列
营业利润、利润总额、净利润		是通过计算后填列的。"利润总额"、"净利润"项目如为亏损以"－"号填列

三、利润表编制列示

【例2】北京某公司20×2年12月31日有关损益类科目发生额表见表14-6。

表14-6　　　　　　　　　　　科目发生额表

单位：元

科目名称	借方发生额	借方明细科目	贷方发生额
主营业务收入			1250000
其他业务收入			50000
主营业务成本	750000		
其他业务成本	30000		
营业税金及附加	22000		
销售费用	26000		
其中：广告费		7000	
宣传费		4000	
商品维修费		6000	
管理费用	107100		
其中：业务招待费		12000	
研发费用		52000	
财务费用	3100		
其中：利息费用		3500	
利息收入			400
投资收益			31500
营业外收入			12000
营业外支出	25200		
其中：坏账损失		24000	
税收滞纳金		1200	
所得税费用	91762.50		

根据科目发生额表，编制利润表，见表14-7。

表 14 - 7   利润表

会小企 02 表

编制单位：北京某公司   20×2 年12 月   单位：元

项目	行次	本年累计金额	本月金额
一、营业收入	1	1250000	
减：营业成本	2	750000	
营业税金及附加	3	22000	
其中：消费税	4		
营业税	5		
城市维护建设税	6	15400	
资源税	7		
土地增值税	8		
城镇土地使用税、房产税、车船税、印花税	9	100	
教育费附加、矿产资源补偿费、排污费	10	6500	
销售费用	11	26000	
其中：商品维修费	12	6000	
广告费和业务宣传费	13	11000	
管理费用	14	107100	
其中：开办费	15	0	
业务招待费	16	12000	
研发费用	17	52000	
财务费用	18	3100	
其中：利息费用（收入以"-"号填列）	19	-400	
加：投资收益（损失以"-"号填列）	20	31500	
二、营业利润（亏损以"-"号填列）	21	373300	
加：营业外收入	22	12000	
其中：政府补助	23	0	
减：营业外支出	24	25200	
其中：坏账损失	25	24000	
无法收回的长期债券投资损失	26		
无法收回的长期股权投资损失	27		
自然灾害等不可抗力因素造成的损失	28		
税收罚款及滞纳金	29	1200	
三、利润总额（亏损总额以"-"号填列）	30	360100	
减：所得税费用	31	91762.50	
四、净利润（净亏损以"-"号填列）	32	268337.50	

所得税费用 = [360100 + 1200 + (12000 - 1250000 × 0.5%)] × 25% = 91762.50（元）

第四节 现金流量表及其编制

一、现金流量表含义及其作用

现金流量表是反映小企业一定会计期间现金流入和流出情况的报表。现金流量表的内容及编制方法见图 14-5。

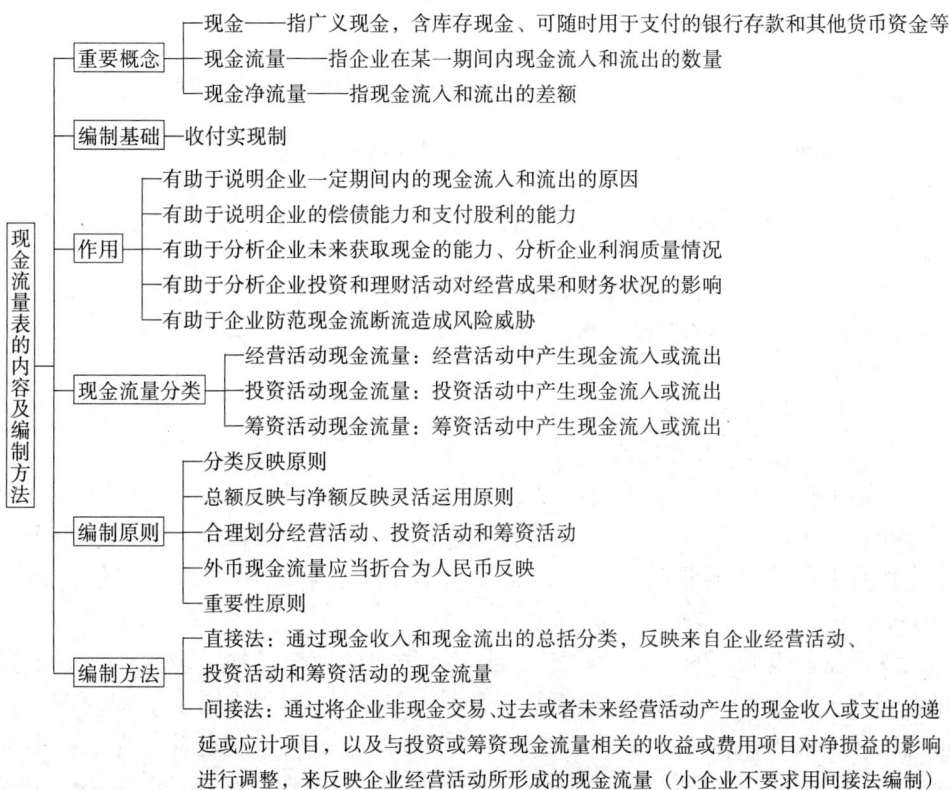

现金流量表的内容及编制方法

- **重要概念**
  - 现金——指广义现金，含库存现金、可随时用于支付的银行存款和其他货币资金等
  - 现金流量——指企业在某一期间内现金流入和流出的数量
  - 现金净流量——指现金流入和流出的差额
- **编制基础**——收付实现制
- **作用**
  - 有助于说明企业一定期间内的现金流入和流出的原因
  - 有助于说明企业的偿债能力和支付股利的能力
  - 有助于分析企业未来获取现金的能力、分析企业利润质量情况
  - 有助于分析企业投资和理财活动对经营成果和财务状况的影响
  - 有助于企业防范现金流断流造成风险威胁
- **现金流量分类**
  - 经营活动现金流量：经营活动中产生现金流入或流出
  - 投资活动现金流量：投资活动中产生现金流入或流出
  - 筹资活动现金流量：筹资活动中产生现金流入或流出
- **编制原则**
  - 分类反映原则
  - 总额反映与净额反映灵活运用原则
  - 合理划分经营活动、投资活动和筹资活动
  - 外币现金流量应当折合为人民币反映
  - 重要性原则
- **编制方法**
  - 直接法：通过现金收入和现金流出的总括分类，反映来自企业经营活动、投资活动和筹资活动的现金流量
  - 间接法：通过将企业非现金交易、过去或者未来经营活动产生的现金收入或支出的递延或应计项目，以及与投资或筹资现金流量相关的收益或费用项目对净损益的影响进行调整，来反映企业经营活动所形成的现金流量（小企业不要求用间接法编制）

图 14-5 现金流量表的内容及编制方法

二、现金流量表与其他报表的关系

见图 14-6。

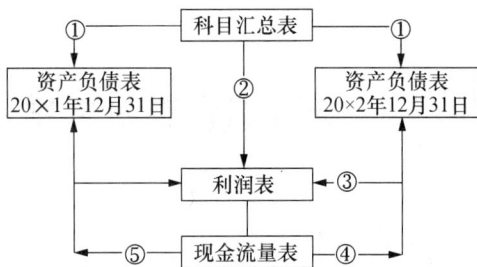

图 14 – 6　财务报表之间的关系

图示说明：

①将科目汇总表中资产、负债、所有者权益类账户期初余额、期末余额，根据编表的要求，填入"资产负债表"。

②将科目汇总表中收入、费用、损益类账户本期发生额，根据编表的要求，填入"利润表"。

③资产负债表中本年利润与利润表中净利润应当一致。

④现金流量表，应根据资产负债表各项目期初余额、期末余额，利润表各项目本期发生额及相关科目发生额分析填列。

⑤现金流量中"现金及现金等价物净增加额"，现金的期初余额、期末余额，应根据资产负债表"货币资金"期末余额、期初余额及其差额填列。

三、现金流量表编制说明

（一）现金流量表的目的

国际上从 1987 年才要求企业编制现金流量表，我国《小企业会计制度》规定：小企业也可以根据需要编制现金流量表。《小企业会计准则》规定，小企业应当按月编制现金流量表。可见现金流量表在财务报表中的地位与作用逐步提高。

现金流量表的目的不是简单地告诉您报告期内现金增加了多少、减少了多少、还有多少现金，而是要说明引起现金增加与减少的动因是什么。即现金的增加是从哪里来的，现金的减少又流向何处。有的企业从利润表看实现了很多利润，但实际上又没有钱还债。赚的钱到哪里去了？现金流量表就是向报表使用者报告企业在一定时期的现金是从何而来，而又流向何处。

（二）影响现金流量的活动

引发企业现金流量的主要活动领域是经营活动和财务活动。前者主要涉及赚取收入和发生费用的日常经营活动；后者主要涉及从哪里取得资金（筹资活动）和怎样使用资金（投资活动）。现金流量表同时还揭示了经营活动和财务活动的业绩。以下（见表 14 – 8）用典型的经营活动、投资活动和筹资活动，说明对现金流量的影响。

表 14 – 8 现金流入与现金流出列示

（1）经营活动对现金流的影响	
现金流入	现金流出
销售商品收入现金	向供应商购买商品支付现金
收到的利息和股利	向员工支付薪酬
收回的应收账款	支付的税费和利息
其他经营性现金收入	其他经营性现金支出，如支付办公费、交通费等
（2）投资活动对现金流的影响	
现金流入	现金流出
销售不动产与设备	购买不动产与设备
长期债券和股票的出售	购买长期债券和股票
贷款的收回	贷款支出
（3）筹资活动对现金流的影响	
现金流入	现金流出
向银行等借款	归还借款
发行债券	支付股利及利息
发行股票	偿还债券款

（三）现金流量表编制实例

现金流量表是比较难编的一张表，为便于读者更好理解和掌握其编制的方法，现以实例形式由浅入深加以说明：

【例3】北京某公司期初资产负债表如下：

表 14 – 9 资产负债表

资产期初余额：		负债及所有者权益期初余额：	
现金及银行存款	8000 元	应付账款	400 元
库存商品	800 元	实收资本	4000 元
		未分配利润	4400 元
合　计	8800 元	合计	8800 元

20×2 年发生下列交易事项：

（1）销售商品收入	70000 元
（2）用现金购买商品	6400 元
（3）支付员工薪酬	20000 元
（4）交纳税费	4000 元
（5）购买计算机设备	6000 元

（6）支付房租　　　　　　　　　　　　　　　　　　　9000 元
（7）支付办公费用　　　　　　　　　　　　　　　　　7000 元
（8）计提折旧费用　　　　　　　　　　　　　　　　　2000 元
（9）支付股东现金股利　　　　　　　　　　　　　　23200 元
（10）结转销售商品成本及费用，结转本月利润　　22000 元

根据以上业务事项，编制会计分录、过账（从略），根据各账户余额及发生额编制科目汇总表，见表 14 - 10。

表 14 - 10　　　　　　　　　　　科目汇总表

单位：元

编号	科目及细目	期初余额		本期发生额		期末余额	
		借方	贷方	借方	贷方	借方	贷方
	货币资金	8000		70000	75600	2400	
	库存商品	800		6400	6000	1200	
	固定资产			6000		6000	
	累计折旧				2000		2000
	应付账款		400				400
	应付职工薪酬			20000	20000		
	实收资本		4000				4000
	未分配利润		4400	23200	22000		3200
	本年利润			70000	70000		
	主营业务收入			70000	70000		
	主营业务成本			6000	6000		
	营业税金及附加			4000	4000		
	管理费用			38000	38000		
	其中：职工薪酬			20000	20000		
	房租			9000	9000		
	办公费			7000	7000		
	折旧费			2000	2000		
	合　计	8800	8800	313600	313600	9600	9600

1）根据科目汇总表编制资产负债表，见表 14 - 11。

表 14 - 11　　　　　　　　　　　资产负债表

单位：元

项目	资　产		项目	负债及所有者权益	
	20×1 年	20×2 年		20×1 年	20×2 年
货币资金	8000	2400	应付账款	400	400
存　货	800	1200	实收资本	4000	4000
固定资产原值	0	6000	未分配利润	4400	3200
累计折旧	0	－2000			
资产合计	8800	7600	负债及所有者权益合计	8800	7600

2）根据科目汇总表编制利润表，见表 14 - 12。

表 14 - 12　　　　　　　　　　　利润表

单位：元

项　目	本期发生额
主营业务收入	70000
主营业务成本	6000
营业税金及附加	4000
管理费用	38000
所得税费用	0
净利润	22000

3）根据资产负债表、利润表及有关信息编制现金流量表。

根据北京某公司发生的业务活动，经营活动领域引起现金流量的是销售商品收入 70000 元，引起现金流出的有购买商品 6400 元、支付职工薪酬 20000 元、支付税费 4000 元、支付房租 9000 元、支付办公费 7000 元，计提折旧费 2000 元。折旧费是一项经营费用，它的多少直接影响利润增减，但是它不影响现金的支出，所以不列入现金流量表。财务活动领域里的投资活动，本期没有发生引起现金流入的业务事项，但发生了购买计算机设备支出现金 6000 元。筹资活动没有发生现金流入事项，但发生了支付现金分红 23200 元。将这些影响现金流量的交易事项，列入表内就形成了现金流量表，见表 14 - 13。

表 14 – 13　　　　　　　　　　　现金流量表

单位：元

项　　目	金　　额
一、经营活动产生的现金流量：	
销售商品、提供劳务收到的现金	70000
购买材料、商品支付的现金	（6400）
支付的职工薪酬	（20000）
支付的税费	（4000）
支付的与经营活动有关的现金	（16000）
经营活动产生的现金流量净额	23600
二、投资活动产生的现金流量：	
收回投资	0
购置固定资产及其他非流动资产	（6000）
投资活动产生的现金流量净额	（6000）
三、筹资活动产生的现金流量：	
取得借款收到的现金	0
分配利润支付的现金	（23200）
筹资活动产生的现金流量净额	（23200）
四、现金净增加额	（5600）
加：期初现金余额	8000
五、期末现金余额	2400

从表 14 – 13 中的数据可以看出，企业盈利水平很高（31.4%），经营活动现金流入净额为 23600 元，而现金却出现了入不抵出，期末与期初相比现金减少了5600 元。减少的现金又流向何处？去处有两项，一是购买计算机设备支付 6000元，二是支付股东分红 23200 元。

由此看出，企业有盈利不一定有现金，同样企业有现金也不等于有盈利。因此，企业既要编报利润表，又要编报现金流量表，才能全面反映企业的盈亏情况及现金流量状况，这两项内容对经营者来说是极其重要的信息。

（四）经营活动产生现金流量的计算方法

通过银行存款等账户的复核与分析，就可以相对简单地归纳出筹资活动和投资活动产生的现金流量。但是经营活动比较复杂，其现金流量的计算也更加复杂。如何计算？常用的方法有直接法和间接法。《小企业会计准则》要求小企业用直接法计算编报。

直接法就是用经营性现金（指广义的，下同）收入减去经营性现金支出，得出报告期现金流量净增加额或净减少额。以上例题采用的就是直接法。间接法则是通过对利润表中"按权责发生制计算的净利润"进行调整，然后得出现金收入与支出的情况。

在直接计算法下，计算经营活动对现金流量的影响时，需要按照相关的资产和负债账户的变动数来调整利润表上的金额。即为得到实际的现金支出数和收入数，对按照权责发生制计算出的每一项收入和费用金额，需要一一进行调整；相反，间接法虽然也要考虑相关资产和负债账户的变动情况，但它是利用这些变动额将净利润直接调整为现金等价物，而不是对组成净利润的每一项收入和费用项目进行逐项调整。两者各有优缺点，间接法便于计算，但不能说明产生现金流量的具体业务事项是哪些；而直接法则可将影响现金流入及流出的因素反映出来。仍以北京某公司为例，两种方法计算对比，见表 14 – 14。

表 14 – 14　　　　　　　　　直接法与间接法计算比较

单位：元

直接法		间接法	
收到销售货款	70000	净利润	22000
支付购货款	(6400)	加：折旧费	2000
支付职工薪酬	(20000)	减：存货增加额	(400)
支付税费	(4000)		
支付与经营有关房租办公费	(16000)		
经营活动现金净流量	23600	经营活动现金净流量	23600

为了正确反映企业的现金流量，应对企业的业务活动进行分析，从总体看不外乎三种情况：一是使现金流量增加事项，二是使现金流量减少事项，三是业务事项不影响现金变动情况。常见业务事项，见表 14 – 15。

表 14 – 15　　　　　　　　　交易对现金流量影响的分析

交易的类型	影响现金变动的情况
1. 经营活动：	
现金销售商品及提供劳务	+
赊销商品及提供劳务	0

续表

交易的类型	影响现金变动的情况
收到股利和利息	+
收回应收账款（现金）	+
收回应收账款（收到商业汇票）	0
确认销货成本	0
用现金购买材料和商品	−
购进材料和商品未付款	0
用支票支付购进材料的债务	−
应付未付经营费用	0
现金支付经营费用	−
应付未付的税费	0
支付税款	−
应计利息	0
支付进项税	−
用现金预付业务费	−
摊销预付费用	0
计提折旧与摊销	0
2. 投资活动：	
用现金购入机器设备	−
借款购入运输汽车	0
出售厂房收入	+
购入非现金等价物证券	−
出售长期投资（收到现金）	+
发放贷款	−
3. 筹资活动：	
增加长期和短期借款	+
偿还长期和短期负债	−
收入股东增加的资本金	+
支付股利	−
股东会决议分红 10 万元	0
将长期借款转为短期借款	0
……	

上述交易活动与现金的关系很明显、很简单，也容易理解，但不太清楚的是，这些交易事项到底属于经营活动、投资活动还是筹资活动。如《小企业会计准则》将借款利息列入筹资活动，而国外列为经营活动。

现金流量表与利润表，都是反映公司当期的资金变动情况，那为什么同时编制两张表呢？其关键在于两者提供的信息不同。利润表说明公司的经营活动如何使所有者权益增加或者减少，它是根据权责发生制将收入与费用进行配比计算出盈亏，对经营活动的计量及效果评价非常有价值；而现金流量表是对现金的变动进行解释，其重点是反映经营活动产生的现金流量及其动因。

四、用直接法编制现金流量表

【例4】北京某公司财务报表情况如下：

（1）现金流量表说明了现金变动的原因，首先计算出现金的变动净额。

20×1年12月31日现金余额	50000元
20×2年12月31日现金余额	32000元
现金净减少额	18000元

（2）资产负债表、利润表及现金流量表资料见表14-16和表14-17。

表14-16　　　　　　　　　　资产负债表

单位：元

资　产			负债及所有者权益		
项　目	20×1年末	20×2年末	项目	20×1年末	20×2年末
流动资产			流动负债		
现金及银行存款	50000	32000	应付账款	12000	148000
应收账款	50000	90000	应付职工薪酬	8000	50000
存货	120000	200000	流动负债合计	20000	198000
流动资产合计	220000	322000	长期借款	10000	250000
固定资产原值	660000	1162000	所有者权益	630000	834000
减：累计折旧	(220000)	(202000)			
固定资产净值	440000	9609000			
资产总计	660000	1282000	负债及所有者权益	660000	1282000

表 14 –17 利润表

单位：元

项目	金额
营业收入	400000
减：营业成本	200000
营业税费	2000
管理费用：	
薪酬费用	72000
折旧费用	34000
办公费用	6000
成本与费用合计	314000
利润总额	86000
所得税费用	40000
净利润	46000

（3）根据资产负债表、利润表及其他信息（如科目汇总表）编制现金流量表。

1）运用资产负债表数据编制现金流量表。

它是通过资产负债表等式（即会计等式）原理，来推导引起现金变动的原因。会计等式的变换形式如下：

资产 = 负债 + 所有者权益

现金 + 非现金资产 = 负债 + 所有者权益

现金 = 负债 + 所有者权益 – 非现金资产

为使上式保持平衡，现金的任何变动（Δ）都必然伴随着等式右边的一个或多个项目的变动（Δ），即：

现金变动额（Δ）= 负债变动额（Δ）+ 所有者权益（收入 – 费用）变动额（Δ）– 非现金资产变动额（Δ）

即：现金的变动额 = 所有非现金账户的变动额

或，现金项目所发生的变动 = 导致其变动的原因（所有非现金账户的变动额）

现金流量表强调非现金账户的变动情况，以此说明报告期内现金水平的升降情况及其原因。因此等式右边账户的主要变动，就是现金流量表中引起现金项目变动的原因所在，而等式左边是现金的变动额。

现金流量表中所反映的交易事项，通常是将期间的同类交易事项合并在一起填列的。如产品销售收入、收回应收账款、确认销售产品成本、缴纳的税费、赊购的商品、偿付供应商货款、支付的办公费用等。而有些是一次性的，如固定资产折旧、无形资产摊销、购买设备、支付职工的薪酬等。但上述情况因企业所处行业及经营性质不同而有所不同，如零售与批发、商业与制造业等都有所区别。

根据以上情况，现将北京某公司的会计记录，运用会计等式（资产＝负债＋所有者权益），分析追踪资产负债表与现金流量表的关系，见表 14－18。

表 14－18 　　　资产、负债、所有者权益及非现金资产变动关系表

单位：千元

项目	现金（Δ）	＝负债（Δ）	＋所有者权益（Δ）（收入－费用）	－非现金资产（Δ）
一、经营活动				
（一）涉及现金变动				
1. 赊销商品营业收入			＋400	－（＋400）
2. 收回应收销货款	＋360 ＝		－（－360）	
3. 销售商品成本			－200	－（－200）
4. 赊购商品及材料		＋280		－（＋280）
5. 购买商品或劳务支付现金	－144 ＝	－144		
6. 职工薪酬（应付未付部分）		＋72	－72	
7. 支付职工薪酬	－30 ＝	－30		
8. 支付办公费用	－6 ＝		－6	
9. 支付各种税金	－42 ＝		－42	
经营活动产生的现金流量净额	＋138			
（二）不涉及现金变动				
10. 折旧费用			－34	－（－34）
利润小计			＋46	
二、投资活动				
11. 取得机器设备	－574 ＝			－（＋574）
12. 处置固定资产	＋20			－（－20）
三、筹资活动				
13. 取得长期借款	＋240 ＝	＋240		
14. 投入资本金	＋196		＋196	
15. 支付分红	－38		－38	
变动净额	－18	＋518	＋204	－（＋640）

从表 14－18 中可以看出北京某公司第一大部分是经营活动产生的现金流量，也可称作经营活动提供现金，它主要来自销售产品或提供劳务。如北京某公司经营活动的现金流入为 36 万元，购货等经营性现金流出 22.2 万元。用经营活动的收入减去经营活动支出，现金流量净流入额 13.8 万元。相反，如为负数，即为经营活动的入不抵出的差额。

2）根据利润表数据计算现金流量额。

通过资产负债项目的变动和其他信息，可以了解引起现金变动的典型原因

等，从而编制现金流量表。如收到客户现金 36 万元，就是其他信息。但是通过利润表项目及其他信息也可计算出收到客户的现金流量。

仍以北京某公司为例，销售产品和提供劳务收到的现金等，可以计算如下：

表 14 – 19　　　　　　　　　销售产品、提供劳务收到的现金

单位：元

营业收入	400000	或者：	
＋期初应收账款	50000	营业收入	400000
应收账款总计	450000	＋应收账款期末比期初减少（或增加）	（40000）
－期末应收账款	90000	销售商品、提供劳务收到的现金	360000
销售商品、提供劳务收到的现金	360000		

其他有些项目也可采用此法。又如本期购买原材料、商品和接受劳务支付的现金，见表 14 – 20。

表 14 – 20　　　　　　　购买原材料、商品和接受劳务支付的现金

单位：元

期末存货	200000	期初应付账款	12000
＋营业成本	200000	＋本期赊购商品	280000
应有存货	400000	应付账款总额	292000
－期初存货	120000	－期末应付账款	148000
本期购入的存货	280000	购买商品、接受劳务支付现金	144000

可将存货与应付账款变动对现金的影响合并表示如下：

表 14 – 21　　　　　　　　　　存货与应付账款变动

单位：元

购买商品、接受劳务计算：		支付给职工薪酬计算：	
营业收入	200000	期初应付职工薪酬	8000
存货增加（减少）额	80000	＋职工薪酬费用	72000
应收账款减少（增加）额	136000	－期末应付职工薪酬	50000
购买商品、接受劳务支付现金	144000	支付的职工薪酬	30000

注意：支付税金和办公费，期初期末都为 0，故其发生额是用现金支付。

根据以上分析推导的过程可以得出以下结论（见图 14 – 7）。

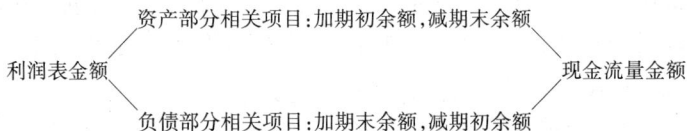

资产部分相关项目：加期初余额，减期末余额

利润表金额　　　　　　　　　　　　　　　　　　现金流量金额

负债部分相关项目：加期末余额，减期初余额

图 14 – 7　利润表与现金流量表关系

3）根据相关科目的发生额直接计算投资活动和筹资活动产生的现金流量。

引起企业现金流量变动的因素除了经营活动因素以外，就是投资活动和筹资活动，这两项活动主要涉及三类账户，即：

现金增加（现金流入）←负债或股东权益增加、非现金资产的减少。

现金减少（现金流出）←负债或股东权益减少、非现金资产的增加。

在小企业中这类活动发生较少，每月可通过分析银行存款及相关科目的变动情况来填写。如银行借款、购置固定资产、对外投资、偿还银行借款等。根据以上分析北京某公司现金流量表编制见表 14－22。

表 14－22 　　　　　　　　　　现金流量表

编制单位：北京某公司 　　　　　20×2 年度 　　　　　　　　单位：元

项目	金额
一、经营活动产生的现金流量：	
销售产成品、商品，提供劳务收到的现金	360000
收到其他与经营活动有关的现金	0
购买原材料、商品，接受劳务支付的现金	（144000）
支付的职工薪酬	（30000）
支付的税费	（42000）
支付其他与经营活动有关的现金	（6000）
经营活动产生的现金流量净额	138000
二、投资活动产生的现金流量：	
收回短期投资、长期债券投资和长期股权投资收到的现金	0
取得投资收益收到的现金	0
处置固定资产、无形资产和其他非流动资产收回的现金净额	20000
短期投资、长期债券投资和长期股权投资支付的现金	0
购建固定资产、无形资产和其他非流动资产支付的现金	（574000）
投资活动产生的现金流量净额	（554000）
三、筹资活动产生的现金流量：	
取得借款收到的现金	240000
吸收投资者投资收到的现金	196000
偿还借款本金支付的现金	0
偿还借款利息支付的现金	0
分配利润支付的现金	（38000）
筹资活动产生的现金流量净额	398000
四、现金净增加额	（18000）
加：期初现金余额	50000
五、期末现金余额	32000

从表 14-22 中可以看出，由于现金支出比流入的金额多，使现金减少18000元。但现金减少的原因是什么呢？当年的经营活动虽然使现金增加了138000元，但扩张经营所需要的现金远远超出了这一数值。为使公司能购买价值574000元的机器设备，公司通过借债和吸收资本筹集了398000元现金。值得注意的是，公司的应收账款和存货在此期间的增加额也非常大，但流动资产的增加远远抵不过流动负债的增加。

最重要的是，这一例子说明一个公司是如何既拥有巨额净利润，又存在巨额的现金不足。为什么呢？因为拥有巨额的净利润，是按"权责发生制"计算出来的；而存在现金不足的情形，是由于大量使用了现金。可见，尽管许多成长中的公司报告中的净利润剧增，但它们仍然面临着严重的现金短缺问题，甚至可能出现由于现金不足使企业破产。

根据以上原理介绍，小企业现金流量表的编制方法可参考表 14-23。

表 14-23 现金流量表的主要内容及填列方法

项目	相关的会计科目	填列的方法及其公式
1. 经营活动产生的现金流量		
（1）销售产成品、商品，提供劳务收到的现金	主营业务收入 其他业务收入 应收账款 应收票据 预收账款 应交税费（销项税）	主营业务收入（扣除销售退回及折让） ①＋其他业务收入 ②＋增值税销项税 ③＋应收账款、应收票据的期初余额－期末余额 ④＋预收账款的期末余额－期初余额 ⑤＋收回以前年度核销的坏账 ⑥－应收账款意外减少。如实际发生的坏账损失、债务重组以货抵账、非货币交易中应收账款的换出等
（2）收到其他与经营活动有关的现金	营业外收入 其他应收款 其他应付款	营业外收入（扣除处理固定资产收入的现金） ①＋其他应收款（期初余额－期末余额） ②＋其他应付款（期末余额－期初余额）
（3）购买原材料、商品，接受劳务支付的现金	主营业务成本 其他业务成本 存货 预付账款 应付票据 应付账款 应交税费	主营业务成本 ①＋其他业务成本 ②＋本期进项税发生额 ③＋存货（期末金额－期初金额） ④＋预付账款（期末金额－期初金额） ⑤＋应付账款、应付票据（期初金额－期末金额） ⑥＋存货的意外减少，包括盘亏、以存货对外投资、对外捐赠等 ⑦＋存货的意外增加，包括固定资产折旧计入制造费用部分、用于职工薪酬、接受存货投入及捐赠、债务重组中以货抵债、非货币交易换入存货 ⑧－应付项目意外减少，包括无法支付应付账款、以非货币资产偿还债务

续表

项目	相关的会计科目	填列的方法及其公式
（4）支付职工薪酬	应付职工薪酬	①本项目包括实际支付的在职的非在建工程人员的"薪酬"以及其他有关费用（包括五险一金及困难补助等） ②实际支付的在职在建工程人员的"薪酬及其他有关费用"（包括五险一金及困难补助等）应反映在投资活动购建固定资产、无形资产和其他长期资产支付的现金 ③企业实际支付的"离退休人员"的各项费用，反映在"支付的其他与经营活动有关的现金"项目中
（5）支付的税费	应交税费	①应交税费的借方发生额（扣除增值税部分） ②扣除消费税、营业税、城建税、教育费附加返还部分
（6）支付其他与经营活动有关的现金	营业外收入 其他应付款 管理费用 销售费用 财务费用 待摊费用	①营业支出中扣除固定资产损失、实物捐赠支出 ②其他应付款（期初余额－期末余额） ③管理费用（扣除职工薪酬、折旧与摊销等） ④销售费用（扣除职工薪酬、折旧与摊销费用等） ⑤财务费用中支付的其他费用 ⑥待摊费用（期末借方余额－期初借方余额） ⑦预提费用（期末贷方余额－期初贷方余额）
2.投资活动产生现金流量		
（1）收回短期投资、长期债券投资和长期股权投资的现金	短期投资 投资收益 长期债券投资 长期股权投资	①"短期投资"贷方发生额收到的现金 ②"投资收益"中收回投资而取得收益 ③"长期债券投资"贷方发生额 ④"长期股权投资"贷方发生额
（2）取得投资收益而取得的现金	投资收益 应收股利 应收利息	①"投资收益"的贷方发生额 ②"应收股利"期初借方余额－期末借方余额 ③"应收利息"期初借方余额－期末借方余额
（3）处置固定资产、无形资产和其他非流动资产收回的现金净额	无形资产、固定资产清理	①"固定资产清理"收到现金－支付清理费用 ②"处置无形资产"收到的现金 ③"其他非流动资产"中，收到现金额
（4）短期投资、长期债券投资、长期股权投资支付的现金	短期投资 长期债券投资 长期股权投资	①"短期投资"所支付的现金 ②"长期债券投资"所支付的现金 ③"长期股权投资"所支付的现金

续表

项目	相关的会计科目	填列的方法及其公式
（5）购建固定资产、无形资产和其他非流动资产	固定资产 无形资产 在建工程	①购置固定资产所支付的现金 ②购置无形资产所支付的现金 ③购置其他长期资产支付的现金
3. 筹资活动产生现金流量		
（1）取得借款、发行债券收到的现金	短期借款 长期借款	①取得短期借款或发行债券收到的现金 ②取得长期借款收到的现金
（2）吸收投资者投资收到的现金	实收资本 资本公积	①"实收资本"（或股本）收到的现金 ②"资本公积"中收到投入的现金
（3）偿还借款本金支付的现金	短期借款 长期借款	①"短期借款"偿还借款支付的现金 ②"长期借款"本期偿还借款支付的现金
（4）偿还借款利息支付的现金	应付利息 财务费用	①"应付利息"本期偿还利息支付的现金 ②"财务费用"支付利息所支付的现金
（5）分配利润支付的现金	应付利润	"应付利润"本期利润分配支付的现金

五、运用辅助账编制现金流量表

设置编制现金流量表所需要的辅助账，是编制现金流量表的一个途径。现介绍如下，供参考，见表14-24。

表14-24

项目	凭证编号	现金或银行存款			销售商品、提供劳务收到的现金	收到的其他与经营活动有关的现金	购买原材料、商品、接受劳务支付的现金	支付职工薪酬	支付的税费	支付的其他与经营活动有关的现金	现金之间结转		往来结转	
		借	贷	余							借	贷	借	贷
	A	B	C	D	E	F	G	H	I	J	R	S	T	U
1														
2														
3														
4														
5														

1. 特点。

（1）数字准确。此账可以直接与现金日记账、银行存款日记账和其他货币资金账户金额相核对。

（2）取数方便。辅助账的横栏名称与现金流量表各项目名称一致，编表时可以直接将辅助账的各栏目合计数抄入现金流量表对应的栏目中。

（3）可以直接利用计算机中 Windows 下的 Excel，使记账更加简单和准确。

2. 格式。

辅助账采用了多栏式，其横栏 E～U 栏是对 A 栏和 B 栏金额按项目的分解，其纵栏可按"现金"和"银行存款"科目的凭证编号顺序填写。

（1）B～D 栏与现金日记账、银行存款日记账上期余额、本期发生额和本期余额一致，以便核对。

（2）E～J 栏与现金流量表中主表项目的名称和内容一致，其合计数可直接列到现金流量表对应的项目中。

（3）R、S 栏"现金之间结转"是考虑到现金与银行存款、其他货币资金之间结转而设计的，因为这些项目的结转不影响现金流量的变化，但影响现金等日记账的金额，所以单独列示。

（4）T、U 栏"往来结转"记录和反映两个内容：一是代客户收取或支付的现金；二是两级核算时上一级核算单位与下一级核算单位的现金往来款项，例如上一级核算单位代收代付或代收款后扣下管理费用等款项结转给下一级核算单位的款项。因为上一级核算单位收到下一级的款项时，并不清楚此款在下一级核算单位列到现金流量表的哪一项目，如果擅自列到本级核算单位所编现金流量表的某一项目中，则可能与下一级所出的现金流量表的金额重复。

3. 公式。

将 D1 栏填写上期的"现金"或"银行存款"会计科目的余额，再取出原已编制好的记账凭证，对凡是涉及"现金"和"银行存款"科目发生额的内容进行判断，填入辅助账中的相应栏目。

如果利用计算机中 Windows 下的 Excel，可在表格中设定公式：

（1）第一项第一行不设公式。

$D2 = D1 - B2 - C2$；$D3$、$D4$……按 $D2$ 类推。

$B2 = E2 + F2$；$B3$、$B4$……按 $B2$ 类推。

$C2 = C2 + H2 + L2 + J2 + S2 + U2$；$C3$、$C4$……按 $C2$ 类推。

（注：因文字表格编制的限制，附表只列示了与经营活动有关的收入支出，省略了其他项目，因此 Q 栏（其他略）不在公式中列示。）

假设本账页共 5 行，$B5 = B2 + B3 + B4$；$C5$、$E5$……按 $B5$ 类推，$D5$ 空置不填公式。

（2）第二页账的第一空行也设定公式，将第一页的最后一行的金额承接下来（例如第二页 E1 的公式是 Sheet1！E5），D1 则按第一页的 D4 的金额承接，实现账页金额的自动结转。第三页及以后的账页也如此衔接。

第五节 报表附注内容及编报

附注是财务报表的重要组成部分。小企业应当按照《小企业会计准则》规定披露。附注信息主要包括下列内容：

1. 遵循《小企业会计准则》的声明。

例如，从 2012 年起执行财政部颁布的《小企业会计准则》，关于 2011 年末执行《小企业会计制度》期间，计提坏账准备 35000 元，存货减值准备 2300 元。这些准备金已转回，恢复了历史成本，其余项目完全按《小企业会计准则》规定执行。真实、完整地反映了财务状况、经营成果和现金流量等信息。

执行《小企业会计准则》的小企业，如发生的交易或者事项，因《小企业会计准则》未做规范而执行了《企业会计准则》的相关规定，应当在此部分如实披露如下信息：①发生交易的情况。②参照执行《企业会计准则》原因。③所依据的《企业会计准则》的相关规定。④该交易的处理结果对企业带来的影响，包括对财务状况和经营成果的影响。

2. 短期投资、应收账款、存货、固定资产项目的说明。

《小企业会计准则》要求企业的资产按成本计量，不计提资产减值准备。但考虑到小企业资产的质量，尤其是可变现能力对债权人影响较大，因此，本条要求小企业应在附注中对几项重要资产的市场价格信息、持有时间长短和折旧程度进行详细说明，在一定程度上缓解对资产不计提减值准备可能产生的影响。填写如下：

（1）短期投资的披露格式见表 14 – 25。

表 14 – 25   短期投资的披露格式

单位：元

项目	期末账面余额	期末市价	期末账面余额与市价的差额
1. 股票	6800	5600	– 1200
2. 债券	500	500	0
3. 基金	600	550	– 50
4. 股票	100	120	+ 20
合　计	8000	6770	– 1230

（2）应收账款按账龄结构披露的格式见表 14 – 26。

表 14 - 26　　　　　　　　　应收账款按账龄结构披露的格式

单位：元

账龄结构	期末账面余额	年初账面余额
1 年以内（含 1 年）	2900	13800
1 ~ 2 年（含 2 年）	1300	4210
2 ~ 3 年（含 3 年）	1600	1500
3 年以上	8200	8900
合　计	14000	28410

（3）存货的披露格式见表 14 - 27。

表 14 - 27　　　　　　　　　　存货的披露格式

单位：元

存货种类	期末账面余额	期末市价	期末账面余额与市价的差额
1. 原材料	13000	13120	+ 120
2. 在产品	4000	4000	0
3. 库存商品	8000	7800	− 200
4. 周转材料	2000	2000	0
5. 消耗性生物资产			
……			
合　计	27000	26920	− 80

（4）固定资产的披露格式见表 14 - 28。

表 14 - 28　　　　　　　　　　固定资产的披露格式

单位：元

项目	原价	累计折旧	期末账面价值
1. 房屋、建筑物			
2. 机器	22000	8360	13640
3. 机械	140000	64200	75800
4. 运输工具	100000	19000	81000
5. 设备			
6. 器具	28000	13300	14700
7. 工具	6000	1140	4860
……			
合　计	296000	106000	190000

3. 应付职工薪酬、应交税费项目的说明。

该部分是职工、债权人、税务部门和政府其他部门等重要关注的内容，因此，《小企业会计准则》要求进行"明细表形式"的披露，从而构成了资产负债表的附表。

（1）应付职工薪酬的披露格式见表 14 - 29。

表 14 - 29 应付职工薪酬明细表

会小企 01 表附表 1

编制单位： ×× 年 × 月 单位：元

项 目	期末账面余额	年初账面余额
1. 职工工资	10060	21400
2. 奖金、津贴和补贴	3600	5200
3. 职工福利费		
4. 社会保险费	2400	3500
5. 住房公积金	1290	13000
6. 工会经费		
7. 职工教育经费		
8. 非货币性福利		
9. 辞退福利		
10. 其他		
合 计	17350	43100

（2）应交税费的披露格式见表 14 - 30。

表 14 - 30 应交税费明细表

会小企 01 表附表 2

编制单位： ×× 年 12 月 单位：元

项 目	期末账面余额	年初账面余额
1. 增值税	21307	8700
2. 消费税		
3. 营业税	860	500
4. 城市维护建设税		
5. 企业所得税	6662.50	23400
6. 资源税		

续表

项　目	期末账面余额	年初账面余额
7. 土地增值税		
8. 城镇土地使用税		
9. 房产税		
10. 车船税	360	0
11. 教育费附加		
12. 矿产资源补偿费		
13. 排污费		
14. 代扣代缴的个人所得税	810.50	6200
……		
合　计	30000	38800

4. 利润分配的说明。

小企业的利润分配应当遵循相关的法律法规的规定。本表综合考虑了公司法、外商投资企业法等相关法律要求，小企业在具体应用时，应根据适用的法律进行编制，如有些项目不适用则不填数字。格式见表14－31。

表 14－31　　　　　　　　　**利润分配表**

会小企 01 表附表 3

编制单位：　　　　　　　　　　＿＿×× 年度　　　　　　　　　　单位：元

项目	行次	本年金额	上年金额
一、净利润	1	268337.50	286000
加：年初未分配利润	2	480806	323406
其他转入	3		
二、可供分配的利润	4	749143.50	609406
减：提取法定盈余公积	5	26834	28600
提取任意盈余公积	6		
提取职工奖励及福利基金	7		
提取储备基金*	8		
提取企业发展基金*	9		
利润归还投资**	10		

续表

项目	行次	本年金额	上年金额
三、可供投资者分配的利润	11	722309.50	580806
减：应付利润	12	11500	100000
四、未分配利润	13	710809.50	480806

注：＊提取职工奖励及福利基金、提取储备基金、提取企业发展基金，仅适用于小企业（外商投资）按照相关法律规定提取的三项基金。

＊＊利润归还投资项目仅适用于小企业（中外合作经营），根据合同规定在合作期间归还投资者的投资。

5. 用于对外担保的资产名称、账面余额及形成的原因；未决诉讼、未决仲裁以及对外提供担保所涉及的金额。

6. 发生严重亏损的，应当披露持续经营的计划、未来经营的方案。

7. 对已在资产负债表和利润表中列示项目与《企业所得税法》规定存在差异的纳税调整过程。

参见《中华人民共和国企业所得税年度纳税申报表》。（本书略）

8. 其他需要说明的事项。

第六节　资产负债表日后事项会计处理

一、资产负债表日后事项含义

《小企业会计准则》未明确规定，图14－8是参照《企业会计准则》规定而列示的。

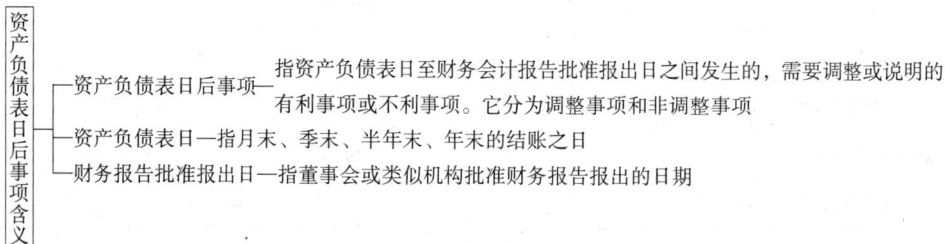

图14－8　资产负债表日后事项含义

二、调整事项的含义及处理方法

见图14－9。

调整事项的含义内容及处理方法
├─ 调整事项含义 ── 指在资产负债表日后获得新的或进一步的证据，表明原编财务报告的有关金额已不再具有有用性，需要重新确定
├─ 调整事项内容
│   ├─ ①日后诉讼案件结案，法院判定了存在现时义务
│   ├─ ②日后取得确凿证据，表明其某项资产在资产负债表日发生减值或调整该项资产原确认减值金额
│   ├─ ③日后进一步确定了资产负债表日前购入资产成本或售出资产收入
│   └─ ④日后发现了财务报表舞弊或差错
├─ 调整事项特点
│   ├─ ①在资产负债表日或以前已经存在，资产负债表日后得以证实的事项
│   └─ ②对资产负债表日编制的财务报告产生重大影响的事项
├─ 调整原则 ── 资产负债表日后发生的调整事项，应当如同资产负债表所属期间发生的事项一样，作出相关账务处理，并对资产负债表日已编制的会计报表作相应的调整
└─ 调整方法 ── 见表14-32

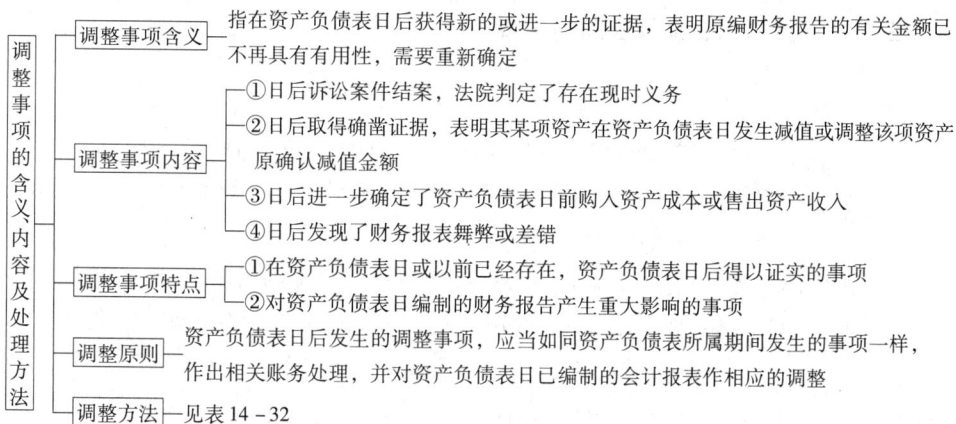

图14-9 调整事项的含义、内容及处理方法

表14-32   日后调整事项调整方法

涉及调整的事项	调整方法
（1）涉及损益的事项（《小企业会计准则》明确规定按未来适用法，现参照《企业会计准则》的规定处理）	通过"以前年度损益调整"科目 ①调整增加以前年度收益 ②调整减少以前年度亏损 ｝记入贷方 ③调整减少以前年度所得税 ④调整减少以前年度收益 ⑤调整增加以前年度亏损 ｝记入借方 ⑥调整增加以前年度所得税 将结转余额转入"利润分配——未分配利润"
（2）涉及利润分配调整事项	通过"利润分配——未分配利润"科目 ①调整增加未分配利润，记入贷方 ②调整减少未分配利润，记入借方
（3）不涉及损益及利润分配的调整事项	通过相关的科目进行调整
（4）通过上述账务处理后，还应同时调整会计报表相关项目	
①资产负债表日的会计报表	要重新调整相关项目的数字
②当期编制的会计报表	调整相关项目的年初数
③提供比较会计报表	调整会计报表相关项目上年数
④经上述调整后	涉及会计报表附注内容的，应当调整会计报表附注相关项目的内容

三、非调整事项含义及披露的内容

见图 14 - 10。

```
非调整事项含义、内容及披露方法
├─ 非调整事项含义 ── 是指在资产负债表日该情况并不存在，而是在资产负债表日后至财务报告批准报出日
│                   之间才发生的，不影响资产负债表日的存在情况。如不说明将影响报表使用者作出正
│                   确估计和决策，故应予披露
│
├─ 非调整事项的披露方法 ── 资产负债表日后发生的非调整事项，应当在会计报表附注中说明事项的内容，估计
│                        对财务状况经营成果的影响；如无法做出估计，应当说明无法估计的理由
│
├─ 非调整事项披露的内容
│   ├─ ①股票和债券的发行
│   ├─ ②对一个企业的巨额投资
│   ├─ ③自然灾害导致的资产损失
│   ├─ ④外汇汇率发生较大变动
│   ├─ ⑤资本公积转增资本
│   ├─ ⑥对外巨额举债
│   ├─ ⑦发生巨额亏损
│   ├─ ⑧发生重大企业合并或处置子公司
│   ├─ ⑨对外提供重大担保
│   ├─ ⑩对外签订重大抵押合同
│   ├─ ⑪发生重大诉讼、仲裁或承诺事项
│   └─ ⑫发生重大会计政策变更
│
└─ 需要说明 ── 不论是我国会计准则还是国际会计准则，都没有包括所有的调整和非调整事项，会计
              人员应当按照会计准则中给出的判断标准，确定资产负债表日后事项中哪些属于调整
              事项，哪些属于非调整事项
```

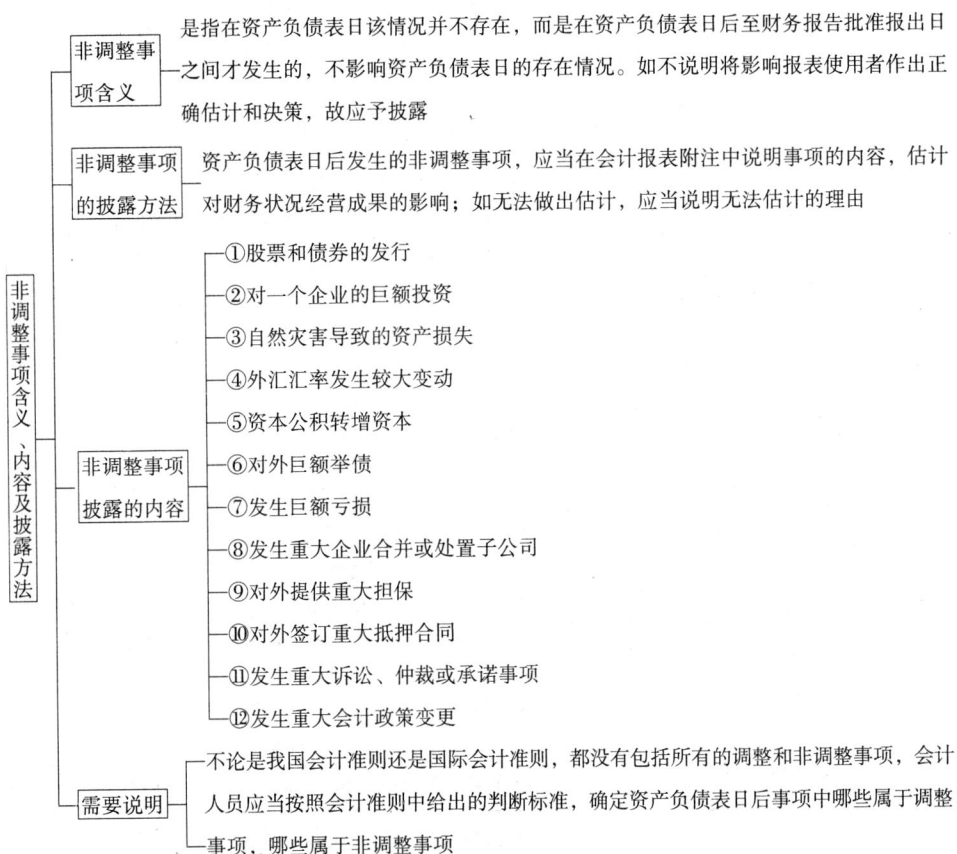

图 14 - 10　非调整事项含义、内容及披露方法

四、资产负债表日后事项税务规定

根据税法规定，应按实际发生原则确认收入和扣除成本费用。

属于差错期的经济业务，应当确认为差错期的所得。对已证实发生了资产减损、销售退回及获得或支付赔偿等事项，应在实际发生年度确认收入或成本费用。因此，对资产负债表日调整事项，在申报所得税时需要纳税调整，重新确认报告年度和当期的应纳税所得。

第七节　企业所得税年度纳税调整表

企业所得税纳税调整项目明细见表 14－33。

表 14－33　　　　　　　　　纳税调整项目明细表

填报时间：　　　　　　××年12月31日　　　　金额单位：元（列至角分）

	行次	项　　目	账载金额	税收金额	调增金额	调减金额
			1	2	3	4
	1	一、收入类调整项目	*	*		
	2	1. 视同销售收入（填写附表一）	*	*		*
*	3	2. 接受捐赠收入	*			*
	4	3. 不符合税收规定的销售折扣和折让				*
*	5	4. 未按权责发生制原则确认的收入				*
*	6	5. 按权益法核算长期股权投资对初始投资成本调整确认收益	*	*	*	
	7	6. 按权益法核算的长期股权投资持有期间的投资损益	*	*		
*	8	7. 特殊重组				
*	9	8. 一般重组				
*	10	9. 公允价值变动净收益（填写附表七）	*	*		
	11	10. 确认为递延收益的政府补助				
	12	11. 境外应税所得（填写附表六）	*	*	*	
	13	12. 不允许扣除的境外投资损失	*	*		*
	14	13. 不征税收入（填写附表一 [3]）	*	*	*	
	15	14. 免税收入（填写附表五）	*	*	*	
	16	15. 减计收入（填写附表五）	*	*	*	
	17	16. 减、免税项目所得（填写附表五）	*	*	*	
	18	17. 抵扣应纳税所得额（填写附表五）	*		*	
	19	18. 其他				
	20	二、扣除类调整项目	*	*		
	21	1. 视同销售成本（填写附表二）	*	*	*	

续表

行次	项 目	账载金额	税收金额	调增金额	调减金额
		1	2	3	4
22	2. 工资薪金支出				
23	3. 职工福利费支出				
24	4. 职工教育经费支出				
25	5. 工会经费支出				
26	6. 业务招待费支出				*
27	7. 广告费和业务宣传费支出（填写附表八）	*	*		
28	8. 捐赠支出				*
29	9. 利息支出				
30	10. 住房公积金				*
31	11. 罚金、罚款和被没收财物的损失		*		*
32	12. 税收滞纳金		*		*
33	13. 赞助支出		*		*
34	14. 各类基本社会保障性缴款				
35	15. 补充养老保险、补充医疗保险				
36	16. 与未实现融资收益相关在当期确认的财务费用				
37	17. 与取得收入无关的支出		*		*
38	18. 不征税收入用于支出所形成的费用		*		*
39	19. 加计扣除（填写附表五）	*	*	*	
40	20. 其他				
41	三、资产类调整项目	*	*		
42	1. 财产损失				
43	2. 固定资产折旧（填写附表九）	*	*		
44	3. 生产性生物资产折旧（填写附表九）	*	*		
45	4. 长期待摊费用的摊销（填写附表九）	*	*		
46	5. 无形资产摊销（填写附表九）	*	*		
47	6. 投资转让、处置所得（填写附表十一）	*	*		
48	7. 油气勘探投资（填写附表九）				
49	8. 油气开发投资（填写附表九）				
50	9. 其他				

续表

行次	项目	账载金额	税收金额	调增金额	调减金额
		1	2	3	4
51	四、准备金调整项目（填写附表十）	*	*		
52	五、房地产企业预售收入计算的预计利润	*	*		
53	六、特别纳税调整应税所得		*		*
54	七、其他	*	*		
55	合　计	*	*		

注：①标有 * 的行次为执行新会计准则的企业填列。②没有标注的行次，无论执行何种会计核算办法，有差异就填报相应行次，填有 * 号不可填列。③有二级附表的项目只填调增、调减金额，账载金额、税收金额不再填写。

经办人（签章）：　　　　　法定代表人（签章）：

企业应缴纳的企业所得税，应在会计利润总额的基础上，加上纳税调增金额，减去纳税调减金额，即为应纳税所得额，再乘以所得税率，即为应缴纳的企业所得税。

［案例］会计造假应问责第一责任人

财政部纪检组长刘建华近日发表讲话称，当前会计信息失真的形势依然严峻，虽然目前会计造假的势头有所遏制，但会计信息失真的局面尚未根本扭转。随着经济的发展，新产业、新业务不断涌现，企业经营更趋国际化，经济交易和会计核算更加复杂化，会计舞弊的手段也变得更加隐蔽和复杂，查处的难度大大增加，对会计监督的能力提出了更高的要求。刘建华提出，要严肃处理以会计造假手段谋取不当利益的单位和个人，严厉打击经济领域腐败违法行为。

据此，有观点将会计造假、信息失真等会计秩序问题单纯归咎于会计人。这种言论却让一些会计人感到委屈。

业界：会计秩序总体还可以

当前，我国会计秩序的现状怎样？真的是很乱吗？不同的人会有不同的看法。

国富浩华会计师事务所合伙人胡勇在接受本报记者采访时候说："总体状况是好的，这个从上市公司年报披露可见一斑。"

胡勇补充说：一是制度的完善。随着我国会计准则和国际准则的接轨，财务报告作为国际通用语言已经逐步形成。同时各项配套措施和规定也密集颁布施行。二是人才队伍建设。随着国家经济建设的不断进步，会计在经济建设中的重要职能越来越受到重视。大量年轻人选择会计作为自己的职业。三是行业地位不断得到提高。我国会计行业在国际上已拥有发言权。四是会计行业架构建设不断完善。逐步形成了核算、财务管理以及执业注册会计师审计制度。

"但是，我们也看到，各种会计信息失真案件不断涌现，财政部的会计信息检查、审计署的审计、证监会的稽查，还有各种监管机构查出的案件层出不穷，所以会计秩序还存在很多不尽如人意之处。"胡勇如是说。

应对会计造假认识误区进行重塑

为何会有很多的会计失真、会计造假的情况？对此，胡勇认为，一是信息传递不及时，会计是经济事项的反映，因为经济事项的发生没有传递到会计，所以产生会计信息失真。二是会计人员的职业判断。现有的准则给予会计人员的专业判断较多，每个人对事项的判断是不一样的。三是经济事项造假。因为会计人员非决策人员，只是对于经济的一种记录，因为原始的单据等造假而形成会计信息失真，这不是会计人员本身所能控制的。四是会计造假。这种情况多发生在会计人员和单位的主要治理层人员为了达到某一目的，共同作弊。

会计秩序出现问题是否因会计人员的职业操守不够？中国移动南方基地财务主管徐剑锋告诉本报记者说，很有必要对会计造假的几个认识误区进行重塑。首先，会计造假不等于会计人员造假。会计造假行为是会计核算主体的组织行为，一般由管理层授意为之，会计人员仅是充当"枪手"角色。其次，会计造假不等于会计错误。会计造假是一种主动行为，明知后果而有意为之；而会计错误是由于职业判断、职业能力限制所导致的核算差错。

徐剑锋还称，会计核算中存在大量的职业判断，甚至从不同角度分析会得出相反的结论，因此严格意义上说，任何一个会计组织"真账是相对的，假账是绝对的"。只追究会计人员有违公平原则。

有网友称，必须严惩做假账的会计人员，不能说为了保饭碗做假账就可以原谅，否则会计人员的信誉如何保障。只有当会计人员在社会上有了良好的信誉，个人收入才会有所保障，待遇才会提高。只图眼前利益一定会毁了整个行业。这种说法引来了一些会计人的反感。在北京一家企业做会计的李明告诉本报记者："这种说法是站着说话不腰疼，他们根本不了解会计人的苦衷。"

胡勇认为，是否对会计人员进行处罚，要分析造假原因。对具体行为应该做出判断，如果是职业判断的原因，则不应该处罚，因为每个人的判断是不一样的。但如果是有意为之，则要分清责任，谁是罪魁祸首。最应该得到处罚的是罪魁祸首。《会计法》非常明确地界定了单位的会计责任，单位法人代表为第一责任人。

江苏南通注协副秘书长刘志耕也告诉本报记者："如果要探究我国会计秩序较为混乱的原因，我认为问题的根源不在会计本身，因为每一位专业人士都有一定的敬业精神，都不喜欢把自己的专业工作做得不好，这是每一位专业人士的本性所决定的，我们的会计人员也同样如此。"

刘志耕补充说："绝大多数会计人员只是根据企业领导的要求负责记账，满足企业领导的要求。按照我从事财税审30多年的经验发现，没有企业领导的指示，绝大多数会计人员是不会也不敢乱记账的。一些企业领导，要么是为了偷税漏税，要么是为了'浑水摸鱼'，总之是出于各种目的，指示会计人员弄虚作假，到头来社会却舍本逐末、本末倒置、治标不治本，只追究会计人员做错账、做假账的责任，而不追究主谋企业领导的责任，这实在不公平，实在不应该。实际上，企业领导的榜样作用非常重要，你领导要求会计人员弄虚作假、营私舞弊，在这种情况下，会计人员不仅会遵命执行，而且往往会上行下效，所以，不管怎样，企业领导的榜样作用非常关键。"

虽然我国《会计法》规定企业领导是第一责任人，但刘志耕质疑，自从《会计法》出台后，试问又有多少企业领导在其企业的会计舞弊问题上被追究了法律责任呢？即使承担了，是否承担了其应该承担的责任呢？"绝大多数情况只是让会计人员做了替罪羊。在追究企业领导会计责任第一责任人的问题上，《会计法》还远没有落实到位。"刘志耕说。

问责会计第一责任人才是治本之策

刘志耕认为，绝大多数会计人员主观上都想做好本职工作，但在现实中，由于企业领导出于各自目的，指示或授意会计人员弄虚作假，再由于会计人员的独立性不够，不敢违背企业领导的非法或无理要求，结果造成领导怎么说，会计只好怎么做。但不管怎样，根源在领导。刘志耕强调说："对于会计秩序混乱的问题，应该标本兼治，绝不能治标不治本，绝不能仅是欺凌弱者，这是对会计人员的严重不公，是对会计行业的歧视。"

刘志耕认为，如果能够让企业负责人带头严格遵守财经纪律，带头遵守财务、会计制度，严格企业的内部控制，企业领导都带头认真了，试问会计人员还有必要再去为了企业偷税漏税吗？会计人员还敢单方面"浑水摸鱼"吗？还有几个会计人员敢冒天下之大不韪再把企业的账目搞乱呢？如果真有，那只能是该会计人员出于个人目的（如想浑水摸鱼搞贪污），也绝不会再造成目前社会对会计秩序混乱的认识。所以，只要企业领导严格遵守财经纪律，带头遵守财务、会计制度，带头示范，企业就很容易形成一个遵纪守法的环境，很容易有一个严格遵守内部控制的良好氛围。有了良好的土壤，在这种情况下，会计人员也自然会受到心理上的震撼，受到良好的约束，从而大大降低会计人员违反财经纪律和财务、会计制度的概率。

"当然，会计人员自身也应恪守职业道德，敢于拒绝为虎作伥。不过在此方面，相关部门应该加强对会计人权益的保护。"刘志耕说。

另外，刘志耕补充说："尽管我国会计监督工作一直在不断地完善，但是，在我看来，由于会计监督在用人体制、机制等方面的原因，再加上机关工作人员浮躁、不认真学习的通病，以及社会上老好人的思想，我国在会计监督方面不仅缺少业务水平较高的人才，而且监督力量严重不足，不仅使政府对会计监督的力度大大削弱，而且也导致了多年以来我国会计监督的'不给力'。"

附录一

会计基础工作规范

（财会字〔1996〕19号　1996年6月17日）

第一章　总则

第一条　为了加强会计基础工作，建立规范的会计工作秩序，提高会计工作水平，根据《中华人民共和国会计法》的有关规定，制定本规范。

第二条　国家机关、社会团体、企业、事业单位、个体工商户和其他组织的会计基础工作，应当符合本规范的规定。

第三条　各单位应当依据有关法律、法规和本规范的规定，加强会计基础工作，严格执行会计法规制度，保证会计工作依法有序地进行。

第四条　单位领导人对本单位的会计基础工作负有领导责任。

第五条　各省、自治区、直辖市财政厅（局）要加强对会计基础工作的管理和指导，通过政策引导、经验交流、监督检查等措施，促进基层单位加强会计基础工作，不断提高会计工作水平。国务院各业务主管部门根据职责权限管理本部门的会计基础工作。

第二章　会计机构和会计人员

第一节　会计机构设置和会计人员配备

第六条　各单位应当根据会计业务的需要设置会计机构，不具备单独设置会计机构条件的，应当在有关机构中配人员。事业行政单位会计机构的设置和会计人员的配备，应当符合国家统一事业行政单位会计制度的规定。设置会计机构，应当配备会计机构负责人；在有关机构中配备专职会计人员，应当在专职会计人员中指定会计主管人员。会计机构负责人、会计主管人员的任免，应当符合《中华人民共和国会计法》和有关法律的规定。

第七条　会计机构负责人、会计主管人员应当具备下列基本条件：（一）坚持原则，廉洁奉公；（二）具有会计专业技术资格；（三）主管一个单位或者单位内一个重要方面的财务会计工作时间不少于2年；（四）熟悉国家财经法律、法规、规章和方针、政策，掌握本行业业务管理的有关知识；（五）有较强的组织能力；（六）身体状况能够适应本职工作的要求。

第八条 没有设置会计机构和配备会计人员的单位，应当根据《代理记账管理暂行办法》委托会计师事务所或者持有代理记账许可证书的其他代理记账机构进行代理记账。

第九条 大、中型企业、事业单位、业务主管部门应当根据法律和国家有关规定设置总会计师。总会计师由具有会计师以上专业技术资格的人员担任。总会计师行使《总会计师条例》规定的职责、权限。总会计师的任命（聘任）、免职（解聘）依照《总会计师条例》和有关法律的规定办理。

第十条 各单位应当根据会计业务需要配备持有会计证的会计人员。未取得会计证的人员，不得从事会计工作。

第十一条 各单位应当根据会计业务需要设置会计工作岗位。会计工作岗位上一般可分为：会计机构负责人或者会计主管人员，出纳，财产物资核算，工资核算，成本费用核算；财务成果核算，资金核算，往来结算，总账报表，稽核，档案管理等。开展会计电算化和管理会计的单位，可以根据需要设置相应工作岗位，也可以与其他工作岗位相结合。

第十二条 会计工作岗位，可以一人一岗、一人多岗或者一岗多人。但出纳人员不得兼管审核、会计档案保管和收入、费用、债权债务账目的登记工作。

第十三条 会计人员的工作岗位应当有计划地进行轮换。

第十四条 会计人员应当具备必要的专业知识和专业技能，熟悉国家有关法律、法规、规章和国家统一会计制度，遵守职业道德。会计人员应当按照国家有关规定参加会计业务的培训。各单位应当合理安排会计人员的培训，保证会计人员每年有一定时间用于学习和参加培训。

第十五条 各单位领导人应当支持会计机构、会计人员依法行使职权；对忠于职守、坚持原则，做出显著成绩的会计机构、会计人员，应当给予精神的和物质的奖励。

第十六条 国家机关、国有企业、事业单位任用会计人员应当实行回避制度。单位领导人的直系亲属不得担任本单位的会计机构负责人、会计主管人员。会计机构负责人、会计主管人员的直系亲属不得在本单位会计机构中担任出纳工作。需要回避的直系亲属为：夫妻关系、直系血亲关系、三代以内旁系血亲以及配偶亲关系。

第二节　会计人员职业道德

第十七条 会计人员在会计工作中应当遵守职业道德，树立良好的职业品质、严谨的工作作风，严守工作纪律，努力提高工作效率和工作质量。

第十八条 会计人员应当热爱本职工作，努力钻研业务，使自己的知识和技能适应所从事工作的要求。

第十九条 会计人员应当熟悉财经法律、法规、规章和国家统一会计制度，并结合会计工作进行广泛宣传。

第二十条 会计人员应当按照会计法律、法规和国家统一会计制度规定的程序和要求进行会计工作，保证所提供的会计信息合法、真实、准确、及时、完整。

第二十一条 会计人员办理会计事务应当实事求是、客观公正。

第二十二条 会计人员应当熟悉本单位的生产经营和业务管理情况，运用掌握的会计信息和会计方法，为改善单位内部管理、提高经济效益服务。

第二十三条 会计人员应当保守本单位的商业秘密。除法律规定和单位领导人同意外，不能私自向外界提供或者泄露单位的会计信息。

第二十四条 财政部门、业务主管部门和各单位应当定期检查会计人员遵守职业道德的情况，并作为会计人员晋升、晋级、聘任专业职务、表彰奖励的重要考核依据。会计人员违反职业道德的，由所在单位进行处罚；情节严重的，由会计证发证机关吊销其会计证。

第三节 会计工作交接

第二十五条 会计人员工作调动或者因故离职，必须将本人所经管的会计工作全部移交给接替人员。没有办清交接手续的，不得调动或者离职。

第二十六条 接替人员应当认真接管移交工作，并继续办理移交的未了事项。

第二十七条 会计人员办理移交手续前，必须及时做好以下工作：（一）已经受理的经济业务尚未填制会计凭证的，应当填制完毕。（二）尚未登记的账目，应当登记完毕，并在最后一笔余额后加盖经办人员印章。（三）整理应该移交的各项资料，对未了事项写出书面材料。（四）编制移交清册，列明应当移交的会计凭证、会计账簿、会计报表、印章、现金、有价证券、支票簿、发票、文件、其他会计资料和物品等内容；实行会计电算化的单位，从事该项工作的移交人员还应当在移交清册中列明会计软件及密码、会计软件数据磁盘（磁带等）及有关资料、实物等内容。

第二十八条 会计人员办理交接手续，必须有监交人负责监交。一般会计人员交接，由单位会计机构负责人、会计主管人员负责监交；会计机构负责人、会计主管人员交接，由单位领导人负责监交，必要时可由上级主管部门派人会同监交。

第二十九条 移交人员在办理移交时，要按移交清册逐项移交；接替人员要逐项核对点收。（一）现金、有价证券要根据会计账簿有关记录进行点交。库存现金、有价证券必须与会计账簿记录保持一致。不一致时，移交人员必须限期查清。（二）会计凭证、会计账簿、会计报表和其他会计资料必须完整无缺。如有短缺，必须查清原因，并在移交清册中注明，由移交人员负责。（三）银行存款账户余额要与银行对账单核对，如不一致，应当编制银行存款余额调节表调节相符，各种财产物资和债权债务的明细账户余额要与总账有关账户余额核对相符；必要时，要抽查个别账户的余额，与实物核对相符，或者与往来单位、个人核对清楚。（四）移交人员经管的票据、印章和其他实物等，必须交接清楚；移交人员从事会计电算化工作的，要对有关电子数据在实际操作状态下进行交接。

第三十条　会计机构负责人、会计主管人员移交时，还必须将全部财务会计工作、重大财务收支和会计人员的情况等，向接替人员详细介绍。对需要移交的遗留问题，应当写出书面材料。

第三十一条　交接完毕后，交接双方和监交人员要在移交清册上签名或者盖章，并应在移交清册上注明：单位名称，交接日期，交接双方和监交人员的职务、姓名，移交清册页数以及需要说明的问题和意见等。移交清册一般应当填制一式三份，交接双方各执一份，存档一份。

第三十二条　接替人员应当继续使用移交的会计账簿，不得自行另立新账，以保持会计记录的连续性。

第三十三条　会计人员临时离职或者因病不能工作且需要接替或者代理的，会计机构负责人、会计主管人员或者单位领导人必须指定有关人员接替或者代理，并办理交接手续。临时离职或者因病不能工作的会计人员恢复工作的，应当与接替或者代理人员办理交接手续。移交人员因病或者其他特殊原因不能亲自办理移交的，经单位领导人批准，可由移交人员委托他人代办移交，但委托人应当承担本规范第三十五条规定的责任。

第三十四条　单位撤销时，必须留有必要的会计人员，会同有关人员办理清理工作，编制决算。未移交前，不得离职。接收单位和移交日期由主管部门确定。单位合并、分立的，其会计工作交接手续比照上述有关规定办理。

第三十五条　移交人员对所移交的会计凭证、会计账簿、会计报表和其他有关资料的合法性、真实性承担法律责任。

第三章　会计核算

第一节　会计核算一般要求

第三十六条　各单位应当按照《中华人民共和国会计法》和国家统一会计制度的规定建立会计账册，进行会计核算，及时提供合法、真实、准确、完整的会计信息。

第三十七条　各单位发生的下列事项，应当及时办理会计手续、进行会计核算：（一）款项和有价证券的收付；（二）财物的收发、增减和使用；（三）债权债务的发生和结算；（四）资本、基金的增减；（五）收入、支出、费用、成本的计算；（六）财务成果的计算和处理；（七）其他需要办理会计手续、进行会计核算的事项。

第三十八条　各单位的会计核算应当以实际发生的经济业务为依据，按照规定的会计处理方法进行，保证会计指标的口径一致、相互可比和会计处理方法的前后各期相一致。

第三十九条　会计年度自公历 1 月 1 日起至 12 月 31 日止。

第四十条　会计核算以人民币为记账本位币。收支业务以外国货币为主的单位，也可以选定某种外国货币作为记账本位币，但是编制的会计报表应当折算为人民币反映。境外单位向国内有关部门编报的会计报表，应当折算为人民币反映。

第四十一条　各单位根据国家统一会计制度的要求，在不影响会计核算要求、会计报表指标汇总和对外统一会计报表的前提下，可以根据实际情况自行设置和使用会计科目。事业行政单位会计科目的设置和使用，应当符合国家统一事业行政单位会计制度的规定。

第四十二条　会计凭证、会计账簿、会计报表和其他会计资料的内容和要求必须符合国家统一会计制度的规定，不得伪造、变造会计凭证和会计账簿，不得设置账外账，不得报送虚假会计报表。

第四十三条　各单位对外报送的会计报表格式由财政部统一规定。

第四十四条　实行会计电算化的单位，对使用的会计软件及其生成的会计凭证、会计账簿、会计报表和其他会计资料的要求，应当符合财政部关于会计电算化的有关规定。

第四十五条　各单位的会计凭证、会计账簿、会计报表和其他会计资料，应当建立档案，妥善保管。会计档案建档要求、保管期限、销毁办法等依据《会计档案管理办法》的规定进行。实行会计电算化的单位，有关电子数据、会计软件资料等应当作为会计档案进行管理。

第四十六条　会计记录的文字应当使用中文，少数民族自治地区可以同时使用少数民族文字。中国境内的外商投资企业、外国企业和其他外国经济组织也可以同时使用某种外国文字。

第二节　填制会计凭证

第四十七条　各单位办理本规范第三十七条规定的事项，必须取得或者填制原始凭证，并及时送交会计机构。

第四十八条 原始凭证的基本要求是：

（一）原始凭证的内容必须具备：凭证的名称；填制凭证的日期；填制凭证单位名称或者填制人姓名；经办人员的签名或者盖章；接受凭证单位名称；经济业务内容、数量、单价和金额。

（二）从外单位取得的原始凭证，必须盖有填制单位的公章；从个人取得的原始凭证，必须有填制人员的签名或者盖章。自制原始凭证必须有经办单位领导人或者其指定的人员签名或者盖章。对外开出的原始凭证，必须加盖本单位公章。

（三）凡填有大写和小写金额的原始凭证，大写与小写金额必须相符。购买实物的原始凭证，必须有验收证明。支付款项的原始凭证，必须有收款单位和收款人的收款证明。

（四）一式几联的原始凭证，应当注明各联的用途，只能以一联作为报销凭证。一式几联的发票和收据，必须用双面复写纸（发票和收据本身具备复写纸功能的除外）套写，并连续编号。作废时应当加盖"作废"戳记，连同存根一起保存，不得撕毁。

（五）发生销货退回的，除填制退货发票外，还必须有退货验收证明；退款时，必须取得对方的收款收据或者汇款银行的凭证，不得以退货发票代替收据。

（六）职工公出借款凭据，必须附在记账凭证之后。收回借款时，应当另开收据或者退还借据副本，不得退还原借款收据。

（七）经上级有关部门批准的经济业务，应当将批准文件作为原始凭证附件；如果批准文件需要单独归档的，应当在凭证上注明批准机关名称、日期和文件字号。

第四十九条 原始凭证不得涂改、挖补。发现原始凭证有错误的，应当由开出单位重开或者更正，更正处应当加盖开出单位的公章。

第五十条 会计机构、会计人员要根据审核无误的原始凭证填制记账凭证。记账凭证可以分为收款凭证、付款凭证和转账凭证，也可以使用通用记账凭证。

第五十一条 记账凭证的基本要求是：

（一）记账凭证的内容必须具备：填制凭证的日期、凭证编号、经济业务摘要、会计科目、金额、所附原始凭证张数；填制凭证人员、稽核人员、记账人员、会计机构负责人、会计主管人员签名或者盖章。收款和付款记账凭证还应当由出纳人员签名或者盖章。以自制的原始凭证或者原始凭证汇总表代替记账凭证的，也必须具备记账凭证应有的项目。

（二）填制记账凭证时，应当对记账凭证进行连续编号。一笔经济业务需要填制两张以上记账凭证的，可以采用分数编号法编号。

（三）记账凭证可以根据每一张原始凭证填制，或者根据若干张同类原始凭证汇总填制，也可以根据原始凭证汇总表填制。但不得将不同内容和类别的原始凭证汇总填制在一张记账凭证上。

（四）除结账和更正错误的记账凭证可以不附原始凭证外，其他记账凭证必须附有原始凭证。如果一张原始凭证涉及几张记账凭证，可以把原始凭证附在一张主要的记账凭证后面，并在其他记账凭证上注明附有该原始凭证的记账凭证的编号或者附原始凭证复印件。一张原始凭证所列支出需要几个单位共同负担的，应当将其他单位负担的部分，开给对方原始凭证分割单，进行结算。原始凭证分割单必须具备原始凭证的基本内容：凭证名称、填制凭证日期、填制凭证单位名称或者填制人姓名、经办人的签名或者盖章、接受凭证单位名称、经济业务内容、数量、单价、金额和费用分摊情况等。

（五）如果在填制记账凭证时发生错误，应当重新填制。已经登记入账的记账凭证，在当年内发现填写错误时，可以用红字填写一张与原内容相同的记账凭证，在摘要栏注明"注销某月某日某号凭证"字样，同时再用蓝字重新填制一张正确的记账凭证，注明"订正某月某日某号凭证"字样。如果会计科目没有错误，只是金额错误，也可以将正确数字与错误数字之间的差额，另编一张调整的记账凭证，调增金额用蓝字，调减金额用红字。发现以前年度记账凭证有错误的，应当用蓝字填制一张更正的记账凭证。

（六）记账凭证填制完经济业务事项后，如有空行，应当自金额栏最后一笔金额数字下的空行处至合计数上的空行处划线注销。

第五十二条 填制会计凭证，字迹必须清晰、工整，并符合下列要求：

（一）阿拉伯数字应当一个一个地写，不得连笔写。阿拉伯金额数字前面应当书写货币币种符号或者货币名称简写和币种符号。币种符号与阿拉伯金额数字之间不得留有空白。凡阿拉伯数字前写有币种符号的，数字后面不再写货币单位。

（二）所有以元为单位（其他货币种类为货币基本单位，下同）的阿拉伯数字，除表示单价等情况外，一律填写到角分；元角分的，角位和分位可写"00"，或者符号"—"；有角无分的，分位应当写"0"，不得用符号"—"代替。

（三）汉字大写数字金额如零、壹、贰、叁、肆、伍、陆、柒、捌、玖、拾、佰、仟、万、亿等，一律用正楷或者行书体书写，不得用〇、一、二、三、四、五、六、七、八、九、十等简化字代替，不得任意自造简化字。大写金额数字到元或者角为止的，在"元"或者"角"字之后应当写"整"字或者"正"字；大写金额数字有分的，分字后面不写"整"或者"正"字。

（四）大写金额数字前未印有货币名称的，应当加填货币名称，货币名称与金额数字之间不得留有空白。

（五）阿拉伯金额数字中间有"0"时，汉字大写金额要写"零"字；阿拉伯数字金额中间连续有几个"0"时，汉字大写金额中可以只写一个"零"字；阿拉伯金额数字元位是"0"，或者数字中间连续有几个"0"、元位也是"0"但角位不是"0"时，汉字大写金额可以只写一个"零"字，也可以不写"零"字。

第五十三条　实行会计电算化的单位，对于机制记账凭证，要认真审核，做到会计科目使用正确，数字准确无误。打印出的机制记账凭证要加盖制单人员、审核人员、记账人员及会计机构负责人、会计主管人员印章或者签字。

第五十四条　各单位会计凭证的传递程序应当科学、合理，具体办法由各单位根据会计业务需要自行规定。

第五十五条　会计机构、会计人员要妥善保管会计凭证。

（一）会计凭证应当及时传递，不得积压。

（二）会计凭证登记完毕后，应当按照分类和编号顺序保管，不得散乱丢失。

（三）记账凭证应当连同所附的原始凭证或者原始凭证汇总表，按照编号顺序，折叠整齐，按期装订成册，并加具封面，注明单位名称、年度、月份和起讫日期、凭证种类、起讫号码，由装订人在装订线封签处签名或者盖章。对于数量过多的原始凭证，可以单独装订保管，在封面上注明记账凭证日期、编号、种类，同时在记账凭证上注明"附件另订"和原始凭证名称及编号。各种经济合同、存出保证金收据以及涉外文件等重要原始凭证，应当另编目录，单独登记保管，并在有关的记账凭证和原始凭证上相互注明日期和编号。

（四）原始凭证不得外借，其他单位如因特殊原因需要使用原始凭证时，经本单位会计机构负责人、会计主管人员批准，可以复制。向外单位提供的原始凭证复制件，应当在专设的登记簿上登记，并由提供人员和收取人员共同签名或者盖章。

（五）从外单位取得的原始凭证如有遗失，应当取得原开出单位盖有公章的证明，并注明原来凭证的号码、金额和内容等，由经办单位会计机构负责人、会计主管人员和单位领导人批准后，才能代作原始凭证。如果确实无法取得证明的，如火车、轮船、飞机票等凭证，由当事人写出详细情况，由经办单位会计机构负责人、会计主管人员和单位领导人批准后，代作原始凭证。

第三节　登记会计账簿

第五十六条　各单位应当按照国家统一会计制度的规定和会计业务的需要设置会计账簿，会计账簿包括总账、明细账、日记账和其他辅助性账簿。

第五十七条 现金日记账和银行存款日记账必须采用订本式账簿。不得用银行对账单或者其他方法代替日记账。

第五十八条 实行会计电算化的单位，用计算机打印的会计账簿必须连续编号，经审核无误后装订成册，并由记账人员和会计机构负责人、会计主管人员签字或者盖章。

第五十九条 启用会计账簿时，应当在账簿封面上写明单位名称和账簿名称。在账簿扉页上应当附启用表，内容包括：启用日期、账簿页数、记账人员和会计机构负责人、会计主管人员姓名，并加盖名章和单位公章。记账人员或者会计机构负责人、会计主管人员调动工作时，应当注明交接日期、接办人员或者监交人员姓名，并由交接双方人员签名或者盖章。启用订本式账簿，应当从第一页到最后一页顺序编定页数，不得跳页、缺号。使用活页式账页，应当按账户顺序编号，并须定期装订成册。装订后再接实际使用的账页顺序编定页码，另加目录，记明每个账户的名称和页次。

第六十条 会计人员应当根据审核无误的会计凭证登记会计账簿。登记账簿的基本要求是：

（一）登记会计账簿时，应当将会计凭证日期、编号、业务内容摘要、金额和其他有关资料逐项记入账内；做到数字准确、摘要清楚、登记及时、字迹工整。

（二）登记完毕后，要在记账凭证上签名或者盖章，并注明已经登账的符号，表示已经记账。

（三）账簿中书写的文字和数字上面要留有适当空格，不要写满格；一般应占格距的二分之一。

（四）登记账簿要用蓝黑墨水或者碳素墨水书写，不得使用圆珠笔（银行的复写账簿除外）或者铅笔书写。

（五）下列情况，可以用红色墨水记账：

1. 按照红字冲账的记账凭证，冲销错误记录；

2. 在不设借贷等栏的多栏式账页中，登记减少数；

3. 在三栏式账户的余额栏前，如未印明余额方面的，在余额栏内登记负数余额；

4. 根据国家统一会计制度的规定可以用红字登记的其他会计记录。

（六）各种账簿按页次顺序连续登记，不得跳行、隔页。如果发生跳行、隔页，应当将空行、空页划线注销，或者注明"此行空白"、"此页空白"字样，并由记账人员签名或者盖章。

（七）凡需要结出余额的账户，结出余额后，应当在"借或贷"等栏内写明

"借"或者"贷"等字样。没有余额的账户，应当在"借或贷"等栏内写"平"字，并在余额栏内用"Q"表示。现金日记账和银行存款日记账必须逐日结出余额。

（八）每一账页登记完毕结转下页时，应当结出本页合计数及余额，写在本页最后一行和下页第一行有关栏内，并在摘要栏内注明"过次页"和"承前页"字样；也可以将本页合计数及金额只写在下页第一行有关栏内，并在摘要栏内注明"承前页"字样。对需要结计本月发生额的账户，结计"过次页"的本页合计数应当为自本月初起至本页末止的发生额合计数；对需要结计本年累计发生额的账户，结计"过次页"的本页合计数应当为自年初起至本页末止的累计数；对既不需要结计本月发生额也不需要结计本年累计发生额的账户，可以只将每页末的余额结转次页。

第六十一条 实行会计电算化的单位，总账和明细账应当定期打印。发生收款和付款业务的，在输入收款凭证和付款凭证的当天必须打印出现金日记账和银行存款日记账，并与库存现金核对无误。

第六十二条 账簿记录发生错误，不准涂改、挖补、刮擦或者用药水消除字迹，不准重新抄写，必须按照下列方法进行更正：

（一）登记账簿时发生错误，应当将错误的文字或者数字划红线注销，但必须使原有字迹仍可辨认；然后在划线上方填写正确的文字或者数字，并由记账人员在更正处盖章。对于错误的数字，应当全部划红线更正，不得只更正其中的错误数字。对于文字错误，可只划去错误的部分。

（二）由于记账凭证错误而使账簿记录发生错误，应当按更正的记账凭证登记账簿。

第六十三条 各单位应当定期对会计账簿记录的有关数字与库存实物、货币资金、有价证券、往来单位或者个人等进行相互核对，保证账证相符、账账相符、账实相符。对账工作每年至少进行一次。

（一）账证核对。核对会计账簿记录与原始凭证、记账凭证的时间、凭证字号、内容、金额是否一致，记账方向是否相符。

（二）账账核对。核对不同会计账簿之间的账簿记录是否相符，包括：总账有关账户的余额核对，总账与明细账核对，总账与日记账核对，会计部门的财产物资明细账与财产物资保管和使用部门的有关明细账核对等。

（三）账实核对。核对会计账簿记录与财产等实有数额是否相符。包括：现金日记账账面余额与现金实际库存数相核对；银行存款日记账账面余额定期与银行对账单相核对；各种财物明细账账面余额与财物实存数额相核对；各种应收、应付款明细账账面余额与有关债务、债权单位或者个人核对等。

第六十四条 各单位应当按照规定定期结账。

（一）结账前，必须将本期内所发生的各项经济业务全部登记入账。

（二）结账时，应当结出每个账户的期末余额。需要结出当月发生额的，应当在摘要栏内注明"本月合计"字样，并在下面通栏划单红线。需要结出本年累计发生额的，应当在摘要栏内注明"本年累计"字样，并在下面通栏划单红线；12月末的"本年累计"就是全年累计发生额，全年累计发生额下面，应当通栏划双红线。年度终了结账时，所有总账账户都应当结出全年发生额和年末余额。

（三）年度终了，要把各账户的余额结转到下一会计年度，并在摘要栏注明"结转下年"字样；在下一会计年度新建有关会计账簿的第一行余额栏内填写上年结转的余额，并在摘要栏注明"上年结转"字样。

第四节 编制财务报告

第六十五条 各单位必须按照国家统一会计制度的规定，定期编制财务报告。财务报告包括会计报表及其说明。会计报表包括会计报表主表、会计报表附表、会计报表附注。

第六十六条 各单位对外报送的财务报告应当根据国家统一会计制度规定的格式和要求编制。单位内部使用的财务报告，其格式和要求由各单位自行规定。

第六十七条 会计报表应当根据登记完整、核对无误的会计账簿记录和其他有关资料编制，做到数字真实、计算准确、内容完整、说明清楚。任何人不得篡改或者授意、指使、强令他人篡改会计报表的有关数字。

第六十八条 会计报表之间、会计报表各项目之间，凡有对应关系的数字，应当相互一致。本期会计报表与上期会计报表之间有关的数字应当相互衔接。如果不同会计年度会计报表中各项目的内容和核算方法有变更的，应当在年度会计报表中加以说明。

第六十九条 各单位应当按照国家统一会计制度的规定认真编写会计报表附注及其说明，做到项目齐全、内容完整。

第七十条 各单位应当按照国家规定的期限对外报送财务报告。对外报送的财务报告，应当依次编定页码，加具封面，装订成册，加盖公章。封面上应当注明：单位名称、单位地址，财务报告所属年度、季度、月度，送出日期，并由单位领导人、总会计师、会计机构负责人、会计主管人员签名或者盖章。单位领导人对财务报告的合法性、真实性负法律责任。

第七十一条 根据法律和国家有关规定应当对财务报告进行审计的，财务报告编制单位应当先行委托注册会计师进行审计，并将注册会计师出具的审计报告随同财务报告按照规定的期限报送有关部门。

第七十二条 如果发现对外报送的财务报告有错误，应当及时办理更正手续。除更正本单位留存的财务报告外，并应同时通知接受财务报告的单位更正。错误较多的，应当重新编报。

第四章　会计监督

第七十三条 各单位的会计机构、会计人员对本单位的经济活动进行会计监督。

第七十四条 会计机构、会计人员进行会计监督的依据是：

（一）财经法律、法规、规章；

（二）会计法律、法规和国家统一会计制度；

（三）各省、自治区、直辖市财政厅（局）和国务院业务主管部门根据《中华人民共和国会计法》和国家统一会计制度制定的具体实施办法或者补充规定；

（四）各单位根据《中华人民共和国会计法》和国家统一会计制度制定的单位内部会计管理制度；

（五）各单位内部的预算、财务计划、经济计划、业务计划。

第七十五条 会计机构、会计人员应当对原始凭证进行审核和监督。对不真实、不合法的原始凭证，不予受理。对弄虚作假、严重违法的原始凭证，在不予受理的同时，应当予以扣留，并及时向单位领导人报告，请求查明原因，追究当事人的责任。对记载不明确、不完整的原始凭证，予以退回，要求经办人员更正、补充。

第七十六条 会计机构、会计人员对伪造、变造、故意毁灭会计账簿或者账外设账行为，应当制止和纠正；制止和纠正无效的，应当向上级主管单位报告，请求作出处理。

第七十七条 会计机构、会计人员应当对实物、款项进行监督，督促建立并严格执行财产清查制度。发现账簿记录与实物、款项不符时，应当按照国家有关规定进行处理。超出会计机构、会计人员职权范围的，应当立即向本单位领导报告，请求查明原因，作出处理。

第七十八条 会计机构、会计人员对指使、强令编造、篡改财务报告行为，应当制止和纠正；制止和纠正无效的，应当向上级主管单位报告，请求处理。

第七十九条 会计机构、会计人员应当对财务收支进行监督。

（一）对审批手续不全的财务收支，应当退回，要求补充、更正。

（二）对违反规定不纳入单位统一会计核算的财务收支，应当制止和纠正。

（三）对违反国家统一的财政、财务、会计制度规定的财务收支，不予办理。

（四）对认为是违反国家统一的财政、财务、会计制度规定的财务收支，应当制止和纠正；制止和纠正无效的，应当向单位领导人提出书面意见请求处理。单位领导人应当在接到书面意见起十日内作出书面决定，并对决定承担责任。

（五）对违反国家统一的财政、财务、会计制度规定的财务收支，不予制止和纠正，又不向单位领导人提出书面意见的，也应当承担责任。

（六）对严重违反国家利益和社会公众利益的财务收支，应当向主管单位或者财政、审计、税务机关报告。

第八十条　会计机构、会计人员对违反单位内部会计管理制度的经济活动，应当制止和纠正；制止和纠正无效的，向单位领导人报告，请求处理。

第八十一条　会计机构、会计人员应当对单位制定的预算、财务计划、经济计划、业务计划的执行情况进行监督。

第八十二条　各单位必须依照法律和国家有关规定接受财政、审计、税务等机关的监督，如实提供会计凭证、会计账簿、会计报表和其他会计资料以及有关情况，不得拒绝、隐匿、谎报。

第八十三条　按照法律规定应当委托注册会计师进行审计的单位，应当委托注册会计师进行审计，并配合注册会计师的工作，如实提供会计凭证、会计账簿、会计报表和其他会计资料以及有关情况，不得拒绝、隐匿、谎报；不得示意注册会计师出具不当的审计报告。

第五章　内部会计管理制度

第八十四条　各单位应当根据《中华人民共和国会计法》和国家统一会计制度的规定，结合单位类型和内部管理的需要，建立健全相应的内部会计管理制度。

第八十五条　各单位制定内部会计管理制度应当遵循下列原则：

（一）应当执行法律、法规和国家统一的财务会计制度。

（二）应当体现本单位的生产经营、业务管理的特点和要求。

（三）应当全面规范本单位的各项会计工作，建立健全会计基础，保证会计工作的有序进行。

（四）应当科学、合理，便于操作和执行。

（五）应当定期检查执行情况。

（六）应当根据管理需要和执行中的问题不断完善。

第八十六条　各单位应当建立内部会计管理体系。主要内容包括：单位领导人、总会计师对会计工作的领导职责；会计部门及其会计机构负责人、会计主管人员的职责、权限；会计部门与其他职能部门的关系；会计核算的组织形式等。

第八十七条　各单位应当建立会计人员岗位责任制度。主要内容包括：会计人员的工作岗位设置；各会计工作岗位的职责和标准；各会计工作岗位的人员和具体分工；会计工作岗位轮换办法：对各会计工作岗位的考核办法。

第八十八条　各单位应当建立账务处理程序制度。主要内容包括：会计科目及其明细科目的设置和使用：会计凭证的格式、审核要求和传递程序；会计核算方法；会计账簿的设置；编制会计报表的种类和要求；单位会计指标体系。

第八十九条　各单位应当建立内部牵制制度。主要内容包括：内部牵制制度的原则；组织分工；出纳岗位的职责和限制条件；有关岗位的职责和权限。

第九十条　各单位应当建立稽核制度。主要内容包括：稽核工作的组织形式和具体分工；稽核工作的职责、权限；审核会计凭证和复核会计账簿、会计报表的方法。

第九十一条　各单位应当建立原始记录管理制度。主要内容包括：原始记录的内容和填制方法；原始记录的格式；原始记录的审核；原始记录填制人的责任；原始记录签署、传递、汇集要求。

第九十二条　各单位应当建立定额管理制度。主要内容包括：定额管理的范围；制定和修订定额的依据、程序和方法；定额的执行；定额考核和奖惩办法等。

第九十三条　各单位应当建立计量验收制度。主要内容包括：计量检测手段和方法；计量验收管理的要求；计量验收人员的责任和奖惩办法。

第九十四条　各单位应当建立财产清查制度。主要内容包括：财产清查的范围；财产清查的组织；财产清查的期限和方法；对财产清查中发现问题的处理办法；对财产管理人员的奖惩办法。

第九十五条　各单位应当建立财务收支审批制度。主要内容包括：财务收支审批人员和审批权限；财务收支审批程序；财务收支审批人员的责任。

第九十六条　实行成本核算的单位应当建立成本核算制度。主要内容包括：成本核算的对象；成本核算的方法和程序；成本分析等。

第九十七条　各单位应当建立财务会计分析制度。主要内容包括：财务会计分析的主要内容；财务会计分析的基本要求和组织程序；财务会计分析的具体方法；财务会计分析报告的编写要求等。

第六章　附则

第九十八条　本规范所称国家统一会计制度，是指由财政部制定、或者财政部与国务院有关部门联合制定、或者经财政部审核批准的在全国范围内统一执行的会计规章、准则、办法等规范性文件。本规范所称会计主管人员，是指不设置会计机构、只在其他机构中设置专职会计人员的单位行使会计机构负责人职权的人员。本规范第三章第二节和第三节关于填制会计凭证、登记会计账簿的规定，除特别指出外，一般适用于手工记账。实行会计电算化的单位，填制会计凭证和登记会计账簿的有关要求，应当符合财政部关于会计电算化的有关规定。

第九十九条　各省、自治区、直辖市财政厅（局）、国务院各业务主管部门可以根据本规范的原则，结合本地区、本部门的具体情况，制定具体实施办法，报财政部备案。

第一百条　本规范由财政部负责解释、修改。

第一百零一条　本规范自公布之日起实施。1984 年 4 月 24 日财政部发布的《会计人员工作规则》同时废止。

附录二

资产损失申报扣除操作指南（试行）

（北京市国家税务局，2012年1月9日）

为了进一步规范对企业税前扣除资产损失的管理，提高对资产损失税前扣除的管理效率，国家税务总局下发了《国家税务总局关于发布〈企业资产损失所得税税前扣除管理办法〉的公告》（国家税务总局公告2011年第25号，以下简称《新资产损失管理办法》）。按照《新资产损失管理办法》的规定，自2011年1月1日起对企业资产损失税前扣除管理采取由企业向税务机关申报扣除的管理方式（以下简称申报扣除管理），税务机关不再对企业的资产损失进行审批。为便于企业顺利申报扣除资产损失，现结合《财政部、国家税务总局关于企业资产损失税前扣除政策的通知》（财税〔2009〕57号，以下简称财税〔2009〕57号）等有关资产损失税前扣除的政策规定，我们编写了《资产损失申报扣除操作指南（试行）》（以下简称《操作指南》），将实施《新资产损失管理办法》后，企业申报资产损失涉及的主要内容、专项申报资产损失的报送证据、对资产损失的管理要求和具体申报操作流程等内容进行了明确。《操作指南》的有关内容如下：

一、准予扣除的资产损失

《新资产损失管理办法》在财税〔2009〕57号明确资产损失范围的基础上，对准予税前扣除的资产损失范围进一步做了补充完善。结合财税〔2009〕57号的规定，准予扣除的资产损失涉及的内容如下：

（一）资产

按照《新资产损失管理办法》的规定，资产是指企业拥有或者控制的、用于经营管理活动相关的资产，包括现金、银行存款、应收及预付款项（包括应收票据、各类垫款、企业之间往来款项）等货币性资产，存货、固定资产、无形资产、在建工程、生产性生物资产等非货币性资产，以及债权性投资和股权（权益）性投资。

（二）资产损失

按照财税〔2009〕57号的规定，资产损失是指企业在生产经营活动中实际发生的、与取得应税收入有关的资产损失，包括现金损失，存款损失，坏账损失，贷款损失，股权投资损失，固定资产和存货的盘亏、毁损、报废、被盗损失，自然灾害等不可抗力因素造成的损失以及其他损失。

（三）准予税前扣除的资产损失

准予在企业所得税税前扣除的资产损失，是指企业在实际处置、转让《新资产损失管理办法》规定的资产过程中发生的合理损失（简称实际资产损失），以及企业虽未实际处置、转让上述资产，但符合财税〔2009〕57号和《新资产损失管理办法》规定条件计算确认的损失（简称法定资产损失）。

企业实际资产损失，应当在其实际发生且会计上已作损失处理的年度申报扣除；法定资产损失，应当在企业向主管税务机关提供证据资料证明该项资产已符合法定资产损失确认条件，且会计上已作损失处理的年度申报扣除。企业的会计处理应符合财务会计制度的规定，且不以减少、免除或者推迟缴纳税款为主要目的。

二、资产损失的申报扣除管理

企业发生的资产损失，应按规定的程序和要求向主管税务机关申报后方能在税前扣除。未经申报的损失，不得在税前扣除。企业申报扣除的资产损失按照申报内容和要求的不同，分为清单申报和专项申报两种申报形式。

（一）清单申报的资产损失

下列资产损失，应以清单申报的方式向税务机关申报扣除：①企业在正常经营管理活动中，按照公允价格销售、转让、变卖非货币资产的损失；②企业各项存货发生的正常损耗；③企业固定资产达到或超过使用年限而正常报废清理的损失；④企业生产性生物资产达到或超过使用年限而正常死亡发生的资产损失；⑤企业按照市场公平交易原则，通过各种交易场所、市场等买卖债券、股票、期货、基金以及金融衍生产品等发生的损失。

（二）专项申报的资产损失

1. 专项申报资产损失的范围

清单申报以外的资产损失，应以专项申报的方式向税务机关申报扣除。企业无法准确判别是否属于清单申报扣除的资产损失，可以采取专项申报的方式申报扣除。专项申报的资产损失主要包括以下类型：

（1）货币资产损失

货币资产损失包括现金、银行存款、应收及预付款项损失（坏账损失）等。

（2）非货币资产损失

非货币资产损失包括存货、固定资产、无形资产、在建工程、工程物资、生产性生物资产、抵押资产等损失。

（3）投资损失

投资损失包括债权性投资损失、股权（权益性）投资损失、委托贷款损失、委托理财损失、担保损失、因关联交易而形成的股权或债权损失等。

（4）其他资产损失

其他资产损失包括出售捆绑（打包）资产损失，因内部控制制度不健全或因业务创新但政策不明确、不配套等原因形成的损失，因刑事案件或经公安机关立案侦查两年以上仍未追回而发生的损失等。

2. 专项申报扣除资产损失的条件

（1）货币资产损失

①现金损失

企业清查出的现金短缺、收取的假币扣除责任人赔偿后的余额，确认为现金损失。

②银行存款损失

企业将货币性资金存入法定具有吸收存款职能的机构，因该机构依法破产、清算，或者政府责令停业、关闭等原因，确实不能收回的部分，确认为存款损失。

金融机构应清算而未清算超过三年的，企业可将该款项确认为资产损失，但应有法院或破产清算管理人出具的未完成清算证明。

③应收及预付款项（坏账）损失

企业除贷款类债权外的应收、预付款项（包括应收票据、各类垫款、企业之间往来款项）符合下列条件之一的，减除可收回金额后确认的无法收回的应收、预付款项，可以作为坏账损失在计算应纳税所得额时扣除：

A. 债务人依法宣告破产、关闭、解散、被撤销，或者被依法注销、吊销营业执照，其清算财产不足清偿的；

B. 债务人死亡，或者依法被宣告失踪、死亡，其财产或者遗产不足清偿的；

C. 企业逾期三年以上的应收款项在会计上已作为损失处理的，可以作为坏账损失，但应说明情况，并出具专项报告；

D. 与债务人达成债务重组协议或法院批准破产重整计划后，无法追偿的；

E. 因自然灾害、战争等不可抗力导致无法收回的；

F. 企业逾期一年以上，单笔数额不超过五万或者不超过企业年度收入总额万分之一的应收款项，会计上已经作为损失处理的；

G. 国务院财政、税务主管部门规定的其他条件。

（2）非货币资产损失

①存货损失

A. 对企业盘亏的存货，以该存货的计税成本减除责任人赔偿后的余额，作为存货盘亏损失在计算应纳税所得额时扣除。

B. 对企业毁损、报废和变质的存货，以该存货的计税成本减除残值、保险赔款和责任人赔偿后的余额，作为存货毁损、报废和变质损失在计算应纳税所得额时扣除。

C. 对企业被盗的存货，以该存货的计税成本减除保险赔款和责任人赔偿后的余额，作为存货被盗损失在计算应纳税所得额时扣除。

D. 出版、发行企业库存呆滞出版物，纸质图书超过五年（包括出版当年，下同），音像制品、电子出版物和投影片（含缩微制品）超过两年，纸质期刊和挂历年画等超过一年的可以作为资产损失在税前扣除。

企业因存货盘亏、毁损、报废、被盗等原因不得从增值税销项税额中抵扣的进项税额，可以与存货损失一起在计算应纳税所得额时扣除。

②工程物资损失

比照存货损失的条件确认。

③固定资产损失

A. 盘亏、丢失的固定资产损失

对企业盘亏、丢失的固定资产，以其资产净值（计税基础减允许税前扣除的折旧）减除责任人赔偿后的余额，作为固定资产盘亏、丢失损失在计算应纳税所得额时扣除。

B. 毁损、报废的固定资产损失

对企业毁损、报废的固定资产，以其资产净值（计税基础减允许税前扣除的折旧）减除残值、保险赔款、责任人赔偿后的余额，作为固定资产毁损、报废损失在计算应纳税所得额时扣除。

C. 被盗的固定资产损失

对企业被盗的固定资产，以该固定资产的资产净值（计税基础减允许税前扣除的折旧）减除保险赔款和责任人赔偿后的余额，作为固定资产被盗损失在计算应纳税所得额时扣除。

④无形资产损失

企业已被其他新技术所代替或已经超过法律保护期限，已经丧失使用价值和转让价值，尚未摊销的无形资产，作为无形资产损失在计算应纳税所得额时扣除。

⑤在建工程损失

企业在建工程因停建、报废而发生的损失，为其工程项目投资账面价值（符合税法对在建工程涉及资产计价的规定）扣除残值后的余额，作为在建工程损失在计算应纳税所得额时扣除。

⑥生产性生物资产损失

A. 生产性生物资产盘亏损失

生产性生物资产盘亏损失，以其资产净值（计税基础减允许税前扣除的折旧）扣除责任人赔偿后的余额，作为生产性生物资产盘亏损失在计算应纳税所得额时扣除。

B. 因森林病虫害、疫情、死亡而产生的生产性生物资产损失

因森林病虫害、疫情、死亡而产生的生产性生物资产损失，以其资产净值（计税基础减允许税前扣除的折旧）扣除残值、保险赔偿和责任人赔偿后的余额，作为因森林病虫害、疫情、死亡而产生的生产性生物资产损失在计算应纳税所得额时扣除。

C. 被盗伐、被盗、丢失而产生的生产性生物资产损失

对被盗伐、被盗、丢失而产生的生产性生物资产损失，以其资产净值（计税基础减允许税前扣除的折旧）扣除保险赔偿以及责任人赔偿后的余额，作为被盗伐、被盗、丢失而产生的生产性生物资产损失在计算应纳税所得额时扣除。

⑦抵押资产损失

企业由于未能按期赎回抵押资产，使抵押资产被拍卖或变卖，其资产净值大于变卖价值的差额，可认定为抵押资产损失。

（3）投资资产损失

①允许税前扣除的债权性投资损失

A. 因债务人或担保人依法被宣告破产、关闭、被解散或撤销、被吊销营业执照、失踪或者死亡等原因形成的债权性投资损失。

B. 因债务人遭受重大自然灾害或意外事故，企业对其资产进行清偿和对担保人进行追偿后，未能收回债权而形成的债权性投资损失。

C. 因债务人承担法律责任，其资产不足归还所借债务，又无其他债务承担者而形成的债权性投资损失。

D. 因债务人和担保人不能偿还到期债务，企业提出诉讼或仲裁的，经人民法院对债务人和担保人强制执行，债务人和担保人均无资产可执行，人民法院裁定终结或终止（中止）执行而形成的债权性投资损失。

E. 因债务人和担保人不能偿还到期债务，企业提出诉讼后被驳回起诉的、人民法院不予受理或不予支持的，或经仲裁机构裁决免除（或部分免除）债务人责任，经追偿后债权无法收回而形成的债权性投资损失。

F. 经国务院专案批准核销的债权损失。

②不得税前扣除的债权性投资损失

下列债权不得作为损失在税前扣除：

A. 债务人或者担保人有经济偿还能力，未按期偿还的企业债权；

B. 违反法律、法规的规定，以各种形式、借口逃废或悬空的企业债权；

C. 行政干预逃废或悬空的企业债权；

D. 企业未向债务人和担保人追偿的债权；

E. 企业发生非经营活动的债权；

F. 其他不应当核销的企业债权。

③股权投资损失

企业的股权投资符合下列条件之一的，减除可收回金额后确认的无法收回的股权投资，可以作为股权投资损失在计算应纳税所得额时扣除：

A. 被投资方依法宣告破产、关闭、解散、被撤销，或者被依法注销、吊销营业执照的；

B. 被投资方财务状况严重恶化，累计发生巨额亏损，已连续停止经营3年以上，且无重新恢复经营改组计划的；

C. 被投资方财务状况严重恶化，累计发生巨额亏损，已完成清算或清算期超过3年以上的；

D. 转让股权发生的股权转让损失；

E. 国务院财政、税务主管部门规定的其他条件。

上述事项超过三年以上且未能完成清算的，企业出具被投资企业破产、关闭、解散或撤销、吊销等的证明以及不能清算的原因说明后可以作为股权投资损失在计算应纳税所得额时扣除。

④委托贷款损失和委托理财损失

企业委托金融机构向其他单位贷款，或委托其他经营机构进行理财，到期不能收回贷款或理财款项，可以按照上述有关规定确认为委托贷款损失或委托理财损失在计算应纳税所得额时扣除。

⑤担保损失

企业对外提供与本企业生产经营活动有关的担保，因被担保人不能按期偿还债务而承担连带责任，经追索，被担保人无偿还能力，对无法追回的金额比照应收款项损失的确认条件，作为担保损失在计算应纳税所得额时扣除。

与本企业生产经营活动有关的担保是指企业对外提供的与本企业应税收入、投资、融资、材料采购、产品销售等生产经营活动相关的担保。

注：因具备上述情形的担保损失的确认条件比照应收款项损失进行处理，因此企业申报扣除担保损失报送的证据列在"货币资产损失"中的"应收及预付款项损失"项下。

⑥因关联交易而形成的债权或股权损失

企业按独立交易原则向关联企业转让资产而发生的损失，或向关联企业提供借款、担保而形成的债权损失，准予扣除，但企业应作专项说明，同时出具中介机构出具的专项报告及其相关的证明材料。

企业按独立交易原则向关联企业转让非货币资产发生的损失应采取清单申报

税前扣除资产损失的方式，转让债权或股权发生的损失应采取专项申报税前扣除资产损失的方式。

（4）其他资产损失

①出售捆绑（打包）资产损失

企业将不同类别的资产捆绑（打包），以拍卖、询价、竞争性谈判、招标等市场方式出售，因其出售价格低于计税成本的部分，可以作为资产损失准予在税前扣除。

②因内部控制制度不健全或因业务创新但政策不明确、不配套等原因形成的损失

企业正常经营业务因内部控制制度不健全而出现操作不当、不规范或因业务创新但政策不明确、不配套等原因形成的资产损失，应由企业承担的金额，可以作为资产损失准予在税前扣除。

③因刑事案件或经公安机关立案侦查两年以上仍未追回原因而发生的损失

企业因刑事案件原因形成的损失，应由企业承担的金额，或经公安机关立案侦查两年以上仍未追回的金额，可以作为资产损失准予在税前扣除。

（三）汇总纳税企业申报扣除资产损失的规定

汇总纳税企业发生的资产损失，应按以下规定申报扣除：

（1）总机构及其分支机构发生的资产损失，除应按专项申报和清单申报的有关规定，各自向当地主管税务机关申报外，各分支机构同时还应上报总机构；

（2）总机构对各分支机构上报的资产损失，除税务机关另有规定外，应以清单申报的形式向当地主管税务机关进行申报；

（3）总机构将跨地区分支机构所属资产捆绑（打包）转让所发生的资产损失，由总机构向当地主管税务机关进行专项申报。

三、专项申报扣除资产损失应报送的证据

企业采取专项申报方式扣除的资产损失应按以下规定提供有关证据：

（一）货币性资产损失

企业申报扣除现金损失、银行存款损失和应收及预付款项损失（因担保损失报送的证据与该项损失相近，因此列举在该项损失后）等货币性资产损失应报送申请报告，同时附送以下相关证据资料：

1. 现金损失

现金损失应依据以下证据材料确认：

（1）现金保管人确认的现金盘点表（包括倒推至盘点基准日的收支记录）；

（2）现金保管人对于现金短缺的说明及相关核准文件；

（3）对责任人由于管理责任造成损失的责任认定及赔偿情况的说明；

（4）涉及刑事犯罪的，除报送上述（1）~（3）项证据外还应有司法机关出具的相关材料；

（5）涉及假币的，除报送上述（2）~（3）项证据外还应有金融机构出具的假币收缴证明。

（企业应在提供的复印件材料上注明"复印件与原件一致"字样，并加盖公章。）

2. 银行存款损失

企业因金融机构清算而发生的存款类资产损失（包括因金融机构被政府责令停业和关闭等原因发生的存款类资产损失）应依据以下证据材料确认：

（1）企业存款类资产的原始凭据（包括存款原始凭据和证明金融机构具有吸收存款职能的有关资料）；

（2）金融机构破产、被政府责令停业、关闭和清算的法律文件（应可以证明清算事项的起止时点）；

（3）金融机构清算后剩余资产分配情况资料（包括法院裁定书或破产清算管理人出具的剩余资产分配文件）；

（4）金融机构应清算而未清算超过三年的，企业可将该款项确认为资产损失，但还应有法院或破产清算管理人出具的未完成清算证明。

（企业应在提供的复印件材料上注明"复印件与原件一致"字样，并加盖公章。）

3. 应收及预付款项坏账损失

企业应收及预付款项坏账损失（以下简称坏账损失）应依据形成原因不同，分别提供有关证据予以确认。

（1）因债务人破产清算形成的坏账损失

企业因债务人破产清算形成的坏账损失应提供以下证据予以确认：

①相关事项合同、协议或说明；

②人民法院的破产、清算公告；

③剩余资产分配文件；

④破产程序终结的法律文件；

⑤会计核算账务处理凭证（包括初始入账及后续证明应收账款余额变化情况的相关核算凭证）。

（企业应在提供的复印件材料上注明"复印件与原件一致"字样，并加盖公章。）

（2）因诉讼案件形成的坏账损失

企业因诉讼案件形成的坏账损失应提供以下证据予以确认：

①相关事项合同、协议或说明；

②人民法院的判决书或裁决书或仲裁机构的仲裁裁决书；

③被法院裁定终（中）止或终结执行的法律文书；

④会计核算账务处理凭证（包括初始入账及后续证明应收账款余额变化情况的相关核算凭证）。

（企业应在提供的复印件材料上注明"复印件与原件一致"字样，并加盖公章。）

（3）因债务人停止营业（包括被注销和吊销）形成的坏账损失

企业因债务人停止营业（包括被注销和吊销）形成的坏账损失应提供以下证据予以确认：

①相关事项合同、协议或说明；

②工商部门注销、吊销营业执照证明或具有法律效力的查询证明；

③债务人清算情况说明；

④会计核算账务处理凭证（包括初始入账及后续证明应收账款余额变化情况的相关核算凭证）。

若债务人被吊销营业执照超过三年以上且未能完成清算的，应提供具有法定资质的中介机构出具的经济鉴证证明和不能清算的原因说明，可不提供债务人清算情况说明。

（企业应在提供的复印件材料上注明"复印件与原件一致"字样，并加盖公章。）

（4）因债务人死亡、失踪形成的坏账损失

企业因债务人死亡、失踪形成的坏账损失应提供以下证据予以确认：

①相关事项合同、协议或说明；

②公安机关或医院等有关部门对债务人个人的死亡、失踪证明；

③债务人财产或者遗产分配文件或情况说明；

④会计核算账务处理凭证（包括初始入账及后续证明应收账款余额变化情况的相关核算凭证）。

（企业应在提供的复印件材料上注明"复印件与原件一致"字样，并加盖公章。）

（5）因债务重组形成的坏账损失

企业因债务重组形成的坏账损失应提供以下证据予以确认：

①相关事项合同、协议或说明；

②债务重组协议；

③债务人重组收益纳税情况说明（"纳税情况说明"可提供债务人确认债务

重组所得的承诺书，承诺书须有债务人全称、纳税人识别号、债务人主管税务机关名称、按税法规定确认债务重组所得的年度及金额等要素，并加盖债务人公章；或提供债务人已将债务重组所得在年度纳税申报表中反映并经主管税务机关受理盖章的企业所得税年度纳税申报表复印件）；

④会计核算账务处理凭证（包括初始入账及后续证明应收账款余额变化情况的相关核算凭证）。

（企业应在提供的复印件材料上注明"复印件与原件一致"字样，并加盖公章。）

（6）因自然灾害、战争等不可抗力造成的坏账损失

企业因自然灾害、战争等不可抗力造成的坏账损失应提供以下证据予以确认：

①相关事项合同、协议或说明；

②债务人受灾情况说明；

③债权人放弃债权申明；

④会计做损失处理的凭证；

⑤会计核算账务处理凭证（包括初始入账及后续证明应收账款余额变化情况的相关核算凭证）。

（企业应在提供的复印件材料上注明"复印件与原件一致"字样，并加盖公章。）

（7）逾期三年以上应收款项形成的坏账损失

企业因逾期三年以上的应收款项在会计上已作为损失处理而需确认的坏账损失应提供以下证据：

①相关事项合同、协议或说明；

②企业对逾期三年以上未收回应收款项做坏账损失处理的说明；

③会计做损失处理的凭证；

④会计核算账务处理凭证（包括初始入账及后续证明应收账款余额变化的相关核算凭证）；

⑤法定资质中介机构出具的专项报告（专项报告应包括证明债务人已无力清偿债务的内容）。

（企业应在提供的复印件材料上注明"复印件与原件一致"字样，并加盖公章。）

（8）逾期一年以上，单笔数额不超过五万或者不超过企业年度收入总额万分之一的应收款项，会计上已经作为损失处理的坏账损失应提供以下证据予以确认：

①相关事项合同、协议或说明；

②企业对确认坏账损失的说明（内容包括应收款项无法收回的原因）；

③会计做损失处理的凭证；

④会计核算账务处理凭证（包括初始入账及后续证明应收账款余额变化情况的相关核算凭证）；

⑤法定资质中介机构出具的专项报告。

（企业应在提供的复印件材料上注明"复印件与原件一致"字样，并加盖公章。）

4. 担保损失

企业对外提供与本企业生产经营活动有关的担保，因被担保人不能按期偿还债务而承担连带责任，经追索，被担保人无偿还能力，对无法追回的金额，比照应收款项损失进行处理。

企业应根据造成被担保人无偿还能力情形的不同，提供具备相同情形时应收及预付款项坏账损失提供的证据。同时，企业还应提供证明发生的担保与本企业生产经营活动有关的说明。

（二）非货币资产损失

企业申报扣除存货损失、工程物资损失、固定资产损失、无形资产损失、在建工程损失、生产性生物资产损失和抵押资产损失等非货币资产损失应报送申请报告，同时附送以下相关证据资料：

1. 存货损失

（1）存货盘亏损失

存货盘亏损失，为其盘亏金额扣除责任人赔偿后的余额，应依据以下证据材料确认：

①存货计税成本确定依据（包括：专项说明企业采用的存货成本计算方法、存货金额的计算方法和过程、相关的存货入库及持有期间核算账页等）；

②企业内部有关责任认定、责任人赔偿说明和内部核批文件；

③存货盘点表；

④存货保管人对于盘亏的情况说明。

（企业应在提供的复印件材料上注明"复印件与原件一致"字样，并加盖公章。）

（2）存货毁损、报废或变质损失

存货毁损、报废或变质损失，为其计税成本扣除残值、保险赔款和责任人赔偿后的余额，应依据以下证据材料确认：

①存货计税成本的确定依据（包括：专项说明企业采用的存货成本计算方

法、存货金额的计算方法和过程、相关的存货入库及持有期间核算账页等）；

②企业内部关于存货毁损、报废、变质、残值、保险赔款情况说明及内部核批文件；

③涉及责任人赔偿的，应当有赔偿情况说明；

④已处置的提供处置相关凭证；

⑤该项损失数额较大的（指占企业该类资产计税成本 10% 以上，或减少当年应纳税所得、增加亏损 10% 以上，下同），应有专业技术鉴定意见或法定资质中介机构出具的专项报告等（占企业该类资产计税成本比例的计算应以该类资产发生年度期末数为基准，下同）。

（企业应在提供的复印件材料上注明"复印件与原件一致"字样，并加盖公章。）

（3）存货被盗损失

存货被盗损失，为其计税成本扣除保险理赔以及责任人赔偿后的余额，应依据以下证据材料确认：

①存货计税成本的确定依据（包括：专项说明企业采用的存货成本计算方法、存货金额的计算方法和过程、相关的存货入库及持有期间核算账页等）；

②向公安机关的报案记录；

③内部核批文件；

④涉及责任人和保险公司赔偿的，应有赔偿情况说明等。

（企业应在提供的复印件材料上注明"复印件与原件一致"字样，并加盖公章。）

（4）出版、发行企业存货发生永久和实质性损害损失

出版、发行企业库存呆滞出版物，纸质图书超过五年（包括出版当年，下同）、音像制品、电子出版物和投影片（含缩微制品）超过两年、纸质期刊和挂历年画等超过一年的，应依据以下证据材料确认：

①存货计税成本确定依据（包括：专项说明企业采用的存货成本计算方法、存货金额的计算方法和过程、相关的存货入库及持有期间核算账页等）；

②企业内部关于存货损失情况说明及内部核批文件。情况说明中应说明报损出版物的呆滞时间。

（企业应在提供的复印件材料上注明"复印件与原件一致"字样，并加盖公章。）

2. 工程物资损失

工程物资发生损失，比照存货损失的规定确认，并提供相应的证据资料。

3. 固定资产损失

（1）固定资产盘亏、丢失损失

固定资产盘亏、丢失损失，为其资产净值（计税基础减允许税前扣除的折旧）扣除责任人赔偿后的余额，应依据以下证据材料确认：

①固定资产的计税基础和资产净值相关证明资料（包括证明固定资产取得时的计税基础、累计税前扣除的折旧、资产净值等情况的资料）；

②固定资产盘点表；

③企业内部有关责任认定和核销资料；

④固定资产盘亏、丢失情况说明；

⑤损失金额较大的，应有专业技术鉴定报告或法定资质中介机构出具的专项报告等。

（企业应在提供的复印件材料上注明"复印件与原件一致"字样，并加盖公章。）

（2）固定资产毁损、报废损失

固定资产毁损、报废损失，为其资产净值（计税基础减允许税前扣除的折旧）扣除残值、保险赔款和责任人赔偿后的余额，应依据以下证据材料确认：

①固定资产的计税基础和资产净值相关证明资料（包括证明固定资产取得时的计税基础、累计税前扣除的折旧、资产净值等情况的资料）；

②企业内部有关责任认定和核销资料；

③企业内部有关部门出具的鉴定材料；

④涉及保险和责任人责任赔偿的，应当有赔偿情况的说明；

⑤已处置的提供处置相关凭证；

⑥损失金额较大的或自然灾害等不可抗力原因造成固定资产毁损、报废的，应有专业技术鉴定意见或法定资质中介机构出具的专项报告等。

（企业应在提供的复印件材料上注明"复印件与原件一致"字样，并加盖公章。）

（3）固定资产被盗损失

固定资产被盗损失，为其资产净值（计税基础减允许税前扣除的折旧）扣除责任人赔偿后的余额，应依据以下证据材料确认：

①固定资产的计税基础和资产净值相关证明资料（包括证明固定资产取得时的计税基础、累计税前扣除的折旧、资产净值等情况的资料）；

②公安机关的报案记录，公安机关立案、破案和结案的证明材料；

③被盗情况说明及内部核批文件；

④涉及责任赔偿的，应有赔偿责任的认定及赔偿情况的说明等。

（企业应在提供的复印件材料上注明"复印件与原件一致"字样，并加盖公章。）

4. 无形资产损失

被其他新技术所代替或已经超过法律保护期限，已经丧失使用价值和转让价值，尚未摊销的无形资产损失，应提交以下证据材料确认：

（1）无形资产计税基础和资产净值相关证明资料（包括证明无形资产取得时的计税基础、累计税前扣除的摊销额和净值等情况的资料）；

（2）企业内部核批文件；

（3）无形资产形成损失有关情况说明；

（4）技术鉴定意见和企业法定代表人、主要负责人和财务负责人签章证实无形资产已无使用价值或转让价值的书面申明；

（5）无形资产的法律保护期限文件。

（企业应在提供的复印件材料上注明"复印件与原件一致"字样，并加盖公章。）

注：无形资产转让损失属于企业转让非货币性资产损失，作为清单申报的资产损失。

5. 在建工程损失

在建工程停建、报废损失，为其工程项目投资账面价值（符合税法对在建工程涉及资产计价的规定）扣除残值后的余额，应依据以下证据材料确认：

（1）工程项目投资账面价值确定依据；

（2）工程项目停建原因说明及相关材料；

（3）在建工程停建、报废残值说明；

（4）因质量原因停建、报废的工程项目和因自然灾害和意外事故停建、报废的工程项目，应出具专业技术鉴定意见和责任认定、赔偿情况的说明等。

（企业应在提供的复印件材料上注明"复印件与原件一致"字样，并加盖公章。）

6. 生产性生物资产损失

（1）生产性生物资产盘亏损失

生产性生物资产盘亏损失，以其资产净值扣除责任人赔偿后的余额，应依据以下证据材料确认：

①生产性生物资产计税基础和资产净值相关资料（包括证明生产性生物资产取得时的计税基础、累计税前扣除的折旧、资产净值等情况的资料）；

②资产盘点表；

③生产性生物资产盘亏情况说明及内部核批文件；

④生产性生物资产损失金额较大的，企业应有专业技术鉴定意见和责任认

定、赔偿情况的说明等。

（企业应在提供的复印件材料上注明"复印件与原件一致"字样，并加盖公章。）

（2）因森林病虫害、疫情、死亡而产生的生产性生物资产损失

因森林病虫害、疫情、死亡而产生的生产性生物资产损失，以其资产净值扣除残值、保险赔偿和责任人赔偿后的余额，应依据以下证据材料确认：

①生产性生物资产计税基础和资产净值相关资料（包括证明生产性生物资产取得时的计税基础、累计税前扣除的折旧、资产净值等情况的资料）；

②损失情况说明；

③责任认定及其赔偿情况的说明；

④损失金额较大的，应有专业技术鉴定意见。

（企业应在提供的复印件材料上注明"复印件与原件一致"字样，并加盖公章。）

（3）被盗伐、被盗、丢失而产生的生产性生物资产损失

对被盗伐、被盗、丢失而产生的生产性生物资产损失，以其资产净值扣除保险赔偿以及责任人赔偿后的余额，应依据以下证据材料确认：

①生产性生物资产计税基础和资产净值相关资料（包括证明生产性生物资产取得时的计税基础、累计税前扣除的折旧、资产净值等情况的资料）；

②生产性生物资产被盗后，向公安机关的报案记录或公安机关立案、破案和结案的证明材料；

③被盗情况说明及内部核批文件；

④责任认定及其赔偿情况的说明等。

（企业应在提供的复印件材料上注明"复印件与原件一致"字样，并加盖公章。）

7. 抵押资产损失

企业由于未能按期赎回抵押资产，使抵押资产被拍卖或变卖，其资产净值大于变卖价值的差额，可认定为资产损失，按以下证据材料确认：

①抵押资产计税基础和资产净值相关资料（包括证明抵押资产取得时的计税基础、累计税前扣除的折旧或摊销、资产净值等情况的资料）；

②抵押合同或协议书；

③拍卖或变卖证明、清单；

④会计核算资料等其他相关证据材料。

（企业应在提供的复印件材料上注明"复印件与原件一致"字样，并加盖公章。）

（三）投资损失

企业申报扣除债权性投资损失、股权投资损失、委托贷款损失、委托理财损失和因关联交易而形成的债权或股权损失等应报送申请报告，同时附送相关证据资料。

1. 债权性投资损失

企业申报扣除债权性投资损失应报送申请报告，并依据债权性投资形成的原因不同，分别提供以下有关证据予以确认：

（1）因债务人或担保人依法被宣告破产、关闭、被解散或撤销、被吊销营业执照、失踪或者死亡等原因确认债权性投资损失应提供的证据：

①因债务人或担保人依法被宣告破产、关闭、被解散或撤销而形成的损失，应提供以下证据予以确认：

A. 债权性投资的合同或协议；

B. 债权性投资的原始凭证；

C. 债务人和担保人破产、关闭、解散证明、撤销文件；

D. 资产清偿证明，即债务人和担保人清算时对剩余资产的分配情况证明。

无法出具资产清偿证明的，当上述事项超过三年以上，或债权投资（包括信用卡透支和助学贷款）余额在三百万元以下的，可以在提供以上对应证据时将追索记录等（包括司法追索、电话追索、信件追索和上门追索等原始记录）作为确认债权性投资损失的证据，不需提供资产清偿证明或者遗产清偿证明。

（企业应在提供的复印件材料上注明"复印件与原件一致"字样，并加盖公章。）

②因债务人或担保人被吊销营业执照而形成的损失，应提供以下证据予以确认：

A. 债权性投资的合同或协议；

B. 债权性投资的原始凭证；

C. 工商行政管理部门出具的吊销证明或具有法律效力的查询证明；

D. 资产清偿证明（包括债务人清算时对剩余资产的分配情况证明。如债权存在担保，则应提供担保人清算时对剩余资产的分配情况证明）。

无法出具资产清偿证明的，当上述事项超过三年以上，或债权投资（包括信用卡透支和助学贷款）余额在三百万元以下的，可以在提供以上对应证据时将追索记录等（包括司法追索、电话追索、信件追索和上门追索等原始记录）作为确认债权性投资损失的证据，不需提供资产清偿证明或者遗产清偿证明。

（企业应在提供的复印件材料上注明"复印件与原件一致"字样，并加盖公章。）

③因债务人或担保人失踪而形成的债权性投资损失，应提供以下证据予以确认：

A. 债权性投资的合同或协议；

B. 债权性投资的原始凭证；

C. 公安部门出具的债务人和担保人的失踪证明；

D. 资产清偿证明。

无法出具资产清偿证明的，当上述事项超过三年以上，或债权投资（包括信用卡透支和助学贷款）余额在三百万元以下的，可以在提供以上对应证据时将追索记录等（包括司法追索、电话追索、信件追索和上门追索等原始记录）作为确认债权性投资损失的证据，不需提供资产清偿证明或者遗产清偿证明。

（企业应在提供的复印件材料上注明"复印件与原件一致"字样，并加盖公章。）

④因债务人或担保人死亡而形成的债权性投资损失，应提供以下证据予以确认：

A. 债权性投资的合同或协议；

B. 债权性投资的原始凭证；

C. 公安部门或医院出具的债务人和担保人的死亡证明；

D. 遗产清偿证明。

无法出具遗产清偿证明的，当上述事项超过三年以上，或债权投资（包括信用卡透支和助学贷款）余额在三百万元以下的，可以在提供以上对应证据时将追索记录等（包括司法追索、电话追索、信件追索和上门追索等原始记录）作为确认债权性投资损失的证据，不需提供遗产清偿证明。

（企业应在提供的复印件材料上注明"复印件与原件一致"字样，并加盖公章。）

（2）因债务人遭受重大自然灾害或意外事故，企业对其资产进行清偿和对担保人进行追偿后，未能收回债权而形成的损失，应提供以下证据予以确认：

①债权性投资的合同或协议；

②债权性投资的原始凭证；

③债务人遭受重大自然灾害或意外事故证明；

④保险赔偿证明；

⑤资产清偿证明（包括企业提交的企业法定代表人或主要负责人、财务负责人签章的关于债务人、担保人对资产清偿情况的书面声明）。

（企业应在提供的复印件材料上注明"复印件与原件一致"字样，并加盖公章。）

（3）因债务人承担法律责任，其资产不足归还所借债务，又无其他债务承担者而形成的损失，应提供以下证据予以确认：

①债权性投资的合同或协议；

②债权性投资的原始凭证；

③法院裁定债务人承担法律责任的有关证明；

④企业法定代表人或主要负责人、财务负责人签章的关于债务人无其他债务承担者的书面声明；

⑤资产清偿证明（包括企业提交的企业法定代表人或主要负责人、财务负责人签章的关于债务人、担保人对资产清偿情况的书面声明）。

（企业应在提供的复印件材料上注明"复印件与原件一致"字样，并加盖公章。）

（4）因债务人和担保人不能偿还到期债务，企业提出诉讼或仲裁的，经人民法院对债务人和担保人强制执行，债务人和担保人均无资产可执行，人民法院裁定终结或终止（中止）执行而形成的损失，应提供以下证据予以确认：

①债权性投资的合同或协议；

②债权性投资的原始凭证；

③人民法院裁定终结或终止（中止）执行的文书。

（企业应在提供的复印件材料上注明"复印件与原件一致"字样，并加盖公章。）

（5）因债务人和担保人不能偿还到期债务，企业提出诉讼后被驳回起诉的、人民法院不予受理或不予支持的，或经仲裁机构裁决免除（或部分免除）债务人责任，经追偿后债权无法收回而形成的损失，应提供以下证据予以确认：

①债权性投资的合同或协议；

②债权性投资的原始凭证；

③法院驳回起诉的证明，或法院不予受理或不予支持证明，或仲裁机构裁决免除债务人责任的文书；

④企业法定代表人或主要负责人、财务负责人签章的关于追偿后债权无法收回而形成损失的书面声明。

（企业应在提供的复印件材料上注明"复印件与原件一致"字样，并加盖公章。）

（6）经国务院专案批准核销的债权损失，应提供以下证据予以确认：

①债权性投资的合同或协议；

②债权性投资的原始凭证；

③国务院批准文件或经国务院同意后由国务院有关部门批准的文件。

（企业应在提供的复印件材料上注明"复印件与原件一致"字样，并加盖公章。）

2. 股权投资损失

企业申报扣除股权投资损失应逐项报送申请报告，并依据形成原因不同，分别提供有关证据予以确认。股权投资损失分项及报送证据要求如下：

（1）因被投资方破产清算形成的股权投资损失

企业因被投资方破产清算形成的股权投资损失应提供以下证据予以确认：

①申请报告；

②股权投资计税基础证明材料（包括企业进行股权性投资的合同、协议或章程和会计核算资料等相关证据材料）；

③被投资企业破产公告、破产清偿文件；

④被投资企业资产处置方案、成交及入账材料；

⑤企业法定代表人、主要负责人和财务负责人签章证实有关投资（权益）性损失的书面申明；

⑥会计核算资料等其他相关证据材料。

若被投资方宣告破产超过三年以上且未能完成清算的，应提供法定资质中介机构对可收回金额的鉴证证明和企业对被投资方不能清算的原因说明，可不提供破产清偿文件等资产清偿证明。

（企业应在提供的复印件材料上注明"复印件与原件一致"字样，并加盖公章。）

（2）因被投资方关闭、解散、被撤销形成的股权投资损失

企业因被投资方关闭、解散、被撤销形成的股权投资损失应提供以下相关证据予以确认：

①申请报告；

②股权投资计税基础证明材料（包括企业进行股权（权益）性投资的合同、协议或章程和会计核算资料等相关证据材料）；

③政府有关部门对被投资单位的行政处理决定文件、被投资企业终止经营证明文件、股东会或者股东大会决议解散证明文件、停止交易的法律证明文件或其他证明文件；

④被投资企业资产处置方案、成交及入账材料；

⑤资产清偿证明（被投资方的清算报告）；

⑥企业法定代表人、主要负责人和财务负责人签章证实有关投资（权益）性损失的书面申明；

⑦会计核算资料等其他相关证据材料。

若被投资方关闭、解散、被撤销超过三年以上且未能完成清算的，应提供法定资质中介机构对可收回金额的鉴证证明和企业对被投资方不能清算的原因说明，可不提供被投资方的清算报告。

（企业应在提供的复印件材料上注明"复印件与原件一致"字样，并加盖公章。）

（3）被投资方被吊销营业执照形成的股权投资损失

企业因被投资方被吊销营业执照形成的股权投资损失应提供以下证据予以确认：

①申请报告；

②股权投资计税基础证明材料（包括企业进行股权（权益）性投资的合同、协议或章程和会计核算资料等证据材料）；

③工商行政管理部门吊销被投资单位营业执照文件或具有法律效力的查询证明；

④被投资企业资产处置方案、成交及入账材料；

⑤资产清偿证明（被投资方的清算报告）；

⑥企业法定代表人、主要负责人和财务负责人签章证实有关投资（权益）性损失的书面申明；

⑦会计核算资料等其他相关证据材料。

若被投资方被吊销营业执照超过三年以上且未能完成清算的，应提供法定资质中介机构对可收回金额的鉴证证明和企业对被投资方不能清算的原因说明，可不提供被投资方的清算报告。

（企业应在提供的复印件材料上注明"复印件与原件一致"字样，并加盖公章。）

（4）被投资方停止生产经营活动形成的股权投资损失

企业因被投资方停止生产经营活动形成的股权投资损失应提供以下证据予以确认：

①申请报告；

②股权投资计税基础证明材料（包括企业进行股权（权益）性投资的合同、协议或章程和会计核算资料等证据材料）；

③被投资方出具的停止生产经营活动的证明；

④被投资企业资产处置方案、成交及入账材料；

⑤资产清偿证明，即被投资方的清算报告；

⑥企业法定代表人、主要负责人和财务负责人签章证实有关投资（权益）性损失的书面申明；

⑦会计核算资料等其他相关证据材料。

若被投资方停止生产经营活动超过三年以上且未能完成清算的，应提供法定资质中介机构对可收回金额的鉴证证明和企业对被投资方不能清算的原因说明，可不提供被投资方的清算报告。

（企业应在提供的复印件材料上注明"复印件与原件一致"字样，并加盖公章。）

（5）被投资方失踪形成的股权投资损失

企业因被投资方失踪形成的股权投资损失应提供以下证据予以确认：

①申请报告；

②股权投资计税基础证明材料（包括企业进行股权（权益）性投资的合同、协议或章程和会计核算资料等证据材料）；

③被投资方失踪的证明文件；

④被投资企业资产处置方案、成交及入账材料；

⑤资产清偿证明或者遗产清偿证明；

⑥企业法定代表人、主要负责人和财务负责人签章证实有关投资（权益）性损失的书面申明；

⑦会计核算资料等其他相关证据材料。

若被投资方失踪超过三年以上且未能完成清算的，应提供法定资质中介机构对可收回金额的鉴证证明和企业对被投资方不能清算的原因说明，可不提供被投资方的清算报告。

（企业应在提供的复印件材料上注明"复印件与原件一致"字样，并加盖公章。）

（6）股权转让损失

企业因转让被投资企业股权而发生的股权投资损失应提供以下证据予以确认：

①申请报告；

②股权投资计税基础证明材料（包括企业进行股权（权益）性投资的合同、协议或章程和会计核算资料等证据材料）；

③股权转让合同或协议；

④股权权属发生变更证明材料；

⑤企业法定代表人、主要负责人和财务负责人签章证实有关股权性投资损失的书面申明。

（企业应在提供的复印件材料上注明"复印件与原件一致"字样，并加盖公章。）

3. 委托贷款损失和委托理财损失

企业委托金融机构向其他单位贷款，或委托其他经营机构进行理财，到期不能收回贷款或理财款项，按照投资损失的相关认定条件及报送资料要求进行处理。

4. 关联交易损失

企业按独立交易原则向关联企业转让债权和股权而发生的损失，或向关联企业提供借款、担保而形成的债权损失，应提供以下证据：

（1）企业按独立交易原则向关联企业转让债权或股权而发生的损失应提供以下证据予以确认：

①申请报告；

②企业出具的专项说明（包括符合独立交易原则的说明）；

③具有法定资质中介机构出具的专项报告；

④企业向关联企业转让债权或股权所签署的合同或协议；

⑤证明被转让债权或股权计税基础的相关证明资料；

⑥转让债权或股权成交及入账证明；

⑦债权或股权权属发生变更证明材料。

（企业应在提供的复印件材料上注明"复印件与原件一致"字样，并加盖公章。）

（2）企业向关联企业提供借款、担保而形成的债权损失应提供以下证据予以确认：

①申请报告；

②企业出具的专项说明（包括符合独立交易原则的说明）；

③具有法定资质中介机构出具的专项报告；

④企业向关联企业提供借款、担保所签署的借款、担保合同或协议；

⑤会计做损失处理的凭证；

⑥会计核算账务处理凭证（包括初始入账及后续证明借款或担保余额变化情况的相关核算凭证）；

⑦根据造成债务人或被担保人无偿还能力情形的不同，提供具备相同情形时债权性投资损失、应收及预付款项坏账损失应提供的除上述证据之外的其他证据。

（企业应在提供的复印件材料上注明"复印件与原件一致"字样，并加盖公章。）

（四）其他资产损失

企业申报扣除出售捆绑（打包）资产损失、因内部控制制度不健全或因业务创新但政策不明确、不配套等原因形成损失和因刑事案件或经公安机关立案侦查两年以上仍未追回原因而发生的损失等其他损失应逐项报送申请报告，并依据形成原因不同，分别提供有关证据予以确认。有关损失分项及报送证据要求如下：

1. 出售捆绑（打包）资产损失

企业将不同类别的资产捆绑（打包），以拍卖、询价、竞争性谈判、招标等市场方式出售，因其出售价格低于计税成本而形成的损失，应提供以下证据予以确认：①申请报告；②资产计税基础的确定依据（包括证明出售捆绑（打包）资产取得时的计税基础、累计税前扣除的折旧或摊销和资产净值等情况的资料）；③资产处置方案；④各类资产作价依据；⑤出售合同或协议；⑥成交及入账证明；⑦出售过程的情况说明。

（企业应在提供的复印件材料上注明"复印件与原件一致"字样，并加盖公章。）

2. 因内部控制制度不健全或因业务创新但政策不明确、不配套等原因形成的损失

企业正常经营业务因内部控制制度不健全而出现操作不当、不规范或因业务创新但政策不明确、不配套等原因形成的资产损失，应由企业承担的金额，可以作为资产损失并准予在税前申报扣除，同时应提供以下证据予以确认：①申请报告；②资产计税基础（计税成本）的证明资料；③损失原因证明材料或业务监管部门定性证明；④损失专项说明。

（企业应在提供的复印件材料上注明"复印件与原件一致"字样，并加盖公章。）

3. 因刑事案件或经公安机关立案侦查两年以上仍未追回原因而发生的损失

企业因刑事案件原因形成的损失，应由企业承担的金额，或经公安机关立案侦查两年以上仍未追回的金额，可以作为资产损失并准予在税前申报扣除，同时应提供以下证据予以确认：

（1）申请报告；

（2）资产计税基础（计税成本）等证明资产损失额的证明资料；

（3）公安机关、人民检察院的立案侦查情况或人民法院的判决书等损失原因证明材料。

（企业应在提供的复印件材料上注明"复印件与原件一致"字样，并加盖公章。）

注：

按照国家税务总局公告2011年第25号第八条的规定，属于专项申报的资产

损失，企业应逐项（或逐笔）报送申请报告。企业申报扣除货币资产损失、非货币资产损失和债权性投资损失时应分别报送各类损失的申请报告；企业申报扣除债权性投资损失之外的投资损失（包括股权性投资损失、委托贷款损失、委托理财损失、担保损失和关联交易损失等）、其他资产损失时应逐笔报送申请报告。申请报告应注明申报企业名称、损失类型、损失明细、损失金额、损失发生的时间、损失的原因、企业对申报损失真实可靠性的声明等内容。

四、企业申报扣除资产损失的相关要求

（一）企业申报扣除资产损失报送的有关资料

1. 清单申报资产损失

企业向所在地主管税务机关申报扣除清单申报资产损失应根据申报方式的不同，在 CTAIS 电子申报系统中填报《企业资产损失清单申报扣除情况表》（以下简称《清单申报表》）或填报纸质《清单申报表》。《清单申报表》一式两份，一份税务机关留存，一份留存企业备查。

与清单申报有关的会计核算资料和纳税资料留存企业备查，不需要向税务机关报送。

2. 专项申报资产损失

采取专项申报扣除资产损失的企业应向税务机关报送《企业资产损失专项申报扣除情况表》、《申请报告》、《提交资料清单》和损失证据资料等资料。各项资料的具体报送要求如下：

（1）《企业资产损失专项申报扣除情况表》

企业向所在地主管税务机关申报扣除专项申报资产损失应按规定要求填报《企业资产损失专项申报扣除情况表》（以下简称《专项申报表》），《专项申报表》一式两份，一份税务机关留存，一份留存企业备查。

（2）申请报告

企业应逐项或逐笔报送申请报告。其中：企业申报扣除货币资产损失、非货币资产损失和债权性投资损失时应按损失大类分别报送各类损失的申请报告；企业申报扣除债权性投资损失之外的投资损失（包括股权性投资损失、委托贷款损失、委托理财损失、担保损失和关联交易损失等）、其他资产损失时应逐笔报送申请报告。

申请报告应注明申报企业名称、损失类型、损失明细、损失金额、损失发生的时间、损失的原因、企业对申报损失真实可靠性的声明等内容。

（3）提交资料清单

企业应按损失明细逐笔填报《提交资料清单》，《提交资料清单》应列明报送的各项损失证据名称（证据名称详见本《操作指南》第三条"专项申报扣除资产损失应报送的证据"中的相关规定）。

（4）证据资料

企业应按本《操作指南》第三条"专项申报扣除资产损失应报送的证据"列明的各项损失应报送证据报送相关证据资料。

（二）企业申报扣除资产损失的流程

1. 清单申报扣除资产损失的流程

（1）采取网上申报经 CA 认证的企业清单申报扣除资产损失流程

对采取网上申报经 CA 认证的企业，在申报系统中填写《清单申报表》，上传确认后即为已申报成功。因经 CA 认证的电子申报具有法律效力，因此不需再向税务机关报送纸质《清单申报表》。

（2）采取电子申报未经 CA 认证的企业（指采取 IC 卡申报和采取密码登录方式的网上申报企业，下同）清单申报扣除资产损失的流程

对采取电子申报未经 CA 认证的企业，在申报系统中填写《清单申报表》，上传确认后，仍需向主管税务机关报送纸质《清单申报表》（一式两份）。主管税务机关受理人员受理后，在《清单申报表》"接收人"处签字后，将其中一份返还申报企业，作为税务机关已受理的凭据。

（3）采取纸质申报方式的企业清单申报扣除资产损失的流程

采用纸质申报的企业，向主管税务机关报送纸质《清单申报表》（一式两份）。主管税务机关受理人员受理后，在《清单申报表》"接收人"处签字后，将其中一份返还申报企业，作为税务机关已受理的凭据。

2. 专项申报扣除资产损失的流程

采取电子申报方式的企业和采取纸质申报方式的企业应向主管税务机关报送纸质《专项申报表》和其他申报资料（详见专项申报扣除资产损失报送的资料）。主管税务机关受理人员受理后，在《专项申报表》"接收人"处签字后，将其中一份返还申报企业，作为税务机关已受理的凭据。

附件：

1.《企业资产损失清单申报扣除情况表》（略）

2.《企业资产损失专项申报扣除情况表》（略）

3.《提交资料清单》（略）